UNREAD

YOUNG QUEENS

女王冠

Three Renaissance Women and the Price of Power

三位女性的权力与生存之战

[美] 利娅·雷德蒙·郑 —— 著
兰莹 —— 译

北京联合出版公司
Beijing United Publishing Co.,Ltd.

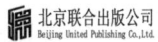

目录

序幕   001

第一部分

1 孤女   013
　　1519—1533年，意大利

2 次子   031
　　1533—1536年，法兰西

3 不孕   045
　　1536—1542年，法兰西

4 生育   057
　　1543—1553年，法兰西

5 王子   069
　　1537—1548年，苏格兰和法兰西

6 帝国   082
　　1547—1553年，法兰西

7 新娘   099
　　1558—1559年，法兰西

8 事故   114
　　1559年，法兰西

第二部分

1　玛丽的笔记本　　　　　　　　　　129
　　1548—1554年，法兰西

2　远嫁　　　　　　　　　　　　　　136
　　1559年，法兰西和西班牙

3　信件　　　　　　　　　　　　　　149
　　1559—1560年，法兰西和西班牙

4　国王的心，王后的身体　　　　　　168
　　1560年，西班牙

5　儿女　　　　　　　　　　　　　　187
　　1560—1561年，法兰西

第三部分

1　家　　　　　　　　　　　　　　　205
　　1560年，法兰西

2　唐·卡洛斯　　　　　　　　　　　215
　　1561年，法兰西和西班牙

3　考验　　　　　　　　　　　　　　225
　　1561年，法兰西和西班牙

4　回报　　　　　　　　　　　　　　235
　　1561年，法兰西、西班牙、苏格兰、英格兰

第四部分

1	女王的信仰	251
	1561—1563年,苏格兰、法兰西、西班牙	
2	天主教国王	276
	1562—1565年,苏格兰	
3	家事	291
	1565年,法兰西与西班牙交界处	
4	女王们的两个身体	308
	1566年,苏格兰和西班牙	
5	王子诞生	329
	1566—1567年,苏格兰和西班牙	
6	转折点	346
	1567年,法兰西和苏格兰	
7	女囚	358
	1567年,苏格兰利文湖堡	
8	王后之死	365
	1568年,苏格兰、英格兰、法兰西、西班牙	
9	最后的信	380
	1568年,西班牙、法兰西、英格兰	
10	女儿的爱	391
	1568年,西班牙和法兰西	

尾声	401
致谢	415
图片来源	419

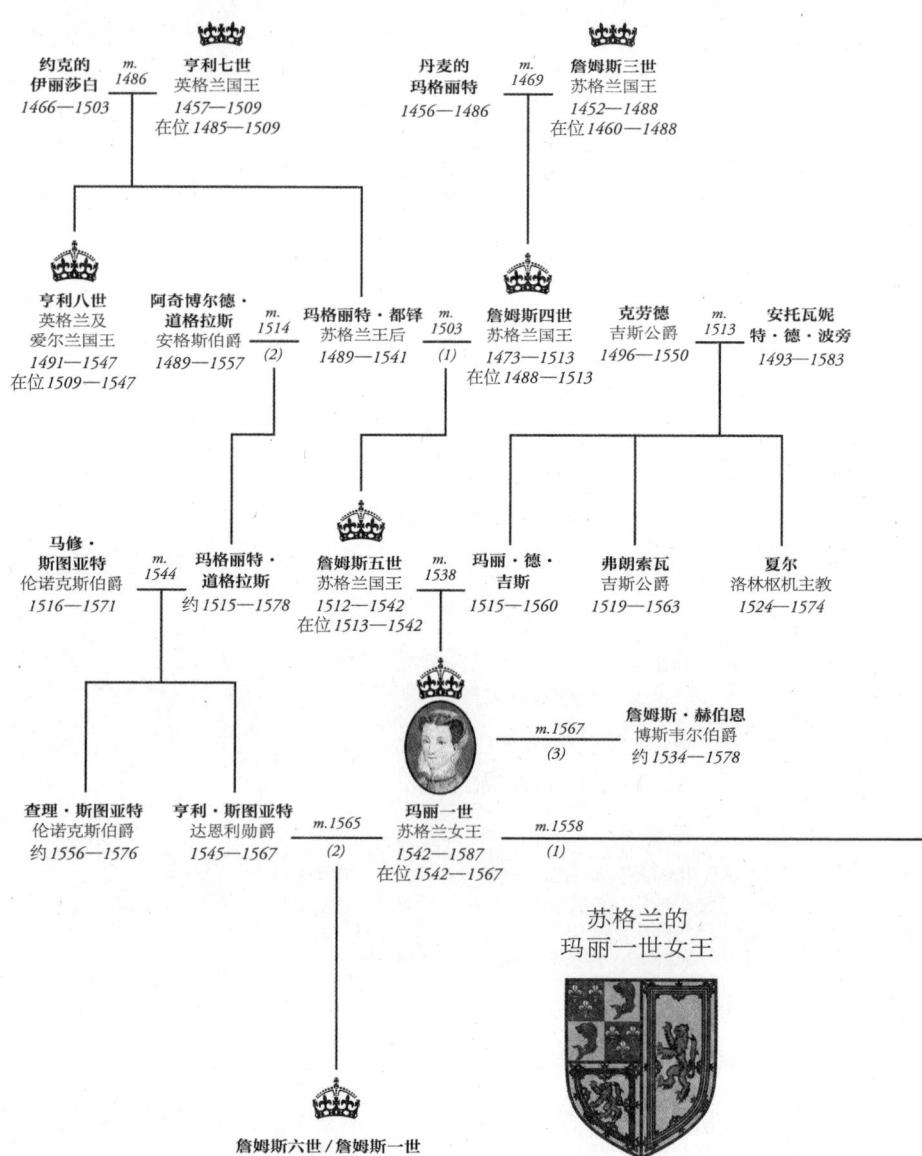

本表中"m."表结婚年份。——编者注，本书若无特殊标注，均为原注

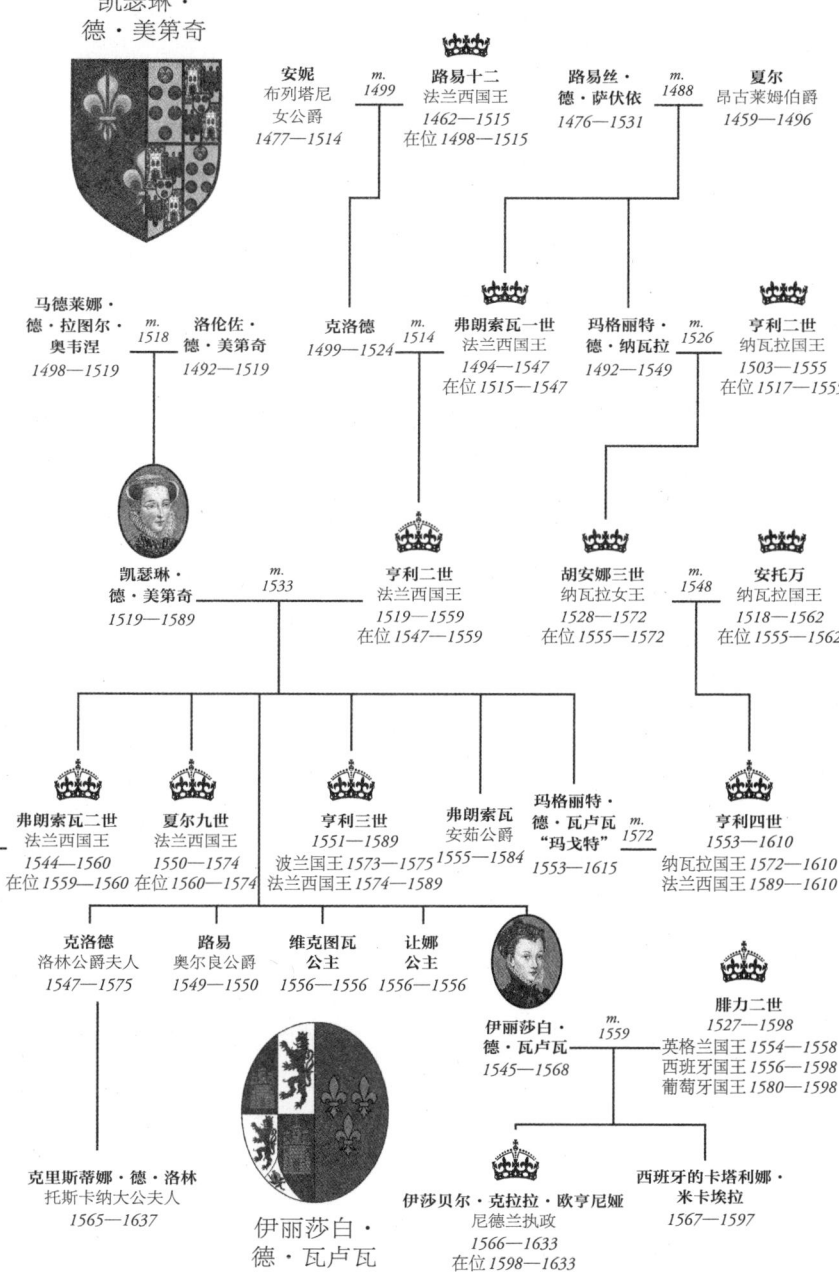

序幕

  小姑娘裹着本笃会修女的黑色长袍躺在床上，兜帽遮住了她被草草剪短的头发。远处喧闹声起，脚步声渐近。

  这是位于佛罗伦萨城北、皇帝党路的勒穆拉特修道院，石砌高墙和巨大木门把隐居的修女和见习修女与喧嚣嘈杂的佛罗伦萨市民隔开。她在修道院中央自己的卧室里等待。人们说勒穆拉特修道院是虔诚女子奉献自我的天堂，在这里会获得心灵宁静。但1530年7月20日的凌晨，十一岁的卡泰丽娜·德·美第奇（Caterina de'Medici）只感到恐惧。

  卡泰丽娜不是修女，也不是见习修女，而是统治佛罗伦萨的共和党议会的人质，暂居勒穆拉特修道院。那天晚上早些时候，议会派士兵和执法官举着火把来到修道院门口，群情激愤。三年前，也就是1527年，议会从美第奇家族手中夺取了对城市的控制权，然而现在他们已无法控制这座城市了。美第奇家族的教皇克雷芒七世在西班牙国王和神圣罗马帝国皇帝查理五世[1]的帮助下包围了佛罗伦萨。食物和供给逐渐短缺，市民暴动此起彼伏。议会已山穷水尽，只剩下最后一线希望。于是在那个7月的夜晚，议员们突然来到皇帝党路，打算接出那个年幼人质，迫使教皇撤兵。

  但议会没料到勒穆拉特修道院的修女会反抗。她们勇敢而固执，拒

---

[1] 查理五世作为西班牙国王时，称号是卡洛斯一世。——编者注

绝打开修道院的门。

夜幕降临，执法官们耐心耗尽。有人向士兵们下令。不久，木门就在枪声中崩裂，修道院门户洞开。

议会秘书西尔韦斯特罗·阿尔多布兰迪尼领人闯入，被一大群穿长袍、戴面纱的修女迎面挡住去路。为了阻止男人们进入修道院，修女们下跪俯伏，哀哭祈祷，恳求争辩。黎明时分，西尔韦斯特罗·阿尔多布兰迪尼终于从她们中间挤了过去，在大厅里搜索一通，最后在那个小房间里找到了他要找的人。

阿尔多布兰迪尼把卡泰丽娜从床上拖起来。小女孩裹着皱巴巴的修女长袍，疲惫而惊恐，看上去很可笑。阿尔多布兰迪尼以为她会很听话，但他想错了，卡泰丽娜寸步不让。即使在危急时刻，她仍坚毅顽强，一如她在未来岁月中的表现。有位修女曾说她"不屈不挠、宽宏大量"。在那些人冲进自己的房间之前，小卡泰丽娜已经决定要反抗了。

此后几十年间，那个可怕夜晚发生的故事仍在勒穆拉特修道院的修女们之间口口相传，成为修道院的传奇。直到16世纪末，准确说是1598年，朱斯蒂娜·尼科利尼修女才将其付诸笔端——当时她已经见到那个惊恐的小女孩最终成长为何等人物。卡泰丽娜出生于佛罗伦萨，辞世时已是法兰西王太后（Queen Mother）。她是法兰西王座之后不可忽视的人物，也是欧洲权力最大的女性之一。

卡泰丽娜是那个非凡时代的卓越女性。她的丈夫出乎意料地成了法兰西国王；她见证了新教改革在欧洲生根，也目睹了法兰西因宗教和政治冲突而四分五裂。她缔造和平，也发起战争。她生儿育女，其中有的长大成人，有的不幸夭折。她站在幼年登基的儿子们身边，帮他们顶起重逾千钧的王冠。在女儿们离开她出嫁时,她流下悲伤的眼泪;而当女儿们也做了母亲时,她又喜极而泣。

卡泰丽娜改变了法兰西的面貌,塑造了它的园林风格,还为它建造城堡和纪念碑。永远一身黑衣的她成了法兰西的象征,被全欧洲尊称为"王太后"。法兰西也改变了她。十几岁时,卡泰丽娜已经能说地道的法语,遵守法兰西习俗,还把自己的名字从意大利语的"卡泰丽娜"变成了法兰西式的"凯瑟琳"(Caterine)。尽管无法摆脱意大利平民血统,但她崇尚法兰西的贵族精神,珍视自己古老的法兰西贵族血脉。

这名后来成为法兰西王太后凯瑟琳·德·美第奇的女孩,因偶然机遇一步登天,令人惊叹。而更令人惊叹的是她的权力范围之广。凯瑟琳深思熟虑,选择牢牢掌控权力,树立威严,决心保护她的孩子和第二故乡——法兰西。她努力维持统治,带领法兰西走出战争泥潭。即使前路艰险,她也从不放弃。近三十年间,她一直是法兰西的实际统治者。

她以王太后身份干预政事时,敌人想把她送回后宫,让她做个终日照顾孩子的母亲。但凯瑟琳坚持与王儿并肩立于朝堂之上。

成为王太后之前,凯瑟琳·德·美第奇是法兰西王后,是国王亨利二世恭顺的妻子。他们的婚姻持续了二十五年有余,直到1559年夏天,亨利二世被一场可怕的事故夺去了生命。凯瑟琳穿起黑色丧服为他哀悼,身边是刚嫁给西班牙国王腓力二世的长女伊丽莎白·德·瓦卢瓦,还有儿媳、美丽的苏格兰女王玛丽·斯图亚特。这是出自同一国宫廷、处于权力巅峰的三位女性:法兰西王太后凯瑟琳、西班牙王后伊丽莎白和法兰西新王后玛丽。旧王薨逝,前途迷茫,令人恐惧。这两名十几岁的少女和一位即将步入中年的女性在悲伤中站在一起。

对凯瑟琳、伊丽莎白和玛丽来说，国王亨利二世的死意味着一个时代的结束。十多年来，她们在法兰西一同生活，血缘、婚姻、联盟、友谊、爱和孝心把她们绑在一起。国王的死给她们分配了新角色，赋予了她们新的政治责任，推动她们走向新的联盟，并给自己重新定位。很快她们就分道扬镳：1559年底，伊丽莎白离开童年的家，以西班牙王后的身份勇敢地进入新生活；1561年，玛丽回到苏格兰治理国家；凯瑟琳留在法兰西照看儿子，即当时才十岁的国王夏尔九世。伊丽莎白和玛丽告别彼此、告别法兰西，也告别了她们舒适的童年；凯瑟琳告别了自己年轻母亲的身份。这一切都将深刻改变她们余生的友谊和亲属关系。

凯瑟琳、伊丽莎白和玛丽是一家人，彼此之间曾建立起母女、姐妹的亲密关系。在某段时间里，她们彼此热爱、相互尊重——至少在政治压力破坏她们的关系之前。但即便如此，她们也从未忘记彼此的血缘关系和责任：玛丽总是称伊丽莎白为"妹妹"[1]，并温柔地承认对方是自己的童年密友之一，而伊丽莎白也没忘记那段时光。离开法兰西很久后，玛丽仍说自己是凯瑟琳的"女儿"，而凯瑟琳也会予以回应。

本书讲述了凯瑟琳、伊丽莎白和玛丽纠葛二十年的命运轨迹。若我们把她们的故事看作一个整体，就可以从中发现女性权力的模式；而若孤立地评估其中任何一位，就可能会漏掉重要内容，或得出肤浅的结论。凯瑟琳、伊丽莎白和玛丽统治着不同王国，被迫适应不同的习俗、文化、语言、宗教和期望。她们的性格截然不同，面对的压力也不一样。她们的经历与其说源自文化偶然性，不如说是由其女性身份塑造的。在她们眼中，对方就仿佛镜中的自己。

那些记录她们生活的信件、外交公文、大使报告、回忆录、诗歌、散文、

---

[1] 玛丽生于1542年，伊丽莎白生于1545年，玛丽于1558年与伊丽莎白的哥哥成婚。——编者注

笔记、编年史和肖像帮我们一窥她们王袍之下的女性本质。我们可以探索她们之间的友谊和嫉妒之情，观察她们的学业和最喜欢的消遣活动，研究她们童年的癖好和性格倾向，例如有人有些专横跋扈，还有人喜欢恶作剧。我们了解她们对婚姻的渴望和焦虑，青春期的动荡、对丈夫和母亲的爱和偶尔的怨恨。我们还可以体会她们在政治立场上的两难境地和内心的恐惧。我们开始了解她们，就像她们了解彼此一样——作为复杂且有瑕疵的人类，她们的潜力与缺点、弱点共存。

凯瑟琳、伊丽莎白和玛丽的王国被欧洲文艺复兴时期的政治网络紧密联系在一起。她们的统治受到16世纪下半叶欧洲巨变的影响：新教徒和天主教徒之间的战争轰轰烈烈；婚姻、生育和对家族的忠诚拨弄着政治棋盘上的棋子。战争的威胁和对叛乱的恐惧迫使她们在少女时代就承担起哪怕年长一倍的女性也会望而却步的政治责任。她们刚刚踏进青春期就走入婚姻圣坛，远嫁异国他乡，明白此生可能再也见不到家人。她们深受怀孕分娩之苦，王室联姻给她们的肉体打下深深的烙印。她们在焦虑和抑郁中挣扎，但仍不得不在人前扮演自己必须扮演的角色。

她们心中的希望、梦想、欲望和遗憾深刻影响了文艺复兴，其重要程度不亚于她们颁布的任何一项法令、发动的任何一场战争或生下的任何一位国王。

除了追溯凯瑟琳、伊丽莎白和玛丽的交缠人生轨迹，本书还拓宽视野，讲述了那个被女性统治的时代。她们是文艺复兴时期以各种方式统治王国的女性代表。掌握了至高无上权力的女王、凭丈夫的国王地位参政的王后、王夫去世后由儿子继位的王太后——在不同阶段，玛丽分别扮演过这三个角色，凯瑟琳扮演过其中两个，而伊丽莎白扮演过一个。

这就是16世纪欧洲女性统治者的多种面貌。与国王不同的是，女性能扮演的角色及权力范围取决于环境。在中世纪和现代早期的欧洲，男性君主司空见惯，而能登上王位的女性极少。至少在理论上，国王的地位至高无上，（除非发生政变）他的权威可以持续到死，而且他只对上帝负责。而女性统治者的身份更多变，可以扮演多个角色，相应权力在有生之年时盛时衰。

凯瑟琳、伊丽莎白和玛丽并不是文艺复兴时期欧洲仅有的掌权女性。相反，在她们生活的时代，女性以君主或"摄政王"的身份统治着许多欧洲王国，成就了那个前所未有的女性统治时代。之所以如此，部分原因是16世纪中期的宗教和政治斗争允许女性将政治权力延伸到远超正常预期的程度。例如，凯瑟琳·德·美第奇作为王太后，实际上有垂帘听政的权力——这可是前所未有的权威。即便是伊丽莎白·德·瓦卢瓦这样受困于生育任务的年轻女性，也常能以秘密迂回的方式影响政治。

然而，女性天生难以坐稳王位，无论作为女王还是国王配偶都是如此。比如，虽说苏格兰女王玛丽被赋予了与国王同样的世俗权威（理论上，这是上帝赋予的），但在根深蒂固的厌女文化中，她无法克服自己的性别弱势。在16世纪的君主政体中，所有忠诚的臣民都必须稳定国家、保护君主并维护君主权威。为王国牺牲的不仅是女性。为了君主利益，王室的男丁也可能成为棋子。为了王国的前途，国王也可能被迫做出痛苦的选择。

然而，在公众普遍认为女性身体和精神方面都不如男性的文化氛围中，性别定义并损害了女性统治者的权威，甚至贬低了她们对王国的价值。这使女王的统治更接近于国王配偶的统治，而非国王本人的统治。

没有哪个王国能欣然接受女子坐上王位或垂帘听政。女子登上王位，暗示该国很难抵御内忧外患。16世纪的宗教改革质疑罗马天主教会的

"教皇永无谬误论"和"君权神授"这两个曾构成社会基石的概念,使"性别上的弱点"成了特别的负担。在宗教动荡的困境中,由妇孺掌权的王国能否挺过风浪?君主制本身能延续吗?女性统治者尤其令人焦虑。因为男性幼主成人后尚能拥有男儿气概,而女性年纪再大,也终究无法超越其女子本性。

事实上,从凯瑟琳、伊丽莎白和玛丽出生的那一刻起,性别就决定了她们的未来。若能长大成人,她们所属的贵族阶层的女孩就会嫁人、生儿育女——家族抚养她们长大就是为了这些。看上去"好生养"是贵族女孩的"硬通货",她们会因此身价倍增,进而成为雄心勃勃的君主和家族联姻的筹码。凯瑟琳、伊丽莎白和玛丽将以不同方式诠释这一"真理"。她们的身体越过国界,成为象征性的资本,以及和平、联盟、财富或帝国的载体。

女王或王后对王国的首要义务就是生育。王位需要继承人,无论是王后还是至高无上的女王都无法逃避这一现实。[1] 王后能否在宫中拥有一席之地,取决于她能否平安生产。作为国王的配偶,如果凯瑟琳或伊丽莎白能生育子女,就能保住地位,获得庇护,若能诞育男丁就更不用说。如果做不到,她们就有被废的危险。作为女王,玛丽若能生下孩子,就能确保王位后继有人。然而在怀孕和分娩期间,玛丽要冒生命危险,王国安全也因此岌岌可危。讽刺的是,玛丽会发现,即使成功分娩,女王也可能处于危险中,甚至被逼下台。

16世纪,欧洲社会和宗教呈一团乱象,因此王室女性必须完成生育任务,确保王朝顺利延续,稳定文艺复兴时期的世界秩序。

决定命运的是生物学特征而非血统,这就是女王和王后面对的最根

---

[1] 不知有意还是无意,只有英格兰女王伊丽莎白一世成功摆脱了这种命运。几十年来,她的婚姻问题一直是王国关注的焦点,使她付出了巨大的情绪代价。

本的矛盾：她们的力量和最大的弱点都源于自己的子宫。

　　在有限的范围内，凯瑟琳、伊丽莎白和玛丽都尽最大努力走自己想走的路。在制定法律、控制御前议会和家族时，她们也会运用多年积累的经验、防患未然的技能和有利条件。伊丽莎白靠的是温柔的亲和力、外交天赋和母亲的指导；玛丽依靠魅力和美貌，以及根深蒂固的血统观念；凯瑟琳则靠母性的力量。谨慎而聪明的凯瑟琳学会了如何在发号施令的同时安抚对方。她总是依赖多年来建立的女性关系网。她懂得如何表演、如何讲故事。年轻时她便能看清一屋子人的心思。她知道掌权者喜欢听什么。

　　凯瑟琳自小就开始学习这些技能。与女儿和儿媳不同，她从幼时起就被迫探索自己的路，当时她还是"卡泰丽娜"，被朱斯蒂娜修女形容为"温柔、纯洁无辜的小姑娘"。修女回忆，1530年7月那个早晨，佛罗伦萨共和党议会的秘书来带走卡泰丽娜时，她就是这个样子。

　　小姑娘卡泰丽娜拥有庞大的财富，还有强大的人脉——教皇、国王和公爵都愿意投资她的未来。然而在勒穆拉特修道院面对阿尔多布兰迪尼时，她只是孤身一人。当时她以为自己要被杀了。"就年龄而言，她很矮小。"有位使节曾这样说。阿尔多布兰迪尼在她面前，想必就像高塔一样。

　　她剪掉头发，裹着修女袍，试图躲起来——那是孩子哄骗成年人的把戏，骗不过阿尔多布兰迪尼。然而在生死关头，卡泰丽娜不会束手受戮。

　　"你去告诉那些人，那些先生，"她对阿尔多布兰迪尼喊道，"我要当修女，永远待在这里，和可敬的嬷嬷们在一起！"

　　阿尔多布兰迪尼看看她的长袍，命令修女帮卡泰丽娜换回"她平时的衣服",但没人上前。

愤怒的阿尔多布兰迪尼一把抱起卡泰丽娜来到街上,把她放在马上。卡泰丽娜拼命反抗。阿尔多布兰迪尼带着她走在佛罗伦萨的街道上时,她哭着大声祈祷,说自己"还不到十一岁,为什么上帝如此厚爱她,让她有这么好的出身,又有这么多财富,却只是为了让她惨死"。在这个过程中,阿尔多布兰迪尼开始心软,也许是哭声牵动了他的心弦,也许是他钦佩小女孩的勇气——尽管被持枪士兵团团包围,她仍不顺从,表现出非凡的镇定态度。也许修女们就是因为效忠于她,才会联合起来反对他,这说明上帝站在了卡泰丽娜那一边。修女和卡泰丽娜本人的行为感动了阿尔多布兰迪尼。在勒穆拉特修道院里,他见识了真正的勇敢。

阿尔多布兰迪尼向卡泰丽娜保证,自己不会伤害她,还答应在一个月内把她送回勒穆拉特修道院。事实证明,尽管局势不利于共和党议会,但他言而有信。几周后,议会向教皇克雷芒七世投降,佛罗伦萨人将卡泰丽娜护送回修道院,修女们张开双臂欢迎她。她永远不会忘记她们在1530年夏天的义举。她们非常爱她,朱斯蒂娜修女写道。卡泰丽娜深深感激这份爱,并在有生之年多次给勒穆拉特修道院送去礼物。多年以后,朱斯蒂娜为法兰西王太后赐予修女们的一切感到骄傲。

尽管名字中的"Clement"有仁慈之意,但教皇克雷芒七世不会对共和党议会手下留情。在教皇恢复美第奇家族及其追随者的权力后,有六名议员被斩首,而其他人饱受折磨,最后被驱逐出城。

虽然阿尔多布兰迪尼也被判处死刑,但卡泰丽娜插手,将死刑改为流放,使他幸免于难。她决定原谅阿尔多布兰迪尼。[1]他曾对她很温柔。"我从未见过像她这个年纪的孩童能如此迅速地感知别人的善意和

---

[1]几年后的1536年,阿尔多布兰迪尼的儿子伊波利托出生。这个孩子于1592年成为教皇克雷芒八世。在朱斯蒂娜修女撰写编年史的1598年,克雷芒八世仍在位。

恶意。"某位法兰西外交使节曾这样描述她,他能感受到她品质中的某种力量。卡泰丽娜有恩必报,但即便是最微薄的善意,也会得到她的回报。十一岁的她就知道自己有发言权。她知道人是会倾听的。

慷慨大度也有某种力量。

第一部分

1
孤女
1519—1533 年，意大利

1533年9月，十四岁的凯瑟琳·德·美第奇登上桨帆船，从意大利北部的韦内雷港出发，前往法兰西南海岸毗邻尼斯的港口城市维尔弗朗什。天气晴好，航程顺利，预计几天后就能到达目的地。她带走了许多装在大箱子、板条箱和首饰盒里的珍贵物品，还有无数有关痛苦、忧虑，甚至是畏惧的回忆。回忆中也有表亲的笑脸、玫瑰香丸的芬芳，以及涂了果酱的甜面包的黏稠口感。在尼斯，她将觐见法兰西国王——现在是她的君主，但不久后就会成为她的公公。她还会见到国王的儿子，也就是奥尔良公爵亨利，她未来的丈夫。虽然还没订婚，但她在心理上已经进入了新娘的角色。她现在仍然使用"卡泰丽娜"这个签名，不久后它就会变成"凯瑟琳"。她已经试着签过一两次这个名字，紧握羽毛笔，让笔尖在纸面上划过。

从某种意义上说，凯瑟琳·德·美第奇的传奇并非始于她的出生，而始于地中海那片水域，始于在夏末微风中摆动的船帆。这是她从意大利前往法兰西，从少女成长为新娘，从美第奇家族来到法兰西王室，从闺房走向婚姻圣坛的转折点。当那些观察文艺复兴时期动荡政局的人注意到她，品评她的容貌、举止和生育潜力时，她的政治砝码已经又重了几分。从那一刻起，凯瑟琳在史书上留下的足迹更为醒目。十四岁的她不过是个黄毛丫头,不知道会有什么在未来等着自己。然而在16世纪,她的故事毫不稀奇:富家女远嫁他国,与王孙婚配——促成婚姻的不是爱情或美貌,而是她的妆奁和价值。这就是凯瑟琳的母亲,以及与凯瑟琳生活在同一时代、同一片土地上无数女孩的宿命。对她们来说,这宿命就像太阳从东方升起一样——自古如此,未来亦然。

离开意大利的凯瑟琳并未挥别父母,因为她几乎从出生起就成了孤女。她的父亲名叫洛伦佐·迪·皮耶罗·德·美第奇,曾是乌尔比诺公爵兼佛罗伦萨的统治者。洛伦佐是美第奇家族嫡系后裔,是15世纪被称为"豪华王"的伟大佛罗伦萨银行家和赞助人洛伦佐·德·美第奇的孙子,他也继承了祖父的名字。

她的母亲是年轻的法兰西贵女、布洛涅女伯爵马德莱娜·德·拉图尔·奥韦涅,有时许多与她同时代和后世的历史学家会忽略这个事实。马德莱娜在嫁给意大利人洛伦佐之前也是孤女。她奉法兰西国王弗朗索瓦一世之命成婚。佛罗伦萨的凯瑟琳还是个嗷嗷待哺的婴儿时,弗朗索瓦一世就注意到了她。在遥远的法兰西,他开始筹划这个孩子的未来,认为她或许能扩大法兰西的版图。直到若干年后,国王对凯瑟琳的计划才得以实施,而此时马德莱娜·德·拉图尔·奥韦涅已辞世多年。

凯瑟琳·德·美第奇在1533年9月扬帆启航,前往那个虽从未踏足,却在冥冥之中让她有种亲切感的地方——她母亲的祖国。

她正在延续母亲的故事。从某种意义上说,凯瑟琳要回家了。

她在圣洛伦佐的美第奇教区教堂受洗,教名为卡泰丽娜·玛丽亚·罗穆拉。她是"豪华王"的曾孙女,而她童年的每件大事都与这份血缘密不可分。从她出生开始,各位王公诸侯就时不时把她纳入自己各种突发奇想的计划，而她的命运也随意大利和欧洲政治的潮起潮落而起伏。甚至连她在母体中的孕育也带有政治色彩——那些野心勃勃的亲戚密谋撮合她的父母，又怀着喜悦和贪婪之情期待两人血脉的结晶降生。

她的父母于1518年成婚，这桩联姻是美第奇教皇莱奥十世和年轻的法兰西国王弗朗索瓦一世一手促成的。他们的婚礼在弗朗索瓦一世位于安布瓦兹的宏伟王室城堡中举行。当时，被称为"意大利战争"的一系列血腥冲突已经困扰了几代法兰西国王。

弗朗索瓦一世于1515年登上法兰西王位，年方二十。那时的他魅力非凡，健壮敏捷，虽贵为王室成员，却能驰骋疆场，觉得顶盔掼甲同遍身罗绮一样舒适。当时他已隐隐有了崛起为传奇君王的苗头。有位英格兰外交家说弗朗索瓦一世"喜听奉承"。国王沉迷于聚会狩猎，喜欢被漂亮女人围着讨好；他也雄心勃勃，准备与欧洲其他年轻国王一较高下。弗朗索瓦一世登基前后的十年间，英格兰的亨利八世和西班牙的卡洛斯一世都登上了王位。1509年，亨利八世在十九岁生日之前继承王位，而卡洛斯一世在1516年掌权时只有十六岁。卡洛斯一世的母系长辈有卡斯蒂利亚的伊莎贝尔二世和阿拉贡的费迪南德一世，父系亲属则包括哈布斯堡家族的历代勃艮第公爵，于是他将荷兰的大部分省份并入了西班牙的版图。十九岁时，卡洛斯一世将哈布斯堡家族的奥地利领土，以及某些意大利地区纳入不断扩大的疆域。1519年，他们的竞争已经白热化：卡洛斯一世击败弗朗索瓦一世，成为神圣罗马帝国皇帝查理五世。从那一刻起，所有人都称他为"皇帝陛下"。

年轻君主间的竞争成就了那个时代，他们都想在战场和朝堂上胜出。时髦的弗朗索瓦一世将文艺复兴思潮引入法兰西，把意大利的艺术、艺术家和建筑带到自己的宫殿园林，还资助著名学者和作家。查理五世宣称西班牙是"日不落帝国"，残酷无情地蚕食欧洲，越过地中海进入非洲，横渡大西洋进入新世界。作为英格兰都铎王朝的第二位君主，亨利八世总觉得王位不稳，渴望有个儿子作继承人。他派英格兰军队越过边境进入苏格兰，要不惜一切代价把王国扩大到整个不列颠。同时代的画家为这几位国王画的肖像表现出他们的男子气概。随着时间的推移，他们的胡子越来越浓密，袖子越来越宽，裆袋越来越大，佩剑越来越长，站立时双腿分得也越来越开，似乎在暗示他们昂首阔步的神气样子。

自14世纪英格兰征服加来以来，英格兰君主都自称为"法兰西国王"——弗朗索瓦一世因此深恨亨利八世。但真正被弗朗索瓦一世视为头号宿敌的是查理五世，他们的战场就是意大利的靴形版图。自15世纪晚期以来，法兰西国王和西班牙国王一直在争夺意大利几个省的统治权。弗朗索瓦一世即位后不久就接手了这项重任，并把目光投向米兰、热那亚和那不勒斯。在早年与查理五世的"意大利战争"中，弗朗索瓦一世输多胜少、耗尽国库，法兰西人的鲜血洒遍了意大利的国土。弗朗索瓦一世对自己的进展十分不满，于是想方设法让教皇莱奥十世支持他的意大利事业。

1517年9月，他写信给年轻的洛伦佐·德·美第奇二世，即佛罗伦萨银行家族的后裔、教皇之侄。"我希望……您能娶一位美丽高贵的女士，"他试探着说，"她将成为我的亲戚，拥有高贵的血统，这样我对您的宠爱会更加深切坚定。""求之不得，"洛伦佐故作腼腆地答道，"我愿从陛下手中接过这位女士的手。"[1]

这是等价交换。教皇莱奥十世有权将米兰授予弗朗索瓦一世。作为

---

[1] 这不是法兰西王室和美第奇家族的第一次政治联姻。1515年，弗朗索瓦一世继位几个月后，就雄心勃勃地将目光投向意大利。他把自己的姨妈菲利贝尔·德·萨伏依（Philiberte de Savoy）嫁给莱奥十世的弟弟朱利亚诺。她出嫁时没有嫁妆，因为与王室联姻本身就是珍贵的资产。这次联姻毫无结果。朱利亚诺在婚礼后不到一年就去世了，没有留下子女。没有孩子作为纽带，联盟逐渐瓦解。

交换，法兰西国王向美第奇家族提供王室支持和贵族地位——他知道这是美第奇家族几代人的渴望。

就算美第奇家族富可敌国，也改变不了他们平民出身的事实。当然，没人能否认他们的重要性。这个家族在几百年的时间里学会了打持久战。通过几代人的努力，他们逐渐成为佛罗伦萨事实上的统治者和整个欧洲的权力掮客。这个家族在13世纪掘到了第一桶金，于14世纪从平民阶层崛起。在佛罗伦萨，美第奇家族自命为平民领袖，与统治罗马和米兰的奥尔西尼和维斯孔蒂等贵族形成鲜明对比，他们的平民出身也因此成为有利条件。慢慢地，美第奇家族渗透到佛罗伦萨的产业，聚敛财富、获取权力，打入枢机主教团，并渴望获得教皇宝座。他们把美第奇家徽——由形如药丸或拔罐的六个球组成，据说可以追溯到其行医的祖先——刻到纪念碑和教堂上、画在壁画上、印在书籍封面上、刻在佛罗伦萨人的心灵和思想上。

15世纪早期，美第奇家族成为佛罗伦萨共和国名义上的领袖。到15世纪中叶，他们为欧洲各地的国君王公提供经济担保。"豪华王"洛伦佐·德·美第奇一世见证了佛罗伦萨的黄金时代。"佛罗伦萨一片祥和，"美第奇的狂热支持者、历史学家圭恰迪尼说，"人们每天陶醉于壮观场面、节日庆典和层出不穷的奇观。"路无饥馁，艺术文化蓬勃发展。"城市运行良好……精英和有教养的人生活欣欣向荣。"

弗朗索瓦一世说到做到。他选择的新娘是远房表亲马德莱娜·德·拉图尔·奥韦涅，一位相当富有且血统高贵纯粹的孤女，年方十六，而当时洛伦佐·德·美第奇二十六岁。为进一步取悦教皇，法兰西国王于次年春天，即1518年4月28日在他最喜欢的安布瓦兹城堡为新人举行婚礼，还亲自护送新娘走上圣坛，并在婚礼后安排了为期十天的烛光芭蕾表演、舞会、比武和宴会。那年夏天，洛伦佐把马德莱娜带回佛罗伦萨不久，就写信给教皇莱奥十世和国王弗朗索瓦一世，宣布新娘已怀有身孕。1519年4月13日上午11点整，马德莱娜生下了卡泰丽娜。

孩子出生两周后，马德莱娜就去世了。医生向悲伤的家属解释说，她的死因很可能是产褥热，她的子宫没能"排净污血"。几天后的5月4日，洛伦佐就跟随妻子进入坟墓，美第奇家族愈加悲痛。几周前，洛伦佐因发烧而躺在病床上抽搐，病魔（可能是梅毒）从婚礼前就一直困扰着他。洛伦佐死后，法兰西和美第奇联盟宣告瓦解。弗朗索瓦一世无法挽回与教皇间的融洽关系。1521年，莱奥十世抛弃了弗朗索瓦一世，与他的死敌查理五世签订新条约。莱奥十世看出西班牙统治意大利之势已不可阻挡，于是选择押注于赢家。

莱奥十世为洛伦佐的去世而洒泪，然后便跑去继承美第奇的遗产。他为婴儿卡泰丽娜取得了乌尔比诺公爵领地的所有权，并派堂弟朱利奥·德·美第奇去稳固美第奇家族"佛罗伦萨管理者"的地位。该拿这个女婴怎么办呢？弗朗索瓦一世曾提出在法兰西宫廷抚养卡泰丽娜，但被莱奥十世礼貌地拒绝了——他不愿让法兰西人控制自己的谈判筹码。相反，教皇把孩子送到了她美第奇家族的姑姑克拉丽斯那里抚养。克拉丽斯住在罗马，夫家姓斯特罗齐，两人有不少子女，而且数量仍在不断增长。

在接下来的几年里，卡泰丽娜一直住在克拉丽斯·斯特罗齐家里。这是一场长线博弈。教皇莱奥十世本希望马德莱娜能生个男孩，好继承父亲的头衔和财产，把美第奇家族的好运带到法兰西和其他地方。然而事与愿违，美第奇家族只得到了一个女孩。当然，总有一天，她能通过出嫁来实现价值，缔结其他政治联盟，但前提是她能活到成年。考虑到在16世纪，无论家境多么富有，无论父母多么悉心照料，仍有一半孩子活不到七岁，这个前提实在不算有把握。事实上，在三个月大的时候，婴儿卡泰丽娜曾病入膏肓，教皇莱奥十世还担心美第奇家族又要办一场丧事。虽说孩子挺过来了，但大家都知道病魔会随时到来。

然而死神先带走的人是教皇。1521年12月1日，莱奥十世突然去世，就在几周前，他把米兰交给了查理五世。新教皇哈德良六世是荷兰人，对美第奇家族的事务和那个婴儿不感兴趣。哈德良六世戴上渔夫戒指，把卡泰丽娜留在斯特罗齐家。在那短暂而幸福的几年里，她几乎被遗忘了。

从女婴卡泰丽娜被抱进罗马斯特罗齐家的豪宅，直到1527年八岁的她出现在勒穆拉特修道院门口，史书中几乎没有关于她这段生活的记载。克拉丽斯·斯特罗齐是善良而细心的养母，但没有留下年幼外甥女的只言片语，也没有留下小姑娘的画像——或者有过，却没能保存下来。我们只能发挥想象力。这几年中，卡泰丽娜在表兄弟姐妹中长大，从此对斯特罗齐一家的亲人依恋终生。正是在克拉丽斯家里，小孤女享受到家庭的乐趣，并且懂得了作为美第奇家族的成员意味着什么。

斯特罗齐家很热闹。卡泰丽娜生活在妇孺中，遵守幼儿行为规则，按时用餐、玩耍、睡觉。在几乎不受新教影响、天主教盛行的欧洲大陆，她以天主教和拉丁民族的方式祈祷——就美第奇和斯特罗齐夫妇而言，这是唯一的方式。她在阳光明媚的露台上行走、奔跑，在时尚的美第奇花园的雕塑和栗树之间嬉戏——这种时尚设计由克拉丽斯带到罗马。文艺复兴时期花园里的芬芳和斑斓色彩塑造了她的感官，教会她分辨甜瓜、迷迭香和玫瑰的香味，感受锦簇的绣球花的触感。美第奇和斯特罗齐的品位塑造了小女孩的审美。不知不觉中，她懂得了什么是美。

卡泰丽娜与表兄弟姐妹一起玩耍，轻松地玩"盲人抓人"和捉迷藏等游戏,用抛光的石头当作弹球在瓷砖上玩。斯特罗齐家的男孩骑着小马学习贵族技巧时,她给布娃娃穿上缀着蕾丝的绸缎裙子。大斋节时,她玩陀螺,每天都有各种小玩具消遣时光。她经历了童年的跌跌撞撞,体验了吵闹伤心,也感受了轻松欢快。

卡泰丽娜还太小,不能上学,也不能享用圣餐的薄饼和葡萄酒。这两件事都要等她七八岁之后才可以,根据天主教会的说法,那时孩子们逐渐懂事,而且也度过了容易夭折的危险时期。但像卡泰丽娜这个年纪的小女孩可以开始学习缝纫、表达自我、基础知识和唱歌。最重要的是,她学会了祈祷:《万福马利亚》、教义、主祷文。孩提时代的她看到念珠从腰带上垂下来不断晃动,听到人们和着教堂钟声齐唱。她学习"圣母时祷",明白自己在克拉丽斯家里,以及在上帝面前的位置。

是不是在克拉丽斯家里,她第一次了解了母亲的家族?美第奇家族渴望与贵族联姻,不满足于马德莱娜引以为豪的法兰西王室血脉。马德莱娜的母亲出身于波旁家族支系。波旁家族是神圣十字军国王路易九世的后裔,是法兰西第二高贵的家族。波旁家族被称为"血亲王孙"(princes of the blood),如果当前的瓦卢瓦王朝灭亡,它将继承法兰西王位。尽管国王弗朗索瓦一世和他"好生养"的妻子克洛德生的儿子已经够多,下一代国王还将姓瓦卢瓦,但波旁家族仍不可小觑。这个家族深受法兰西臣民爱戴,因其古老血统而备受尊敬。1518年,弗朗索瓦一世确实信守了对美第奇家族的承诺,将姓波旁的马德莱娜送到了安布瓦兹的婚礼圣坛前。

小女孩卡泰丽娜是什么时候知道自己有高贵血统的?她问过什么关于母亲的问题?有位意大利使节曾滔滔不绝地称赞马德莱娜"美丽而睿智……优雅而值得尊敬",这种溢美之词说明不了什么。小卡泰丽娜知道马德莱娜拥有巨额财富,知道她在奥弗涅拥有绵延的庄园,也许还见过她的画像。我们对马德莱娜的生平所知不多，也无法确定她的外貌。有人认为现在挂在乌菲齐美术馆的某幅画是马德莱娜的肖像。这幅画上，身材苗条的女孩穿着黑色天鹅绒紧身上衣，红色的华丽袖子垂在两边，头上戴着法式兜帽。她头发赤褐，脸颊圆润，双眼湛蓝。

成年后，卡泰丽娜会更珍视传给自己法兰西血统的母亲。她会在苏瓦松的私人陈列室里挂一幅母亲的画像（现已遗失），会委托著名书法家若弗鲁瓦·托里抄写记述母亲的祖先——诸位奥弗涅伯爵历史的书籍，并把它们小心翼翼地保存在私人藏书库中。她可能听说过父母在佛罗伦萨办婚宴时，来自美第奇家族的祖母把莱奥十世的肖像立在主桌上，还订购了大量丝绸，以至于把佛罗伦萨商人的存货都买光了（只能跑到附近的卢卡和威尼斯去买）。如果说故事和画像只能让卡泰丽娜模糊地认识母亲的出身，那么她与法兰西的实际联系，很快就会因一位抵达罗马的苏格兰－法兰西混血贵族军人而变得清晰起来。

他的名字叫约翰·斯图亚特，是奥尔巴尼公爵，也是卡泰丽娜的姨父。1525年，他被弗朗索瓦一世派去罗马。他来到斯特罗齐宅邸时，卡泰丽娜只有六岁左右。

弗朗索瓦一世并没有忘记美第奇家族的孤女。多年来，一直有人向他报告她的下落和健康状况。荷兰籍教皇哈德良六世在位时，美第奇家族在欧洲舞台上的政治影响力有所下降，不过事实证明这只是暂时的。1523年9月哈德良六世去世后，教皇选举会议推选枢机主教朱利奥·德·美第奇为新教皇，称克雷芒七世。尽管哈德良六世对卡泰丽娜毫不在意，但克雷芒七世对这个女孩重新产生了兴趣，并自称为她的叔叔（他其实是卡泰丽娜的远房堂兄）。克雷芒七世上位后，弗朗索瓦一世重拾与美第奇家族结盟的希望。在与查理五世无休止的冲突中，法兰西国王再次向教皇伸出橄榄枝。

1525年,"意大利战争"让弗朗索瓦一世的霸业跌至新低谷。同年2月,查理五世的"帝国军队"在帕维亚的血战中重创法军,屠杀法兰西贵族的精英子弟,并将弗朗索瓦一世囚禁在西班牙。尽管具体时间尚不清楚,但弗朗索瓦一世很可能在西班牙监狱里写信给亲信顾问兼将军、奥尔巴尼公爵约翰·斯图亚特,敦促他拜访新教皇。弗朗索瓦一世建议,在罗马期间,奥尔巴尼公爵可以去斯特罗齐家看看。

奥尔巴尼公爵约翰·斯图亚特宽肩膀、高个子,是苏格兰人,也是法兰西人。奥尔巴尼出生于法兰西,母亲为法兰西女公爵,父亲是苏格兰王公,他本人是苏格兰国王詹姆斯二世的孙子。他也是马德莱娜·德·拉图尔·奥韦涅和她姐姐安妮的表亲。奥尔巴尼公爵和她们一起度过了快乐的童年,在奥弗涅树木繁茂的山丘上打猎、大声喊叫。他虽说是苏格兰王位继承人之一,但成年后的大部分时间都在为弗朗索瓦一世服务,对国王表现出无可指摘的忠诚。如果说奥尔巴尼公爵这个头衔属于苏格兰,那么他的心就属于法兰西。法语是他的第一语言,他毕生爱用法语签名让·斯图亚特而不是约翰·斯图亚特。

奥尔巴尼公爵娶了表妹安妮·德·拉图尔·奥韦涅,并在妻妹马德莱娜的父母去世后收留了她,做她的监护人。奥尔巴尼公爵与两个表妹关系密切,他深爱着安妮——这种感情在那个包办婚姻的时代很不寻常。他们的三个孩子都夭折了。1524年,马德莱娜去世五年后,安妮也离开了人世,将自己的土地遗赠给外甥女卡泰丽娜,使她成为奥韦涅财富的唯一继承人。直到1525年在斯特罗齐宅邸里,奥尔巴尼公爵才见到卡泰丽娜。当时他有没有觉得这个小姑娘长得像自己的爱妻或妻妹呢?[1]

如果说是对亡妻的爱使奥尔巴尼关注卡泰丽娜,那么他在罗马的首

---

[1] 奥尔巴尼公爵终身未续弦,这对他那个阶级的人来说很不寻常。尽管安妮将财产都遗赠给了卡泰丽娜,但她也确保奥尔巴尼公爵在有生之年可以使用这些财产,并将所有的家具、挂毯和珠宝都留给了他。

要任务就是扩大弗朗索瓦一世的政治利益。尽管卡泰丽娜还年轻,但弗朗索瓦一世已经将她视为未来征服意大利的关键。在接下来的几年里,奥尔巴尼会尽职尽责地遥遥照拂自己的表外甥女。

对卡泰丽娜来说,这几年过得并不太平,"意大利战争"给欧洲带来了翻天覆地的变化。促使卡泰丽娜来到勒穆拉特修道院的事件在1527年初现端倪。那时克拉丽斯·斯特罗齐已经把八岁的卡泰丽娜带回了佛罗伦萨。虽然搬家的确切原因尚不清楚,但很可能是由于当时克雷芒七世已经迁至梵蒂冈,想让美第奇家族在佛罗伦萨有一席之地。

同年,已走出西班牙监牢的弗朗索瓦一世再次计划在教皇的帮助下,将查理五世逐出意大利半岛。在春天被彻底击败后,弗朗索瓦一世撤回法兰西重整旗鼓。查理五世的军队在托斯卡纳徘徊。军饷的延迟发放让这群杂兵忍饥挨饿、百无聊赖、怨气冲天。随着春天天气变暖,这群乌合之众变得吵闹不休。4月下旬,他们向南进军,堪堪绕开佛罗伦萨。5月6日,他们攻破罗马城墙,开始洗劫。

"罗马之劫"相当残酷,罗马民兵根本无法抵抗接下来几周即将发生的屠杀、强奸和洗劫。教皇克雷芒七世被迫逃离梵蒂冈,经秘密通道逃到了圣天使堡,但无法继续向前。他被困在那里,成为永恒之城罗马在这场浩劫中的人质。[1]

与此同时,佛罗伦萨爆发内乱。4月,由于担心暴乱的帝国军队占领城市,佛罗伦萨市民要求允许大家携带武器,便于自卫。愤怒的市民挤满了领主广场,爬上今天的佛罗伦萨旧宫屋顶,打碎窗户,把家具碎

---

[1] 查理五世没有帮助教皇,也没有约束哗变的军队。他对教皇在1526年科尼亚克同盟中与法兰西结盟反抗帝国衔恨已久,决心让教皇克雷芒付出代价。

片像雨点般砸到下面街道的乱兵身上。在混乱中,新政府开始组建,由自称共和党议会的地方治安法官领导。5月,佛罗伦萨得知克雷芒七世在罗马被扣为人质,议会决定发动进攻,以出人意料的一击打败了克雷芒七世在佛罗伦萨的代理人。美第奇家族失去了权力。

没过多久,议会就在美第奇的乡村庄园波焦阿卡亚诺找到了卡泰丽娜。她和克拉丽斯为了逃离佛罗伦萨的动荡才躲在那里。起初,议会把卡泰丽娜轮流安置在各个恶臭肮脏、瘟疫横行的修道院里。但经克拉丽斯·斯特罗齐和奥尔巴尼公爵强烈抗议后,议会将她送到了勒穆拉特本笃会修道院。据朱斯蒂娜修女在事后很久留下的记录,卡泰丽娜脖子上戴着"金属带"来到修道院门口。她将与勒穆拉特修道院的修女待在一起整整三年。

这件事唯一的可取之处是,尽管被限制了自由,但在某种程度上,卡泰丽娜在勒穆拉特修道院找到了动荡城市中的一方净土。修道院物质条件优越,虔诚的修女们属于本笃会,而不是发愿要保持清贫的方济各会。勒穆拉特修道院花园宽广、食物丰富,房间也布置得不错。一代代美第奇女性在那里静修,修道院的某位院长在卡泰丽娜的洗礼仪式上成为她的教母之一。勒穆拉特修道院的金库里装满了美第奇家族赞助的黄金——也是因为这点,议会才把他们的小人质送进这家修道院。

她的生活舒适,甚至充满爱。晨间弥撒和祈祷占据了她大部分的时间,还有其他各种活动填补余下的空白。虔诚的修女都是女红高手,她们绣桌布、教堂地幔等一切织物。也许正是勒穆拉特修道院培养了卡泰丽娜一生对刺绣的热爱。修道院里有很多女抄写员,她们识文断字,还能用银色和金色墨水写装饰体的文字,可能正是她们中的某个人教会了小姑娘写字。从第一次提起笔开始,她一生都在写信。也许她曾用鲁特琴或维吉那琴打发时间,因为院长嬷嬷们喜欢音乐,收藏有各种各样的乐器。不知什么原因,葡萄牙国王每年都会给修女们送几箱糖。卡泰丽娜可能也帮她们做蜜饯和甜果酱,好搭配修女们常烤的那种面包吃。

并不是所有修女都喜欢美第奇家族。有位佛罗伦萨市民指出,她们经常争吵,"不同派系各执己见"。这种内讧可能会以消极进攻的单调方式进行。有时卡泰丽娜醒来,会发现修女们把小面包揉成美第奇家徽的形状,或看到小花簇被巧妙地摆放在窗台和桌子上,紧密聚成六个小球。虽然修女与世隔绝,但她们表达政治观点时非常干脆,言语有种力量,似乎面包和花束也一样。

据朱斯蒂娜修女回忆,尽管她们彼此经常口角,但所有修女都对卡泰丽娜很好。毕竟,她"才八岁"。此外,她是个好姑娘,"从不曾粗鲁地对待任何人",而且举止"非常有礼"。

即便如此,修女的关爱也无法减轻卡泰丽娜的压力。市民对美第奇家族一如既往的支持使议会失望,于是他们想尽办法折磨这个小姑娘。他们让她缴税,还让她归还付给已故父亲的赔偿金。为了防止消息通过外交渠道走漏到法兰西和罗马,议会禁止大部分人见她,到1529年更是完全禁止她见客。卡泰丽娜知道自己是个囚犯。"从她到达的那一刻起,"朱斯蒂娜解释说,"痛苦……恐惧和惊骇就攫住了她的灵魂。"1528年5月,当克拉丽斯·斯特罗齐突然去世的消息传到修道院时,她肯定十分悲伤。克拉丽斯是卡泰丽娜心中唯一的母亲。

她几乎是孤家寡人——但还不完全是。虽然克拉丽斯去世,但卡泰丽娜逐渐意识到,修道院的墙外有自己的盟友。法兰西使节想方设法将来自意大利的信使偷偷带进修道院(无疑是借某个对美第奇家族友好的修女之便)。他们让卡泰丽娜振作起来,说有像法兰西国王弗朗索瓦一世这样有权势的朋友正关注着她。法兰西取得的胜利寥寥无几。法兰西使节们哄骗共和党议会给这个女孩拨更多款项来支付她的花销。奥尔巴尼公爵继续抗议她受到的不公待遇，并代表她提出质询。

1528年12月，有位法兰西特使向奥尔巴尼公爵报告严峻的消息："您的外甥女还在修道院里。她做得不错，但佛罗伦萨那些先生几乎都不去看望她，也不敬重她。他们更希望她已经'死了'。"然后特使提到了关于卡泰丽娜的不同寻常的消息。"她希望您，"他告诉奥尔巴尼公爵，"从法兰西代她送礼物给费拉拉公爵。"她是在感谢费拉拉公爵不为人知的帮助吗？她在寻求他的援助吗？她已经在学习建立关系网了。她知道可以依靠姨父奥尔巴尼公爵。

人们大多认为，卡泰丽娜是在婚后及生育后才对法兰西产生依恋之情。但她与法兰西的纽带可能在年幼时就已建立起来。卡泰丽娜毕生都在回报那些真诚待她的人。在勒穆拉特修道院的艰难岁月里，是奥尔巴尼公爵和弗朗索瓦一世派来使者试图减轻她的痛苦。卡泰丽娜对奥尔巴尼公爵产生了强烈依恋。不知从何时起，她开始叫他"父亲"。她现存的信中，第一封信（写于十四岁）就是寄给奥尔巴尼公爵的。"致我的姨父和父亲"——她在每封信的开头都这样写。

勒穆拉特修道院的修女对她同样忠心耿耿。事实上，在某些方面，她们对她的忠诚超过了所有与她保持联系的法兰西人。即便是支持共和党的修女，也在1530年7月那个恐怖之夜，在议会秘书西尔韦斯特罗·阿尔多布兰迪尼带领士兵冲进修道院时保护过卡泰丽娜。那时，佛罗伦萨的食物短缺已经持续了数周。"罗马之劫"发生三年后，克雷芒七世终于与查理五世讲和。他们一起派遣帝国军队围攻佛罗伦萨，意图恢复美第奇家族的统治。令人发指的谣言在城里流传。据说为了报复围城的敌军，议会计划把卡泰丽娜送到妓院，毁了她的名声，这样她就不能再为教皇克雷芒七世的联姻阴谋服务。他们还说要把她拖到城墙上,让步步紧逼的帝国军队拿她当靶子打。那个夏天的早晨,当阿尔多布兰迪尼进入她的小房间时,卡泰丽娜还不知道自己的命运会走向何方。

那一刻,法兰西人帮不上卡泰丽娜。勒穆拉特修道院的善良修女尽己所能,哭泣着祈求阿尔多布兰迪尼不要"在城里仍然动荡不安时"带走她,还祈求神来保佑这个小女孩。最后,修女们只能任阿尔多布兰迪尼带走卡泰丽娜。然而卡泰丽娜相信,她之所以能逃过一劫,部分原因是修女们的插手干预。

从此以后,她一直相信修女们的祈祷。"就像我小时候在修道院受到保护一样,"1573年她写信给勒穆拉特修道院的修女,"你们善意的代祷和祈祷让现在的我沐浴在上帝的恩典中。"十年后的1583年,她满怀念旧之情再次写信,问修道院院长,同时也是问自己:"我小时候见过的修女中,还有人在世吗?"这是伤感的思念,也是渴望。在离开修道院五十年后,她已经变得比那个孤独的小女孩所能想象的更强大。即使在那时,她仍然想念修女们。"尊敬的嬷嬷,我亲手写下这封信,只为表达对修道院的善意,"她写道,"我希望你们在我的有生之年,继续为我……祈祷。"

写这封信时,她已经快六十五岁了。她的姑姑克拉丽斯和姨父奥尔巴尼公爵都已辞世数十年;母亲也已不过是脑海中的一个形象、一个名字。其他的保护者和盟友来了又走,但勒穆拉特修道院的修女们仍在她身边。

❖──❖──❖

1533年9月,奥尔巴尼公爵的桨帆船将卡泰丽娜从韦内雷港送到维尔弗朗什。教皇克雷芒七世不久就会追上侄女,与她一起前往马赛,去见弗朗索瓦一世和他的儿子，即奥尔良公爵亨利。卡泰丽娜的侍女们把细布内衣、长袍、成磅金丝银线织成的布料和成套的丝绸床单打包——这些都是卡泰丽娜的远房表亲、伟大的侯爵夫人伊莎贝拉·德·埃斯特（Isabella d'Este）从曼托瓦送来的。教皇克雷芒七世还会带来其他嫁妆：一条镶满宝石的金腰带、一枚巨大的钻石戒指、一枚挂着梨形吊坠的闪闪发光的祖母绿胸针，还有一长串基督教世界里能找到的最好的银色珍珠。这些首饰都是卡泰丽娜的嫁妆，但比起她给亨利王子带来的其他财产和土地，不过是九牛一毛。

为躲开大浪，船贴近海岸航行，韦内雷港的悬崖消失在远处。卡泰丽娜从此再没见过意大利，她父亲美第奇的故乡。她要去法兰西，回到母亲和保护人奥尔巴尼公爵的家乡。

卡泰丽娜明白自己的婚礼将成为母亲故事的尾声吗？1518年，弗朗索瓦一世将马德莱娜·德·拉图尔·奥韦涅嫁给洛伦佐·德·美第奇，希望实现他在意大利的宏图霸业。现在他找上卡泰丽娜也出于同样的原因。弗朗索瓦一世仍在追寻米兰、热那亚和那不勒斯王国等难以到手的意大利战利品，并于1531年派奥尔巴尼向教皇克雷芒七世请求联姻。当时卡泰丽娜才十二岁。

经过几个月的讨价还价，亲事敲定了：卡泰丽娜将嫁给弗朗索瓦一世的次子亨利。除法兰西王储以外，他是美第奇家族能得到的最尊贵的新郎。这是美第奇家族有史以来最重要的联姻。

作为交换（国王的属下秘密传递了这个消息），教皇克雷芒将承认弗朗索瓦一世在意大利北部的主权。教皇将比萨、里窝那、雷焦、摩德纳、帕尔马和皮亚琴察赠予卡泰丽娜和她年轻的丈夫共有。克雷芒七世会帮助弗朗索瓦一世重新征服米兰和热那亚。他将以这对年轻夫妇的名义吞并乌尔比诺公爵领地。意大利的大部分土地将归于弗朗索瓦一世及其继

1 孤女

承人。

至于美第奇家族的平民血统，弗朗索瓦一世准备忽略这个瑕疵。就像某位意大利使节对势利的法兰西贵族说的那样，米兰、热那亚和那不勒斯难道不是"国王女儿才配得上的三颗珠宝"吗？然而，如果卡泰丽娜没有从母亲那里继承波旁王朝的血统，弗朗索瓦一世是不会选择她的。

作为教皇和国王的棋子，卡泰丽娜正在走马德莱娜的老路，只是方向相反。这就是贵族少女的宿命，卡泰丽娜别无选择。1530年离开勒穆拉特修道院后，她在罗马待了一段时间，然后回到佛罗伦萨。这期间，她可能对她的堂兄、私生子伊波利托·德·美第奇短暂产生了好感。伊波利托皮肤黝黑，很有魅力，最近刚被叔叔克雷芒七世擢升为枢机主教。卡泰丽娜并不是特别漂亮——"她和大多数美第奇家族的人一样双眼凸出"，某位使节毫不客气地写道。但她的价值在于她是"豪华王"的直系后代。伊波利托和她调情，以为自己可以放弃教会任命，娶卡泰丽娜，并在某一天统治佛罗伦萨。但克雷芒七世对侄女另有安排。他把这两个年轻人的爱情扼杀在萌芽状态。此后不久，欧洲各地的求婚者蜂拥而至。

其他求婚者都比不上奥尔良公爵、法兰西王子亨利·德·瓦卢瓦。与他英俊潇洒的父亲截然不同，阴沉严肃的亨利王子没有堕落或滥情的倾向。得知亨利和自己同龄，卡泰丽娜很可能松了一口气：两人结婚时都是十四岁。与和她生活在同时代、同一片土地上的许多女孩不同，她逃过了"一树梨花压海棠"的厄运。

有些人怀疑她是否已准备好嫁人。威尼斯使节米凯莱·苏里亚诺在1532年写道："她矮小而消瘦。"另一位使节承认她拥有"伟大的精神和智慧"，但又说"这小女孩看起来不像一年半后就要嫁人的样子"。画家乔治·瓦萨里在卡泰丽娜婚礼前为她画肖像时，领教了这种"伟大的精神"。某天吃完午饭回来，他发现画到一半的作品变成了"摩尔女人"

的画像。他不在时,卡泰丽娜和朋友溜进房间,拿出颜料和画笔,在画上自由涂抹。瓦萨里被这个恶作剧逗得大笑,也被卡泰丽娜的魅力迷住了。"我对她死心塌地,"他后来告诉朋友,"我崇拜她,简直就像人们崇拜天堂里的圣徒一样。"

在去见奥尔巴尼公爵的路上,卡泰丽娜一直在练习做一位法兰西新娘。在教皇克雷芒七世开始为她议婚后不久,她就开始学习法语,并在去韦内雷港的路上初试这种新技能。她用法语给奥尔巴尼公爵写信,把上次写信以来发生的一切都告诉他。这门语言对她而言还很陌生,她的技巧尚待磨炼,但兴奋之情跃然纸上,字里行间体现出令人惊叹的聪慧。她写道,弗朗索瓦一世送来漂亮礼物,还有"德·奥尔良先生、陛下的儿子和我的丈夫写给我的第一封信"。他还不是她的丈夫,但她用这个词来试探。王室婚姻都是为了巩固外交和内政,很少基于爱情。也许卡泰丽娜敢于梦想。在伊波利托之后,她可能会爱上另一个男人。

最重要的是,她感激所有人。"我非常感谢国王和他的儿子德·奥尔良先生,还有姨父兼父亲。"她写道。奥尔巴尼公爵在帮她开辟前途方面亦有贡献。

奥尔巴尼公爵的船驶进维尔弗朗什湾。十四年来,卡泰丽娜从一个城市搬到另一个城市,从别墅和宫殿搬到修道院,从远亲的怀抱里走到或有好心或怀敌意的陌生人面前。在法兰西,美第奇家族的女儿卡泰丽娜将成为法兰西新娘凯瑟琳——用母亲的母语是这样的写法。

弗朗索瓦一世和教皇克雷芒七世在她脚下铺平道路。凯瑟琳·德·美第奇把童年时光留在了姨父的船上,踏上了法兰西的海岸。

2
次子
1533—1536 年，法兰西

　　肯定有人教导过凯瑟琳床笫之事。在去法兰西之前，凯瑟琳和父亲的表妹玛丽亚·萨尔维亚蒂待了一段时间。也许就是这位女性长者帮凯瑟琳认清现实，至少警告过她男人有多危险。对任何女孩，尤其是像凯瑟琳这样为政治婚姻而培养的新娘来说，声誉和贞洁都至关重要。15世纪，法兰西的安妮公主就曾对女儿说："别让任何男人碰你的身体，不管是谁，都不能让他握你的手或踩你的脚。"爱情这种最阴险的感情不在考虑之列。"要掌控你的举止表情、言语情感、思想欲望、愿望和激情。"法兰西的安妮写道。女孩不能相信任何人，甚至她自己，因为她自己的身体也隐藏着欺骗和诱惑。

　　但一旦嫁人，她的态度就要改一改。法兰西的安妮写道，妻子应"完全服从"丈夫。对新娘来说，服从比爱情重要。

　　凯瑟琳的洞房之夜是在教皇克雷芒七世送作结婚贺礼的大床上度过的。据某位使节说，它遍涂金漆、满镶珠宝，价值近六万克朗。教皇克雷芒七世和弗朗索瓦一世国王正导演一场精彩的表演，而这张床正好充当背景。它掩盖了残酷的现实：法兰西和天主教会间的外交政策取决于青少年之间的性行为。

　　凯瑟琳在新婚夜前受到了什么样的性教育？她想过要从中得到快乐

吗?也许她希望取悦新婚丈夫亨利王子,他们在上帝前缔结姻缘,余生只能与彼此生活。或许她只是咬紧牙关,忍受痛苦和尴尬。16世纪,性被认为是丈夫的婚内权利,不必经新娘同意,也不必照顾她的感受。婚床上没有强奸这回事。她很害怕。

我们不能确定那天晚上发生了什么。据某位惊骇的意大利使节说,弗朗索瓦一世待在洞房里,以确保新婚夫妻发生性关系。国王不能冒险。新人只有圆过房,婚姻才有约束力。弗朗索瓦一世拒绝把一切赌注都押在十几岁女孩不可靠的陈述上。[1] 不知他看到了什么,总之国王很满意。教皇克雷芒七世也很高兴,他祝福这对新人,并给了凯瑟琳一条建议。"热情的姑娘更容易怀孕。"他在去罗马之前告诉她。

凯瑟琳在婚礼后的第二天早上松了一口气吗?亨利可能对她只是表面客气,两人相处起来还很尴尬。亨利沉默寡言,而他的新娘是个陌生人。他们都对这桩婚事没有发言权。他当然不爱她。

凯瑟琳可能不知道亨利的秘密。从许多方面来讲,亨利都尊重父亲,有时甚至崇拜他。但亨利也有理由憎恨弗朗索瓦一世。八年前,当亨利还是个小男孩的时候,父亲利用他解决了自己造成的政治危机。国王在"意大利战争"中冒进失败,为了换取自由,把年幼的儿子们献给西班牙人为质。亨利从未原谅过父亲。如今,十四岁的他发现自己又一次成为父亲的棋子,而他的新娘只是国王宏伟棋局中的另一枚棋子。

亨利出生于1519年3月31日,比凯瑟琳早两周,是弗朗索瓦一世和王后——法兰西的克洛德的第四个孩子和次子。从一开始,在亨利的

---

[1] 到1533年,全欧洲都已知道,英格兰的亨利八世能否与阿拉贡的凯瑟琳离婚,取决于她是否与首任丈夫,即亨利八世的哥哥亚瑟圆过房。凯瑟琳和亚瑟结婚时是十六岁。亨利八世后来声称凯瑟琳和亚瑟已经圆过房,但凯瑟琳坚称,在婚姻存续的短暂时间内自己一直保持着童身。多年来,英格兰的命运一直悬在两名青少年性生活的天平上。

生活中，作为父亲的弗朗索瓦一世就总是缺席：克洛德王后已有数次成功分娩经历，于是在她临产时，弗朗索瓦一世决定去打猎，而不是留下来等孩子出生。虽说如此，生儿子总是件喜事，弗朗索瓦一世利用他的诞生巩固了与英格兰国王亨利八世的联盟——亨利八世同意做孩子的教父。亨利本人也是次子，于是他用自己的名字给婴儿命名，这就是法兰西的王子却有个英文名字"亨利"（Henry）的原因。亨利八世派使节托马斯·博林在洗礼盆边抱持婴儿。弗朗索瓦一世宽宏大量地表示，希望不久后亨利国王也能有福气喜得贵子。这句话隐含讥讽：弗朗索瓦一世知道亨利八世多么希望能有儿子来继承都铎王朝的王位。亨利八世在与阿拉贡的凯瑟琳结婚十年后只生了一个女儿。

见自家育儿室里已经挤满了孩子，弗朗索瓦一世就将目光投向其他有价值的目标，比如征服意大利。他在意大利战争中有赢有输。1515年，也就是登基的那一年，弗朗索瓦一世在马里尼亚诺战役中夺取了米兰。然而六年后的1521年，他又将这座城市拱手让给了查理五世。受马里尼亚诺首次大胜的回忆刺激，1524年夏天，在亨利王子五岁时，弗朗索瓦一世离开了他的妻子儿女，去夺回米兰。

就在弗朗索瓦一世离开几周后，悲剧降临王室：亨利的母亲于7月20日去世，年仅二十四岁。弗朗索瓦一世在赶往意大利的路上收到她的死讯。虽然他很伤心，但没有赶回来参加她的葬礼。母后去世，父王在外征战，孩子们被留在布卢瓦城堡，由弗朗索瓦一世的姐姐玛格丽特·德·纳瓦拉照料。亨利和母亲关系很好，她的死对他来说是个残酷的打击。

在意大利，弗朗索瓦一世在与查理五世的战役中旗开得胜。法兰西军队翻越阿尔卑斯山追击帝国军队，将他们赶回米兰。然后，法兰西的命运突然转变。1525年2月24日上午，查理五世的帝国军队在米兰郊区小镇帕维亚重创法军。数十名法兰西贵族丧生,其中包括弗朗索瓦一世最亲密的几个朋友。弗朗索瓦一世的坐骑死在他脚下,他只好徒步作战,向迎面而来的军队大砍大杀。当法兰西国王最终倒下时,帝国士兵把他包围起来,抢夺他的盔甲碎片。战斗于中午结束。那天正好是查理五世的生日。

打败敌人是一回事,活捉某位国王又是另一回事。查理五世虽然幸灾乐祸,却恪守荣誉准则。他给这位法兰西俘虏以极高的礼遇,同意弗朗索瓦一世的要求,把他从意大利转移到西班牙。但查理五世很快就发现这位囚犯体质虚弱。弗朗索瓦一世被现实击垮,开始绝食。很快,有个长期困扰他的脓疮开始渗脓。1525年9月,法兰西国王病入膏肓。

弗朗索瓦一世请母亲路易丝·德·萨伏依在他出征期间摄政。路易丝得知儿子的悲惨处境后,开始认真地与查理五世协商。皇帝提出苛刻的条件:要想立即释放弗朗索瓦一世,法兰西必须放弃在意大利和勃艮第的领土;弗朗索瓦一世必须与查理五世的妹妹埃莉诺结婚,为和平背书。最紧迫的条款是,查理五世要求弗朗索瓦一世送人质去西班牙,到后者执行完和平条约后再释放人质。皇帝提出了两个方案:弗朗索瓦一世送去的人质可以是法兰西王太子,以及国内十二位重要贵族,或者两个儿子——王太子,以及次子亨利王子。

王室的男丁就是"硬通货"。如果王太子死了,就会有其他继承人接替。查理五世是在要求弗朗索瓦一世用王位传承来赌。最终,路易丝·德·萨伏依说服弗朗索瓦一世送亨利而不是贵族为质。路易丝不是冷漠的人,她对儿子弗朗索瓦一世的爱到了痴迷的地步,很难相信她不爱自己的亲孙子。但能做出这个决定,说明路易丝也是个深谋远虑的政治人物,不可能送将军为质,否则将面临另一场类似帕维亚战役的败绩。此外,弗朗索瓦一世还有第三个儿子夏尔在国内。按路易丝的算计,如

2 次子

果年轻王子们在西班牙出事,那么排行第三的儿子就可以继承王位。

1526年3月17日,就在法兰西边境城镇巴约讷外,载着两个男孩的船驶向法兰西与卡斯蒂利亚间的界河比达索阿河中段的某个位置。很快又有一艘船载着弗朗索瓦一世从对岸驶来。此时距弗朗索瓦一世在帕维亚被俘已有一年多。王太子刚满八岁,而亨利离七岁生日还有几个星期。

两船相交时,男孩们拥抱了父亲一会儿。然后弗朗索瓦一世和部下登上法方船只,迅速返回法兰西边境。"现在我是国王。我又是国王了!"一踏上河岸,弗朗索瓦一世就大叫起来。他骑马飞奔回巴约讷,他的母亲和姐姐正在那里等着他。

而在比达索阿河对岸,亨利和哥哥跟着西班牙卫兵走了。亨利不懂他们的语言,也不了解他们的风俗习惯,可能甚至不懂自己为什么会去那里。除了记忆中偶尔闪现的片段,或在育儿室里听到的故事,他几乎不认识弗朗索瓦一世。在布卢瓦时,他的姑姑玛格丽特·德·纳瓦拉向男孩们解释为什么要送他们去西班牙——她怎么解释的呢?亨利别无选择,只能信任姑姑、祖母和在河中央拥抱他的陌生人。他可能以为自己几天后就能回家。然而相反,这个愿望将需要数年时间才会实现。

亨利和哥哥被西班牙羁押了四年。尽管西班牙人一开始对王子们很好,但弗朗索瓦一世确实背弃了和平条约,并于1527年再次对西班牙发动战争,于是西班牙人开始表现出敌意。查理五世下令把王子们关起来,遣散了他们的法兰西随从,并将他们从马德里转移到瓜达拉马山上的偏远堡垒。查理五世派人看守他们:去教堂时有八十名守卫,出去玩时则有五十名。

如果亨利的母亲还活着,他还会被关在西班牙的监狱里吗?还是说他根本不会被送去西班牙?事实上,路易丝·德·萨伏依在1529年8月才达成协议,让对方释放了两位王子。

即使在那时，面对固执己见的弗朗索瓦一世和查理五世，她也只能与老朋友、奥地利的玛格丽特（查理五世的姑姑）在幕后合作，签订了史称《女士和约》(Peace of the Ladies)的条约。那时孩子们在西班牙的待遇已经很差了。路易丝·德·萨伏依的信使博丹前往西班牙，通知王子们即将获释的好消息，却发现男孩们蓬头垢面、疲惫不堪。他们被关在冰冷的房间里。窗户很小，是从大约十英尺[1]厚的石墙上凿出来的，里外都固定着铁栅。床垫直接放在地上，唯一的座位是石凳。房间很脏，衣服太小，没法完全遮住他们的身体。博丹说，最糟糕的是，孩子们忘记了怎么说法语。"我怎么可能记住呢？"王太子用西班牙语问，"这里又没人同我讲法语。"

博丹很快就赢得了他们的信任，让他们打开了话匣子。但信使很苦恼。

路易丝·德·萨伏依读到博丹的报告时流下了眼泪，然后迅速写信给奥地利的玛格丽特寻求帮助。新鲜的食物和衣服很快被送到孩子们手中，但他们的精神已经受创。他们非常想念家人。据博丹说，他们不停地问家里每个人的情况。对亨利来说，让他身陷囹圄的政治过于抽象，而计算得失要简单得多：我进监狱是为了让父亲获得自由；他答应要来找我，但我现在还待在这里。亨利难以承受这种牺牲，因为在监禁的大部分时间里，他还是个不满十岁的孩子。

弗朗索瓦一世愿意出高价赎回儿子。亨利一直没从深深的被遗弃感中恢复过来。1530年夏天，十一岁的他终于回到宫廷。他变得沉默寡言，喜怒无常。[2]他开始与弟弟夏尔对比。亨利不在，夏尔就成了父亲的宠儿。他"聪明、活泼、浮躁"，很像英勇的弗朗索瓦一世。弗朗索瓦一

---

[1] 1英尺等于30.48厘米。——编者注
[2]《女士合约》签署近一年后的1530年7月1日，王子们才回到法兰西。

世给幼子荣誉称号，封了他不少头衔。亨利把自己封闭起来，免得父亲看不惯他"易怒""鲁莽"的性格。他全身心地投入体育运动，逃避人与人之间更微妙的互动，因为这对他来说更困难。对亨利来说，比武场和网球场上的活动比父亲的复杂圈子要容易应对得多。

纠缠不清的爱恨有时比单纯的仇恨更苦涩。亨利把痛苦归咎于弗朗索瓦一世。在接下来的几年里，某些微小的不公正待遇——有些是真实的，有些则是误会——无疑放大了他童年在西班牙为质时最痛苦的不公正待遇。但有证据表明，亨利也深爱着父亲。多年后的1547年，弗朗索瓦一世弥留之际，亨利一直守在父亲床边。"你一直是个听话的好儿子。"弗朗索瓦一世对他说。据目击者回忆，亨利听到父亲这么说就哭了，然后因极度悲伤而晕倒。在接下来的几周里，亨利以行动代替语言，他为弗朗索瓦一世举行了盛大的葬礼，并把他死去手足的遗体迁到圣但尼大教堂，与父亲葬在一起。也许他渴望父亲能回报自己的爱，但父亲无能为力。也许亨利永远无法区分国王该做的事与父亲该做的事。也许他能理解，只是无法说服自己去原谅。

凯瑟琳曾陷入意大利战争的旋涡，被关在勒穆拉特修道院达三年之久，她因此变得更加坚强。但亨利做不到。与凯瑟琳共度新婚之夜的男孩，他的灵魂已受创，一直都在寻求父亲的尊重和爱。

❖——❖——❖

新婚之夜后，亨利基本把凯瑟琳忘在了脑后。十四岁时，他还是个毛头小子，更在意体育和朋友，而不是生硬地说着法语的外国女孩。也许他当时也反感始终围绕着凯瑟琳的那些冷嘲热讽——人们叽叽喳喳地说，凯瑟琳是"意大利店主的女儿"，根本配不上法兰西王子。婚礼后九个月，教皇克雷芒七世突然去世，流言甚嚣尘上。对弗朗索瓦一世和凯瑟琳来说，这都是灾难。

克雷芒七世去世后，弗朗索瓦一世失去了教皇对意大利领土主张的秘密支持。此外，新教皇保罗三世拒绝支付凯瑟琳的最后一笔嫁妆。"这女孩双手空空地嫁过来。"弗朗索瓦一世抱怨道。也许亨利认为他与凯瑟琳不够耀眼的婚姻说明，自己在弗朗索瓦一世心中的地位下降了。克雷芒七世去世时，弗朗索瓦一世正在为最宠爱的儿子夏尔物色王室新娘。为亨利择偶时，他可从没把目标定得这么高，至少在王子本人看来是这样。

而且早在凯瑟琳抵达法兰西之前，就有另一道倩影占据了亨利的心。没人知道迪亚娜·德·普瓦捷和亨利王子的初遇是怎样的情况。弗朗索瓦一世可能觉得，在西班牙被囚禁多年的次子需要女人的指引。迪亚娜比亨利大十九岁，地位很高，寡居，有两个女儿。[1]大家都说她很迷人：高而苗条，有褐色头发、明亮的蓝眼睛和雪白的皮肤，是法兰西文艺复兴时期女性美的典范。"她是如此美丽，"爱八卦的朝臣皮埃尔·德·布朗托姆回忆道，"即便活到一百一十岁，她也是个美人。"伟大的艺术家塞利尼把她描绘成光芒四射、衣着暴露的月亮和狩猎女神戴安娜。她靠什么保持传奇般的美貌？有人说迪亚娜会魔法，还有人说她每天锻炼，用牛奶洗澡。她十有八九沉迷于当时流行的几种抗衰老疗法，服用含有贵金属的补药。21世纪的科学家们发掘出她的尸体，发现头发中仍含有微量的黄金。

开始时他们的关系可能很纯洁。最终，尽管迪亚娜极力保护亨利，并为维护他的声誉而谨慎行事，但在亨利十几岁时，他们仍发生了性关系。这种关系维持多年，许多外国使节仍没有嗅到任何丑闻。"他们就

---

[1] 迪亚娜实际上是凯瑟琳·德·美第奇的远房表亲，她们的母亲有血缘关系。

像母子一样,"威尼斯使节马里诺·卡瓦利反对这种说法,"这是纯洁的关系。"卡瓦利可能被迪亚娜蒙蔽了。话又说回来,就算身份变化,她对亨利来说仍然像母亲一样。

国王有情妇,这种情况并不少见。弗朗索瓦一世很宠爱情妇,甚至让情妇做侍女,在宫中赐她正式职位。多年来亨利一直深爱迪亚娜。在公共场合,他就像愚蠢、笨手笨脚的骑士,在美丽的少女面前重演梦幻般的中世纪宫廷爱情剧。他会为她写傻乎乎的情诗,学她穿黑色或白色的衣服,使用她的新纹章,配上一句格言:盈时似日。在亨利的眼里,谁也比不上迪亚娜。因为与父亲不同,迪亚娜会让他感到强大、被爱和安全。

凯瑟琳不如她美丽,也不像她那样能为亨利提供情绪价值,所以在争宠方面凯瑟琳不可能胜过迪亚娜。迪亚娜可能也没把凯瑟琳视为竞争对手。这个女孩只是在亨利的生活中扮演了其他角色。迪亚娜爱他、指导他;凯瑟琳则为他提供政治联盟、生儿育女。据说是迪亚娜向亨利解释与美第奇家族联姻的好处。而且凯瑟琳很快就会发现,迪亚娜说的话,亨利总能听进去。

❖ —— ❖ —— ❖

婚后的头几年对凯瑟琳来说很艰难,她找不到自己的定位。教皇克雷芒七世去世后,她无所适从。对公公来说,她不再有政治价值,丈夫也不欣赏她。而且随着时间的推移,他对迪亚娜的迷恋越来越深。尽管凯瑟琳很欣赏法兰西辉煌的宫廷和文化,但最初她一定被吓到了。16世纪30年代,法兰西文艺复兴如火如荼。弗朗索瓦一世是艺术和文学的伟大爱好者,他决心让法兰西成为举世闻名的优雅典范。弗朗索瓦一世尽已所能赞助优秀的艺术家和思想家,他的宫廷成了他们的乐园。列奥纳多·达·芬奇是其中最著名的一位,弗朗索瓦一世把他奉为上宾。他在安布瓦兹城堡旁边美丽的吕塞城堡度过了生命的最后几年。

尽管很欣赏弗朗索瓦一世治下繁荣的艺术和建筑,但凯瑟琳不得不适应宫廷的规模。宫廷本身就是一座城市。有多达万人为国王服务,维护着他称为"家"的那些宫殿。弗朗索瓦一世庞大的宫廷由全国各地无数城堡构成。国王和宫中贵人驾临以前,宫殿的管家和仆人要花数周时间准备。国王搬到下一处宫殿前,城堡内外都要打扫得干干净净,地板上的灯芯草垫都要换掉,厨房要清理得一尘不染,马厩要通风,垃圾的恶臭都要散出去。

然而在弗朗索瓦一世治下,丑陋的宫廷政治斗争愈演愈烈,无法清理干净。就像学校里的小团体一样,最有权势的竞争者身边很容易形成派系。一派的核心是弗朗索瓦一世的情妇安妮·德·皮瑟勒,她支持弗朗索瓦一世最宠爱的儿子夏尔;另一派很快围绕亨利的情妇迪亚娜·德·普瓦捷形成。弗朗索瓦一世打造的第三派则逗人喜欢:他让可爱的美丽女子围在身边取乐,称她们为"小可爱"。法兰西宫廷金碧辉煌,但它也孕育着野心、阴谋和竞争。凯瑟琳这样十四岁的外国女孩很容易在这里迷失自我。

但凯瑟琳将得到弗朗索瓦一世的保护。尽管她开局不利,但国王越来越喜欢这个美第奇家族的女孩,部分原因是这个女孩表现出他努力追捧模仿的意大利风格。弗朗索瓦一世认为意大利是文艺复兴的发源地,是新思想的源泉,也是达·芬奇等艺术家的摇篮。凯瑟琳一到法兰西,就明晃晃地展示出与意大利的关系。她写信给佛罗伦萨的亲戚,要他们寄来香水、丝绸和意大利风格的白色袖子。"要用黑线和金线绣满刺绣。别忘了把账单寄给我。"她在意大利度过的童年也以其他方式表现出来。她来到法兰西时,年纪正好能让她在讲法语时保留意大利语那种抑扬顿挫的语调——若再年轻几岁,这种口音就会逐渐消失。但如此,这种口音一生都与她为伴。弗朗索瓦一世对此并不在意。相反,"当他看到女孩努力讨他欢心,以他的喜好为标准时,"布朗托姆写道,"他更看重她了。"

风和景明,备马架鞍,凯瑟琳同弗朗索瓦一世和"小可爱"们一起去打猎,弗朗索瓦一世最信任的萨卢佐主教抱怨过这种活动,但凯瑟琳发现自己也喜欢打猎。她成了出色的女骑手,"骑术优秀,勇敢而优雅"。她参加狩猎是为了在宫廷中生存。她还不太熟悉法兰西的语言和风俗习惯。狩猎是一种以身体交流的方式,她的公公兼国王常以这种方式心照不宣地与人交流。凯瑟琳知道自己必须打入弗朗索瓦一世的世界。

凯瑟琳找到了另一个保护者——国王宠爱的姐姐玛格丽特·德·纳瓦拉,她可能对这名少女的智慧很感兴趣。作为杰出的学者和作家,玛格丽特为凯瑟琳找来老师,教她数学、诗歌、拉丁语甚至希腊语,让她在弗朗索瓦一世错综复杂的宫廷中熠熠生辉。玛格丽特很喜欢凯瑟琳的陪伴,常让她一起来听艺人讲故事,一听就是几小时。

可能是玛格丽特首次让凯瑟琳看到了新教改革的开端。德国人马丁·路德在1517年发表《九十五条论纲》,但在16世纪30年代早期,真正的新教还没有传到法兰西。在法兰西,没有"新教徒"或"胡格诺派",也没有主张与天主教决裂并建立独立教会的有组织的运动,只有最微弱的"改革"和"新宗教"的声音。但是这个清理腐败天主教会的新想法鼓舞了玛格丽特和她的圈子。他们奉福音书为圭臬,说这个神圣的词是他们努力的关键。他们阅读希腊语《圣经》,并将其翻译成法语,在书中寻找通往"真正"教会的路。和弟弟一样,玛格丽特在宫廷的世俗世界中茁壮成长。但《圣经·新约》一直是她的向导。

"纳瓦拉王后特别喜欢你。"几十年后,会有朝臣这样对凯瑟琳说。

凯瑟琳感觉到玛格丽特激进思想的狂热了吗？虽然凯瑟琳本人从未接受过新教，但也许是她与玛格丽特·德·纳瓦拉的旧情，使她多年后对新宗教手下留情。

凯瑟琳有保护者、同伴，甚至朋友。然而在弗朗索瓦一世的宫廷里，她的存在仍有些突兀。由于教皇克雷芒七世失信，她的位置变得尴尬，而且岌岌可危。出身低微的美第奇亲戚仍是她的负担。国王弗朗索瓦一世注意到亨利缺乏自信且为人冷漠。西班牙使节在1535年写道，"奥尔良公爵夫人的待遇如常"，"她的侍女曾听国王说挑儿媳时考虑不周"。最重要的是，凯瑟琳想家了。

她给表姑玛丽亚·萨尔维亚蒂写了许多封信，但一直没有收到回信。"我……一直没收到回信，这更使我吃惊了。"她在另一封信中抱怨，渴望能有人对自己讲句安慰的话。法兰西现在是她的家，但凯瑟琳找不到归属感。

❖———❖———❖

凯瑟琳的意大利血统有时是助力，有时也是负担，甚至有时会让她处于危险的聚光灯下，但她永远不会放弃它。

1536年8月6日，一场激烈的网球比赛后，弗朗索瓦一世的长子兼继承人，也就是王太子突然病倒，并于四天后去世。弗朗索瓦一世伤心欲绝。尽管尸检官发现太子有肺病，但国王仍在寻找罪魁祸首。16世纪，人们总把猝死归因于毒药。根据当时的刻板印象，没有人比意大利人更擅长投毒。指责的目光立刻转向了王太子的意大利秘书塞巴斯蒂安·蒙特库科利，因为他在网球赛后曾递给王太子一杯冷饮。

大家分析后，很快就认定蒙特库科利是听命行事。有人指责查理五世，还有人开始私下议论凯瑟琳。蒙特库科利作为凯瑟琳的随从，与她一起来到法兰西宫廷。毫无疑问,这位受忽视的意大利王妃的丈夫是次子,若王太子去世,他就是最大的受益人。责怪凯瑟琳这个外国人要比责怪她身为法兰西王子的丈夫容易得多。

　　凯瑟琳很幸运,因为弗朗索瓦一世没有理会这些闲言碎语,但这次诋毁一定让她痛苦地意识到宫廷有多危险。和平年代,法兰西人羡慕意大利人;但若时局不佳,法兰西人就讨厌意大利人。尽管凯瑟琳的母亲有古老的法兰西血统,但在某些排外的法兰西人看来,凯瑟琳显然仍是美第奇家族的一员。她就这样开始有了敌人,时时都要诽谤她。为什么总有人责怪她?法兰西人认为意大利人野心不小。凯瑟琳也是这样吗?

　　虽然大多数历史学家认为凯瑟琳没有任何过错,但他们也承认,王太子的死使她获益匪浅。凯瑟琳渴望王位吗?王位带来权力,但也带来巨大的负担——没有人比弗朗索瓦一世更懂得这一点,他把儿子送到西班牙为质,换取自己的自由。现在,重担落在了亨利和凯瑟琳的肩上。弗朗索瓦一世明白新继承人亨利面临的使命。"在品德上超越你哥哥,"悲伤的国王告诉亨利,"这样哀悼他的人悲痛就会稍减。我命令你以此为目标,全力以赴。"亨利茫然地哭泣,凯瑟琳可能也带着困惑和恐惧看着面前的王冠。

　　然而王冠的到来无法阻挡。一瞬间,她的世界就改变了。她的宫廷地位突然提升,亨利现在是王太子,凯瑟琳就是法兰西未来的王后。作为亨利宠爱的情妇,迪亚娜·德·普瓦捷风头更盛,吸引着急于讨好未来国王的朝臣。

　　亨利与迪亚娜的初夜可能发生在他哥哥死后。也许迪亚娜想利用性关系巩固对亨利的控制,或者她希望在床事上引导亨利,因为他现在比以往任何时候都需要继承人。在亨利有儿子之前,他的弟弟兼竞争对手夏尔一直是王位的第二顺位继承人。[1]儿子的出生将让亨利坐稳王太子的位置。但只要那一天还没到来，夏尔就将继续在宫廷中谋取权力，甚至是王位。

迪亚娜无法为亨利生下继承人。16世纪已经有避孕手段，如果她仍有生育能力，那么迪亚娜肯定采用了某些方法。即便迪亚娜真能怀孕，她和亨利的孩子也是私生子。只有王室明媒正娶的妻子生下的子嗣才能成为未来的国王。然而凯瑟琳结婚三年，仍未怀孕。

她还年轻，只有十七岁。她的生育问题还没有引来流言蜚语（但在未来几年里将成为焦点）。1536年的凯瑟琳就已经明白，生儿育女才是王后最重要的任务。

最近一位生下王室子嗣的法兰西王后是亨利的亲生母亲克劳德王后。不少人说，再没有比她更好的王后了。她谦逊温顺，不问政事，对弗朗索瓦一世的情妇们视而不见，远离他那金碧辉煌的宫廷。尽管每次怀孕都会使她"严重残疾的双髋"病情恶化，但她仍坚毅地忍痛生产。最重要的是，她在八年里生了七个孩子，这让国王非常满意，举国上下都为之欢腾。

"世界上再也没有比她更真诚、更受爱戴的公主了。"某位朝臣滔滔不绝地说。"这是女中楷模……善良无辜。"另一个人说。勇于牺牲且温顺的克劳德是某位法兰西国王和法兰西女公爵的女儿，这血统显然不同寻常。

这就是凯瑟琳的前辈和榜样。直到生下儿子，美第奇教皇的侄女凯瑟琳才找到归属感。

---

[1] 他们的争斗直到1545年夏尔去世才结束。

3
不孕
1536—1542年，法兰西

在凯瑟琳那个年代，女性怀孕后并不总能马上发觉，尤其在最初几个月更难确认。只有出现胎动，女性才能确定自己怀孕了。在那之前，她们只能依赖某些兆头判断。16世纪某位医生说，女性可能会在同床时感到"瞬间兴奋"；可能会注意到自己"乳房肿胀"或乳头颜色改变。又或者，尽管医生和助产士都知道月经会出于疾病或饥饿等很多原因停止，但若真的停经，就很有可能怀孕了。"如果你没有其他方法来确认女性怀孕，"著名的医生雅克·吉耶莫写道，"就可以观察她的外表。"不过，表象可能会骗人。焦虑的妻子反复摸肚子，希望子宫能给出暗示。

1533—1543年的十年间，凯瑟琳的殷切盼望一直没有结果。她长期不孕的原因仍然是个谜。虽然教会法规允许女孩早在十二岁就结婚，但大多数家长在女孩来月经前都不会催她们与丈夫圆房。有历史学家认为，凯瑟琳发育得晚，但也只是推测。如果当时教皇克雷芒七世和弗朗索瓦一世国王怀疑凯瑟琳还没发育好，他们就不会送婚床给她。然而婚礼之后，季节更替，经年累月，她仍没有怀孕。

这对年轻夫妇新婚时的性生活质量尚不可知。凯瑟琳崇拜亨利。有使节评论，她对自己丈夫的爱超乎想象。威尼斯使节马泰奥·丹多洛声称，凯瑟琳"受到王太子的爱戴和珍惜"，但丹多洛可能把礼貌误认为温情。凯瑟琳的爱没有得到回报。迪亚娜·德·普瓦捷牢牢地控制着亨利。

对亨利来说,情妇和新娘能提供截然不同的性体验。迪亚娜代表激情,代表宫廷诗歌中传唱的、永不被生育拖累的感官享受,迪亚娜煞费苦心才做到这一点。然而凯瑟琳和亨利做爱完全是为了生儿育女。她期待自己怀孕,这是她的任务。在这方面,凯瑟琳可称惨败。

很快事实就证明,这对夫妇无子,问题在于凯瑟琳而不是亨利。

1537年10月初,亨利离开了枫丹白露的宫廷,与阿内·德·蒙莫朗西一起走上战场,开启意大利战争的新阶段。亨利当时十八岁,蒙莫朗西四十四岁且身经百战,是弗朗索瓦一世的骑士团团长。蒙莫朗西已经喜欢上了这位年轻的王子,他意识到和王储搞好关系的益处,于是成了王子的良师益友,扮演王子生活中一直缺少的慈父角色。

这次战役中,亨利第一次走上战场。这个男孩正迅速成长为男人,但他仍然喜欢和朋友们鬼混。有一次,亨利在斗殴中不幸被匕首刺穿了大腿,蒙莫朗西为此感到遗憾。幸运的是,这次意外没有造成永久损伤。王子身边围着一群头脑发热的年轻人,他们初尝云雨并为之陶醉。他有个朋友刚和宫女有了个私生子,而亨利开始和迪亚娜探索新世界。

打仗是件苦差事。亨利和朋友们在田野里无精打采地行进,穿过沼泽。法兰西人放火烧遍皮埃蒙特周边的农田,但有四十多名西班牙士兵躲了起来,逃过一劫。遭遇这些人时,亨利紧张极了。他和同伴杀掉了所有敌人。有位皮埃蒙特乡绅提出要招待亨利和他的朋友们过夜,他们欣然接受了。

那天晚上在乡绅家里发生了什么事?那个时代的所有记录都避开了这段情节。可能是亨利和迪亚娜控制了舆论,但仍有片言只语幸存。乡绅家里住着个名叫菲莉帕·杜奇的年轻女孩,是乡绅的女儿或者姐妹。亨利和菲莉帕之间发生了秘事,但细节已不可考。虽然大多数历史学家说那是"引诱",但可能只是"强奸"的代名词。

3 不孕

性侵是16世纪生活中绕不开的事实,无论在宫廷还是乡村都是如此。贵族男孩被训练成好斗的战士,而大家都心照不宣的是,王公贵族享有特权。在宫廷中,弗朗索瓦一世好色已不是秘密,这为当时的风气奠定了基调。国王的姐姐玛格丽特·德·纳瓦拉可能对贵族女孩面临的危险有切身体会。她的传记中充斥着强奸和性暴力的故事。不止一位历史学家认为,她可能在少女时期被哥哥最亲密的朋友之一侵犯过。

亨利王子在乡绅家里借宿一夜,第二天早晨就带着蒙莫朗西离开,继续作战。然而几个月后,他回到巴黎不久,就得知菲莉帕怀孕了。这位年轻女子在1538年7月生下一个女孩。亨利把孩子带到法兰西,由迪亚娜·德·普瓦捷照料,后者用自己的名字为女婴命名。最终,亨利于1548年为她赐名"法兰西的迪亚娜"。没人试图隐瞒婴儿的出身,相反,这个孩子能证明亨利的生育能力,还说明如果凯瑟琳不能为亨利生孩子,他当然可以换个女人来生。[1]

❖ —— ❖ —— ❖

那些不能生育的岁月给凯瑟琳造成了无法痊愈的心灵创伤,给她留下了不可磨灭的污点。几十年后,即使是她最狂热的支持者也觉得有必要为此事道歉,应该在描写凯瑟琳的坚毅精神时,指出她一度不孕。皮埃尔·德·布朗托姆说,所有美第奇家族的女性都"怀孕较晚",而布尔日主教在她的葬礼上说,亨利王子和弗朗索瓦一世都没有放弃对她的爱,"因为她非常有耐心,一直在祈祷"。但布尔日的说法不过是粉饰之

---

[1] 然而凯瑟琳似乎并不轻视菲莉帕·杜奇,也没有看不起这个婴儿。1582年,凯瑟琳欢迎菲莉帕来做自己的侍女。这个典型例子说明16世纪的风俗与我们现在的不同。法兰西的迪亚娜,即未来的昂古莱姆女公爵,长大后将成为凯瑟琳最喜欢的侍女之一。现存的信件中,法兰西的迪亚娜从未提到过自己的母亲,有可能她不知道母亲到底是谁。

词，因为1542年，宫中传说王太子妃会被废掉。

布朗托姆写道："不少人建议国王和王太子与她断绝关系，好延续法兰西的血脉。"吉斯公爵克劳德就是其中之一。他出身于洛林家族旁支，刚刚崭露头角。1538年，亨利的私生女出生后不久，吉斯公爵就提议把女儿路易丝嫁给王太子。路易丝·德·吉斯年轻且血统高贵，家中不少女性长辈都"好生养"。弗朗索瓦一世怀疑吉斯家族关心的是自家前途，而不是法兰西的福祉，于是拒绝了这个提议。另一方面，国王正在国外秘密调查，寻找合适的王室新娘，打算换掉凯瑟琳。

国王忧心忡忡，他对"法兰西传承"的担忧并非空穴来风。凯瑟琳的不孕微妙地助长了弗朗索瓦一世对自己权威的焦虑。

早在中世纪，法兰西人就相信"君权神授"，认为国王是"半神"。加冕仪式被称为"神化"，表明王权不可侵犯。但是，绝对权力和"君权神授"的观念直到17世纪，即英格兰的詹姆斯一世和法兰西太阳王路易十四统治时期才得到广泛关注。16世纪，王权仍被当作契约，是国王和臣民之间的默契约定。国王的权力受制于支配王国的法律和习俗。王权并不属于国王，换句话说，他不过是借用者。1484年，有位法兰西贵族宣称："王权尊贵，非王公私产也。"

尽管如此，有些国王更倾向于独裁主义，弗朗索瓦一世就是其中之一。弗朗索瓦一世遵守法律，但只要可能，他就会让法律为自己服务。他的独裁倾向很可能源于不安全感。弗朗索瓦一世曾被耻辱地监禁在西班牙，之后他再也无法容忍任何冒犯自身权威的行为。

但他也知道继承法等法律神圣不可侵犯。法兰西法律规定，王位必须传给与国王血缘关系最近的男性[1]，最好是父死子继。若国王无子，王

---

[1] 中世纪法兰西的《萨利克法典》(Salic Law) 禁止女性继承王位。

位就会传给亲戚。弗朗索瓦一世本人就是从堂兄路易十三那里继承了法兰西王位,因为路易十三的妻子只生了几个女儿。[1]决定下一任君主的是血统和亲属关系,国王也不可能随心所欲。理论上,这种传承秩序能将王位的竞争降到最低,还保护了君主制:大家都知道继承人是谁,王国从来不会没有国王。事实上,在弗朗索瓦一世刚刚即位时,传令官们第一次喊出了口号:"国王死了,国王万岁!"——先王与新王之间,差的也就是那一口气。

亨利从来都不是弗朗索瓦一世最喜欢的儿子。如果局势允许,弗朗索瓦一世很可能会把王位传给幼子夏尔,但法律不容他随便更改。弗朗索瓦一世知道自己需要给亨利成为继承人和建立强大统治的机会。能够生育子嗣并支撑王朝是男子气概、权威和神圣法令的象征,生殖力也是力量的表现。弗朗索瓦一世知道,如果亨利的血脉没有合法继承人,如果他的妻子不能生育,他的权威就会被削弱。王国的贵族们会转而拥护下一个顺位的继承人。

弗朗索瓦一世还意识到,法兰西比以往任何时候都更需要强大的国王。宗教分歧正像楔子一样,逐渐破坏王国之间的政治友谊,还威胁到国内稳定。在寻求与查理五世结盟的过程中,弗朗索瓦一世吃了很多苦头才看清局势。过去,他与异教徒土耳其人结盟(他们喜欢定期沿着多瑙河侵扰皇帝疆域,而法兰西国王乐见其成);然而现在,他担心与土耳其结盟会把教皇推远。但若与教皇结盟,就可能会惹恼那些给天主教皇帝制造麻烦的信奉新教的德国王公。如果他与英格兰的亨利八世结盟,就有再次冒犯教皇的风险——1533年,英格兰国王与罗马教廷决裂,与安妮·博林结婚,于是教皇视其为粗鲁无礼的异端者。

---

[1] 路易十二是瓦卢瓦家族的嫡支,弗朗索瓦一世是次子,弗朗索瓦一世的妻子克洛德是路易十八的长女。他们联姻是为了统一瓦卢瓦家族的两个分支。

宗教是外忧，也是内患。弗朗索瓦一世的姐姐玛格丽特·德·纳瓦拉在16世纪20年代和朋友们一起探索的新福音派思想开始萌芽。改革派的思想正在抬头。

继位之初，弗朗索瓦一世对宗教改革还拿不定主意。他爱姐姐，也支持她。他喜欢把自己想象成自由思想家和现代人。艺术、科技和哲学的新浪潮让他兴奋不已。当时印刷机仍然算是新奇发明，让他非常激动。弗朗索瓦一世赞助印刷商以数以百计的规模印书，还为热衷"人文主义"的教授设立大学讲师职位。人文主义是对古代学问的再发现，也重新思考了人与宇宙的关系。弗朗索瓦一世以自己的讲师身份为荣，保护学者不受保守的巴黎最高法院（Parlement of Paris，王国最高法院）和索邦神学院影响——后者认为这些课程是异端邪说的温床。作为前卫思想家，弗朗索瓦一世看出教会需要改革。毕竟呈送教会法庭的关于腐败和神父酗酒的案件数不胜数。

但弗朗索瓦一世的开明仍有限度。他其实非常虔诚。他每天都望弥撒，陶醉于教皇赐下的"信奉基督教最虔诚的国王"称号。弗朗索瓦一世痛恨"路德宗"（Lutherans），即法兰西人所说的"圣礼派"（Sacrementarian），因为他们似乎一心想从圣礼入手，瓦解整个教会制度。在16世纪的法兰西，政治和宗教密不可分。弗朗索瓦一世的加冕仪式让他在教会眼中神圣化，而质疑圣礼本身就有革命的意味。

弗朗索瓦一世看不出叛乱就在自己眼皮底下慢慢成形，也没意识到自己支持的新思想播下的种子最终将摧毁教会的基石，更没想到钟爱的印刷机将成为激进思想冲突的武器。之后，1534年秋天的某个夜晚永远改变了弗朗索瓦一世对宗教改革的看法。

10月17日夜间，名叫马库尔的法兰西宗教改革者带领一小队人溜进巴黎各公共广场。第二天早上，巴黎人发现街道上贴满海报，廉价的横幅上印着巨大的哥特字体。开头几行写道："教皇弥撒中可怕、严重且不堪的滥用行为意在直接违背我们的主、唯一的调停人和唯一的救世主耶稣基督的圣餐观。"改革者们正在攻击弥撒。

城中群情激昂，很快就有人被捕。在奥尔良、图尔、布洛瓦和鲁昂也出现了类似海报的消息迅速传开。对天主教徒来说，这不再是冷静的神学辩论，这是异端邪说。马库尔的标语嘲弄神父和修道士，称他们为"可怜的牺牲者"和"戴兜帽的胖子"，同时猛烈抨击弥撒的核心，即"圣体实在"（Real Presence）概念。天主教徒信奉"圣餐变体论"（transubstantiation），认为圣饼和酒会变成基督的血肉。然而，马库尔认为这是骗局，是教士们在玩弄魔法，愚弄无知平民。对马库尔这样的改革者来说，圣餐仪式不过是象征：真理只存在于上帝之道（Word of God）中。然而马库尔并非和平主义者。他写道，那些墨守成规的人"手中没有真理"。但是上帝的真理"威胁、跟随、追赶他们。最终真理会揭露他们。他们必因此灭亡"。

神学家泰奥多尔·德·贝兹等某些法兰西改革者会为"海报风波"后悔，他希望当时大家都能冷静些。马库尔的主张倾向于暴力威胁，做的事也如此。宫廷里有传言说布洛瓦有张海报被钉在国王房间的门上。[1]弗朗索瓦一世那天并不在布洛瓦，但这不重要，重要的是居然有异端者敢摸到自己身边，这使国王大为不安。

对弗朗索瓦一世来说，这是异端邪说升级成叛乱和叛国的最好证明。国王现在暂时退居幕后，把舞台让给巴黎高等法院和索邦神学院。逮捕第一批人犯后不久，当局就开始执行火刑。学者和思想家逃离法兰西。国王在全国范围内组织盛大的天主教游行，以表明他对天主教的支持。

---

[1] 另有传言称，闯入者把海报卷起来，放在了弗朗索瓦一世国王的杯子里。

其中规模最大的一次发生在1535年1月21日的巴黎。法兰西最神圣的圣物，即圣礼拜堂里的荆棘王冠被游行群众举着穿过街道。在游行队伍的中央，王公们把华盖高举在巴黎主教头上。主教坐在垫子上，怀中抱着酒和圣餐。弗朗索瓦一世跟着主教，穿着庄重的黑衣，手持燃烧的蜡烛。每当游行队伍停下来时，弗朗索瓦一世就专注地祈祷。人们痛哭流涕。当天活动以六名异端者被烧死结束。

在16世纪余下的时间里，法兰西的宗教动荡包括散布异端邪说和发动暴乱。海报事件后，弗朗索瓦一世愈加偏执、恐惧。尽管他采取了新的镇压措施，但那只会使法兰西的宗教纠纷恶化。16世纪40年代初，国王明白，路德宗仍将存续。

弗朗索瓦一世之前一直忙于意大利战争，忽视了国内的思想和宗教问题，现在他必须双线作战。还有他那来自美第奇家族的儿媳凯瑟琳，正面临不孕的困境。弗朗索瓦一世几乎不指望有奇迹发生。虽说王室无后同上帝与圣餐的异端邪说无关，但若这个问题无法解决，凯瑟琳的不孕就将暴露君主制、王太子和王室的软肋。凯瑟琳就是个活生生的证据，提醒所有人弗朗索瓦一世与狡猾的美第奇教皇的交易无果而终——弗朗索瓦一世自认为这是一个污点。就算尽力美化，这桩婚姻看起来也像个错误。

新联姻会搞定一切。亨利的第二位新娘可能会缔结新联盟，能帮弗朗索瓦一世与查理五世周旋，并巩固他在国内的权威。国王只需要一个充分的理由来废黜凯瑟琳。

在全欧洲，抛弃不孕妻子的先例屡见不鲜。法兰西国王路易十二想娶富有的女继承人布列塔尼的安妮，就以不孕为由宣布自己与结发妻子瓦卢瓦的若昂的婚姻无效。英格兰的亨利八世采取的是更为迂回复杂的手段。他声称妻子没有生育能力。可以肯定的是，她经历了几次怀孕、

3 不孕

流产和死产,只有女儿玛丽·都铎幸存。亨利八世想要儿子来延续都铎王朝,于是宣布与阿拉贡的凯瑟琳的婚姻在上帝眼中是非法的,而流产和死胎就表示上帝对这桩婚事不满。教皇克雷芒七世拒绝支持其离婚,但亨利八世我行我素,于1533年举办秘密仪式,与安妮·博林成婚。

婚誓也抵不过国王的野心。凯瑟琳的不孕给了弗朗索瓦一世机会。如果她已经有了孩子,弗朗索瓦一世就很难宣布婚姻无效。但凯瑟琳无出,这就是另一回事了。

❖——❖——❖

对弗朗索瓦一世来说,凯瑟琳的去留由政治形势决定;而对凯瑟琳来说,无论什么后果,她都得以身承受。我们不知她什么时候看到局势不妙,也不知她是否意识到自己的身体机能与法兰西政治和宗教动荡间的微妙联系。当然,她没有意识到宗教改革的最初主张会发展到何种程度——没人能真正预见。1534年海报风波发生时,凯瑟琳刚嫁到法兰西,结婚才一年,还是国王次子的王妃。虽然她盼着生个孩子,但人们对她还没寄予那么高的期望。十五岁时,她忙于熟悉新生活、交新朋友,可能没有太多时间思考撼动欧洲的宗教风暴。她早已习惯了天主教的生活方式,还把它从佛罗伦萨带到法兰西。钟声响起,她开始祈祷。神父用熟悉的拉丁语吟诵,她低下头,咽下圣饼。她的宗教信仰不是她能选择的:它就是这个样子。

然而亨利成了王太子,凯瑟琳的地位也随之上升。快二十岁时,少女风韵从她身上完全消失了。凯瑟琳必须面对不孕的严峻现实。她来法兰西时,弗朗索瓦一世对她寄予了政治期望,认为她能带来意大利的宝贵土地作为自己的战利品。一旦这个可能性消失,她对法兰西君主制的唯一价值就只剩为瓦卢瓦王朝生孩子了。现在连这种可能都岌岌可危。

然后会怎样？她再也不会有翻身的机会。不孕对年轻女人来说是最长久的噩梦。她不可能再婚，最光明的前景也不过是在修道院隐居。被休弃只会带来耻辱。

她需要争取时间，静待那个"可能"出现。凯瑟琳又一次要为生存而战。

❖——❖——❖

历史在此出现奇怪的转折，促使弗朗索瓦一世废黜凯瑟琳的那位英格兰国王可能间接帮她保住了地位。

1541年，弗朗索瓦一世派人赴英格兰秘密调查亨利八世的女儿伊丽莎白·都铎。她会成为合适的王太子妃吗？不知为何，弗朗索瓦一世并没有意识到，亨利八世处决了伊丽莎白的母亲安妮·博林，已经在法律上把她变成了私生女。尴尬的诺福克公爵不得不就此说明。"两个（都铎家族的）女孩中，年纪小的那个不合适，"他告诉法兰西使节，"毕竟她才七岁，再加上她母亲安妮王后的（糟糕）情况，议会法已认定她为私生女。"弗朗索瓦一世犹豫了。第二年，他向伊丽莎白同父异母的姐姐玛丽·都铎请求联姻，但当得知亨利八世也拒绝承认其大女儿的合法身份时，他撤回了联姻的请求。

英格兰的枢密院想必会反唇相讥：难道玛丽的王室血统不如美第奇教皇的侄女凯瑟琳尊贵吗？[1]

确实不如，弗朗索瓦一世说（考虑到凯瑟琳在他眼中价值已缩水，他这么说很令人吃惊）。即便如此，"法兰西王太子哪怕娶出身清白却地位较低的贵女，也比娶出身不明而地位较高的更体面"。尽管他那来自

---

[1] 作为英格兰的亨利八世和阿拉贡的凯瑟琳的女儿，玛丽·都铎的父系和母系家族都是王室。伊丽莎白·都铎则不然——她的母亲安妮·博林不过是英格兰的普通贵妇。

美第奇家族的儿媳既无生育能力，血统又不尊贵，但他的骑士精神几乎达到荒谬和骄傲的程度。弗朗索瓦一世决定任她留在那个位子上——至少要等到更好的替代者出现。

最后，弗朗索瓦一世因政治因素和凯瑟琳的个人决心而改变主意。事发后大约十年，即1551年，威尼斯使节孔塔里尼讲述了凯瑟琳自救的故事。凯瑟琳一听到自己将被废黜，便泪流满面地去找弗朗索瓦一世。"她说，因为上帝没赐给她孩子，国王就打算为她的丈夫另找一个妻子，"孔塔里尼写道，"如果陛下您不愿再拖，那么就必须考虑这么大一个国家继承人的问题。她十分感激国王屈尊接受自己为儿媳，她宁愿忍受（被废黜的）巨大痛苦，也不愿冒犯他。因此她准备进修道院，或者更确切地说，如果国王愿意的话，她可以侍奉那位即将嫁给她丈夫的幸运女士。"

历史学家早就注意到凯瑟琳有能力看穿周围人的心思并投其所好地讲话。她还对"做戏"情有独钟。这不是她第一次用言语和眼泪来软化人心，但此时的恐惧和羞耻是发自内心的。

弗朗索瓦一世心软了。"我的女儿，"他回答，"别再怀疑了。既然上帝希望你做我的儿媳和王太子妃，我也不会有别的想法。也许上帝会赐给我们想要的男孩。"尽管弗朗索瓦一世说一不二，凯瑟琳却抓住了他的弱点。他判了她缓刑，但凯瑟琳知道时间不多了。

当时也有求子的办法。她可以向帕多瓦求子十分灵验的圣安东尼祈祷，或者向锡耶纳的圣凯瑟琳祈祷避免流产。她可以用特殊的石头摩擦肚脐、用草药汁泡澡，或者把药草叶子编成带子束在腰上。有偏方说，每月喝一剂驴尿有利生育，同时警告女性别骑骡子，以免感染骡子的不孕症。

凯瑟琳一一试过所有已知的方法。她向圣徒们祈祷，并恳求勒穆拉特修道院的修女为她祈祷。威尼斯使节马泰奥·丹多洛写道，她每天都要吃下助孕的补品和药物,"任何可能有帮助的药",感觉她绝望到令人心碎。丹多洛写道:"我相信没人不愿意为她流血,帮她生个儿子。"

其中一个方子是亨利的朋友兼良师阿内·德·蒙莫朗西给的。蒙莫朗西担心新王妃的家族会控制王太子,如果他想继续受王太子喜爱,最好还是让凯瑟琳留在宫中。"上帝保佑,如果有效的话,这将是我所知道的最大恩惠。"凯瑟琳回信给蒙莫朗西,感激的口吻中带着绝望。

更出乎意料的是,迪亚娜·德·普瓦捷也试图帮助凯瑟琳。将近十年来,凯瑟琳一直容忍迪亚娜的存在,但换一位王妃可能就不会这么宽容了。在这种情况下,妻子与情妇利益一致。很可能是迪亚娜说服亨利去找那位德高望重的内科医生让·费尔内看病的。费尔内认为凯瑟琳的子宫和阴道过于干燥,又发现亨利患有尿道下裂——这是阴茎畸形的一种症状,会阻碍精液流动。费尔内让亨利服用没药,并推荐某些性交姿势来补救。从那以后,迪亚娜更频繁地敦促亨利与年轻的妻子同房。

可能这位情妇猜测,夫妇二人没有孩子的真正原因仅仅是同房次数太少。

4
生育
1543—1553 年，法兰西

二十四岁生日刚过，凯瑟琳就感觉到身体情况有变。1543年6月，她开始广而告之。"我的朋友，"她写信给阿内·德·蒙莫朗西，她漫长生育道路上的盟友，"您和我一样盼着我有孩子，告诉您，我觉得我怀上了。我知道没人会比您更高兴。"一条痛苦的道路展现在她面前。16世纪，每次怀孕都有可能导致母婴生病、流产或死亡，然而凯瑟琳再无所求。"这将是我所有好运和幸福的开始。所以我希望它能实现。我为此祈祷。"她对蒙莫朗西说。

她的祈祷得到了回应。1544年1月19日的日落时分，凯瑟琳终于在枫丹白露宫生下了儿子。孩子被取名为弗朗索瓦，那是他祖父兼国王的名字。弗朗索瓦一世喜极而泣，这孩子的出生简直就是奇迹。"王太子已经离开圣维克多修道院了！"亨利的朋友用双关语调侃（"圣维克多"在法语里谐音"扭曲的阴茎"）。亨利松了口气，觉得自己保住了名誉。弗朗索瓦一世国王送给儿子许多礼物，包括议会席位、将军职位——1544年，王太子曾参与在法兰西北部布洛涅围攻亨利八世的战役。迪亚娜·德·普瓦捷也得到了回报。在凯瑟琳怀孕全程，这位情妇对她呵护备至。现在迪亚娜陶醉于亨利新获得的声望。这也是她的胜利。

勒穆拉特修道院的修女们送给这位新妈妈一份礼物。"我就知道，请你们为我向上帝和圣母祈祷受孕是对的。"凯瑟琳感激地回答。经过漫长而顺利的分娩,凯瑟琳逐渐恢复健康,得到了安慰。她是一个男婴的母亲,儿子就是她最珍贵的财产。生子使凯瑟琳改头换面。她不用担心再有人否定自己。她的新身份铭刻在宫廷所有人心中:她是法兰西未来国王的母亲。

❖ —— ❖ —— ❖

曾经不孕的凯瑟琳为何能多产?在枫丹白露,弗朗索瓦一世国王仔细研究了她的未来,还咨询占星家,得到她将至少有六个孩子的预言。果然,不到两年后的1546年4月2日,凯瑟琳在午夜前诞下一名女婴。第二次分娩很艰难,凯瑟琳在产后几周一直卧床不起。但她康复得比较快,赶得及参加七月在枫丹白露举行的洗礼。

这场仪式不仅仅是洗礼,更是为了庆祝弗朗索瓦一世与两年前进攻布洛涅的英格兰国王亨利八世和解。在枫丹白露,宫殿各处悬挂着绣有英格兰和法兰西盾形纹章的华丽旗帜,法兰西和英格兰传令官并排站着吹喇叭。在洗礼池旁,英格兰大使托马斯·切尼代表亨利八世把孩子抱在怀里,亨利八世同意担任这个孩子的教父,就像他曾担任她父亲的教父一样。亨利八世为小公主取了他喜爱的名字伊丽莎白(Elisabeth),那是他深爱的母亲和十二岁女儿伊丽莎白·都铎的名字。这位伊丽莎白是法兰西人而不是英格兰人,所以她名字里的"z"被写成"s"。

伊丽莎白毕生拥有很多名字。作为法兰西王室成员,她被称为"法兰西的伊丽莎白"或"伊丽莎白·德·瓦卢瓦"。她嫁到西班牙后,臣民们称她"伊莎贝尔"(Isabel,"伊丽莎白"的西班牙语变体)。她还是婴儿时,家人叫她的昵称"伊丽萨贝尔"(Elisabel)或"伊莎贝尔"(Ysabel)——这两个名字的法语发音比较容易,而且听起来像音乐一样和谐。人们通常简单地称她为"夫人"——这是对未来国王年纪最大的姐妹的称呼。"伊丽萨贝尔"则是给家人和朋友用的。对其他人来说,她是"伊丽莎白夫人"。洗礼把伊丽莎白夫人引入基督教世界,那是超脱凡俗的上帝的王国。然而当年在枫丹白露的所有人都明白,这个小婴儿也会在俗世的国王之间促成和平。从传令官宣布她名字的那一刻起,伊丽莎白就成了法兰西和英格兰友谊的象征。

凯瑟琳对女儿寄予厚望。"这个孩子将成为维系所有联盟的纽带……"她写信给堂兄弟、佛罗伦萨公爵科西莫·德·美第奇,"这样一来,我们家(美第奇家族)的所有人都能高兴又放心了。"总有一天,伊丽莎白会嫁给王子,再次提高美第奇家族的地位,给美第奇家族和瓦卢瓦家族都带来好运。凯瑟琳的信也许是借口,也许是在试图为生下女孩而不是男孩——另一个继承人——找理由。不过她的话还是有道理的。女儿是维系各大家族的纽带。建立帝国也有她们的一份功劳。

凯瑟琳对这件事如此直率,并不意味着她对伊丽莎白的爱会减少。

❖——❖——❖

在接下来的八年里,凯瑟琳又生了八个孩子,包括四个男孩——路易、夏尔、亚历山大-爱德华和埃库莱斯,还有四个女孩——克洛德、玛格丽特(人们亲切地称她为"玛戈特"),以及双胞胎让娜和维克图瓦。凯瑟琳的生活就是无休止的循环:怀孕、入产房、上产床、生下孩子、恢复、预产、阵痛、剧痛、分娩、欢喜。关好产房的门,拉好窗帘,铺好用来吸收生产出血的草垫、备好产凳。凯瑟琳进门,用力,分娩,孩子落地。她的生产状态一直不错,真正让助产士们担心的情况只出现了一次。

当然,新老更替不可避免。弗朗索瓦一世没能活着见到大部分孙辈出生。1547年3月,他死于某种折磨了他大半年的疾病,终年五十二岁。在16世纪上半叶主宰欧洲政治的三位国王中,弗朗索瓦一世是第二位谢世的。亨利八世在那年的早些时候去世,死前曾写信警告对手弗朗索瓦一世,说他也会死。读了这封信后,弗朗索瓦一世的情绪一直很低落,直至辞世。他的死敌、查理五世比他多活了十多年,但其间一直隐居避世:疲惫不堪的查理五世于1555年放弃荷兰土地,于1556年让出西班牙王位,隐居到修道院。保守势力正在慢慢退出历史舞台。

法兰西新君亨利二世履行了为人子的义务,委托人建造宏伟的纪念碑,并下令连续十一天在餐桌上摆放弗朗索瓦一世的雕像。桌子摆好,酒斟满,餐巾铺开——一如弗朗索瓦一世生前。按照惯例,新王不参加老王的葬礼,但亨利二世坚持在沿途的房子里观看送葬。亨利二世躲在窗帘后,从窗户往外看。据他的朋友维埃耶维尔说,这位年轻的国王"几欲流泪"。但这一刻转瞬即逝。尽管在弗朗索瓦一世最后的日子里亨利是个孝顺儿子,但父子之间的裂痕依然存在。二十八岁的亨利二世决心大显身手。葬礼一结束,他就着手清理朝政。

亨利二世承诺,他的宫廷将奉行"严肃而高尚的思想"。作为恪守教规的天主教徒,亨利国王没有受到父亲自由主义思想的影响。他解散了弗朗索瓦一世的"小可爱"团体,缩减奢靡的宴会,并在巴黎最高法院设立"火刑法庭"——一个新的特别法庭,专门处理异端。他还发布新政治任命。波旁家族这样的古老家族曾在宫廷中拥有重权,然而亨利的导师、现任法兰西统帅阿内·德·蒙莫朗西控制了亨利的御前议会,排挤波旁家族。吉斯家族这种法兰西的后起之秀作为迪亚娜·德·普瓦捷的盟友也渗透进了国王的决策核心。吉斯公爵克劳德最大的两个儿子,未满三十、英俊聪明的弗朗索瓦和夏尔都是忠诚的天主教徒。经迪亚娜许可,亨利二世任命弗朗索瓦为法兰西的侍卫长。夏尔先是做了吉斯枢机主教,后在1550年被擢升为洛林枢机主教。

其他人也察觉到政治风向的变化。弗朗索瓦一世的情妇安妮·德·皮瑟勒交出先王赠送的珠宝后离开宫廷。就连弗朗索瓦一世的福音派姐姐玛格丽特·德·纳瓦拉也搬回她在南部的庄园。宫廷中的许多变化很可能出自迪亚娜的手笔,亨利二世登基后,对迪亚娜的宠信达到前所未有的高度。迪亚娜就所有国家事务、机密和任命向他提供建议,甚至在某些正式公文上签署"亨利和迪亚娜"(HenriDiane)。

亨利即位后,他名字的首字母被刻在岩石和大理石上,缝在丝绸和塔夫绸上,出现在王室城堡的各个角落。乍一看,这些首字母似乎是亨利的"H"和两个"C"(一朝前,一朝后)的组合,即"亨利和凯瑟琳"(HenriCaterine)。但在1555年的某天,威尼斯外交使节乔瓦尼·卡佩洛眯起眼睛盯着王室徽章。这些字母看起来难道不是更像两个"D",而不是两个"C"吗?是"亨利和凯瑟琳",还是"亨利和迪亚娜"?或者"亨利和凯瑟琳和迪亚娜"?卡佩洛并不确定,这就是问题的关键。表面上看是二人组,实际上是三人行——情妇于众目睽睽之下隐身。

与迪亚娜不同,凯瑟琳是亨利二世发起的宫廷革命的边缘人,是所有动荡的政治旁注。弗朗索瓦一世死后,她失去了保护者和朋友。有使节曾经观察到,在法兰西,弗朗索瓦一世比任何人都爱凯瑟琳。既然他走了,育儿室里的孩子就是她最好的保护伞。虽然理论上她是宫中地位最高的女性,但很少有人买她的账。凯瑟琳是亨利二世的王后,但真正说了算的是迪亚娜。

❖——❖——❖

毫无疑问,凯瑟琳爱她的孩子。很难知道她作为孤女的岁月在多大程度上促使她对孩子们全情投入,又促使她花多少时间对养育细节吹毛求疵，力求完美。她如此忘我地尽母亲的职责，几乎像在弥补什么。凯瑟琳自己的童年充满了不安全感和暴力，但她的孩子是国王的孩子，也是"法兰西的孩子"。她自己的母亲早逝，但凯瑟琳本人还活得好好的，照顾着她的孩子。她发誓要给孩子们最好的一切。

给孩子们最好的，就意味着要离开，至少是暂时离开。虽然西班牙思想家胡安·路易斯·比韦斯建议王室母亲用母乳喂养自己的孩子——尤其是女儿，但凯瑟琳的所有孩子都由奶妈喂养。如果能吃到母亲的奶，女儿就能与母亲亲密无间。比韦斯说："如果母亲以子宫孕育女儿，而且在她婴儿时期一直抱着她，用由自己的血变成的奶汁喂养她，她就会与母亲更贴心。"[1] 理论很美好，但对凯瑟琳来说完全不切实际。每个女人都知道哺乳会阻碍怀孕，大家都希望凯瑟琳尽快回到产房。于是凯瑟琳把孩子交给奶妈，自己一次次回到产褥和产凳上。

婴儿一出生，为了抚养他们长大，人们就要面对瘟疫侵袭的难题。瘟疫让每个16世纪的父母都心惊胆战。童年充满危险，打喷嚏可能是凶兆，耳朵痛可能说明要发高烧。王室的孩子们是财富，就像凯瑟琳后冠上的珠宝一样珍贵。孩子们深受父母宠爱。凯瑟琳和亨利二世尽己所能地保护他们。

不久，这对新晋父母做出决定：法兰西的孩子们需要"小育儿院"，远离有成千上万人来来往往、传染病横行的大宫廷。圣日耳曼-昂莱的城堡是个不错的地方。它位于巴黎西北十二英里处，离首都只有一天路程，空间也足够。孩子们各自的小房间被装饰起来，墙壁上覆盖着数英里长的荷兰布，以保持清洁温暖。有三百多名仆役来满足孩子们的一切需要，伊丽莎白小公主甚至有自己的轿夫——一个名叫安德烈·福亚的

---

[1] 文艺复兴时期的医生认为，分娩后，母亲的血液从子宫涌向乳房，形成乳汁。

男人。

　　凯瑟琳事无巨细地安排一切，为求完美，各种挑毛病。克洛德比伊丽莎白小一岁，凯瑟琳命令给两个女孩穿同样的衣服，让她们玩同样的玩具，把她们放在同一辆婴儿车里，让她们看起来像双胞胎一样。她对孩子的用心，只有亨利二世能媲美。焦虑的父亲亨利二世花几个小时仔细规划出瘟疫暴发时转移孩子们的最佳路线。他从不满足，不断地给圣日耳曼-昂莱写信询问细节。伊丽莎白宝贝已经断奶了？真高兴她能茁壮成长。克洛德宝宝不小心摔倒了？感谢上帝，"问题不大，很快就能好起来"。"这是你能给我的最好消息。"得知所有孩子都快乐健康时，他兴高采烈地写道。尽管如此，他还是想念他们。他尤其深深依恋克洛德，原因至今未知。她出生后，国王拒绝立刻送她到圣日耳曼-昂莱，把她多留在身边一个月。

　　孩子们搬到小育儿院后，凯瑟琳只是偶尔去看他们，由负责照看孩子的德·于米埃尔夫妇定期向她报告重要事件。德·于米埃尔夫妇是迪亚娜·德·普瓦捷的远亲，由这位情妇亲手挑选。迪亚娜事事都要过问，更别说在抚育王室子女方面了。但在这件事上，迪亚娜的选择还不错：德·于米埃尔夫妇自己至少育有十八个孩子。这很能说明问题。"我相信你的意见，"迪亚娜在某个孩子生病时写信给德·于米埃尔太太，"比医生的意见更可靠，尤其是考虑到你生了那么多孩子的情况下。"

　　迪亚娜总是插手育儿过程，可能惹恼了凯瑟琳。德·于米埃尔夫妇每给凯瑟琳和亨利二世发一份报告，就也给迪亚娜发一份同样的。作为报信的回馈，这位情妇在宫廷里会稍稍帮德·于米埃尔夫妇的忙，或者如果孩子父母过分不安，就提前警告他们。凯瑟琳很不高兴，因为她发现有时候德·于米埃尔夫妇不听她指挥。"我相信奶妈像你说的那样善良，但必须换掉她。"凯瑟琳就夏尔挑食的问题坚持这样说。德·于米埃尔夫妇和16世纪大多数人一样，相信诚实女人的母乳质量最好。但务实的凯瑟琳抗议："虽说她很谨慎、聪明，但她的母乳不好。""经验可以告诉我们这一点。""我很吃惊，你没有照我说的办。"奶妈仍然没换，她为此发了脾气。几个星期后，小夏尔有了位新奶妈。迪亚娜·德·普瓦捷承认凯瑟琳是对的。"我很高兴夏尔好些了，"迪亚娜写信给德·于米埃尔太太，语气略带责备，"看来早该让那个奶妈走，她奶水不好。"

迪亚娜在亨利二世的生活中无处不在，凯瑟琳渐渐为此厌恶她。多年以后，凯瑟琳的秘书曾写信透露她有多嫉妒。某天，凯瑟琳被迪亚娜气得七窍生烟，想往对方脸上泼酸液，毁她的容，也毁掉她对亨利二世的控制力。事实证明凯瑟琳不过是想想而已，她很快就控制住脾气。但王后发现迪亚娜真的很难对付。

在公共场合，凯瑟琳装作若无其事。事实上，外人常对王后和情妇之间看似友好的关系感到困惑，他们说"王后……总是和她一起工作，反过来，迪亚娜也帮王后在国王面前讲话"。也许年轻的母亲凯瑟琳对迪亚娜的感情很复杂。亨利对孩子们的爱似乎在一定程度上影响了迪亚娜。她关心孩子们的健康，送去奶妈和药品，提出不少建议，还在王后分娩和重病期间照顾凯瑟琳。亨利二世心怀感激，把庄园和种种头衔赐给情妇，并于1548年封她为瓦伦蒂诺女公爵，以感谢她为他的"王后爱侣"提供的"所有优秀而令人钦佩的服务"。

她们之间的奇怪关系随客观环境而变化。凯瑟琳最终会成为警觉且控制欲强的母亲，也许是因为她曾经被迫与亨利二世的情妇分享这个角色。此外，当孩子还小时，或当她反复怀孕、分娩、休养时，凯瑟琳可能会感激迪亚娜扮演了母亲的角色，感激迪亚娜提出的周到建议。迪亚娜很强大，一句话就能把事情搞定。

凯瑟琳的孩子是她的宝贝，她几乎每年都会诞下新生儿。亨利二世现在苦于子女过多，某位使节指出，如果这种局面持续下去，"他的遗产会不够分"。这对国王来说是甜蜜的负担，但凯瑟琳却忙得不可开交。也许她需要迪亚娜的帮助。于是凯瑟琳找到了折中策略——余生中她将反复采取这种策略。

❖——❖——❖

长久以来，凯瑟琳在宫中没有地位，也没有安全感，被视为边缘人，但现在她沉浸于为人母的乐趣中。16世纪40年代和50年代，她大部分时间都在关心孩子。孩子们回宫后，她每天都见他们，尤其是女孩子。尽管孩子们小时候由保姆全权照顾，但凯瑟琳创造性地缩短了自己与小育儿院的距离。她尽力同孩子们保持联系。

去世之前，疲惫的弗朗索瓦一世把自己的某些职责授权给别人。他给凯瑟琳安排了一项特殊的职责，即委托艺术家创作王室成员的肖像画，描绘宫廷众生。作为艺术爱好者，凯瑟琳借此时机定制了数百幅画。她特别喜欢宫廷画师弗朗索瓦·克卢埃，他是那个时代的现代主义者。克卢埃喜欢用简单但浓重的红、蓝色调绘制草图，颜色明亮而优雅。他用蜡笔和铅笔画出充满活力的线条，用水彩上色，他的画与那种沉闷的油画完全不一样。

凯瑟琳决定让克卢埃给孩子们画像。让他们静坐超过两秒钟可能是这项任务中最难的部分。两岁的弗朗索瓦宝贝来当模特，穿着学步儿童的长袍，头发乱蓬蓬，还戴着帽子。男孩眼睛明亮、脸颊丰满，不停扭动。从完成的画像来看，克卢埃并不介意他扭来扭去。弗朗索瓦的小手好像在互相玩耍，小手指在桌面上伸开，身体所有动作都凝聚在这个手势上。可能是为了分散他的注意力，有人递给弗朗索瓦一朵花。粉红的花朵映着他玫瑰色的嘴唇，他咧着嘴笑——他还太小，不知道王子在肖像中不该笑。

孩子们长大了,克卢埃便继续画下去。他在弗朗索瓦四岁时又画了幅素描——小王子穿着紧身上衣和长筒袜,表情庄重,并宣布不想"穿得像个女人"。伊丽莎白公主四岁时胖嘟嘟的脸到十三岁时就瘦下来了,但眼皮仍像母亲一样耷拉着。不久,克卢埃开始画其他来到小育儿院的贵族幼童。路易·德·贡扎加和年轻的洛林公爵都留下了他们的肖像。1548年,五岁的苏格兰女王玛丽·斯图亚特到来后也入了画。

伊丽莎白很喜欢这些素描,也永远不会忘记给克卢埃当模特的那段时间。后来十几岁时,她会向母亲要"各种颜色的铅笔",克卢埃"知道该怎么做"。虽然凯瑟琳也很欣赏这些画,但她发现画作在某些方面有所欠缺。它们经过润色和改进,非常适合悬挂在宫殿大厅里,或作为外交礼物送到国外。但凯瑟琳不是特别喜欢修饰。她喜欢真实,想看到孩子们的真实样子。在意大利,贵族父母会长期为孩子绘制速写,好了解他们的成长变化。凯瑟琳决定也要这样做,于是她请另一位画家热尔曼·勒曼尼尔进入小育儿院。

勒曼尼尔深受所有孩子,尤其是小弗朗索瓦的喜爱。除了素描,勒曼尼尔还为他们做戏服,教他们演些短剧。凯瑟琳很喜欢勒曼尼尔,因为他总能精准地满足她的要求。"别漏过他们脸上任何东西,"她敦促他,"用铅笔画他们,这样速度快。请尽快寄给我,我会非常高兴。"她如果不喜欢这些画,就会要求重新画。某次她收到刚病愈的儿子的素描。("这太不像我儿子了。"她惊慌地说。)有时凯瑟琳凝视着画像,下意识地屏住呼吸。她在1548年写道:"我能看出自上次见面以来,他们长大了多少。"

这些画能让她放心。有次勒曼尼尔寄来一张她儿子的速写,他当时正病着,但病情已有所好转。小男孩枕在漂亮的绣枕上,胖乎乎的脸没有因病瘦下去。他的双眼睁得大大的，看起来很有生气。

❖ —— ❖ —— ❖

但得了病的孩子们并不总能康复。

1550年10月，两岁的路易得了麻疹。病情恶化得极快，还没等德·于米埃尔夫妇通知他的父母，孩子就夭折了。"我形容不出国王和王后因儿子奥尔良公爵去世有多悲伤，"蒙莫朗西在给德·于米埃尔太太的信中说，"您自己想象吧。"路易的房间空置了好几个星期。最后，迪亚娜做主，把他的东西搬走了。

1550年，路易死后一个月，凯瑟琳宣布再次怀孕。婴儿于1551年9月出生，取名为亚历山大-爱德华，后来循父名改名为"亨利"，最终成为亨利三世。这个小男孩成为凯瑟琳的最爱，也许是因为他出生在路易死后不久。她紧抱着亚历山大。她要他活下去。他出生后，凯瑟琳即便外出也很少远离圣日耳曼-昂莱。

死亡在16世纪很常见。人们无论老幼，都容易受到疾病和意外事故的伤害。兄弟互为玩伴，也互为绝嗣的保险。1556年夏，又有两名王室子女去世。6月24日，凯瑟琳生下了一对双胞胎女孩，分娩过程非常痛苦，几乎要了她的命。在早上八点，其中一个女婴出生了，但她的孪生妹妹在凯瑟琳肚子里死去六小时后，产婆才把死胎弄出来。她们只有先打断婴儿的腿，才能做到这一点。死去的婴儿被取名为让娜，活下来的取名为维克图瓦。仅仅六周后，维克图瓦也夭折了。

从那以后，凯瑟琳再未生育。

很久以后，在她幸存的孩子长大成人后，凯瑟琳在苏瓦松城堡的大画廊里挂了一幅路易的肖像，还有另一幅以两个婴儿为主角的画。16世纪70年代，凯瑟琳委托画家把婴儿的肖像画在她的祈祷书中。小男孩和两个妹妹举眼向天，甚至连降临到人世还没能睁开眼睛就夭折的让娜也睁大双眼。路易双手合十祈祷。他们面无表情，平静安详，非生非死，是最无辜的鬼魂。画家不知用什么方式，在阴阳两界之间捕捉到了他们的形象。

❖——❖——❖

1548年11月，在一个空气清新的日子里，凯瑟琳骑马去圣日耳曼-昂莱迎接新加入王室育儿所的孩子。小育儿院里已经挤满了欧洲王族后裔，各大家族把孩子送到法兰西接受教育、培养终生友谊、建立联盟。这天，凯瑟琳准备去见一个小姑娘，一位小小的女王。苏格兰女王玛丽五岁，她于8月底从苏格兰来到法兰西。

玛丽可以说是来避难的。当时苏格兰和英格兰爆发战争，由于担心英格兰人会绑架玛丽，她的母亲——苏格兰王太后玛丽·德·吉斯把她送到法兰西寻求庇护。

1548年，凯瑟琳年近而立，已经有了三个孩子，很快还会生更多孩子。她的身体现在似乎是好运之井，井水源源不绝。这段时光短暂却幸福，然而当时的她还没意识到。1548年，凯瑟琳已经尝到做母亲的乐趣，但还没有经历孩子夭折之痛。

玛丽·德·吉斯就不一样了。早在玛丽离开法兰西嫁给苏格兰国王之前，凯瑟琳和玛丽就认识。凯瑟琳知道，婚育对玛丽·德·吉斯意味着痛苦。到1548年，玛丽已经埋葬了两个丈夫和三个孩子，现在又要送最小的孩子玛丽背井离乡。

总有一天，凯瑟琳也会经历玛丽那种痛苦。但在那年11月去见小玛丽的路上，她可能还无法完全想象那种情况。还没有。不过，她可能已经理解了玛丽牺牲的本质。凯瑟琳自己也是年轻的母亲：她理解那种爱，也理解那种恐惧。

5
王子
1537—1548 年，苏格兰和法兰西

1548 年 8 月 18 日，路易·德·布雷泽提笔给苏格兰王太后玛丽·德·吉斯写信。作为忠实的仆人，布雷泽刚刚熬过毕生最痛苦的旅程之一。布雷泽带着年幼的苏格兰女王玛丽从苏格兰克莱德河畔的邓巴顿出发，前往布列塔尼北岸的罗斯科夫港。本应一周走完的路却花了十六天。天气恶劣，雨箭打在汹涌的爱尔兰海面上。海浪汹涌，小船剧烈抖动，船舵碎裂。虽说船只沿途不时停泊，但大多数乘客都生病了，他们希望能安然度过暴风雨。

但小玛丽没病倒。布雷泽告诉玛丽·德·吉斯，她"在海上比其他人情况都好，还能拿这事来取笑别人"。小玛丽生气勃勃，"状态从没这么好过"。至于布雷泽自己，他很高兴终于能登陆。他们于第十五日登陆，继续前行，到达附近的圣波勒－德莱昂镇，等待小玛丽的外祖母吉斯公爵夫人到来。

五岁的苏格兰女王玛丽几乎从出生开始就是苏格兰的最高统治者。1542 年 12 月 8 日，她于寒冬出生在苏格兰的林利斯戈宫，不到两周后，她的父亲詹姆斯五世在几英里外的福克兰宫去世。作为他唯一在世的婚生子女，小玛丽在出生九天后就成了苏格兰女王。

在接下来的五年里，小玛丽的母亲玛丽·德·吉斯努力保护女儿的

王位不受英格兰的都铎王朝君主侵犯。尽管苏格兰的斯图亚特家族与英格兰的都铎家族有血缘关系，但这两国互相憎恶，英格兰的亨利八世长期以来一直试图统治苏格兰。边境频繁出现小规模冲突，苏格兰人害怕英格兰人大举入侵。苏格兰人一次又一次击退亨利八世，虽说他们经常打胜仗，但似乎逐渐无法抵挡红发都铎家族。1513年，亨利八世在弗洛登战役（Battle of Flodden）中击败苏格兰国王詹姆斯四世；二十七年后，亨利八世的英格兰军队在索尔韦沼泽战役（Battle of Solway Moss）中大败苏格兰军队，詹姆斯五世郁郁而终，留下了年幼的玛丽女王。亨利八世决心要让她俯首称臣。

鉴于小玛丽是女孩，亨利八世采取温和策略。他没有派遣军队越过边境攻击，而是让小玛丽和他自己的儿子、王太子爱德华订婚，换取两国间的永久和平。统治苏格兰仍是他的目标。亨利八世计划在英格兰宫廷中将小玛丽抚养成人，为她将来成为爱德华的王后做准备。爱德华将娶小玛丽为新娘，以这种神圣不可侵犯的方式占有她，从而获得苏格兰王冠。

苏格兰人看穿了他的诡计。虽然一开始他们签署了《格林威治条约》（Treaty of Greenwich），同意亨利八世的条件，但很快就撕毁了条约。亨利八世大怒，再次挑起战争，命令将军们决不手软。强奸、掠夺和洗劫接踵而至。英格兰士兵将爱丁堡周围的村庄全都付之一炬。亨利八世的目的其实没变：虽然屠杀是为了惩罚苏格兰人，但他也希望通过恐怖手段迫使他们交出年轻的女王。

历史学家称这段艰难岁月为"粗暴求婚"（rough wooing），是最粗暴的引诱手段。亨利八世于1547年去世后，他的儿子，信奉新教的幼主爱德华六世继续大屠杀。作为虔诚的天主教徒，玛丽·德·吉斯无法忍受女儿落入新教徒之手。1548年冬天，玛丽·德·吉斯开始策划让小玛丽逃离苏格兰。

她把目光投向了法兰西。基于对英格兰的共同仇恨,苏格兰和法兰西之间的"旧盟"已在几代人间延续。玛丽·德·吉斯嫁给詹姆斯五世就是为了纪念这段友谊,现在她请求法兰西国王亨利二世庇护她的女儿。法兰西人提出的条件与英格兰人非常相似:法兰西对爱德华六世采取军事行动,而小玛丽将在法兰西宫廷被抚养成人,最终她要嫁给亨利二世的儿子兼继承人,即王太子弗朗索瓦。

显然,法兰西亨利二世的求婚也是乘人之危,但他提出的条件能令玛丽·德·吉斯满意,比如法兰西也信奉天主教;与英格兰不同,法兰西人承诺尊重小玛丽对苏格兰的主权,这孩子可以保留她的王冠。对玛丽·德·吉斯来说,最重要的是,法兰西是她的家,她知道自己的父母吉斯公爵和公爵夫人会照顾小玛丽。比起任何政治联盟,玛丽·德·吉斯更信任自己的家人。

她与法兰西签署了协议。7月31日,小玛丽在路易·德·布雷泽、苏格兰保姆和家庭教师、苏格兰侍臣,以及一群叽叽喳喳的小闺密的陪伴下登船,准备勇敢地面对暴风雨。

在圣波勒-德莱昂,小玛丽和朋友们一起玩耍,保姆为她抵御布列塔尼的余寒。小玛丽五岁时几乎一句法语也不会讲,虽然她母亲嫁给詹姆斯五世时,将法兰西的品位带到了苏格兰,但小玛丽一直由苏格兰保姆照顾,只说她们的语言。

她记忆中的苏格兰动荡不安,自己在树木繁茂的低地和岩石嶙峋的高地之间无休止地奔波。在此之前的几个月里,她一直在拼命地逃离英格兰人的劫掠,先是从斯特灵堡搬到门蒂斯湖的因赤马洪岛,后来回到斯特灵堡,最后又躲到西海岸的邓巴顿堡。

现在她安全地待在法兰西。几个星期以来,她的法兰西亲人一直在为她的到来做准备。没有人比小玛丽的外祖母,吉斯公爵夫人安托瓦妮特·德·波旁更操心。没人比安托瓦妮特更了解女儿玛丽·德·吉斯为送走小玛丽做出了多大牺牲。"我很遗憾,你在她登船时一定很痛苦,"安托瓦妮特在给玛丽的信中写道,"在你知道她已经安全上岸前也一样。她离开时,你一定也有同样的感受。"

安托瓦妮特在信末签名,封好信,然后寄往苏格兰。玛丽·德·吉斯正在那里等待——她仍不确定女儿能否熬过这次航行,能否找到安全港口登岸。

❖ —— ❖ —— ❖

吉斯家族成员之间关系紧密。他们雄心勃勃,彼此忠诚,最终成为欧洲最有权势的家族之一。然而在16世纪上半叶,法兰西人仍觉得他们资历不够。他们的族长克劳德·德·吉斯是洛林公爵勒内的次子。虽然与高卢邻居的语言和许多习俗相通,但严格来说,洛林是法兰西之外的独立公国。这赋予吉斯兄弟某种显赫的身份和地位。他们到达法兰西时,受到了外国王公应有的尊重。

勒内教儿子们正确认识自己的意义,尊重母亲,有强烈的王朝意识。他喜欢讲故事,夸耀家族那令人惊叹、可以追溯到中世纪伟大十字军战士戈德弗鲁瓦·德·布永的历史。此人非常虔诚(勒内喜欢这样告诉孩子们),在1099年创立了耶路撒冷王国。根据勒内的说法,上帝从那时起就一直保佑洛林家族。勒内是奋斗者,他精心策划两个儿子的职业生涯,试图让家族在欧洲政坛上留下足迹。勒内将洛林公爵领地遗赠给长子安东尼,把自己在法兰西的所有土地都遗赠给次子克劳德。小克劳德九岁时,勒内把他送到边境上某个法兰西贵族家里抚养,希望克劳德能把家族的机遇带到那个伟大的王国。克劳德听取勒内的谆谆教诲,继承了父亲的野心。成年后，他选择父亲的一句名言作为自己的人生格言：人人为我，到此为止。[1]家族为先。他们都属于家族。

正如他父亲所希望的，克劳德很快与未来的国王弗朗索瓦一世交上了朋友，后者在这位洛林王公身上发现了很多值得钦佩的地方。克劳德很招人喜欢。他拥有非凡的魅力、出色的运动能力、强烈的骑士荣誉感和出众的外貌——金发碧眼和令人羡慕的身高（对手因此嫉妒地说他更像德国人，而不是法兰西人）。尽管克劳德出生在外国，但这个年轻人赢得了弗朗索瓦一世的信任。在接下来的二十年里，他在意大利战争的战场上英勇作战，取得胜利，并在议事厅里发挥卓越的政治才能。弗朗索瓦一世在1524年离开法兰西重新夺回米兰时，就把克劳德留在宫中，让他给摄政王太后路易丝·德·萨伏依出谋划策。弗朗索瓦脱离西班牙监禁后回到法兰西，封克劳德为吉斯公爵，作为对他忠诚服务的奖励。这是非同寻常的封赏：在那之前，只有法兰西王室的贵族得到过公爵头衔，外国王室与此无缘。

弗朗索瓦一世促成了十几岁的克劳德和安托瓦妮特·德·波旁的婚事，再次提高了克劳德和洛林家族的地位。虽然安托瓦妮特出身于波旁家族旁系，但仍是波旁家族的一员，血统可追溯到法兰西开国王朝、中世纪的卡佩王朝。严格来说，安托瓦妮特属于下嫁。克劳德被她的地位吓到，担心她的家人嫌自己地位低下，尽管如此，他还是被安托瓦妮特的红发和谈吐吸引，请求朋友弗朗索瓦一世代表他出面斡旋。弗朗索瓦一世欣然同意。这对年轻夫妇结婚时，克劳德十六岁，安托瓦妮特十七岁。安托瓦妮特一嫁给克劳德，就变成了彻头彻尾的吉斯人。

这对夫妇住在茹安维尔的一座宏伟庄园中。这座中世纪堡垒坐落在

---

[1] 19世纪，亚历山大·仲马在《三剑客》中稍微改动了这句座右铭。

离洛林不远的香槟山区的岩顶上。茹安维尔不是吉斯家族唯一的城堡，却是安托瓦妮特的最爱。她喜欢那里童话般的塔楼、可以漫步其间的苹果园和美妙景色。从主屋大窗望出去，可以看到马恩河谷中蜿蜒的溪流和绵延的树林。城堡墙下，靠近潺潺流水的河流，茹安维尔镇掩映于城堡阴影之中。

克劳德经常待在法兰西宫廷，大多数时间里，是安托瓦妮特以专业的眼光和灵巧的双手独自管理茹安维尔。就像在任何大宅子里一样，这里也到处都是人：来访的客人、公爵土地的佃户和一百多名仆人。孩子的脚步声回荡在育儿室所在的侧翼大厅里。二十多年来，安托瓦妮特生了十二个孩子，其中十个活到了成年。长女玛丽·德·吉斯生于1515年，幼子勒内出生于1536年。在茹安维尔，就像在任何乡村庄园里一样，食物都是当地产的。即使在星期五和星期六的"斋戒日"，这家人也能大吃特吃鲜肉和鱼、菜园里长的水果和蔬菜、鸡蛋、优质面包和上等葡萄酒。

和丈夫克劳德一样，安托瓦妮特非常虔诚。"虔诚"将吉斯家族成员紧密联系在一起，尽管此时他们还未接受16世纪后期才会决定家族命运的反天主教信仰。克劳德全心全意地信仰祖先和教皇们尊奉的上帝，热衷于把路德教徒赶出洛林，在帕维亚战役这样的悲剧后，他会满怀悲痛地朝圣，努力报仇。安托瓦妮特虔诚到把自己的棺材安放在茹安维尔城堡的大厅里，以提醒自己"人终有一死"。安托瓦妮特的妹妹做了女修道院院长，她的两个儿子后来成为枢机主教，两个女儿也做了女修道院院长。应母亲要求，童年的玛丽·德·吉斯在修道院待了一段时间。玛丽容貌高雅，结婚对她来说是更好的出路。若不是这样，安托瓦妮特可能会考虑把长女也献给教会。

走教会这条路不只出于虔诚。天主教会为吉斯家族提供了另一条通往权力和事业的道路。如果孩子多，家庭开销就很大。教会职务能将女儿的嫁妆限制在最低，并为儿子提供固定收入。最重要的是，教会的职业选择能尽量消弭兄弟间的竞争。虽说吉斯家族没有"次子"问题，但这经常困扰其他贵族家庭。此外，教会的恩惠巩固了吉斯家族的祖产，将金钱和地产留在家族中。这就是吉斯家族打的算盘。在某种程度上，甚至上帝也可为家族所用。这是个野心勃勃的家族，务实而精明，为自己的血统自豪，渴望爬得更高。他们垂涎王冠——任何王冠都可以。他们渴望权势，众人齐心协力：吉斯家族成员似乎抱着坚不可摧的忠诚团结在一起。

玛丽·德·吉斯于1538年嫁给苏格兰的詹姆斯五世，成为家族祭品。她嫁给苏格兰国王时很不情愿。1537年末，当这桩婚事首次摆上台面时，玛丽二十二岁，已经是隆格维尔公爵的遗孀，膝下还有个年幼的儿子。她本还有个幼子，但1537年6月她丈夫突然去世，几个月后幼子也夭折了。苏格兰人在年底前求婚，在玛丽看来时间过早。但这是苏格兰的詹姆斯五世以旧盟友的名义求娶法兰西新娘，于是国王弗朗索瓦一世不准她拒绝。[1]

1538年6月，家人和朋友聚集在鲁昂作最后告别。在登上开往苏格兰的桨帆船之前，玛丽最后吻了儿子弗朗索瓦一次。年仅三岁的弗朗索瓦继承了父亲的爵位，成为新的隆格维尔公爵。虽然还在蹒跚学步，但他是这个王国的贵族，按礼仪要求必须在法兰西宫廷露面。此外，如果弗朗索瓦离开隆格维尔庄园，庄园将很容易遭盗窃，竞争对手也会对它虎视眈眈——这是吉斯家族不能允许的威胁。玛丽同意嫁到苏格兰后，吉斯家族共同决定留下小弗朗索瓦。

安托瓦妮特·德·波旁答应管理弗朗索瓦的财产，并在母亲不在时

---

[1] 詹姆斯五世的第一任妻子是弗朗索瓦一世的女儿，弱不禁风的法兰西的马德莱娜。她于1537年，即抵达苏格兰几个月后去世，年仅十六岁。

照顾这个男孩。在茹安维尔，弗朗索瓦有很多玩伴，包括安托瓦妮特两岁的儿子勒内，弗朗索瓦给他起了个可爱的外号叫"小叔叔"。有叔叔婶婶溺爱他，有花园可供玩耍，有小马可以骑。这个小男孩被爱他的人包围。

于是，玛丽扬帆远行。这是女人对家族忠诚的代价，也是她雄心壮志的代价。"他们说苏格兰离海不远，如果穿过英格兰就更近了。"安托瓦妮特向玛丽保证。想必这对玛丽来说是个安慰。

像许多嫁到国外的贵女一样，玛丽·德·吉斯把娘家的风尚带到了夫家。这是预料之中的，甚至受到期待。詹姆斯五世受过教育，喜欢时尚，苏格兰比大多数法兰西人认为的更开化。玛丽·德·吉斯进入爱丁堡时，苏格兰人给她留下了深刻印象。詹姆斯五世想让玛丽提升宫廷的品位，把更富裕、时髦的法兰西的优雅带到苏格兰。于是玛丽写信回家索要法兰西葡萄酒、水果和艺术家，甚至找来法兰西泥瓦匠修建她在福克兰和斯特灵的城堡。她带来了法兰西的绅士和淑女，命他们与苏格兰朝臣互相嫁娶。作为尽职的王后，她真诚地努力掌握苏格兰语——但她从未完全成功，因为有些代词特别难学。虽说玛丽·德·吉斯忠于她的苏格兰丈夫，法语仍然是她的语言和文化。

安托瓦妮特的信让她怀念法兰西。它们和大包小包的法兰西特产混在一起，经常与水果和酒放在同一艘船上，运来送给玛丽。16世纪的人经常写短信。"信短情长"——如果纸不够用、送信人匆忙，或者写信人怕读信人感到无聊，他们就会这样写。但既然安托瓦妮特想念玛丽，她就放纵自己，写了一封又一封信。

发烧和腹痛、分娩和洗礼、条约和休战、嫁妆和死亡。在安托瓦妮特的信中，政治新闻和家庭琐事常常无缝衔接，两者同样重要。玛丽做得不错，弗朗索瓦一世和皇帝查理五世的关系缓和，玛丽的弟弟即将结婚，所有人都聚集在茹安维尔庆祝他们的结婚纪念日。安托瓦妮特又写了一封信。"再没有别的新鲜事了。"有次她在无话可说时写道，但还是不辞辛劳地落笔。安托瓦妮特喜欢给女儿写信，她唯一不满的是，玛丽在写信方面和自己的丈夫克劳德一样差劲。

尤其在玛丽嫁给詹姆斯五世最初的日子里，安托瓦妮特写了很多关于弗朗索瓦的事，"你应该最想知道这些"。玛丽生了个漂亮孩子，她说，这个男孩长得如此之快，以至于他的衣服"都短了三英寸[1]"。三岁时，弗朗索瓦喋喋不休；四岁时，他是外祖父的掌上明珠。男孩经常生病——无疑比玛丽预想的要频繁得多。健康时，他吃得香睡得好，长得"又胖又圆，非常漂亮"。只要有可能，安托瓦妮特就会把弗朗索瓦的画像寄给她。有次安托瓦妮特和弗朗索瓦送给玛丽一根和男孩身高一样长的绳子，这样她可以亲眼看到他长高了多少。

安托瓦妮特喜欢叫弗朗索瓦"我的小男孩"。我们的外孙——我们的小男孩。很快，她就让弗朗索瓦自己给玛丽写信。他还太小，不会写字，大部分都是口述。他写的短信非常可爱，字迹很漂亮，是成年人的笔迹。抄写员是家里的一个神秘人物，名叫让，是忠诚的仆人。他听弗朗索瓦口述，自己一言不发，写字的手熟练稳定，但说话的人是男孩。

他有太多话要说了。吃饭玩耍、睡觉祈祷、小马、母鸡和花园、阿姨和"小叔叔"、比赛和短途游、盛宴和战斗。他是成年人世界里的小男孩。有时声音和情况会使他困惑。"德萨马耶就是睡在我卧室隔壁的新娘，"有次他对母亲说，"她在哭闹，她的丈夫在伤害她。"

然后他讲到外祖父。外祖父很好。外祖父带弗朗索瓦去野餐，他们摘了草莓。外祖父去钓鱼，送给他一条鱼（遗憾的是，让和约西宁把鱼

---

[1] 1英寸等于2.54厘米。——编者注

吃了)。外祖母扶外祖父去睡觉时,他就躲在壁橱里。

外祖父带他去打猎,他抓到了两只鸟。"苍鹭在叫:'呱!呱!'"他说。"风筝在说:'放我走!'"弗朗索瓦崇拜外祖父。"我紧紧抓住他的手指,"他解释说,"我不想放手,因为我太爱他了,我是他的宝贝。"外祖父教弗朗索瓦如何打猎,他也想教母亲。鹰会飞起来,弗朗索瓦告诉她,它们能追上苍鹭和风筝,至于他自己——"我骑着小马跑,飞吧!飞吧!"

他激动到语无伦次,一会儿说这个,一会儿讲那个,几乎毫无意义——也许只对弗朗索瓦和他妈妈有意义。他讲述"小叔叔"有时会如何戏弄他,并威胁要偷他的玩具。他说自己得了坏血病,手上长了"包包";外祖母在睡觉前给他好吃的黑面包;他整天待在花园里,吃好多樱桃,喂宠物鸡。他告诉母亲自己轻轻地吻路易丝舅妈,"就像我以前吻您一样,王后陛下"。他称母亲为"夫人""王后陛下",有时干脆叫她"妈妈"。他告诉母亲自己想念她。他有好多愿要许。他盼着她送自己一匹苏格兰小马,盼着她能多写信。他盼着有个小弟弟。他盼着她能回法兰西看他。她可以带上他的继父詹姆斯五世国王,他说。他也希望见到继父。

抄写员让在字母"t"上打叉,在字母"i"上加点,然后把笔递给男孩。五岁的弗朗索瓦还没有学会使用羽毛笔。他乱写乱画,在信末画了个似是而非的签名。

想写一笔好字需要练习,需要一双灵巧的手。用力过猛,羽毛笔会漏墨或折断笔尖;用力太轻,墨迹会在中间断掉或过浅。秘书和外祖母能快速写作,但还在学习的小男孩做不到。对他们来说,这需要更多的时间和精力。当弗朗索瓦长大到可以自己写字时,他会时不时地"请假",尽管有时他有充分的理由。"夫人,"他在1543年写道,"请不要因为我没有亲笔写信而感到奇怪,是外祖母不让我动笔,因为我已经发烧三个星期,还很虚弱。"大家都说发烧会让他长个儿,他解释说,这样他就可以到苏格兰来为她服务了。

多年来,弗朗索瓦从家里或宫中(只要他有机会去)寄出许多信。1546年,他兴奋地前往枫丹白露,参加国王的新生儿伊丽莎白的洗礼。在外祖父母身边,弗朗索瓦看着英格兰大使托马斯·切尼把婴儿抱到洗礼盆前,心中想的却是他在苏格兰的母亲。在那些节日里,只要他有一点儿时间,只要手中有纸笔,他就给她写信。"我向您保证,夫人,与英格兰签订的和平条约让我非常高兴,"他对她说,"因为这意味着我能见到您了。"他说自己又寄出了一张新的肖像,尽管画得不太像他。这位艺术家有自己的风格。毫无疑问,这孩子每天都在变化。弗朗索瓦离开母亲时才三岁。在枫丹白露的那一天,他已经十一岁,快到征兵年龄了。"快成大人了。"

❖——❖——❖

玛丽把家信保存好。它们给她带来欧洲大陆的消息,这是她在苏格兰黑暗岁月中的安慰。在她与詹姆斯五世结婚四年后的1542年,玛丽又埋葬了两个男婴。他们待在相隔数英里的不同育儿所里,却莫名其妙地在几小时内相继夭折。[1] 十八个月后,詹姆斯五世去世了。

16世纪的信件经常会在途中丢失。玛丽的两个儿子在1541年4月夭折,安托瓦妮特直到7月22日才收到消息。"这个消息如晴天霹雳,"当天晚上她写道,"但既然上帝想这样做——我们大家就都必须服从。上帝把他们从这个世界带走,他们是如此幸运,就让我们为此赞美上帝吧。"总有一天,玛丽会再次生育。"有了耐心,你就会保持品性正直,在今生和

---

[1] 玛丽·德·吉斯和詹姆斯五世都怀疑有人下毒。安托瓦妮特告诉玛丽,最好别考虑这种残酷的可能。

来世都幸福快乐。去见上帝最可靠的途径是经历磨难和痛苦。如果你经历过痛苦，就是好的开始。"在疾病和战争肆虐、儿童死亡频发的时代，有句话被一再重复：上帝爱那些受苦最多的人。

"若上帝垂怜，"安托瓦妮特继续写道，"你再生孩子的时候我会在你身边，我将是第一个来帮你的人。"

事实上，苏格兰女王玛丽出生时，安托瓦妮特没能在场。然而，当五岁的小玛丽横渡爱尔兰海来到法兰西时，她似乎迎来了重生。在这个王朝联姻盛行的时代，母亲和女儿的人生轨迹往往非常相似。凯瑟琳·德·美第奇走上母亲的老路，而苏格兰女王玛丽循着母亲的足迹回到了法兰西。对安托瓦妮特来说，小玛丽的这段旅程是某种意义上的回家，是小玛丽投入新生活的机会。安托瓦妮特说大家都喜欢小玛丽。"在同龄女孩中，她是你见过的最漂亮、最优秀的那个。"安托瓦妮特称她的外孙女为"我们的小女王"。

在圣日耳曼-昂莱见到小玛丽后不久，凯瑟琳·德·美第奇就给玛丽·德·吉斯写了封信，字里行间隐隐有怜悯之情。"我们无缘相见或交谈，但我不仅为自己欣喜，也为您高兴，因为您有一位如此美丽、彬彬有礼、善良的女儿，您一定会感到幸福。不仅对您来说，对我和所有见到她的人来说，她都非常优秀。"凯瑟琳知道在未来很长一段时间里，小玛丽都将待在自己身边。"上帝把她放在我的人生道路边，我感到更加幸运，"她继续说道，"因为我想，有她和我在一起，我的晚年就可以依靠她了。我为此赞美上帝，并祈祷上帝保佑您万事如意，就像上帝把她赐给您时也祝福您一样。"凯瑟琳看到的同其他人看到的一样：一个漂亮的孩子，一个奇迹。

女儿抵达法兰西后，玛丽收到的所有信件中，最有意义的一封可能来自她的母亲。刚把外孙女小玛丽留在王室托儿所，安托瓦妮特就承诺在未来的岁月里照顾她,"握住我们小女王的手"。然后,有那么一会儿,安托瓦妮特又开始关心起玛丽。

"你在这个世界上得到的幸福太少了,又太习惯于痛苦和忧虑,恐怕你已经不知道什么是快乐了。至少,我希望小玛丽离开的日子,是你为这个小家伙争取的一段安宁日子。上帝保佑,她会发现一切顺利,一切都恢复了,如果所有的麻烦都结束了,和平恢复了……然后有一天,你就可以问心无愧地离开那个地方,回来看看你的孩子和其他所有与你亲近的人。每个人都希望这样,和朋友在一起,你可以开心一点儿。"

一旦法兰西帮助苏格兰摆脱英格兰的威胁,玛丽就可以回来了。安托瓦妮特写信时怀着特殊的柔情和独有的共鸣。她自己也走过这条路,送女儿漂洋过海,承受贵族母女间的一次又一次的离别。

6
帝国
1547—1553 年，法兰西

大约在凯瑟琳抵达圣日耳曼-昂莱迎接玛丽·斯图亚特的一个星期前，亨利二世骑马从奥弗涅的穆兰去小育儿院。十月末的天气一直很好，亨利二世走得很快。他带的随从不多，因为希望能和孩子们独处一段时间。他对小育儿院的新成员也很好奇。"所有人都说她是个奇迹，"国王写信给玛丽·斯图亚特的舅舅弗朗索瓦·德·吉斯，"这使我更加渴望见到她。我希望很快就能见到她。"

在路上，亨利二世满怀期待，对苏格兰和它的年轻女王他思绪万千。不到三十岁的亨利二世还没有掌握朝臣的优雅礼仪，但长时间的锻炼和战场生涯使他身强体壮，战略意识强烈。

亨利二世梦想建立帝国。这位骁勇善战的国王从即位之初就立志要改正先辈的军事失误。他想夺回法兰西在1544年输给英格兰的布洛涅，还试图收复法兰西于两个世纪前的1347年拱手让给英格兰的加来。他的野心还不止于此。他仍渴望走出父亲的阴影，渴望获得更多领土。亨利二世继承弗朗索瓦一世的遗愿，为争夺意大利继续推进由来已久的瓦卢瓦-哈布斯堡家族战争。他还与查理五世皇帝有私人恩怨。"至于皇帝，国王恨他，并公开承认这一点，"一位威尼斯使节写道，"他希望死敌受一切报应。这种敌意如此之深，只有死亡或敌人彻底毁灭才能化解。"

西班牙牢房的阴暗记忆仍然压在法兰西国王的心头。

然而，查理五世是个强大的敌人：他有广阔的领土，还有庞大的军队。皇帝已经控制了意大利和所有德意志土地。他还向北非推进，并派遣舰队前往新大陆。法兰西被西班牙哈布斯堡家族及其盟友围在中央。北面是哈布斯堡王朝的荷兰；东面和东南面有德意志各封邑和领地，如洛林和萨伏依；查理五世的主要领地西班牙逼近法兰西南部边境，毗邻多山的纳瓦拉王国——其一半领土已于1512年被阿拉贡的费迪南德征服，成为卡斯蒂利亚的附属。纳瓦拉北部仍然效忠于法兰西，算是个缓冲区。西面，西班牙船只正冒着狂风暴雨在大西洋上开辟通道，哈布斯堡帝国的版图正在扩大。

亨利二世对新大陆和非洲都不太感兴趣。欧洲才是亨利二世的天地，是征服和再征服的舞台。他构思了"法属欧洲王国"，囊括查理曼等法兰克国王统治过的所有土地，以及在德意志和意大利的新征服地。亨利二世沉迷于这个帝国计划，还用古代传奇皇帝的名字给小儿子们取名：夏尔-马克西米利安取自查理曼大帝；亚历山大取自亚历山大大帝；而幼子叫埃库莱斯。

亨利二世国王有年龄优势。查理五世已须发皆白，行动不便，而法兰西国王正值壮年。然而，刚刚登上王位的亨利二世有些胆怯，不愿与帝国公开冲突，至少当时如此。相反，他寻找其他方法来激怒敌人。他认为答案不在东方，而在北方。

英格兰的统治者不属于哈布斯堡家族，但也不是法兰西的朋友。在瓦卢瓦王朝和哈布斯堡王朝之间持续不断的冲突中，英格兰在某种程度上是个闯入者。查理五世的帝国军队不止一次进攻巴黎。法兰西和英格兰多次媾和，但几年后再次开战。法兰西对英格兰的反感由来已久，经历了14世纪的百年战争后，仍未完全消弭。此外，英格兰君主爱炫耀权力,令人讨厌:英格兰占领了加来,君主们就自封为"英格兰、爱尔兰和法兰西的国王",这个头衔他们使用了近两百年。

苏格兰则不同。它很穷——与豪奢的法兰西相比,它就像一块冰冷的岩石,但它"自古以来"就是盟友。然而,和英格兰的亨利八世一样,法兰西的亨利二世也觊觎苏格兰。法兰西国王盘算着,贫困的苏格兰将决定欧洲的权力平衡。如果亨利二世能从英格兰人手中拯救苏格兰,就能展示法兰西的军事实力,震慑查理五世,还能防止英格兰统治整个不列颠群岛——如果英格兰想讨好帝国,亨利二世就更不能让这种情况发生了。如果苏格兰成为法兰西的前哨,那么法兰西就既可以削弱都铎王朝的野心,又可以向令人憎恶的皇帝证明自己的勇气。另一方面,如果法兰西把苏格兰拱手让给英格兰,英格兰的亨利八世就会胆大妄为;查理五世也会看到法兰西的弱点,以及与法兰西开战的契机。

苏格兰女王,那个叫玛丽的孩子,就是苏格兰王国的化身。谁控制了她,谁就控制了苏格兰。然而,亨利二世的复杂算计并未就此结束,他还看到了插手英格兰的可能性,因为苏格兰的法裔王太后也是都铎家族的人。

玛丽的外祖母——詹姆斯五世的母亲——是玛格丽特·都铎,亨利八世的姐姐。作为都铎家族的一员,玛丽在英格兰王位上的继承顺位很高,这种继承权并非无可争议。1543年,苏格兰人撕毁了《格林尼治条约》,愤怒的亨利八世在法律上将玛格丽特·都铎的后代排除在英格兰王位继承人之外,但英格兰法律无法否认玛丽身上流着都铎家族的血液。大多数欧洲君主认为,在继位一事上,血缘权利比法律更有效。

根据英格兰法律,亨利八世的六任妻子中有三任生下子女,可以继承英格兰王位。尽管有法律,他们的继承权还是站不住脚。亨利八世的女儿玛丽·都铎和伊丽莎白·都铎都是私生子，她们的母亲都被亨利八世废黜。许多人认为私生子不可继位，甚至亨利八世的儿子爱德华六世的合法性也受到质疑。亨利八世与爱德华的母亲简·西摩的婚姻是由亨利八世创立的新英格兰教会批准的，而不是罗马天主教会。这就是爱德华的软肋。许多英格兰天主教徒支持苏格兰女王玛丽继位，认为如果她继承了英格兰的王位，英格兰就能回到教皇的统治之下。她已经是自己王国至高无上的女王，更有资格继承英格兰的王位。

法兰西国王亨利盘算着，如果玛丽嫁给自己的儿子弗朗索瓦，法兰西人就能把她推上英格兰王位，英格兰就将落入法兰西之手。王太子弗朗索瓦能通过婚姻成为苏格兰国王，然后凭借玛丽·斯图亚特的继承权成为英格兰国王。这样一来，他与玛丽所生的瓦卢瓦家族后代就能继承英格兰王位。法兰西人如果能控制英格兰，也就能控制英吉利海峡。他们可以切断哈布斯堡王朝统治下的西班牙和荷兰之间的水路，袭击从佛兰德斯出发前往新大陆的西班牙船只。

小玛丽就是建立帝国的关键。现在她正安稳地待在法兰西王室的育儿所里，处于法兰西亨利二世的羽翼之下。一场关于女孩婚姻和王位、针对英格兰的战争正在激烈进行，目前法兰西占上风。亨利二世不难想象，在不久的将来，他或他的儿子将会加冕为法兰西、苏格兰和英格兰的三冠王。

在圣日耳曼-昂莱，亨利终于见到了苏格兰的小女王。即使只有五岁，她也自有风度。蓝眼睛，粉红脸颊，能说会道，她似乎已经很有魅力。从少女时代一直到临终之时，她都能让人心软。

但对亨利二世来说，小玛丽真正的美在于她的嫁妆——一个王国。他在给朋友、统帅蒙莫朗西的信中说，她是"我见过最完美的孩子"。

❖──❖──❖

在小玛丽前往法兰西的十六天航程中，吉斯一家心情忐忑。她像传说中的那么漂亮、健康吗？溢美之词和与之矛盾的谣言从苏格兰漂洋过海飞到法兰西。就在玛丽出生后不久，苏格兰盛传她病得很重，命不久矣。但一年后，英格兰特使拉尔夫·萨德勒看着玛丽，说她是"我见过的这个年龄最优秀的孩子"。她很健康，身材高挑，就像吉斯家族的人一样。

吉斯一家因此充满希望。1548年8月，在罗斯科夫下船的那个孩子甚至超出了他们的预期。她童年时期的肖像展示了她著名的美貌：表情开朗，颧骨高，眼睛像玻璃一样清澈。她小时候眼睛是蓝色的，随着年龄的增长颜色加深，更接近琥珀色。

"这位小姐非常漂亮，看起来很有活力。"目光敏锐的安托瓦妮特·德·波旁在见到外孙女后对儿子说。"她有浅棕色的头发，我认为她长大后会是美女，因为她的皮肤光滑白皙。她的下半张脸很迷人，眼睛小而眼窝深，脸有点儿长。总的来说，她非常优雅自信。"她是够漂亮的，但可能是外在美之外的某种东西使小玛丽如此令人惊艳。魅力是吉斯家族的特点，还有引人注目的五官，与其说是精致，不如说是大气。小玛丽五岁时就有风度且自信。她为何能这样？旁观者注意到她那妙不可言的品质，于是肃然起敬。

也许这种魅力来自她的与众不同。小国王比比皆是，而小女王寥寥无几。玛丽出生九天就成了女王，不到一岁就加冕。她集合了出身、机缘和政治资本，成为一种现象。她令人印象深刻的特殊身份既是通往权力的基石，又是一桩怪事。

小玛丽登陆后，兴奋的吉斯家族书信往来频繁。吉斯家族也梦想建立帝国,他们在法兰西宫廷的财富随着家族地位的提高而增长。安托瓦妮特仍然是女族长,是家族的核心和灵魂。以吉斯兄弟为首的年青一代已经取得了成就。长子弗朗索瓦在1550年父亲去世后成为吉斯公爵,他英俊、勇敢、彬彬有礼,是骁勇善战的指挥官,也是亨利二世的朋友。[1]次子夏尔做了洛林枢机主教,是家族中的政治家和学者,还是拉伯雷、伊拉斯谟等杰出知识分子的赞助人。他精通拉丁语、希腊语和意大利语,是天才演说家。善于雄辩的他很快就成了亨利二世信任的顾问,但敌人说他是狡猾的骗子。吉斯兄弟在宫廷里行事招摇,且对亨利影响很大,以致统帅蒙莫朗西开始憎恨他们。就连迪亚娜·德·普瓦捷也担心自己对国王的影响力消退。

像哈布斯堡家族一样,吉斯家族知道女性对建立帝国至关重要,这一过程需要几代人的努力。勃艮第、波希米亚、匈牙利和西班牙都因哈布斯堡家族的女性嫁给外国王室而落入哈布斯堡家族之手。如果他们想要地位和影响力,就得把每一桩联姻当作战役来谋划。

1548年12月,小玛丽抵达法兰西后不久,弗朗索瓦·德·吉斯就迎娶了时髦而精明的安妮·德·埃斯特。她是意大利费拉拉公爵的女儿,母亲是法兰西国王路易十二的孙女,这让吉斯家族与法兰西王室的关系更近一步。安妮的法兰西母亲遵循改革主义者让·加尔文的教义,以新教思想教导女儿。然而,就像安托瓦妮特·德·波旁一样,自从戴上婚戒,安妮·德·埃斯特就把自己献给了吉斯家族。从那时起,她对家族的忠诚从未动摇,这一点使她深受安托瓦妮特喜爱。在宫中,安妮密切关注小玛丽的消息,并经常去育儿室看望她,像安托瓦妮特一样忠于年轻的女王。

---

[1] 1550年,吉斯公爵克劳德的病情严重恶化,令人费解,吉斯兄弟怀疑他中毒而死。但在16世纪,任何神秘疾病都会被归咎于中毒。

人人为我。年复一年,他们积累了大量的食客、人脉和姻亲,家族归属感推动了吉斯家族这架庞大机器的运转。苏格兰女王玛丽体现了吉斯家族未来的计划,即不断与高于自己的阶层联姻。然而她与王太子的婚约仍未定下来,这使吉斯家族时刻保持谨慎。

亨利二世与玛丽·德·吉斯的交易更像承诺,而不是约束性契约。他们当时还没有签署有约束力的婚约,亨利二世也不想过早放弃整片树林。如果过于宠爱某个家族,他们就会自行扩大影响力、吸引追随者,与国王离心,因此这不是个好主意。亨利二世似乎也在拖延——万一有更好的联姻对象呢?

吉斯家族在一个小女孩身上下了重注,而她在近几年内都不会被许配给王太子,直到两个孩子都长到十几岁。在此之前,吉斯家族一直指望小玛丽在法兰西王室中保持重要地位。他们在利用她的苏格兰王位。如果一切按计划进行,有朝一日瓦卢瓦家族和吉斯家族的儿子将登上法兰西王位。

吉斯家族不仅将小玛丽视为苏格兰女王,还将她视为法兰西王后。他们教小玛丽把那顶后冠当成自己的,去感受它、去渴望它。如果她能演好这个角色,也许其他人会认为她自然该做王后。

❖ — ❖ — ❖

不过,小玛丽首先得能长大成人,这个过程需要众人关注和精心规划。亨利二世希望小玛丽视自己为父,忠于瓦卢瓦家族和法兰西。在亨利看来,小玛丽不仅要习惯法兰西的饮食、衣着和语言,还要结交法兰西朋友、爱上法兰西人。

亨利相信情感纽带可以培养。从一开始,他就试图割断小玛丽与苏格兰的联系。法兰西人认为苏格兰人粗野乏味,衣着过时,举止粗俗(安托瓦妮特说他们甚至有点儿不讲卫生,小玛丽当然是个例外)。[1]有四个和她年龄相仿的苏格兰小女孩陪她一起来到法兰西。和她们年轻的女教师一样,她们都是苏格兰贵族女儿,而且都叫玛丽:玛丽·比顿、玛丽·西顿、玛丽·利文斯顿和玛丽·斯图亚特的苏格兰家庭教师珍妮特·弗莱明的女儿玛丽·弗莱明。在逃避英格兰人的漫长艰苦的旅途中,这群小玛丽紧紧地团结在一起。然而她们一到法兰西,亨利二世就决定要解散这个小团体。

亨利二世把四个玛丽送到位于圣日耳曼-昂莱西北四英里的普瓦西,在某所修道院学校接受优秀的法语和习俗教育。他遣散了玛丽的大部分苏格兰仆人,还做了个前所未有的决定:让王太子和公主们共用随从、仆人,这样小玛丽和弗朗索瓦王子就可以更好地互相了解。他的计划成功了。"我听说,"国王告诉弗朗索瓦·德·吉斯,"从第一天起,她和我儿子就相处得很好,好像他们已经认识很久了。"在卧室安排方面,苏格兰女王会与当时两岁半的大公主伊丽莎白共用一间。

苏格兰女王在亨利二世全方位的安排下茁壮成长,学习新语言,很快和小育儿院里的孩子交上了朋友。她洋溢着自信。1548年12月,在舅舅的婚礼上,小玛丽和四岁的王太子一起站在舞台中央。她已经练习过如何跳舞,王太子牵着小玛丽的手,两人都精心装扮过,穿着丝绸衣服,预演他们长大后要扮演的角色。一舞结束,这对小舞伴按惯例亲吻。亨利二世微笑着向小女王敬酒。

像所有孩子一样,小玛丽会看大人的脸色,并对他们的关心做出相应反应。小玛丽很早就知道自己有魅力。吉斯兄弟非常激动,因为这预示着他们很快就会正式订婚。安托瓦妮特对身在苏格兰的玛丽·德·吉

---

[1] 布兰托姆写道,小玛丽讲苏格兰语时,用舌头发出颤音,而大多数苏格兰人则从喉咙里发出沙哑的声音。

斯滔滔不绝地说:"她得到了最高级别的待遇。"玛丽和"伊丽莎白殿下"住在最好的房间里。"在我看来这很好,这样她们长大后会相爱如姐妹。"

❖——❖——❖

大人谋划的所有事情都让小玛丽认识到自己的地位,明白自己的富足生活和其他孩子一样重要,甚至更重要。大人们的表扬使她明白自己很优秀。看着房间里的陈设、衣柜里装不下的华丽长袍、墙上的奢华挂毯和桌上香味扑鼻的饭菜,她就知道自己有多高贵。她的珠宝多到黄铜大柜子都装不下,梳妆台上散落着闪闪发光的别针和做工精细的发梳。在盛大的节日里,她被丝绸、缎子、塔夫绸和天鹅绒的云彩包围,她的衣裙用银线缝制,用蕾丝、丝带和宝石装饰。

她和小育儿院里的孩子每天都要吃丰盛的正餐,几十个仆人从早到晚辛苦地准备一盘盘的美味肉类、糕点、糖果和水果,用葱和藏红花炖、用肉豆蔻和肉桂浸泡,数量多得令人难以想象。某本家庭账册记录道,有"二十三打面包,十八块牛肉,八只绵羊,四头小牛,二十只阉鸡,一百二十只鸡,三头山羊,六只小鹅,四只野兔"每天供孩子们和他们庞大的团队食用。育儿所与世隔绝,高高在上,只有小玛丽与王室的孩子们从某座宫殿去另一座宫殿时,才能透过马车帘子看到外面的世界。有时她每隔几天就会看到一次。每座宫殿里等待她的场景都比之前更加辉煌。

随着年龄的增长,她开始与玩伴一起学习修辞和历史,学习如何做淑女。大人为她聘请意大利舞蹈大师,买了把六弦琴。她花几个小时学习唱歌。学习之余,她还有很多时间和几十只统治宫殿的哈巴狗玩耍,或者在王室动物园里观赏亨利二世养的珍奇动物。孩子们很高兴参观迪亚娜·德·普瓦捷在阿内的城堡,迪亚娜在那里为他们专门保留了房间。

有一次，王太子被分配到父亲的房间里，醒时睁大眼睛，发现自己陷在床单中。"从来没有哪次比我躺在国王房间里的大床上时睡得更好。"他写道。在阿内，小玛丽爱上了赌博，从王太子手里赢零用钱时尤其开心。

在户外，她骑着最喜欢的小马"王室夫人"（亨利国王送她的礼物）学会了慢跑和小跑，并渴望能跟得上凯瑟琳·德·美第奇，她认识的最好骑手之一。在安静的下午，她会和"小妹妹"伊丽莎白和克洛德一起，用肉桂和干紫罗兰粉煮甜果酱。这一年，她的课业越来越严格，小玛丽每天都望弥撒。吉斯家族认为只有虔诚完成宗教活动后方可嬉戏——这是正统的虔诚观念。"您可以确信，"洛林枢机主教向姐姐玛丽·德·吉斯保证，"上帝（在玛丽家里）被以古老的方式尽心服侍。"

吉斯兄弟总在信中暗示小玛丽不会做错事。然而，小玛丽的良好行为需要小心管理。安托瓦妮特一直在幕后监视小玛丽，跟踪她的发展，观察她做的坏事。如果安托瓦妮特不能亲自去看望外孙女，她就会要求她的孩子和朋友向她报告。一封又一封的信证明了小玛丽在可爱之外的美德和顺从——没有这些，女孩的美貌就毫无意义。她与王太子的订婚还只停留在口头承诺阶段，小玛丽不能犯错。尽管和许多文艺复兴时期的父母一样，安托瓦妮特信奉严厉的爱，也会打孩子屁股（安妮·德·埃斯特淘气的儿子们知道她有多严厉），但她非常宠爱儿女和孙辈，对小玛丽也不例外。安托瓦妮特让小玛丽知道自己是被爱着的，也让小玛丽明白，吉斯家族想要的不过是完全服从和纯洁的美德。

小玛丽很快就学会了这一课。在小玛丽和外祖母的早期信件中，只有一封保存了下来，日期是1550年，那时小玛丽八岁。"夫人，"她写信给安托瓦妮特，"我很高兴写这封信，告诉您我从母后那里得到的好消息。她在4月23日的信中向我保证，她很快就会来这里见您和我，这是我在这个世界上能期望的最大的幸福。""我太高兴了，"她接着说，"我尽我的责任,努力表现得好些,这样她就会快乐,因为我会满足您和她的愿望,做个好姑娘。"

❖——❖——❖

玛丽·德·吉斯在1550年秋天出于政治和个人原因来到法兰西。去年春天,法军成功地袭击了英军在布洛涅的驻军,两国谈判后达成停火。苏格兰的和平是条约的一部分。"粗暴求婚"终于结束。水路畅通,船只可以安全通行。

多年来,玛丽·德·吉斯一直想正式成为苏格兰的摄政王太后,到玛丽成年时再还政。1550年,她回到法兰西,希望赢得亨利二世的支持。目前苏格兰总督是阿伦伯爵,即苏格兰詹姆斯四世的私生子。[1]作为小玛丽最近的亲属,理论上,阿伦也有资格继承苏格兰王位,因此玛丽·德·吉斯相当不信任阿伦。而且此人生性挥霍、自私自利,为自己和朋友随意动用国库。玛丽再没有能信任的人了,最好由她自己执政。[2]她还清楚地认识到,必须在苏格兰采取强硬措施。新教获得不少贵族支持,宗教敌对情绪高涨。

此行也给了玛丽·德·吉斯与家人朋友团聚的机会。她已有两年没见玛丽,把儿子弗朗索瓦·德·隆格维尔留给安托瓦妮特照顾也有十二年了。弗朗索瓦现在已经十五岁,他从未停止过给母亲写信。玛丽在法兰西度过的十二个月里,大部分时间都把他带在身边,大家心情愉快,事事顺利。然而有件事却吓坏了吉斯一家。1551年4月,玛丽·德·吉

---

[1] 1542年丈夫去世时,玛丽·德·吉斯刚生下小玛丽,还在产后恢复期,所以总督职位落在阿伦手里。如果玛丽当时身体好些,可能会自己争取这个位置。

[2] 尽管玛丽花了很多年才掌权,但亨利二世一直支持她。最终,法兰西人贿赂阿伦下台,并许诺封他一处法兰西公爵领地。他成为夏特勒罗公爵,而玛丽·德·吉斯于1554年成为苏格兰摄政王。

斯在法兰西待了七个月后，有个亲英格兰的苏格兰逃亡者企图毒死九岁的小玛丽。行凶者在动手前就被发现，之后逃到英格兰，但吉斯家族惊慌失措。暗杀威胁真实存在，这就是小玛丽价值的标志。

悲剧发生在玛丽·德·吉斯此行的最后几周。1551年9月，弗朗索瓦·德·隆格维尔在随母亲从茹安维尔前往亚眠的途中病倒了。他虽然小时候常患病，但在青春期似乎健壮起来。1551年，不知在途中得了什么病，他很快就挺不住了。几天之内他便死了。

苏格兰女王玛丽虽然很爱哥哥，但她太小，不能出席葬礼。玛丽·德·吉斯在法兰西待了很长时间，直到儿子下葬才决定回苏格兰。尽管在她生活的那个时代，几乎没有父母能幸免于丧子之痛，但这一打击对玛丽来说尤其沉重。临走前，她给安托瓦妮特写了一封信，悲痛几乎摧毁了她的信念。"我知道，夫人，您和我一样需要安慰，但您的美德能战胜一切。神提醒我们都将安息。我相信，夫人，正如您告诉我的，主希望我去见他，因为主经常以如此极端的方式来见我。唯愿上帝凡事皆可称颂！"

❖ — ❖ — ❖

之后小玛丽再也没见过母亲。吉斯家族认为玛丽·德·吉斯会在某个特殊时间点，比如小玛丽办婚礼时，回到法兰西，但形势不由人，她留在了苏格兰。这一次是玛丽·德·吉斯自己选择，而不是迫于家人的要求。作为摄政王太后，面对敌意渐涨的苏格兰新教贵族，她觉得有必要为女儿稳住朝政。

同欧洲的许多贵族女性一样，玛丽·德·吉斯认为爱和政治纠缠在一起，难以区分。她留在苏格兰的部分原因是爱女儿和家人。余生中，她与小玛丽的关系仅限于通信。频繁的通信从早期国家机密课程谈到年轻的苏格兰女王应该如何处理衣物（玛丽·德·吉斯说该用于做慈善，最好捐给教堂）。小玛丽会永远珍惜母亲。她努力取悦母亲，也学会了为母亲的悲伤而担心。

母亲不在时，小玛丽会向其他女人寻求柔情，比如安托瓦妮特和安妮·德·埃斯特，以及凯瑟琳·德·美第奇。凯瑟琳也为玛丽·德·吉斯的离去而遗憾。不到一年前，凯瑟琳的儿子路易夭折，她和玛丽·德·吉斯一起哀悼弗朗索瓦·德·隆格维尔。"您会从您的女儿那里得到安慰和幸福，她爱您、孝顺您，她将弥补您所有的不幸。"她写道。她把玛丽当作朋友，在接下来的几年里，她多次要玛丽把自己的肖像画寄来。

凯瑟琳与吉斯家族的不少女性保持密切关系。她与安托瓦妮特保持密切通信，并教自己的女儿们要尊重这位老妇人。凯瑟琳觉得和安妮·德·埃斯特特别亲近，也许是因为她们背景相似。安妮和凯瑟琳一样，母亲是法兰西人，父亲是意大利人，她的童年也是在意大利度过的。每当安妮离开宫廷太久，凯瑟琳就会打听她的消息："看到这消息的人，没人比我更爱您。"在凯瑟琳给安妮的某些信里，几乎能看出她的渴望之情。很难知道凯瑟琳和吉斯家族女性间的友谊中有多少政治因素。吉斯家族当然明白取悦亨利二世的王后有多少好处，不过，无论她们分享什么，都不仅仅是出于礼貌。她们的信流露出真正的温情。

凯瑟琳也许从吉斯家族的女性身上学到了某些东西。她发现玛丽·德·吉斯是耐心、坚忍和自我牺牲的母性典范，是愿意为了孩子争夺权力的女人——多年后凯瑟琳也会处于类似的境地。她也无法忘记吉斯家族如何讨好小玛丽，以及吉斯家族的舅舅、舅母如何全神贯注地关注这个女孩，他们"对她非常满意"。吉斯家族成员之间有强烈的感情。凯瑟琳会试图在自己孩子之间建立同样的爱和忠诚的纽带。

也许因为对吉斯家族的女性有感情，凯瑟琳对小玛丽更加温柔。她以"润物细无声"的方式表现对小玛丽的爱，请人为小玛丽画肖像，在小女孩生病时长时间在病床边陪她。在无数个漫长的下午，她教小玛丽和女儿伊丽莎白刺绣，用丝绸和网状花边编织纱网——这是凯瑟琳小时候在勒穆拉特修道院学到的女红技术。在信中，凯瑟琳一提到小玛丽，口吻就柔和起来。凯瑟琳可能把年轻的女王看作对自己未来的投资。从女儿出生那一刻起，凯瑟琳就知道她们有一天会离开自己。然而，如果一切按计划进行，玛丽将成为凯瑟琳的儿媳，留在法兰西宫廷，正如凯瑟琳曾经告诉玛丽·德·吉斯的，小玛丽将是她晚年的慰藉。安托瓦妮特说凯瑟琳经常把小玛丽带在身边。

然而，凯瑟琳的感受可能更为复杂。多年以后，出于政治和个人原因，她越来越不喜欢小玛丽。人们不禁要问，这种反感的种子是否在玛丽童年时期的某个时刻就生根了呢？虽然小玛丽很漂亮，但在凯瑟琳多年来在宫廷和王室育儿所编织的精致结构中，她是颠覆性的存在。人们都能看见小玛丽享受万千宠爱，成为吉斯家族的明日之星，她让所有法兰西王室的孩子都相形见绌，即使是地位显赫的王太子也盖不住她的光芒。他比小玛丽小一岁，瘦小孱弱，和光彩照人的小玛丽相比，简直就是个虚弱的王子。

原因很有可能是小玛丽目中无人。小玛丽十几岁时，有次她的法兰西家庭教师在凯瑟琳王后和青春期的玛丽女王之间造成了严重的误解，但详情不为人知。有些历史学家怀疑这位女家庭教师把小玛丽对凯瑟琳美第奇血统的嘲讽透露给了凯瑟琳。如果这是真的，那么这个故事既说明了女王和王后——也许尤其是在女王和王后之间——会攀比阶层和威信，也说明了少女玛丽自我意识的逐渐增强。不管她们之间发生了什么，都使小玛丽焦虑不安。凯瑟琳从来没有在她的信中提到过这件事，但后来她开始鄙视小玛丽和吉斯家族的傲慢。

与迪亚娜·德·普瓦捷"共存"多年后,凯瑟琳变得善于隐藏感情,所有信函都没有流露出对玛丽·斯图亚特的一丝责备。相反,吉斯家族相信一切都在有条不紊地进行。正如洛林枢机主教在给姐姐的信中所说,小玛丽"征服了国王和王后"。

❖——❖——❖

玛丽·德·吉斯回到苏格兰不久,洛林枢机主教就开始监督外甥女的学业,监督小玛丽学习和成长的方方面面。现在她已接近青春期,她的教育需要严格关注。枢机主教每个月至少去一次小玛丽的房间,翻遍抽屉,审问仆人,检查衣柜,然后他会给玛丽·德·吉斯发一份报告。考虑到姐姐的紧张情绪,枢机主教总试图传达好消息,很少报告坏消息。

1553年,小玛丽十一岁时,枢机主教用墨笔写了封长达几页纸的急信。法兰西又一次与查理五世开战。亨利二世早年面对帝国军队的胆怯早已烟消云散。在最近的冲突中,信奉路德教的德意志诸侯请求亨利帮助他们对抗天主教徒查理五世残酷的宗教迫害。尽管亨利二世强烈反对新教,但他从未放弃蚕食帝国的机会。前线转移到了梅斯附近的德意志领土上。

这场冲突几乎耗尽法兰西国库。必须厉行节约。亨利二世决定解散小育儿院。国王命令王太子搬到新的住处,由他的家庭教师照管。至于王室的两个女儿,即八岁的伊丽莎白和七岁的克洛德,凯瑟琳王后计划把她们带到宫廷里一起生活。

这项措施意在节约花费,但为不失面子,凯瑟琳另找了搬迁的理由。她说,前几代法兰西王室的公主都有自己的住处和仆从,是因为她们的母亲已经去世,但是凯瑟琳想亲自监督女儿们。用她的话说,这是教她们服从和敬畏的正确方式。凯瑟琳似乎认为苏格兰女王玛丽也会和自己住在一起。

枢机主教很欣赏凯瑟琳关于母亲和孝顺女儿的理论。"在我看来,她说的是实话。"他写道。然而关于生活安排,他有不同想法。他对姐姐说:"我认为您也应该这样做,亲自或只让您信任的人来照顾您女儿。我恳求您在这件事上保持强势,这样您对她的控制力就永远最强。不过我了解她的美德,我可以向您保证,她只会完全顺从您。"他建议让小玛丽自己住,并提供了一份值得玛丽·德·吉斯"信任"的侍女和侍从名单。

吉斯兄弟不信任凯瑟琳吗?他们确实不愿让玛丽在宫中生活。十一岁时,小玛丽正在迅速成熟。"你不能把她当孩子看待。"安妮·德·埃斯特写道。她说话办事都像大人一样。早熟和魅力为小玛丽赢得了许多崇拜者,但在青春期,这些技能使她容易受到掠夺成性的成年人的攻击。正如某位英格兰朝臣在十多年后注意到的,她往往话很多,有时表现得出奇友好,甚至过于友好。也许十三岁前,玛丽已经习惯了某种轻浮的风格。法兰西宫廷里满是油嘴滑舌的朝臣。吉斯家族可能察觉到小玛丽需要保护,或者需要严格监督。

但主教最关心的是身份和地位。小玛丽是加冕了的女王,如果她和王太子一起住在小育儿院里,吉斯家族就能容忍共用仆人。对五岁的孩子来说,这讲得通,因为小玛丽需要学习语言和交朋友,而吉斯家族也不想冒犯亨利二世。然而一旦王太子搬回自己家,吉斯家族就急着制定适合小玛丽地位的方案。显然,与凯瑟琳王后一起生活并不合适。

这可能反映的是吉斯家族的策略而非势利。小玛丽和王太子的婚约仍是非正式协议。吉斯家族不愿小玛丽在亨利国王心目中的地位有损,像共享仆人这种做法可能危及他们的婚约,而小玛丽已经懂得自己的价值。据主教说,她拒绝搬到凯瑟琳王后宫中。"请相信我,夫人,"他写信给玛丽·德·吉斯,"她本来就有一颗伟大而高贵的心,所以当她发现自己受到如此卑贱的对待时,就会非常生气。因此,她希望大家别再像看孩子一样看管她。"

自立门户很费钱,但到年底,小玛丽就获准独立居住了。她邀请主教共进晚餐来庆祝自己在新家度过的第一晚。小育儿院的时代已经过去了。

吉斯家族向法兰西宫廷传达的信息给小玛丽又上了一课。的确,凯瑟琳王后可能会像爱女儿一样爱她,但小玛丽不是凯瑟琳的女儿。她首先要服从自己的母亲和吉斯家族。小玛丽可能像爱姐妹一样爱伊丽莎白和克洛德,但小玛丽和"法兰西的女儿"不一样。她是至高无上的女王,拥有都铎、斯图亚特和吉斯家族的血统。她与法兰西公主不同。她配得上更高的待遇。

终其一生,小玛丽都会牢牢记住这一课。

7
新娘
1558—1559年，法兰西

1558年4月19日星期二，苏格兰女王玛丽在卢浮宫大厅里，站在舅舅洛林枢机主教面前，向弗朗索瓦王太子伸出手。周围有亨利二世国王、凯瑟琳王后和王太子的兄弟姐妹，玛丽的外祖母安托瓦妮特·德·波旁也在场，她在玛丽举办婚礼那周担任监护人。这是两人的订婚仪式，新娘被交给未来的丈夫，身体和财产归他所有。"出于她自己的自由意志和同意，并根据她的外祖母、已故吉斯公爵的遗孀、吉斯公爵夫人和来自苏格兰三大阶层代表的建议"，玛丽郑重地接受弗朗索瓦"为她的主人和丈夫，在神圣教会的面前承诺嫁给他……"在口头承诺十一年之后，玛丽终于和王太子正式订婚。没有教会允许，任何人都不能打破这个婚约。婚礼定于下个星期日举行。

玛丽很幸运。与许多王室女孩不同，她与丈夫青梅竹马。弗朗索瓦仍然爱慕她。威尼斯大使在1555年回信说："王太子崇拜苏格兰的小女王。""有时他们互相拥抱，他们喜欢远离人群，站在房间角落里，这样就没人能听到他们的小秘密。"

1558年4月，玛丽十五岁，弗朗索瓦十四岁。像许多青春期的女孩一样，她很早就成熟了，十二三岁的时候就拥有成熟女人的身体。童年的闪闪发光，如今已发展成令人赞叹的美——至少她的许多仰慕者是这样认为的。诗人若阿基姆·杜·贝莱说，见过玛丽的人再也看不到比她更美丽的东西了。伟大的宫廷诗人皮埃尔·德·龙萨写道，她的眼睛仿佛来自正在弯弓搭箭的丘比特。

他们在奉承她。吉斯家族在宫廷中的影响力不断巩固，赞美之声也越来越大。但除此之外，玛丽确实可爱且有魅力，与笨拙而孩子气的王太子相比更是如此。在某幅肖像中，玛丽位于王太子身后，神情坦然，五官鲜明，暗示着她是掌控的一方。相比之下，弗朗索瓦从画框里看着观众：圆脸、下颌轮廓模糊，鼻子还不高挺。他的脸颊红润光滑，说明青春时光还很长。

婚礼安排得很快，吉斯家族积极主动，而亨利二世顺水推舟。近年来，国王对这桩联姻的承诺有所动摇，吉斯家族担心他改变主意。王太子本人可能会出问题。正如威尼斯使节在1557年所说，法兰西国王认为儿子还没到结婚的年龄，因为他"体质还很弱"。亨利二世很可能怀疑王太子还不能行使丈夫的权利。

另一个障碍是统帅蒙莫朗西，他在宫廷和议事厅里不遗余力地阻挠吉斯兄弟升迁。吉斯兄弟想要与哈布斯堡王朝开战，特别是在意大利，他们希望吉斯公爵在战场上出风头，蒙莫朗西则主张与西班牙和解。这种紧张关系最终演变成了私人恩怨。作为洛林王公，吉斯兄弟嘲笑蒙莫朗西出身卑微；作为热血的法兰西人，蒙莫朗西嘲笑吉斯家族是外国佬。

宫中这种事素来屡见不鲜：敌对派系为了个人利益和家族财富而争夺国王的信任。统帅蒙莫朗西比吉斯兄弟有优势。尽管吉斯兄弟年轻、气派、高贵，亨利二世还是偏爱蒙莫朗西。显然，只要蒙莫朗西还在台上，吉斯兄弟就很难说服亨利二世听从他们的意见。蒙莫朗西竭力阻挠玛丽的婚事。

后来，时运转向了吉斯家族。

7 新娘

16世纪50年代末,战争舞台上的角色和联盟发生了变化。1556年,查理五世放弃西班牙王位,让位给儿子腓力二世(查理五世尽管退位,但仍设法用高压手段干预西班牙事务)。[1] 腓力二世娶了英格兰女王玛丽·都铎,拥有西班牙军队和英格兰军队。战争再次爆发,那不勒斯——法兰西国王长久以来的圣杯——再次成为战场。国王亨利二世派遣洛林枢机主教与教皇保罗四世讨论秘密结盟,保罗四世是土生土长的那不勒斯人,对西班牙殖民者怀有根深蒂固的仇恨。他派吉斯公爵和法兰西军团前往意大利。但即使是吉斯公爵也难以战胜西班牙的阿尔瓦公爵。战争陷入胶着状态。

1557年7月,英格兰和西班牙军队(由哈布斯堡的萨伏依公爵指挥的约四万人)沿法兰西与佛兰德斯的北部边界集结,意在夺取巴黎以北的皮卡第省。次月,腓力二世命令萨伏依公爵率军赴圣康坦的皮卡尔城。

蒙莫朗西率法军抵抗,但由于兵力不足、组织混乱,该城很快失守,这场战役惨败。至少有两千五百名法兰西士兵阵亡,七千名被俘,法兰西最优秀的一批指挥官也被俘,蒙莫朗西就是其中之一。使者们骑马赶往战场以南四十英里处的贡比涅城堡,在战败后的几个小时内就把消息传给了法兰西国王。位于圣康坦以南仅一百英里的巴黎突然岌岌可危。宫中人惊慌失措。"我有个可怕的消息,"玛丽·斯图亚特写信给住在茹安维尔的安托瓦妮特·德·波旁,"圣康坦已经陷落,不知如何才能平息上帝的怒气,上帝每天都在用最糟糕的方式向我们展示愤怒。"

圣康坦的陷落似乎重演了三十年前法兰西在帕维亚的惨败,正是那次战败使幼年的亨利二世被囚禁在西班牙。现在亨利的导师蒙莫朗西成了西班牙人的俘虏。

---

[1] 然而,查理五世不能合法地将皇位传给腓力二世,神圣罗马帝国的皇帝是由选民选出的。1556年,帝国的王冠传给了查理五世的弟弟费迪南德一世。

然而，圣康坦的陷落对吉斯兄弟来说却是绝好的机会。亨利二世迅速重整旗鼓，认为只有夺回仍被英格兰人控制的加来，才能恢复法兰西的荣誉。他命令吉斯公爵带头冲锋。1557年冬天，吉斯兄弟开始工作，吉斯公爵策划战略，洛林枢机主教从纳税人和贷款人那里榨取每一分钱来支付战役费用。1月1日，吉斯公爵发起进攻；1月8日，加来落入法军之手。这是一次惊人的胜利。百年战争以来，法兰西首次控制了加来。作为英格兰的君主，玛丽·都铎和腓力二世都为之蒙羞。吉斯公爵一石二鸟，重创了法兰西的两个敌人。

对吉斯兄弟来说，再没有比这更好的机会来促成外甥女与王太子的婚事了。沉浸在胜利喜悦中的亨利二世同意了。婚礼定于4月举行，只有几个月的准备时间。然而，威尼斯使节猜到如此匆促办事的原因。他在给总督的密信中写道，苏格兰女王的舅舅们"通过仓促的联姻，选择了保护自己不受任何其他婚姻联盟的影响，这可能是在和平谈判中向最虔诚的基督教陛下提出的，整个**吉斯家族**的伟大崛起都必须依赖于这桩**婚姻**。因此，统帅在权力范围内，不断设法阻止它"。

❖ —— ❖ —— ❖

就在玛丽正式订婚的前几天，吉斯家族送给亨利国王一份礼物。4月4日，在枫丹白露宫，在亨利、王太子和她吉斯家族的舅舅们目不转睛的注视下，玛丽用羽毛笔蘸了墨水，仔细地在三份文件上签了名。

第一份文件将整个苏格兰王国献给亨利二世及其继承人，此外，若玛丽去世时无"亲生之嗣"，她对英格兰王位的继承权也归亨利二世及其继承人所有。

第二份文件同意偿还苏格兰欠法兰西的债务。行文暗示如果没有法兰西的保护，苏格兰"显然将有覆国之险"。为表示感激，玛丽将苏格兰所有王室收入割让给法兰西，直到苏格兰偿还完约一百万枚金币的债务为止。

最不可示人的第三份文件确保玛丽对法兰西的馈赠优先于苏格兰各阶层对她"权力和自由"的任何阻挠。作为苏格兰"至高无上的女王"，她有权按照自己认为合适的方式处置王国。换句话说，这份文件利用绝对主权权威的概念，将苏格兰臣民和苏格兰法律排除在关于苏格兰未来的讨论之外。

玛丽秘密签署这三份文件时，没有一个苏格兰人在场。由法兰西王室书记和王玺保管人见证、签署和公证后，这三份文件生效了。最后一份文件上，有弗朗索瓦二世的亲笔签名。亨利二世实际上确保了苏格兰依附法兰西。他也在为自己姓瓦卢瓦的后裔争取苏格兰王位的继承权。王太子将成为苏格兰国王，如果玛丽死后没有孩子，苏格兰的王位可能传给弗朗索瓦与其他女人诞育的后代。[1]

玛丽当时是否明白所签文件的意义现已不可考。她从小就被教导要听从吉斯兄弟劝告。成年之前，某种处理政事的模式已经形成：她做傀儡女王，而吉斯兄弟替她思考。这种模式一直持续到玛丽在1554年宣布成年当政为止，当时她快十三岁了，而她的母亲在玛丽客居法兰西期间一直摄政。玛丽送给母亲几张崭新的白纸，上面只有自己的签名：十四张空白纸署名"玛丽"，十五张署名"你的玛丽"，六张署名"你的好姐妹玛丽"，最后一类专门用来和其他君主通信。[2]因此，她的母亲能以她的名义处理内政外交事务。

尽管如此，1558年4月签署的文件看起来符合她的意愿。她咨询了

---

[1] 吉斯兄弟和亨利二世国王耍花招，不许苏格兰代表出席。苏格兰各阶层已经派出代表前往法兰西，要求法兰西承认苏格兰主权独立，并立阿伦伯爵为王位继承人。

[2] 玛丽用她名字的法语拼写"Marie"，或者"Mari"（比较常见）给信签名。

朋友和家人。她只是感谢亨利二世在自己"童年和青年时期"的慷慨待遇，以及为她花的钱。毫无疑问，这是吉斯兄弟亲口告诉玛丽的。也许因为玛丽被以法兰西女性的方式教养，她就认为苏格兰应该属于法兰西。事实上，从她订婚的那天起，玛丽就开始称王太子为"苏格兰国王"。

吉斯家族试图牢牢抓住亨利二世的宠爱，让他欠他们的情。他们把苏格兰这个主权王国当作玛丽嫁妆的一部分。然而他们耍了个花样。根据第一份文件的条款，只有当玛丽无出时，王冠才会传给亨利二世及其继承人。这种可能性有多大？吉斯家族女人的生育能力简直是传奇。安托瓦妮特·德·波旁生了十二个孩子；玛丽的生母有四个孩子。年仅十五岁的玛丽肯定会生下苏格兰和法兰西王位的继承者。想要王太子成为父亲，只需举办一场婚礼。[1]

❖ — ❖ — ❖

一旦决定举办婚礼，亨利二世就要把它办得盛大辉煌，他要让使节们眼花缭乱，并堵住他们的嘴，不让他们再传关于圣康坦的闲话。一连几个星期，巴黎充溢着欢乐的气氛。国王任命吉斯公爵为司仪——这个职位原本该由现在正待在西班牙监狱里的统帅蒙莫朗西担任。这位一丝不苟的公爵精心安排每个细节，连一个刺绣针脚和一只银盘子都不放过。

新娘的婚纱极美，"洁白如百合"，在阳光下闪耀。这颜色与习俗不符：白色是丧服，但也许玛丽知道哪种颜色最适合自己，她一向乐于引人注目。她肩上披着紫色天鹅绒斗篷——这颜色是王室的象征。她王冠上的宝石熠熠生辉，其中有颗被称为"那不勒斯之蛋"（Egg of Naples）的巨大红宝石，是法兰西皇冠上最珍贵的珠宝之一。

---

[1] 如果吉斯兄弟怀疑玛丽和弗朗索瓦的生育能力，那么他们就是在用玛丽和她的王冠从亨利二世国王那里换取职位和宠爱——这种可能令人不安。

7 新娘

4月24日黎明时分，人们就开始聚在西岱岛的道路两旁。上午十点，在广阔的蓝天下，婚礼来宾走在巴黎主教宫和巴黎圣母院之间的木板路上。为容纳尽可能多的观众，仪式在大教堂前的露天高台上举行。几十件木管乐器、小提琴和中提琴的悠扬乐声在空中回荡。"真是迷人！"雇来记录当天见闻的人说。

新娘和新郎走近大教堂时，吉斯公爵开始疯狂挥动司仪的指挥棒，命令掌礼官驱散人群，免得场面乱作一团。婚礼祷告完成后，弗朗索瓦和披着曳尾白婚纱的玛丽就走进大教堂望弥撒。几秒钟后，掌礼官喊道："赏！"一把又一把的金币和银币就像雨点一样落在人群中。大家高兴得尖叫起来，争先恐后地挤进去抢。人潮喧闹涌动，有人晕倒了，有人的斗篷被扯下来，有人的帽子被踩在脚下。

那天早些时候，玛丽兴高采烈地给母亲写信。她下笔如飞，甚至没注意拼写错误，字里行间透出兴奋之情。她的舅舅们对她很好，国王也送了很多礼物，但最打动玛丽的是凯瑟琳王后的慷慨。凯瑟琳给了她什么？玛丽信中相关的部分语焉不详，但布朗托姆后来提到一串玛丽将会珍藏多年的圆润珍珠长链。也许正是克雷芒教皇于二十五年前把它从意大利带来，赐给凯瑟琳当嫁妆。

"我是世界上最幸福的女人了。"玛丽对母亲倾诉。这封信有种违和感，似乎玛丽还没完全明白，她的婚礼代表的是吉斯家族的胜利。她写信时就像个少女，开心得头晕目眩，幸福到浑然不知：对她那些吉斯家族的亲戚来说，这一天是漫长等待之后的甜蜜解脱。或许玛丽完全明白这一点，她写这封信时的快乐心情，源于她为自己是吉斯家族一员而骄傲。

当天下午举行了宴会和舞会，晚上还有盛宴、舞蹈、戏剧和假面舞会。客人们欣赏盛大精彩的表演：水手们驾驶六艘机械船航行。这场表演的象征性意义显而易见。亨利二世即将建立法英帝国，而法兰西人"兵不血刃"地征服了英格兰人。有了苏格兰女王玛丽，法兰西王储就能指挥苏格兰军队对抗英格兰敌人。有了玛丽，甚至英格兰的王位也会在某一天落入法兰西之手。比起任何一艘用木头和纸浆做成的船，玛丽、她的肉体和皇冠，才是帝国的船只。

在那个春天的星期日，玛丽的"小妹妹"、公主伊丽莎白·德·瓦卢瓦坐在不远的地方。她刚过了十二岁生日。那天晚上，伊丽莎白和玛丽一起成为人群的焦点，她们的裙摆在舞池中飘荡，这两个女孩跳了当晚的第一支舞。玛丽之前已留起长发，但没有戴冠冕。那天下午，她坚持要摘下那顶用"闪闪发光的珍珠、钻石、红宝石、蓝宝石和绿宝石"镶嵌的王冠，抱怨它太重了。在婚礼晚宴上，伊丽莎白坐在巨大的大理石桌旁，在玛丽左侧，距她仅有两个座位——这是个很荣耀的位置。越过她六岁的弟弟夏尔的头，伊丽莎白很容易就能钦佩地欣赏她的朋友：新"王妃"、未来的法兰西王后。

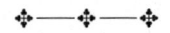

❖——❖——❖

19世纪后期，布朗托姆说伊丽莎白·德·瓦卢瓦："少时即可见其不凡。"某位19世纪的传记作家写道："她的光芒甚至能盖过优雅且多才多艺的玛丽·斯图亚特。"真相如今已很难考证。16世纪，对王室女性的描述通常由狂热的效忠者或偏激的仇恨者撰写，为后来的学者提供了丰富史料的布朗托姆特别喜欢伊丽莎白。伊丽莎白在玛丽的婚礼上首次亮相，在此之前，她很少在公共场合露面。在凯瑟琳的严密保护下，她的活动圈子很小，甚至在她和母亲一起回宫居住后也是如此。只有遴选出来的贵妇和值得信赖的朋友才了解伊丽莎白这个孩子。凯瑟琳认为自己最了解女儿。

童年时，伊丽莎白像凯瑟琳一样娇小，可能没有凯瑟琳那么健壮。于米埃尔夫妇写信讨论孩子们在童年时期常要渡过的难关，其中有些事件令人担忧：伊丽莎白两岁时得了麻疹；奶妈生病，伊丽莎白只好早早断奶；伊丽莎白长牙很不顺，脸都肿起来了。但她不可能那么脆弱。文艺复兴时期，孩子常会夭折，而她安然在严格但溺爱的母亲的庇护下长大成人。她的母亲吹毛求疵，珍爱女儿。

伊丽莎白快到十三岁时，弗朗索瓦·克卢埃再次为她画像。他描摹伊丽莎白的杏仁眼和丰唇。在克卢埃经过明暗处理的画中，她看起来和兄弟们非常相像。她的五官因垂坠的耳环和额头上的发卷更柔和。她的皮肤光滑，没有青春痘——不过，在克卢埃为王室成员画的肖像中，人物的皮肤向来很光滑。伊丽莎白的翘鼻子和圆脸让她显得很年轻。

1559年春天，克卢埃收起铅笔后不久，伊丽莎白就开始筹备自己的婚礼，那时她还完全是个孩子。

❖ —— ❖ —— ❖

在痴迷等级的文化中，姐妹间的名望差异和兄弟间的一样。国王的长女比妹妹们更有价值，因此会得到相应的安排。16世纪与17世纪之交，英格兰的首位都铎王朝国王亨利七世为长子寻找西班牙新娘。卡斯蒂利亚的伊莎贝尔王后和阿拉贡的费迪南德国王把幼女凯瑟琳送到了英格兰。他们的选择很能说明问题：西班牙王室很乐意与英格兰结盟，但都铎王朝是新秀，没有经过考验，所以他们不敢冒险送出在王室婚姻市场上更有价值的长女。

伊丽莎白对自己的婚姻有什么期望呢？1551年，五岁的伊丽莎白被许配给亨利八世的儿子爱德华六世——这是英、法两国暂时联合对抗哈布斯堡帝国的条约的一部分。但爱德华六世于1553年死于某种消耗性疾病,而当时伊丽莎白还没到结婚年龄。于是国王亨利二世和王后凯瑟琳把她留在了身边。1559年1月,伊丽莎白的妹妹,十一岁的克洛德嫁给了洛林公爵。"我的女儿伊丽莎白可不会去做公爵夫人,"亨利国王在解释为何不嫁出伊丽莎白时这样打趣道,"一国的后位才配得上她。"

很快,那个王国就出现了。伊丽莎白·德·瓦卢瓦的婚姻成为法兰西和西班牙1559年4月签署的《卡托-康布雷齐条约》(*Treaty of Cateau-Cambrésis*)的最后一环。终于,亨利二世决定一劳永逸地结束与西班牙的"意大利战争"。

亨利二世渴望和平,想念他的朋友,即仍被囚禁在西班牙的蒙莫朗西。战争拖了几代人的时间,掏空了国库,拖垮了法兰西臣民。而且国事多艰,亨利二世感到必须集中精力处理国内事务。异端邪说正席卷法兰西。

亨利二世在即位之初采取的镇压措施被证明无效。新教思想已经从大学渗透到法院,甚至渗透到巴黎高等法院。不少法院里都挤满了温和派的法官和律师,不愿惩罚改革派,担心高压只会使异端问题恶化,导致叛乱。亨利二世认为法庭过于宽容,怀疑许多法官本身就是异端。

亨利二世采取更专制的措施。他创建独立于法院的反异端法庭(antiheresy tribunal),赋予它们特殊权力,并针对律师中的异端制订计划。尽管大多数法官对这种严厉的措施犹豫不决,他仍努力在法兰西建立宗教裁判所。1557年7月,他通过了迄今为止最残酷的法律。《贡比涅敕令》(*The Edict of Compiègne*)宣布要处死"圣礼主义新教神学家"(否认弥撒中"圣体实在"的人)。非法聚众者,公开或私下布道者,侮辱圣礼、圣像、圣母马利亚或圣徒者,与日内瓦通信或前往该异教城市者,以及拥有或出售异端书籍者,都会被处死。

新法有意模糊细节。谁会知道有人私下布道呢?怎样才算非法集会呢？如何判断某本书是否异端呢？不出亨利二世所料，指责声不绝于耳。他想要审判，更重要的是想要定罪。新法令还允许对违法行为在"武力和司法"上双重惩罚。如果亨利二世愿意，他可以拿起武器对付自己的臣民。

异端邪说仍在蔓延。巴黎街头出现暴力事件。天主教徒杀害新教徒，新教徒反过来攻击天主教徒。对天主教徒来说更糟糕的是，新教徒洗劫教堂、毁坏圣物，还亵渎圣像。亲天主教的当局很快报告说，被异端邪说污染的不仅有平民，还有贵族，这个趋势令人担忧。1557年9月，圣康坦战役惨败后，国内愈加人心惶惶，王室武装力量突袭巴黎拉丁区的一处宅子，那里有几十人正举行祈祷仪式。在被捕的一百人中，有两位是凯瑟琳·德·美第奇圈子里的贵妇。异端邪说似乎已渗入宫廷。

亨利二世讨厌迫害贵族。然而，就在他犹豫之时，贵族中皈依者人数激增，法兰西新教徒也变得更加大胆。

1558年春秋之间，巴黎局势愈加紧张。在法兰西和西班牙佛兰德斯边境的卡托-康布雷齐小镇，两国开始了和平谈判。和亨利二世一样，腓力二世也准备停战。他那退位后仍不撒手国事的父亲查理五世于9月去世。腓力二世厌倦了为父亲而战，他觉得可以自由地谈自己的条件。

亨利二世对腓力二世的敌意并不像对查理五世那样强烈。玛丽·都铎死后，国王对彼此的态度也有变化。只要玛丽·都铎还活着，亨利二世就担心她和腓力二世会生下孩子，排挤玛丽·斯图亚特对英格兰王位的继承权。1558年11月，玛丽·都铎无子而死，上述担忧从此烟消云散。亨利二世真诚地求和。

他几乎放弃了所有要求。根据《卡托-康布雷齐条约》，亨利二世放弃了对米兰和那不勒斯的要求，承认腓力二世对它们的权力，并承诺归还自15世纪以来在瓦卢瓦王朝和哈布斯堡王朝之间一直存在争议的勃艮第。

　　他与英格兰也实现了和解。由于最近的战争大多数是在腓力二世与玛丽·都铎结婚期间进行的，腓力二世利用英格兰的军队和财政来支持哈布斯堡王朝，所以《卡托－康布雷齐条约》的第二部分与新继位的英格兰女王伊丽莎白·都铎谈判了和平条款。为弥补姐姐的过错，伊丽莎白一世要求亨利二世归还加来。亨利二世做出了让步：法兰西人将控制加来八年，然后将其归还英格兰，否则将支付巨额罚款。

　　吉斯家族非常生气。国王只签了几个字，就交出了他们用血汗和高压外交为法兰西王室赢得的一切。放弃那不勒斯和归还加来的承诺尤其是他们的心头刺。如今吉斯家族与亨利二世联姻，似乎是对国家和家族的双重背叛。

　　但亨利二世决意严守边境，充实国库。最重要的是，蒙莫朗西要回国了。终于再次见到老统帅时，亨利二世激动到说不出话来。"我的心好像被紧握住了，不知道该说些什么。"他后来在给蒙莫朗西的一封信中解释说，"我请求你知道，你是这个世界上我最爱的人，因此我不知道还能给你什么。因为既然我的心属于你，我相信你已经明白，为了能有幸再次见到你，我将不惜一切代价，尽我所有能力。"

　　意大利战争结束了，接下来要安排两场王室婚礼等庆祝活动。为了确保休战，亨利二世提议将姐姐玛格丽特嫁给腓力二世的哈布斯堡表亲萨伏依公爵。伊丽莎白，也就是亨利二世和凯瑟琳王后的长女，将会嫁给一位西班牙王子。

　　但新郎会是哪位王子呢？几个月来，这个问题悬而未决。起初，腓力二世提出的是儿子兼继承人卡洛斯。唐·卡洛斯出生于1545年，1558年秋天开始议婚时才十三岁，与伊丽莎白·德·瓦卢瓦同龄。1559年3月，腓力二世修改了条款。

7 新娘

玛丽·都铎死后,腓力二世向她的妹妹,即英格兰新女王伊丽莎白·都铎求婚,希望巩固西英联盟。被伊丽莎白一世拒绝后,腓力二世改变了策略。腓力二世从与法兰西的和平谈判中撤回儿子的求婚,毛遂自荐为伊丽莎白·德·瓦卢瓦的新郎。他们的婚礼将于6月在巴黎举行,腓力二世会派高级将领、出身贵族、以傲慢著称的阿尔瓦公爵前来迎亲。在巴黎,阿尔瓦会对停战条款宣誓。

亨利二世很失望,因为他希望腓力二世能亲自前来,但最后还是妥协了。1559年4月3日,法兰西、西班牙和英格兰代表在卡托-康布雷齐签署了条约。那天是伊丽莎白·德·瓦卢瓦十三岁生日的第二天。腓力二世差不多三十二岁了。伊丽莎白成为他的第三任妻子。

❖——❖——❖

16世纪的文献中没有记载伊丽莎白在婚礼临近时的兴奋或忧虑。几个月来,她一直相信自己会嫁给唐·卡洛斯王子,但最终嫁给了他的父亲。这可能会让人不安,但这份荣誉是无与伦比的。虽然西班牙是法兰西的宿敌,但它也是值得尊敬的对手、军事强国和不断扩张的帝国。西班牙以忠于古老的天主教为荣,腓力二世的虔诚已经成为传奇。15世纪,在卡斯蒂利亚的伊莎贝尔和阿拉贡的费迪南德统治时期,教皇就授予西班牙国王和王后"天主教君主"的头衔,以纪念西班牙将穆斯林和犹太人驱逐出半岛。伊丽莎白·德·瓦卢瓦将被称为"天主教王后",一个值得尊敬的头衔。她将是西班牙地位最高的女子。

然而,首先有无数的细节需要解决。就在婚礼开始的前几天,法兰西的书记员们还在整理她车载斗量的嫁妆、琳琅满目的妆奁。她会带着几十件精心制作的礼服嫁到西班牙,都是由凯瑟琳亲手挑选的奢华面料制成的。嫁妆里有一捆捆丝绸、塔夫绸和缎子,一卷卷蕾丝,用来做装饰品和床帷的长毛绒天鹅绒，用来做内衣的亚麻，还有桌布和床单、衬裙和大衣、毛皮和羽毛。伊丽莎白会带来成箱珠宝、成堆盘子、成车家具和乐器，还有小马和骑乘马。她还会带来数百名法兰西朝臣、侍从和仆役。法兰西书记员详细列出了每项嫁妆，西班牙使节也在考虑如何将新王后的辎重穿过蜿蜒的山口运到西班牙。至少在她到达边境之前，运输费用由亨利二世解决。

亨利二世国王和凯瑟琳王后还同意为女儿支付四千埃居[1]：三分之一在圆房时支付，三分之一在他们结婚一周年时支付，最后一部分在婚后一年半时支付。如果腓力二世去世（为此事做好准备很重要），伊丽莎白就会带着随自己来到西班牙的所有法兰西军官和仆人、家具、衣服和珠宝迅速返回法兰西。这就好像伊丽莎白被借给了腓力二世，借期是他的有生之年。但伊丽莎白是腓力二世从法兰西赢得的众多彩头中最好的一个。事实上，阿尔瓦公爵一到巴黎就宣称他在卢浮宫看到的所有珍宝中，只有伊丽莎白是"杰作"。

正式的订婚仪式在凯瑟琳王后的房间里举办。伊丽莎白坐在父母旁边，听公证人大声朗读婚姻条款。他们保证"经她本人同意"，她将嫁给腓力二世。1559年6月22日上午，伊丽莎白登上巴黎圣母院里的平台，站在头发花白的阿尔瓦公爵旁边。她的黑色鬈发上压着镶满宝石的王冠，蓝色天鹅绒的斗篷之下是镶嵌着闪光珠宝的连衣裙。她脖子上挂着腓力二世的浮雕肖像项链，还配着一颗珍珠——那是阿尔瓦送的礼物。她的礼服是种隐喻，是西班牙和法兰西共同威严的象征。但对这个十三岁的女孩来说，长袍一定很重。

伊丽莎白转向阿尔瓦公爵，开始宣誓。"我，伊丽莎白，将以天主教

---

[1]法国古货币单位。——译者注

国王腓力为丈夫和忠诚的配偶。阿尔瓦公爵唐·费尔南多·德·托莱多将以国王的名义迎亲。"伊丽莎白带着婚礼祝福找到了买家。

那天晚上，在婚宴之后，她躺到床上，这是最后要完成的程序。目击者们挤满了房间，阿尔瓦公爵走了进来，小心翼翼地把一只脚踩进新出炉的天主教王后旁边的被子里。一只脚就够了。这桩婚事被视为圆满，婚礼尘埃落定。

真正的"圆满"将在伊丽莎白见到丈夫腓力二世之后达成。他目前在佛兰德斯，准备在几周内乘船去西班牙。婚礼结束后，亨利二世将把伊丽莎白送到边境。腓力二世计划在瓜达拉哈拉迎接他的新娘。

8
事故
1559年，法兰西

事故发生在伊丽莎白婚礼后的第八天，也就是6月30日星期五下午晚些时候。这几天来，法兰西人精心策划了一系列派对、宴会和舞会，只求给亨利二世的西班牙新盟友留下深刻印象。亨利二世乐于举办伊丽莎白的婚礼，好借此暂时逃避令人应接不暇的种种国内问题——宗教分裂，债台高筑。"意大利战争"耗费甚巨，他只好借高利贷。不知怎的，王室的会计员设法转移了数百万法郎，但在1559年7月，亨利二世决定把债务问题留待日后解决。他不是会在战争或娱乐上节俭的那种人，他为伊丽莎白举行的婚礼庆典又花了一百万法郎，决心向世人展示巴黎和他的宫廷最辉煌的形象。

亨利二世一向喜欢举办各种庆典。作为运动健将，他坚持用骑士比武来欢迎嘉宾。当然，他也会参与其中。亨利二世刚满四十岁，胡须已染霜。他骑着一匹新买的土耳其种马，仍然威风凛凛，那是哈布斯堡的萨伏依公爵为庆祝《卡托-康布雷齐条约》签订送给他的。岁月慢慢地消磨了亨利二世的健康，但他仍试着忽略新的病痛和近几个月来困扰他的短暂眩晕。只要有机会，国王从不拒绝主持比武。他不想让阿尔瓦公爵认为他已经老了。

比武的场地设在圣安托万街的图赫耐勒宫前。这座王宫的旧址即现在的孚日广场。工人们把街道上的铺路石凿掉，露出平整的地面供马匹奔驰，还建了个带座位的大型木制圆形竞技场。招摇地展示法兰西、西班牙和萨伏依纹章的三角旗和横幅盖住了铰链和托梁。比武原定进行五天。王太子将在首日下场，亨利二世则到第三天才会出现。

那个星期五的下午五点，太阳仍然很热，亨利二世把新得的马赶到场地边缘，他的盔甲像往常一样有黑白镶边。人群躁动不安。看台上，凯瑟琳·德·美第奇坐在迪亚娜·德·普瓦捷和苏格兰女王玛丽之间，焦急地等待着。国王的侍从后来回忆说，木管乐器的声音大到"撕心裂肺、震耳欲聋"。然后，当亨利二世和他的对手苏格兰禁卫军队长蒙哥马利伯爵步入比武场时，看台上笼罩着诡异的寂静。比武现在应该结束了，但亨利二世要求再比最后一轮。

据目击者称，国王已经因炎热和疲劳而萎靡不振。其实这是亨利二世当天第四次出场了。他赢得了前两轮比赛，但在第三轮比赛中，同样是面对身材魁梧的蒙哥马利，亨利二世受到了一记重击，差点儿从马鞍上摔下来。国王尴尬地命令蒙哥马利重新拿起长矛。目击者后来报告说，亨利二世的侍从、萨伏依公爵、凯瑟琳·德·美第奇，甚至蒙哥马利本人都请求国王再考虑一下。然而亨利二世拒绝了。

"谁也逃不出命运的掌心。"那位侍从后来说。

❖ —— ❖ —— ❖

亨利二世策马进入比武场，人群安静下来。寂静中，一切声音都被放大了。木头和金属碰撞，然后传来奇怪的噼啪声。这一切只发生在几秒钟内。两匹马站立起来。蒙哥马利恢复了平衡，仍紧握着断掉的长矛，长矛的短柄已经残破不堪。年轻的他没有经验，本该在觉得被攻击的那一刻就扔开它。那是他的错误。蒙哥马利转过身来，看到国王在马鞍上摇晃,向前伏倒在骏马脖子上,挣扎着不摔在比武场上。看台上女人们在尖叫。男人们已经跑了过来。

❖——❖——❖

全场大乱,但目击者对现场情况的陈述各不相同。有人说亨利二世神志清醒,也有人说他昏昏沉沉的,四肢不能动。统帅蒙莫朗西还没走到国王跟前,就看到亨利二世头盔上伸出的木片,就在他右眉上方。"特别大的……木片。"英格兰使节尼古拉斯·思罗克莫顿说。国王的随从为他摘下头盔,发现血正顺着他的脸淌下来。看台上,王太子、苏格兰女王玛丽和凯瑟琳都昏倒了,她们的侍女尖叫着。蒙莫朗西和吉斯兄弟扶着国王腋下,把他拖进图赫耐勒宫,卫兵抬着昏倒的王太子紧随其后。国王和他的继承人一跨进门槛,图赫耐勒宫的大门就"砰"地关上了。

在屋里,蒙莫朗西和吉斯公爵手忙脚乱地把亨利二世放在床上,往他脸上洒醋和玫瑰香水,试图使他苏醒过来。亨利二世恢复了知觉,在再次陷入昏迷之前,他低声说了"十四五个词来祈祷"。那天晚上,凯瑟琳、萨伏依公爵和洛林枢机主教一直守护着国王,凌晨三点吉斯公爵来接替他们,直到黎明。虽然吉斯家族竭力要赶走对手蒙莫朗西,但这位统帅坚持要服侍他热爱的国王。除了几位外国政要外,其他所有人都被禁止进入图赫耐勒宫。

迪亚娜·德·普瓦捷来到宫殿门口,但凯瑟琳命令卫兵把她赶走了。

那天晚上,阴云笼罩着巴黎。骑手们向四面八方飞驰而去,寻找医生,并向外国宫廷传达消息。在巴黎,罗马教廷大使祈祷上帝宽恕国王,那位天主教徒的捍卫者。王太子的侍从路易·德·贡萨加被刺入国王额头的木片吓得发抖,于是他在寄到意大利的信中把它原原本本地画了出来,好向那些怀疑他的收信人证明它有多大。

8 事故

第二天，乌云散开了。在图赫耐勒宫度过了第一个可怕夜晚之后，亨利二世觉得好些了。蒙莫朗西告诉思罗克莫顿，国王没有危险，不过可能会失去一只眼睛。在佛兰德斯的腓力二世得知这一事故后，立即派遣他宫中最好的佛兰德斯医生、著名的安德烈亚斯·维萨里连夜骑马前往巴黎。在对被斩下的罪犯人头做过实验后，维萨里同意法兰西医生的说法，即木片没伤到国王的大脑。亨利二世坐在床上，撑着身子，吞下医生开的大黄泻剂，甚至还处理了一些事务。他指示凯瑟琳推进他姐姐与萨伏依公爵的婚礼，这样卡托-康布雷齐的和平就能维持下去。他命令军官去寻找惊慌逃离城市的蒙哥马利伯爵。亨利二世说，这个年轻人不应该受到责备。

伊丽莎白女王从英格兰给统帅蒙莫朗西寄了一封信表示同情。她之前对亨利二世心怀怨恨，因为他支持玛丽·斯图亚特而不是她自己继承英格兰王位。即便如此，她也不愿这位卧病的国王病情加重。伊丽莎白女王也签署了《卡托-康布雷齐条约》，她需要亨利二世活着。"伟大的君主总是倒霉的。"她在给"元帅"的信中说。她祝愿国王早日康复。

然而在7月4日，国王发起高烧，甚至开始谵语，所有康复的希望都破灭了。某一刻，亨利二世模模糊糊恢复了知觉，他感到末日将至，于是祝福自己的儿子。王太子悲恸欲绝，在宫中徘徊，用头撞墙，哀号道："如果我父亲死了，我该怎么活？"目击者说，他饱受折磨，那样子真可怕。

那天晚上，当暮色笼罩图赫耐勒宫，医生们讨论给病人的头骨上钻洞，以缓解大脑肿胀。但拉开被单，他们发现亨利浑身是"死亡之汗"，于是知道一切都结束了。

亨利二世于7月10日下午一点去世，就在他做完临终祷告几小时之后。尸检时，法兰西医生安布瓦兹·帕雷在国王的大脑中发现了极小的木片。败血症不可避免。事故发生后，思罗克莫顿在给英格兰枢密院的信中写道，上帝已经伸出了他的手。"在所有胜利中……（他）却遭受这样的不幸和忧伤。"

亨利二世去世时，凯瑟琳就坐在他床边。虽然世上有很多夫妇形同陌路，但她真心爱自己的丈夫。人们把国王的眼睛合上，凯瑟琳用一支折断的长矛作为自己的徽章：那是亨利二世的长矛，或许也是她自己的。这位贤妻全身心地忠于丈夫，但他从未像她希望的那样爱她。虽然它已支离破碎，但她仍要带着它。凯瑟琳穿上了丧服——不是法兰西人通常穿的白色，而是意大利寡妇穿的那种黑色。除了参加两个儿子婚礼以外，她一生中再没穿过其他颜色的衣服。

❖ ❖ ❖

16世纪，人们常常会在混乱的迷雾中寻找预兆和规律，哪怕只是为了解释难测之谜，让毫无意义的事情变得有意义。国王的侍从维埃耶维尔后来声称，当他帮亨利二世准备最后一场比武时，有奇怪的不祥感袭上心头。几十年后，凯瑟琳最小的女儿玛戈特描述她母亲可怕的噩梦："就在那场令我父王丧生的比武前一天晚上……她看见他的眼睛受了伤，就像真事一样。她吓醒了，恳求他那天别骑马奔跑。"还有人说，著名的法兰西占星家诺查丹玛斯早就预言了亨利二世的死。新教徒说上帝已经为国王对他们的残酷迫害报仇了。有人杜撰故事，说国王骑的那匹土耳其种马名叫"不祥之物"（Malheureux）。

有些新教徒欢呼雀跃，但大多数法兰西臣民都为君主的死震惊。亨利二世还算年轻健康，但他留下的王国却比他继位时更加动荡。吉斯公爵和洛林枢机主教一听到医生的可怕预言就开始做准备；亨利二世咽下最后一口气时，他们已经准备好了。7月11日，也就是亨利二世去世的第二天，吉斯兄弟离开图赫耐勒宫，前往卢浮宫，随行的还有新国王弗朗索瓦二世、他的妻子玛丽·斯图亚特、他们的弟弟妹妹和凯瑟琳。蒙莫朗西没同他们在一起。

这是一次重要的政局洗牌，但吉斯家族的确切意图尚不清楚。有历史学家认为吉斯家族发动了政变，还有人则认为他们适时填补了严峻的权力真空。十五岁的弗朗索瓦二世缺乏经验，不成熟，还容易生病，完全没有准备好独自临朝，这是大家都知道的事实。他绝望地求助于妻子能干的舅舅们。其他想操控政权的竞争者并没出现。伤心欲绝的统帅蒙莫朗西留在图赫耐勒宫，为他热爱的国王守灵。等蒙莫朗西出场效劳时，弗朗索瓦二世已经学会了自己的台词。当然，统帅一定被悲伤和曾被国王倚重的记忆压垮了。也许他更愿意回到自己的庄园。几星期后，蒙莫朗西回到了他在尚蒂伊的封地。

不过，他不会就此完全退出政治舞台。蒙莫朗西是法兰西最富有的人之一，又是关系网深厚的贵胄家族的族长，他在许多年里都所向披靡。在野的蒙莫朗西，在等待着时机。

纳瓦拉国王安托万·德·波旁可能已从吉斯兄弟手中夺取了权力。安托万是"神圣之王"路易九世的后裔，在"血亲王孙"中排序第一，在波旁家族中地位也相当高。这使他成了指导新国王的最佳人选。但亨利二世在巴黎死于感染时，安托万·德·波旁却滞留在了法兰西南部边境附近的贝亚恩。几周后，当他终于出现在宫廷里时，吉斯兄弟为抚慰他脆弱的自尊心给了他相当高的礼遇，如在9月新国王加冕典礼上的荣誉席位。安托万认为吉斯兄弟掌权可能对自己有利。

就算吉斯兄弟发动过政变，那也是温和的政变。毫无疑问，一切权力都掌握在他们手中。然而他们在宫廷中做的改变很微妙，而且往往很实际、很难引起争议。他们似乎支持王位以"父死子继"方式的顺利交接。枢机主教这位天生的政治家善于安抚人心。到了9月，就在国王加冕前不久，枢机主教写道：每个人都表现出对新国王的忠诚、服从和挚爱。

只有一个人的失势是不可避免的。

新王后玛丽·斯图亚特受命索回亨利二世送给迪亚娜·德·普瓦捷的所有珠宝。这一要求并不罕见：每当国王去世，收到王室珠宝的人都必须归还它们，以便新国王自由处置。尽管如此，玛丽出现在迪亚娜的房间里，仍标志着这位情妇黄金时代的结束。凯瑟琳捎话给迪亚娜说"不想再见到她"，而且从现在起，迪亚娜应该满足于"前任国王送给她的礼物"。吉斯兄弟允许迪亚娜姿态优雅地退出宫廷，这是对他们多年来共同建立的联盟的认可。就算凯瑟琳愤怒到无法控制情绪，她起码控制住了自己的行为。离开首都之前，这位情妇把她美丽的舍农索城堡交给了凯瑟琳，作为回报，凯瑟琳把肖蒙城堡给了迪亚娜。

迪亚娜在巴黎一直待到8月13日，也就是惯例为国王守灵四十天的最后一天。那天，送葬队伍蜿蜒穿过首都，把亨利二世的遗体送到法兰西国王的墓地圣但尼大教堂。国王的雕像缓缓穿过街道，那张脸是国王著名御用艺术家弗朗索瓦·克卢埃的手笔，雕刻得完美无缺。雕像没有用黑白色装饰，而是用挂在灵车上的紫色缎带点缀，那是王室的颜色。然而，可以清楚地看到，亨利名字首字母的"H"仍然环绕着"D"。葬礼之后，迪亚娜回到了最喜欢的阿内城堡，并于1566年在那里去世。

亨利二世去世三天后，思罗克莫顿在给伊丽莎白女王的信中写道："吉斯兄弟裁定并处理法兰西国王的一切事务。"吉斯公爵住进卢浮宫里蒙莫朗西的房间，指挥军队。洛林枢机主教占领了迪亚娜·德·普瓦捷在国王寝宫旁边的房间，开始处理与外交、金融和宗教有关的国事。凯瑟琳也搬进了卢浮宫。

她为什么要移宫？按照习俗，她在丈夫死后要闭门服丧四十天，但凯瑟琳推迟了守孝的时间。有历史学家认为她想分享吉斯兄弟的新权力。

然而同样可能的是，吉斯兄弟将凯瑟琳视为"定心丸"。她人在卢浮宫中，就是在告诉全国：亨利二世和儿子弗朗索瓦二世的统治一脉相承。

凯瑟琳还没有从亨利二世的死中恢复过来，她可能已经求助于吉斯兄弟安慰人心的力量。虽然她别无选择，只能相信他们，但她没有理由怀疑他们。除了1542年老公爵克劳德·德·吉斯提出用自己的女儿取代她，吉斯家族对她表现出了近乎完美的尊重。凯瑟琳和吉斯家的女人关系很好。更重要的是，吉斯家族通过一系列联姻与她成了一家人：她的儿子弗朗索瓦娶了苏格兰女王玛丽，女儿克洛德也嫁给了吉斯家族的表亲洛林公爵。她看到了吉斯家族对自己亲人无可挑剔的忠诚。凯瑟琳为自己的孩子担心。其中四个孩子还处于护士和家庭教师的照料下，他们都很小。奥尔良公爵夏尔刚满九岁；亚历山大-爱德华（未来的亨利三世）还不到八岁；凯瑟琳的第三个，也是最小的女儿玛戈特当时才六岁；而幼子埃库莱斯只有四岁。

现在他们的父亲不在了，谁来保护这些孩子呢？如果弗朗索瓦二世出了事，谁来保证他们的王位继承权呢？有什么能阻止波旁家族，甚至蒙莫朗西利用年幼的孩子来达到自己的目的呢？从个人经历来看，凯瑟琳知道王室的孩子很容易被利用，甚至被绑架。亨利二世不也有过这种恐惧吗？玛丽·斯图亚特不也是吗？和孩子们一起住在卢浮宫，凯瑟琳就可以保护他们，还可以监视吉斯兄弟的动向。

她的儿子、新国王弗朗索瓦二世坚持留她住下。"他只是个年轻人……需要支持和咨询，"威尼斯使节在7月12日写道，"他希望……母后不仅参与，还要监督一切，所有的事情都要给她过目。"[1]他指出，弗朗索瓦二世现在比以往任何时候都更尊敬他的母亲。凯瑟琳住在弗朗索

---

[1] 有人说在卢浮宫的第一个晚上，弗朗索瓦二世坚持要服侍母亲用晚餐。顾问们要求与他商量事情时，他会转向凯瑟琳，而她则会替他发表意见。

瓦二世楼下的房间里，能通过秘密楼梯去见儿子，可以"随时与他交流，而不会被任何人察觉"。不确认儿子的王位已稳固，凯瑟琳不会离开卢浮宫。直到7月底，她才带着女儿伊丽莎白暂时离开，到圣日耳曼－昂莱去服丧四十天。

弗朗索瓦二世跟着她到了那里。

❖ ── ❖ ── ❖

国王去世不久，外交官和朝臣们就开始用新头衔称呼凯瑟琳。通常，寡居的王后被称为"先王之后"（Queen Dowager），然而凯瑟琳更喜欢"王太后"。

凯瑟琳一住进卢浮宫，阿尔瓦公爵就去吊唁，随后给腓力二世写信描述所见所闻。凯瑟琳的房间已经变成悲伤的礼拜堂。不仅墙上挂着黑色的布，地板上也铺着厚厚的黑布。窗户紧闭，也用厚厚的黑色窗帘遮住，新鲜空气和阳光都透不进来。虽然当时是8月，但房间里的陈腐空气也阴冷幽暗，唯一的光源是两支蜡烛的微光。

黑布笼罩着一切。"王太后的床上也盖着同样的黑布，"阿尔瓦接着说，"殿下穿着最朴素的衣服。"凯瑟琳穿着厚重的黑色连衣裙，黑色的裙裾围在脚边，除了"镶有貂皮的领子"，没有任何珠宝或装饰品。她脖子处那一闪而过的白色相当刺眼。接着阿尔瓦看到了另一个光点。苏格兰女王玛丽和婆婆坐在一起，穿着纯白的丧服。

阿尔瓦向两位王后致意。凯瑟琳几乎无法回答，她的声音如此微弱，他写道。相反，玛丽大声说话。她向西班牙人慷慨地赞扬自己的舅舅们，并邀请阿尔瓦公爵常进宫来，还请他向他的主人腓力二世国王转致最诚挚的问候。

那一刻，凯瑟琳失声了，但是玛丽找到了自己的话语权。

8 事故

❖——❖——❖

凯瑟琳最小的女儿玛戈特后来写道,她父王的死是"可怕的事故,夺走了法兰西的和平,也夺走了我们家的好运"。回想起来,人们很容易看出这个独立事件如何成为她的家庭和整个法兰西王国的分水岭。历史往往因事故而转折。如果亨利二世还活着,他是否能避免宗教纷争,避免法兰西陷入长达数十年的血腥内战?他还活着的时候,战争的幽灵就已逼近。然而沉浸在自己损失中的玛戈特,把这场事故——那可怕的几秒——看作即将逝去的黄金时代和战场硝烟的分界点。

凯瑟琳作为法兰西王后的日子结束了。然而,她丈夫的死将她推上更广大的宫廷舞台,这在1559年7月还是无法想象的。伊丽莎白·德·瓦卢瓦的生活也发生了不可逆转的变化。她父亲的意外事故深刻地改变了她婚姻的意义,使伊丽莎白在十三岁时就得到了她之前想都不敢想的政治地位。

整个7月和8月,伊丽莎白都待在母亲身边。直到1559年11月,也就是婚后五个月,她才启程前往西班牙。最初的计划不是这样的。她的父亲亨利二世本应在8月护送她到边境,当时腓力二世本该要从佛兰德斯起航前往西班牙。是什么耽搁了她的行程?

首先是混乱,其次是政治上的不信任。亨利二世出事后,没人确定《卡托-康布雷齐条约》是否仍有效。得知亨利二世的伤情,忧心忡忡的腓力二世派最受宠的朝臣——埃博利亲王鲁伊·戈麦斯·达·席尔瓦从佛兰德斯前往巴黎,探法兰西人的底。鲁伊·戈麦斯直奔图赫耐勒宫,下马后立刻去见卧床的亨利二世。然而他们关门密谈,谁也不知道他们究竟讨论了什么。

亨利二世死后,类似的疑虑一直困扰着凯瑟琳。西班牙人现在会宣布条约无效吗？或者更糟的是，现在王位上坐着的是年仅十五岁的弗朗索瓦二世，西班牙会不会攻击法兰西？和平条约才签订了几天，阿尔瓦刚刚在巴黎为此宣誓，但两国间的敌意由来已久。尽管腓力二世很快打消了凯瑟琳的疑虑，可两国都在戒备对方。阿尔瓦和鲁伊·戈麦斯不愿提起伊丽莎白远嫁的话题，因为王太后似乎已经心烦意乱了。

但是，在官方规定的四十天哀悼过后，西班牙使节终于提出了这个问题，凯瑟琳却举棋不定。

先是在8月，她解释说伊丽莎白病了。驻法兰西宫廷的新任西班牙大使尚托奈向腓力二世证实，伊丽莎白确实患有某种"胃酸反流"病。接着，凯瑟琳说伊丽莎白必须出席她哥哥9月在兰斯举行的加冕礼。尚托奈说，问题似乎并不出在女孩自己身上，她似乎急于见到自己的丈夫。尚托奈告诉她腓力二世已从佛兰德斯起航前往西班牙时，她大声说："但愿他一帆风顺！"她似乎一天比一天美丽。毫无疑问"这是她婚姻幸福的结果"，尚托奈这样写以试图安抚沮丧的国王。腓力二世寄信送礼物，表示他的好意，但都无济于事。凯瑟琳仍然拒绝确定伊丽莎白离开的日期。

最后，当时担任法兰西驻西班牙使节的利摩日主教暗示腓力二世正在失去耐心。"我理解国王，也就是我的主人渴望见我，"伊丽莎白回信说，"这让我不那么后悔地决定离开这里去见他……上帝保佑，那一天很快就会到来。"那天是10月22日。凯瑟琳已经认输。伊丽莎白必须离开了。

这次耽搁为母女俩都赢得了一点儿时间。凯瑟琳显然害怕送伊丽莎白去西班牙。这原本是件苦乐参半的事——伊丽莎白因良姻远嫁，她本来会既骄傲，又悲伤。但现在，这桩婚事不过是一连串令人心碎的损失达到了顶点。那年夏天的几个星期里，凯瑟琳的世界发生了天翻地覆的变化。她失去了深爱的丈夫。这个王国失去了国王。那位年轻意大利新娘所熟悉的法兰西，也就是在她公公弗朗索瓦一世统治下活力十足的法兰西已经一去不复返，取而代之的是在她儿子颤抖的手中深陷债务泥潭、宗教政治纷争不断的法兰西。他在王位上因恐惧而颤抖。紧张和焦虑笼罩着整个王国，伴随伊丽莎白离去而出现的阴影黑暗而不祥。

伊丽莎白是她的孩子中第一个真正离开家的。凯瑟琳的二女儿克洛德虽已嫁人，但仍是法兰西宫廷的常客。伊丽莎白将远嫁西班牙。凯瑟琳知道，西班牙人恪守礼仪，格外保护王室女性。作为腓力二世的配偶，伊丽莎白不能轻易离开她的王国。凯瑟琳什么时候才能再见到她呢？伊丽莎白是凯瑟琳的"好女孩"，布朗托姆在几十年后写道，"她爱她胜过爱其他所有女儿"。

凯瑟琳拖延婚事可能还有另一个原因。伊丽莎白在7月完婚不过是走了个形式，但这种情况很快就会改变。一旦她决定离开，仆人们就疯狂地收拾她的嫁妆，搬运工把家具搬上马车，她的几十名法兰西随从则忙着处理自己的事务，为她的长期离开做准备。在忙乱中很容易忽略细节。然而自始至终，王太后都知道伊丽莎白还没有做好为人妻的准备：十三岁的她还没有来月经。

第二部分

1
玛丽的笔记本
1548—1554 年，法兰西

孩提时代的伊丽莎白·德·瓦卢瓦可能熟悉玛丽·斯图亚特的背影甚于自己的背影。但凡需要讲点儿礼仪的场合，比如宴会、假日、父王或母后过来，伊丽莎白都要重新梳洗，给连衣裙加上蕾丝，把袖子缝好。按地位排序，她要坐在玛丽后面。伊丽莎白热爱艺术，善于捕捉细节。她会注意到某些事情。她一定很早就意识到，自己的衣服虽然华丽，却不如玛丽的漂亮。

在玛丽第一次踏足圣日耳曼-昂莱的小育儿院之前，法兰西国王亨利二世就决定了孩子们的排序。王太子弗朗索瓦总是走在其他孩子的前面，因为他是继承人。"但是玛丽，"亨利国王说，"该走在我女儿的前面，因为她会和我儿子订婚。除此之外，她是加冕的女王，我希望她按这个地位受到尊敬和优待。"无论如何，作为加冕的女王，只要弗朗索瓦还没继位，玛丽的地位就高于他。她是个女孩，而他是男孩。苏格兰的实力比不上法兰西；而且苏格兰算是"客"，而法兰西是"主人"。伊丽莎白仅次于玛丽。这是有目的的等级制度。等级和仪式给宫廷和国家建立秩序，并从一开始就让孩子明白各自的地位。

伊丽莎白可能不会质疑玛丽站在自己前面或等级制度总把她们分开的事实。伊丽莎白最多只能成为王后，也就是国王的助手。几乎和玛丽女王一样，但又不完全一样。这一区别在后来的岁月里对她们两人都产生了重要影响。没有什么能改变这种等级差异。伊丽莎白永远不会君临一国：就算哥哥弗朗索瓦二世逝而无后，即便她是第二个孩子，她也永远不会继承法兰西王位。在法兰西，《萨利克法典》禁止女孩继承王位，原因仅仅是性别。据说，已故法兰西国王路易十二的女儿、法兰西的勒内曾打趣说，如果没有受到可恶的《萨利克法典》束缚，所有法兰西人都将成为她的臣民。但勒内无能为力：《萨利克法典》是法兰西古老的习俗，是这片土地上实行的法律。不过很明显，勒内敢于梦想另一种可能。

❖——❖——❖

伊丽莎白和玛丽小时候住在同一个房间里，了解彼此的习惯：一个有"起床气"，另一个逃避祈祷；一个喜欢缝纫，另一个喜欢画画；一个爱咯咯笑，另一个爱发脾气。这些闺密和姐妹间的私事，是没有记录下来的少女时代的秘密。即使是亨利二世于1553年解散小育儿院之后，她们还经常待在一起，享受并忍受着王室和女性成长的考验。她们有很多乐趣：她们都擅长骑马和舞蹈——她们会互相竞争吗？还有很多事情要忍受：紧身的连衣裙和更紧的鞋子、令人厌烦的课程、繁缛的礼仪规则、苛刻的导师、严格的时间表、警惕的眼睛。

玛丽后来说，伊丽莎白是她最美好的童年记忆的核心，是"我在这个世界上最好的妹妹和朋友"。然而玛丽并不是伊丽莎白唯一的伴侣。至少有三十七个贵族女孩和男孩住在小育儿院里，她们不缺朋友。比如和玛丽·斯图亚特同龄的小克拉丽斯·斯特罗齐是瓦卢瓦王室女儿们的远房表妹，是照顾过幼年凯瑟琳·德·美第奇的克拉丽斯·斯特罗齐的孙女。就像她喜欢玛丽一样，伊丽莎白特别喜欢小克拉丽斯。但小克拉丽斯是她日常的玩伴，而玛丽似乎稍有不同，更像是聪明的大姐姐。

在王室育儿院里，玛丽统治着一群小王子、小公主和小臣子，与伊丽莎白和她的兄弟姐妹相比，她天生有优势。玛丽年纪大一些。她聪明、机智，而且个子很高。玛丽首先学会了写字和读书。至少在开始的时候，她骑马更快，弹鲁特琴更灵巧。她的书法比任何人都好，优雅流畅。虽然伊丽莎白很喜欢用铅笔画画，但总是静不下心来用墨水笔练书法。她的字写得很好，然而算不上优美。

伊丽莎白是个活泼的孩子，有时在教室里感到无聊，她总是想去玩游戏。有位使节称她为"多血体质"，意思是她很活泼，还有人说伊丽莎白天生温文尔雅。尽管这两个女孩都颇受赞誉，但人们感觉伊丽莎白无法与玛丽相提并论。玛丽的迷人魅力和至高无上的王冠为她赢得了无数成年人的奉承。玛丽有很多炫耀的机会。凯瑟琳保护女儿们远离公众视野直到她们长大成人，吉斯家族则把玛丽推到前台。玛丽讨人喜欢，总是听大人的话做事，得到的回报往往是惊呼和夸大其词。"她甚至比苏格兰的太阳还要明亮，"布朗托姆激情四射地写道，"因为有时在她的国家，太阳只能照耀五个小时。然而她是如此的光芒四射，照亮了她的国家和人民。"玛丽喜欢出风头。

玛丽就像美丽而新奇的事物，是个例外。尽管来自贫困的苏格兰，但她却不可思议地优雅。在法兰西人眼里，她获得了一顶又一顶王冠：苏格兰的、法兰西的，随后还会有英格兰的。伊丽莎白·德·瓦卢瓦的价值就完全不同了。她是法兰西的孩子，不过是亨利二世许多有棕色头发和棕色眼睛的女儿们中的一员。宫廷诗人皮埃尔·德·龙萨把她们比作有棕色头发和眼睛的缪斯，每个人都有自己独特的优雅，但她们聚在一起，才能获得真正的力量。

玛丽总是抢伊丽莎白的风头。私下里，地位、年龄和能力的差距对她们的友谊有影响吗？虽然每个人都被按等级划分，无论是成人还是孩子,但伊丽莎白对玛丽来说是特别的。玛丽第一次来到育儿院,与母亲和"四个玛丽"分开,伊丽莎白的出现可能安慰了这位小小的苏格兰女王。早期在她们共用的卧室里,伊丽莎白一定教过玛丽自己最早学会的那些法语单词。玛丽从什么时候开始称伊丽莎白为"妹妹"的?吉斯兄弟鼓励这种称呼,亨利二世和凯瑟琳王后亦然。"姐妹"是吉斯家族的期待,她们经常这样互称,尤其是在玛丽与王储正式订婚之前,也许大家都明白这场婚姻是不可避免的。称伊丽莎白为"妹妹"是政治行为,但玛丽自己似乎比任何人都相信这一点。

❖——❖——❖

伊丽莎白满五岁后不久,父母就给她订了张用胡桃木雕刻的特殊桌子。公主的身份是天生的,但也需要后天塑造。骑马和打猎使身体强壮,跳舞教会女孩优雅。年轻姑娘的心灵也需要细心照料。亨利二世和凯瑟琳王后信奉人文主义者的信条:教育不仅为人增色,还会塑造性格,培养上位者思维。

所以伊丽莎白只好坐在胡桃木书桌前分析句子。她师从法兰西最优秀的老师,其中包括1554年进入宫廷的著名人文主义者、拉丁语学者雅克·阿米约(Jacques Amyot)。虽然阿米约大部分时间要教王子们,但也会给女孩们上课。玛丽和伊丽莎白经常听阿米约的课。

1554年7月,玛丽十一岁时,阿米约送给她一本全部由乳白色纸张订成的练习本,那是给正步入青春期的女王的作业。在每一页的正面,也就是每张右页上,玛丽用拉丁文给"妹妹"伊丽莎白写短文。这些文章是玛丽的拉丁文练习作业,也是教伊丽莎白如何写作和表现的课程。当然,这需要遵循规则。她的信应该尽可能语法正确。她不应该浪费纸张和墨水。她的笔迹应该整齐。最重要的是,她应该说些实质性的话。

想想伊拉斯谟吧,阿米约教导玛丽。想想普卢塔赫和西塞罗吧。

在接下来的六个月里,从1555年7月到1556年1月,玛丽在小本子上给伊丽莎白写了五十六封信。她时而训斥,时而表扬。**集中精力。努力学习。不要放弃。**"我们永远不能失去勇气,我的妹妹,"玛丽写道,"美德和知识需要很长时间才能学会,因为所有容易到手的东西也很容易被摧毁。"**别胡闹。像我一样学习。**"我听说,妹妹,昨天你很不听话。你答应过我不会再那样了,请改掉这个坏习惯。不妨这样想:公主手里拿着一本书,不仅是为了享受,还是为了更好地理解这一课。"**做个好姑娘。**"最亲爱的妹妹,我们的老师说你现在学习不错。我很高兴听到这个消息。"不过,让小女孩守规矩可能很难。"这是有充分理由的,"玛丽解释说,"昨天王后叫我们听家庭教师的话。西塞罗在他的第二部书《论法律》的开头说:'治人者曾治于人,谁谦卑地服从,谁就配指挥。'"**服从和美德,伊丽莎白。**听大人的话,你就能学会怎样治人。

这些话是玛丽自己想要说的吗?拉丁文不过是它们的伪装。如果是这样,她确实可能得到了一些帮助。尽管如此,玛丽的话——有时拘谨、专横,但又充满深情——仍然闪耀着光芒。她和伊丽莎白分享了下午的计划(在公园散步)。当伊丽莎白生病时,她担心:"王后禁止我去看你,因为她认为你可能得了麻疹。我很难过。请告诉我你感觉怎么样。"

最重要的是,玛丽爱伊丽莎白。她一次又一次地表达她的爱。"我亲爱的""我最亲爱的""我亲爱的妹妹"——玛丽这样称呼伊丽莎白。"我爱你胜过爱我自己,这是真正的友谊,"她写道,"答应我,我拥有的一切美好都会与你分享,我的妹妹。"

十一岁时,玛丽很聪明,但不是天才。她的智力后来被与另一位伊丽莎白,即英格兰女王伊丽莎白·都铎比较。事实上,年轻的玛丽不如后者有才华。十一岁时,年轻的伊丽莎白·都铎就翻译了玛格丽特·德·纳瓦拉写的福音派关于灵魂沉思的长诗。[1] 她打算把这本书作为礼物送给新继母。事实上,伊丽莎白·都铎希望给父亲留下深刻印象。这个年轻的姑娘用优美的斜体字,把一千四百五十行押韵的两行诗翻译成流畅的散文,手稿中只有几处错误。然后她为这本书绣了封面,用丝线编织成凯尔特穗带和五颜六色的心形图案。玛丽自己的课本都比不上伊丽莎白·都铎的作品。这位年轻的苏格兰女王的措辞有些生硬,会犯初学者的错误。有时页边空白处的笔迹零乱,句子要写到当页背面。尽管玛丽喜欢刺绣,但她的笔记本还没有写完,没有用刺绣封面来装饰书页。

但玛丽从没想过要把自己的笔记本作为礼物。她也不觉得有必要炫耀才华。孩提时代的伊丽莎白·都铎渴望向把自己变成私生女的父亲证明自己,而年轻的玛丽一直为家人所爱。

吉斯兄弟认为,即便是她的错误也值得保留。他们保留了玛丽的笔记本。这个笔记本记录了她的进步,也证明了她和她的小"妹妹"——法兰西的伊丽莎白、最虔诚基督教国王的心爱女儿的非凡友谊。

❖——❖——❖

小本子上全篇是玛丽的发言。尽管玛丽的文章让我们对她有了初步印象,但伊丽莎白·德·瓦卢瓦没有表态。那个叫伊丽莎白的孩子是什么样的?有点儿固执,也许还有点儿顽皮,并不总是热衷于美德和服从的课程。她可能虚弱多病。有时医生们为伊丽莎白担心,凯瑟琳和玛丽也一样。

---

[1] 玛格丽特·德·纳瓦拉的《罪恶灵魂之镜》(*Mirror of the Sinful Soul*)于1531年出版,受到索邦神学院的谴责(但弗朗索瓦二世保护了这部作品和他的姐姐)。学者们不确定这本书是如何落到年轻的伊丽莎白·都铎手中的。有人猜测,玛格丽特·德·纳瓦拉送给安妮·博林一份副本作为礼物,以纪念她们对宗教改革的共同兴趣。

1 玛丽的笔记本

如果伊丽莎白曾经有自己的笔记本,那也没能流传下来。她对玛丽早期的感情没有记录,档案中也没有留下幼稚的信件。也许,既然这两个女孩经常在一起,就没有必要写信了。又或者,她们的便条轻易就被丢弃了,那是少女友谊中无关紧要的短暂插曲。

更令人惊讶的是,玛丽和伊丽莎白在结婚和分别后,几乎完全没有信件能保存下来。尽管如此,她们还是有书信往来,但通信频率仍然是个谜。至少有一封保存了下来,它暗指在伊丽莎白到达西班牙后,这两个年轻女人之间有了稳定的通信。

信里都写了些什么?她们会敷衍地讲些客套话吗?她们互相吐露希望和恐惧了吗?在政治环境影响下,她们的友谊还剩下什么?在伊丽莎白与腓力二世结婚的头几年里,她们的友谊受到考验,在地位和政治的重压下挣扎。作为西班牙王后,年纪渐长的伊丽莎白会发现,对血统和王国的忠诚胜过对朋友的爱。她自己像明星冉冉升起,而玛丽却一落千丈。

但那是后来的事了。童年的友谊是简单的。

即便如此,伊丽莎白还是能从骨子里感觉到她们是不一样的。在玛丽的笔记本的每一页背面,即左页,有人用法语翻译了玛丽的每一篇拉丁语文章。这个神秘的抄写员是谁?字迹流畅简洁,像是老师的笔迹,但句子的结构和语法错误都很低级,像初学拉丁语的孩子。也许是阿米约或其他老师把自己学生的翻译抄录到玛丽的笔记本里。这是伊丽莎白的话吗?——历史学家猜测道。当玛丽学写拉丁文时,伊丽莎白也在学习读拉丁文,翻译她"姐姐"的作品。也许玛丽的笔记本最终还是有人看到的,这是友谊的相册,也是她们共同生活的镜子。玛丽自信而努力地用拉丁语,在书页正面开辟道路;小伊丽莎白则跟在大女孩后面,重复她的话。

2
远嫁
1559年,法兰西和西班牙

伊丽莎白·德·瓦卢瓦最后一次见到玛丽·斯图亚特是在1559年11月底,在卢瓦尔河西南,普瓦图北部的沙泰勒罗的宫殿外。当时伊丽莎白即将启程前往西班牙,宫廷里的人都来为她送行。她本来希望凯瑟琳能陪自己一直南下到吕西尼昂,但弗朗索瓦二世对离开母亲感到紧张,不许凯瑟琳离开自己。

沙泰勒罗的冬天来得早。雪铺满地面。到伊丽莎白离开的那天,一支庞大的车队已经组织好,随从约有一百六十人。新任西班牙驻法兰西使节托马斯·佩勒诺·德·格朗韦勒,即尚托奈先生陷入了恐慌。庞大的随行人员和无数行李车成了秘书的噩梦。嫁妆本身,包括成堆的盘子和亚麻布、成堆的珠宝、成堆的地毯、绘画和家具,装满了几十辆马车,凯瑟琳还为伊丽莎白准备了数不清的礼物,让她在途中分发。所有的东西都装在笨重的篮子里,装在牛车里,装在长、深、宽都是尚托奈在西班牙见过的两倍大的箱子里。重新打包的希望渺茫。新王后的衣服非常华丽,小箱子会损坏它们。尚托奈向腓力二世建议,除非国王陛下愿意在巴约讷和潘普洛纳之间穿山越岭开出一条新路,否则"最好从巴约讷的港口通过海路运送大部分货物"。

气氛阴郁,悲伤、焦虑和不耐烦的情绪交织在一起。许多随从以陪同新王后前往西班牙为荣；其他人觉得自己是在尽义务，期待着几个月后就能返回法兰西。伊丽莎白不知道自己还能不能回家。童年时代，课上课下她都在努力为未来做好准备。老师传授的每一句格言、送给每个小王子的每一条丝带、解析的每一句拉丁短语、跳的每一段快步舞都是为了把伊丽莎白塑造成能够支配宫廷、博得臣民爱戴、赢得丈夫尊重、服务自己家庭的王后。伊丽莎白在"如何做好王后"方面比母亲凯瑟琳受过更多教育。

后来的信件表明，在伊丽莎白离开前的几个月里，凯瑟琳可能给她上过课。注意你的穿着，要打扮得体。提防侍女嫉妒，别让她们阳奉阴违。为了腓力二世国王，你要保持干净整洁，身上别有污点或臭味。最重要的是，服从你的丈夫，尊敬他，努力取悦他。最后这一课是最重要的。现在国王亨利二世已经去世，法兰西和西班牙之间的联盟也成了"弃婴"。联盟能否维持，取决于伊丽莎白能否成功扮演腓力二世王后的角色。

然而，即便是凯瑟琳这样机警的母亲也无法让女儿事事做好准备。我们真的不知道母亲如何指导女儿房事或分娩。行为手册上满是关于保护女孩贞洁的建议，但出于拘谨和谨慎，她们避免谈论性。伊丽莎白可能对此有所了解。然而所有母亲私下与女儿分享的东西都太令人脸红，不能写在纸上。伊丽莎白的丈夫三十二岁，丧偶两次。这与玛丽·斯图亚特的婚姻截然不同——玛丽·斯图亚特嫁的是她的竹马。也许在这种情况下，凯瑟琳认为只有经验才是最好的老师。

西班牙人后来对伊丽莎白带来的侍臣数量犹豫不决，但凯瑟琳急于展示法兰西的威严。她还希望在西班牙有足够多的法兰西人来帮助伊丽莎白履行新职责。凯瑟琳还特别小心地为伊丽莎白挑选法兰西侍女。十一岁的蒙庞西耶小姐是伊丽莎白在波旁家族的远房表亲，也是法兰西最富有的女继承人之一。她由姨妈德·里厄夫人陪同前来做伊丽莎白的侍女。凯瑟琳选择她自己的密友，稳重的路易斯·德·克莱蒙为首席侍女。克莱蒙夫人既是家庭教师，又代行母职给伊丽莎白出主意，在保护她的同时向凯瑟琳汇报她的近况。自从伊丽莎白回宫居住以来，克莱蒙夫人已经服侍她很多年了。正如凯瑟琳说的，除了她自己以外，克莱蒙夫人最了解伊丽莎白。

凯瑟琳又交给克莱蒙夫人一项任务。作为地位很高的法兰西贵妇，克莱蒙夫人将在西班牙宫廷享有荣誉地位。凯瑟琳希望她定期写信告知西班牙的政治动态，解读棘手的外交局势，这是年轻的伊丽莎白无法做到的。没有秘密，克莱蒙夫人必须把她的所见所闻都告诉凯瑟琳。

换句话说，克莱蒙夫人将充当间谍。

❖——❖——❖

车队迟迟不发。伊丽莎白得知母亲不能再随自己南下，就要求在沙泰勒罗再住三天，但她不能永远拖着不走。到了最后告别的时候，就连西班牙大使尚托奈也被哭声感动。

离别前最后几天的某个时候，苏格兰女王玛丽递给伊丽莎白一封信，让她转交给腓力二世。

"先生，我的好兄弟，"她说，"如果王后，也就是我的妹妹，要去的地方不能使她幸福快乐，我将忍不住为她悲伤，这是我对她的私人感情。离开她是我的巨大损失，我担心再也不会有她这样的好友。但既然我明白她有多幸运，那么我会努力克服，不再伤心，同时为她有幸嫁给您而高兴。而您，我相信，也会很高兴能得到她的陪伴。我也同情国王，也就是我的主人和丈夫，不再能看到她陪在自己身边。她的美德，以及您对她的友谊足以使她得到认可。然而为了表达我对她的友谊，我仍要在您面前赞美她。我请求您接受这赞美，因为它来自世界上最爱她的人。"

2 远嫁

玛丽反复推敲草稿。起初她在信上签名：你的好姐妹。然后她想了想，划掉了这句话，改成：你的至亲姐妹，玛丽。她总是走在伊丽莎白的前面。她现在是不是在抢后者的风头，把后者推荐给腓力二世，作为专横的大姐姐或地位显赫的女王，在西班牙国王面前争夺存在感？

话又说回来，也许她真的没有恶意，只是感伤——仿佛通过强调对腓力二世的善意，玛丽就可以软化他对自己深爱的"妹妹"的感情。

❖——❖——❖

庞大的车队缓慢南下，首先到达波尔多和贝阿恩，再翻过危机四伏的比利牛斯山脉，下山进入巴约讷，然后经位于西班牙境内的纳瓦拉转向潘普洛纳。地形逐渐改变。连绵起伏的丘陵和草地变为冬日矗立着裸露岩石的白色平原。人们的面容、方言和食物也变了。伊丽莎白一边流着眼泪，一边好奇地观看。"西班牙有这样的房子吗？"据说她是这么问的。"他们穿那样的衣服吗？"

在波尔多，纳瓦拉国王安托万·德·波旁将加入车队。根据婚约，新王后必须由出身最高贵的人送嫁才符合身份。举行婚礼时，大家都认为伊丽莎白的父亲会送她去。作为血亲王孙的第一顺位，安托万·德·波旁也算是合适的选择，但吉斯兄弟选择安托万主要是想让他远离巴黎和弗朗索瓦二世的御前议会。吉斯兄弟丝毫不尊重安托万，但他们怕他。他们知道，法兰西人民尊敬波旁家族的古老血统，如果瓦卢瓦王朝衰落，波旁家族中就会产生法兰西的下一位国王。

比起安托万的王室血统，吉斯兄弟更在意他的宗教倾向。安托万显然同情法兰西的宗教改革分子。虽然安托万对自己的信仰犹豫不决，但他的妻子让娜·德·阿尔布雷和他的弟弟路易，即孔戴亲王都信奉新教。新教徒向安托万施压，要求他为波旁家族在政府中争取更高的地位，而他暴躁的弟弟敦促他恢复波旁家族在宫廷中的合法地位。宫廷里的派系之争与宗教问题纠缠在一起。把安托万派往南方就能让他远离新教徒和波旁家族的影响,而信奉天主教的吉斯兄弟也能更好地控制政权。

安托万·德·波旁知道吉斯兄弟在排挤自己。他在给凯瑟琳驻西班牙的使节利摩日主教的信中说:"时代不同啦。"尽管如此,他还是发现了这次送嫁的好处。让法兰西新教徒大为震惊的是,安托万更关心自己在纳瓦拉的领土,而不是巴黎的新政府。安托万与玛格丽特·德·纳瓦拉的独女让娜结婚后,开始统治纳瓦拉。[1]纳瓦拉横跨比利牛斯山脉,是自古就与法兰西结为联盟的古老王国。1512年,西班牙人占领了纳瓦拉的一半土地。1559年,安托万希望说服腓力二世至少能归还一部分。年轻的伊丽莎白为他自己的政治活动提供了极好的借口。安托万解释说,在她这个年纪,"长途跋涉和恶劣天气会改善而不是损害她的健康"。他欣然接受送嫁的使命。

圣诞节快到了,车队缓缓进入比利牛斯山脉。雪下得仿佛"心怀恶意"。伊丽莎白时而骑在马上,时而蜷缩在裘皮褥子里。骑行颠簸,她感觉到旅途带来的疲惫。她没有机会独处,她波旁家族的亲戚蒙庞西耶小姐和德·里厄夫人总在她身边,德·克莱蒙夫人也总是监督她。在我们看来,隐私是一个现代概念。伊丽莎白从来都不懂何谓隐私,可能也不会想念它。她的车队就是剧场,而伊丽莎白是女主角,她的每个微笑、每滴眼泪都逃不过同伴们的眼睛。每天,她宠爱的保姆克劳德·德·诺都会来测量她的体温,德·克莱蒙夫人则观察她的情绪变化。凯瑟琳的信使来来往往,取走由伊丽莎白的翻译德·朗萨克先生(因为西班牙的新王后几乎不会说西班牙语)或她的秘书德·勒于利耶先生起草的信件

---

[1] 纳瓦拉王国从让娜的父亲,也就是玛格丽特的丈夫亨利·德·纳瓦拉手中传给了让娜。娶了让娜后,安托万就成了纳瓦拉国王。

和公文。后者尽职地向王太后和洛林枢机主教撰写报告，描述旅行情况。

在那漫长的几个星期里，伊丽莎白一直在想象中描摹腓力二世的样子。婚礼之前，她见过他的肖像——这是王室议婚的标准环节。这幅画很可能类似于1558年腓力二世最喜欢的佛兰德斯肖像画家安东尼斯·莫尔的著名作品。莫尔笔下的腓力斜伸着腿，小腿肌肉弯曲，好像在散步，这是展示他遮阴布的完美姿势。他的胸膛在镶有勃艮第哈布斯堡家族十字架、闪着金光的铁甲下隆起。他的脖子上挂着一小块镶满珠宝的羊皮，象征腓力二世的勃艮第祖先创立的天主教金羊毛骑士团。莫尔捕捉到了国王优雅与威严之间的感官张力——象征信奉天主教的哈布斯堡家族至高无上。

他正值盛年，统治着一个帝国。腓力二世长得不算太英俊，但依然年轻而有男子气概。浓密的胡须多少遮掩了哈布斯堡家族著名的突下巴，栗色的头发有沿着高发际线微微后退的趋势。当伊丽莎白凝视画像时，她从腓力二世的蓝眼睛里看到了什么呢？她知道他很节俭，并希望他至少是个善良的人。

她现在属于西班牙，那是她父亲童年时代的恶魔。也许她的天真保护了她。在路上她给一位女性亲属写信，说自己仍为父亲感到悲伤，他的去世"对我来说几乎是无法忍受的"。然而，"我从我的国王陛下那里得到了友谊的保证，我希望他能成为我的父亲和丈夫"，这让她感到安慰。

❖ —— ❖ —— ❖

在中世纪卡斯蒂利亚国王和王后的驻跸地巴利亚多利德，腓力二世等着信使的消息。一旦法兰西车队接近边境，他就会前往瓜达拉哈拉迎接伊丽莎白，再一起前往首都托莱多。

腓力二世也见过伊丽莎白的肖像画，那幅画是根据克卢埃1558年在玛丽·斯图亚特婚礼前为伊丽莎白画的像再创作的。伊丽莎白是腓力二世自己挑选的第一个新娘，他之前的两次婚姻都是由他的父亲查理五世安排的。第一次是与他的哈布斯堡家族的西班牙－葡萄牙表亲玛丽亚－曼努埃拉；第二次是与另一个西班牙血统的表亲，英格兰的玛丽·都铎，目的都是巩固哈布斯堡家族的利益。腓力二世一向爱戴父亲，尊敬他、服从他，即使意见相左，通常也只会咕哝几句。但查理五世于1558年去世时，腓力二世觉得自己可以独立做决定了。与其他妻子明显不同的是，伊丽莎白既不是哈布斯堡家族的后裔，也不是他们的盟友。

腓力二世和法兰西的亨利二世没什么不同。他像亨利二世一样保守，而且容易害羞，很难摆脱性格外向的父亲查理五世的影响。从腓力二世出生到1558年查理五世去世，查理五世对儿子的影响一直很大。像法兰西的亨利二世一样，腓力二世渴望得到父亲的认可；但不同的是，他通常能实现愿望。然而，腓力二世和父亲的世界观并不完全相同。查理五世在佛兰德斯出生和长大，他总觉得自己更像佛兰德斯人而不是西班牙人。腓力二世在卡斯蒂利亚出生、长大，他更喜欢西班牙的阳光、土壤和宗教。查理五世视法兰西为宿敌；而为财政考虑，腓力二世同意与敌人持久和平相处。尽管腓力二世继承了父亲对帝国的渴望，但他永远不会把法兰西完全当作朋友。

腓力二世只对某些女性表现出深深敬意。他爱他的母亲，葡萄牙的伊莎贝拉，她在他十二岁时去世。他也喜欢金发碧眼的姐妹玛丽亚和胡安娜，认为她们能干，经常把她们当作同事而非手下。他对前两个妻子的感觉就不太一样了，尽管按照西班牙的礼节，他可能在行动上有所欠缺，但在言语上总是对她们彬彬有礼。他对她们的感情可能因为生育需要而变得复杂，这使年轻的腓力二世很焦虑。查理五世很可能教会了他恐惧性行为。在腓力二世十几岁的时候，查理五世曾多次给他写长篇备忘录,教他如何在自己去世后做国王。在其中一篇文章中,查理说无节制的性行为会夺去生命。"重要的是,你要克制自己的欲望,年轻时别纵欲过度,否则会伤身,因为……(性行为)会导致身体虚弱,影响生育,甚至置人于死地。"事实上,查理五世说,纵欲过度杀死了他舅舅,即特拉斯塔马拉的胡安王子,所以查理五世才能继承西班牙王位。[1]放纵的幽会太多,似乎就能改变王国进程。

腓力二世早就知道性会害死女人。他的母亲在他十二岁时死于难产,他一直没从悲伤中恢复过来。

腓力二世十六岁时与玛丽亚-曼努埃拉结婚。第一任妻子使他尴尬,但她在生下儿子唐·卡洛斯仅仅四天后就去世时,他仍流下了眼泪——那让他想起母亲的死,那种痛苦的感觉仍然很鲜明。他与玛丽·都铎的年龄差距(玛丽结婚时三十七岁,腓力二世二十七岁)使他在结婚时很不情愿,所以她去世时,他几乎不觉得哀痛。玛丽·都铎去世后,他的前小姨子、英格兰女王伊丽莎白拒绝了他的求婚,这让他暗自松了一口气。尽管他喜欢继续参与英格兰政治,而且为天主教在英格兰复兴做出过巨大努力,不愿看到辛勤的工作付诸东流,但他从一开始就有所保留。另外,是最重要的,腓力二世仍然把法兰西当作对手,他需要伊丽莎白·都铎稳稳地坐在英格兰王位上,好阻止法兰西人和他们的棋子玛丽·斯图亚特取得王位。一旦他娶了伊丽莎白女王,就可以保护她了(腓力二世对自己的前小姨子不太了解,他认为伊丽莎白无法保护她自己)。

此外,一想到要娶一个异端,腓力二世就觉得恶心。因此,当伊丽莎白女王表示反对时,腓力二世松了一口气。为了自己的帝国,他会秘密支持英格兰的新教女王,但至少他们不必同床共枕。

---

[1] 阿斯图里亚斯王子,也就是特拉斯塔马拉的胡安王子,是卡斯蒂利亚的伊莎贝尔和阿拉贡的费迪南德唯一活到成年的儿子。1497年他去世后,西班牙的王位传给了他的妹妹,即查理五世的母亲胡安娜。

现在他的新娘已换成了伊丽莎白·德·瓦卢瓦，腓力二世似乎很期待她到来。与玛丽·都铎不同，在腓力二世看来，玛丽·都铎几乎老态龙钟，而伊丽莎白·德·瓦卢瓦是年轻的少女，想必适合结婚。腓力二世需要更多继承人。正如一位大臣向伊丽莎白·德·瓦卢瓦总结的："陛下将没有理由抱怨自己被迫娶了个丑陋的老女人。"

腓力二世勤于政事，习惯一天工作十六个小时，把自己关在房间里，与顾问和文件打交道。他野心勃勃，渴望征服欧洲，让英格兰、苏格兰、佛兰德斯和德意志回归天主教。他贪婪地注视着新大陆，渴望统治北非。查理五世喜欢说西班牙是"日不落帝国"，而腓力二世最终采用了不同的座右铭：这个世界还不够！（Non sufficit orbis!）事实上，对腓力二世来说，就算统治整个世界也还不够。

不过，腓力二世并非铁石心肠。他深知即将迎娶的新娘还年轻，也深知她刚刚遭受丧父之痛，于是他写了几封措辞温柔的信向伊丽莎白示好。他慷慨地同意让新王后保留大批法兰西侍臣，这样她在西班牙就会有家的感觉。他派出身最高贵的贵族门多萨去比利牛斯山脉接她，以示荣誉和深深的敬意。腓力二世还严格指示，在伊丽莎白抵达瓜达拉哈拉之前，不要对她的法兰西随从做出任何调整。法兰西人的一根羽毛也没有被弄乱。

他还有别的想法。阿尔瓦公爵前往巴黎迎亲时，腓力二世让他多了解一下新娘。得知伊丽莎白喜欢画画后，阿尔瓦想起担任米兰总督期间听说过的某位年轻意大利贵妇。索福尼斯巴·安圭索拉来自克雷莫纳，曾在罗马跟随米开朗琪罗学习。她的才华美名传遍意大利。佛罗伦萨画家乔治·瓦萨里对她赞不绝口。"克雷莫纳的索福尼斯巴，"他写道，"……在设计方面比我们这个时代的任何一位女士都更好，更优雅，因为她不仅设计、着色、写生、临摹，还创作了自己罕见而美丽的画作。"瓦萨里相信她是艺术天才,有人说她甚至超过了列奥纳多本人。

腓力二世征求了索福尼斯巴的意见,后者同意来西班牙做伊丽莎白的侍女。

索福尼斯巴的西班牙之旅简直是伊丽莎白自己旅程的镜像,她步了许多被迫离家的年轻女性的后尘。索福尼斯巴的父亲阿米尔卡来·安圭索拉给腓力二世写信,像玛丽·斯图亚特在伊丽莎白离开时写的那封信一样,字里行间有类似的哀叹。"我是先帝和陛下的忠实臣民,"他说,"我心甘情愿地让她为王后服务……由于您的杰出品质,我得到了极大的安慰,这在一定程度上减轻了我和家人因最亲爱女儿离开而感到的悲伤。"

安排索福尼斯巴上路的塞萨公爵指出,索福尼斯巴的离开只是为了"服从陛下的命令",他的话中带着一丝责备。"她以同样的善意去国离乡,离开父母亲人。"索福尼斯巴的父亲年纪老迈,不能亲自去,就请了两位族亲把女儿送到西班牙去。1560年1月,当伊丽莎白和她庞大的车队翻越比利牛斯山脉时,索福尼斯巴正和她少到可怜的护送人员勇敢地穿过利古里亚海前往巴塞罗那。从那里,她又向西行三百英里,进入卡斯蒂里亚,及时在瓜达拉哈拉的西班牙宫廷见到了伊丽莎白。那时已经不需要翻译德·朗萨克先生了。伊丽莎白已经会说意大利语,这是她母亲的语言,是伊丽莎白在教室里打磨过的,也是在年轻的小克拉丽斯·斯特罗齐的陪伴下练习过的。

索福尼斯巴与王后的侍女住在一起,教年轻的王后画画。虽然称不上结婚礼物,但她在某种程度上是对伊丽莎白闺中生活的认可。

❖ —— ❖ —— ❖

伊丽莎白走过的这一路,雪下个不停。凛冽的寒风吹过群山。圣诞节给了伊丽莎白和侍从短暂的喘息机会,让他们在纳瓦拉国王和王后位于波城的宫殿里舒适地度过整整一个星期。玩游戏、抽签,一聊就是几个小时。很快,他们就备好了马匹,再次出发。

在巴约讷附近的圣让德吕兹,他们与腓力二世派来接应的队伍会合,得以换下疲惫的马匹和笨重的马车——它们太笨重,无法在蜿蜒的山路上冒险前行。乌云密布,"冰天雪地"中的道路更加陡峭,路面上结满了冰。有一次,侍女的行李有一半坠下悬崖,几天后才被搜寻队找回。有时雪落得大而急,骑手们很难控制坐骑。

他们到达比利牛斯山脉高处的龙塞斯瓦列斯时,整支法兰西车队都在六个星期的旅途中精疲力竭,人们连骨缝都冻硬了。马走不动,他们就步行穿过厚厚的积雪来到修道院。在西班牙纳瓦拉附近的埃斯皮纳尔村扎营,因凡塔多的门多萨公爵和布尔戈斯的门多萨枢机主教正恭候他们。

对伊丽莎白来说,长途旅行让她学会了耐心和外交。尽管在宫廷里受过多年训练,但她有时仍会对等级和地位的微妙之处感到困惑。当他们接近西班牙边境时,伊丽莎白写信给母亲问:"纳瓦拉王后还陪着我们,波旁家族的贵妇德·里厄夫人也在,她们算是一家人还是两家人呢?""他们告诉我,这里只有您的人。"她告诉凯瑟琳。她害怕打破自己不知道却为大家心照不宣的规则。"我不想违背您的任何吩咐。"

安托万·德·波旁也在制造麻烦。为了给车队中的西班牙代表留下深刻印象,他发布滑稽的命令,让途经的所有法兰西城镇的居民在西班牙王后面前下跪(市政官员被迫解释说,这种特权通常只能为法兰西国王享受)。进入纳瓦拉后,安托万更加浮夸。他炫耀自己作为纳瓦拉国王的权力,坚持要住最好的住所,而只给伊丽莎白次一等的地方住。车队里的西班牙人怒不可遏,但有证据表明,伊丽莎白从未抱怨过。

在龙塞斯瓦列斯,把新娘移交给西班牙接亲队伍的过程也很让人尴尬。王后的移交仪式本应在修道院附近的空地上进行，这是法兰西和西班牙王国之间的中立地带，但安托万认为天气太恶劣，无法让伊丽莎白在户外走完必要的仪式流程。他坚持让布尔戈斯枢机主教和因凡塔多公爵来修道院。西班牙人不愿越界。进入法兰西边境将挑战王国间的中立状态，并改变必要仪式。这将意味着听命于纳瓦拉国王，一位地位相对低下的君主！随后便是长达几天的对峙。伊丽莎白害怕激怒腓力二世，恳求安托万·德·波旁执行原定计划。他们已经收拾好行李，套上马具，这时信使出现，宣布西班牙人终于过来了。

纳瓦拉国王把伊丽莎白赶回屋内，她的侍女们争相换上礼服，搬运工们争先恐后地打开伊丽莎白的华盖。门多萨兄弟进入修道院，见伊丽莎白坐在铺着深红色天鹅绒的椅子上，侍女和姓波旁的贵妇们被巧妙地安排在她的左边，纳瓦拉国王在她右边。他也有一把椅子。法兰西人同意安托万国王坐下，算是对他自负态度的让步。

下午剩下的时间里，现场混乱一片。在尽过问候义务之后，数十名西班牙贵族拥进房间，把女士们挤到一边，争相亲吻伊丽莎白的手。"我们了解到，"一位法兰西人抱怨道，"鲁莽、难缠和轻率不仅在法兰西盛行，在西班牙也很常见。"伊丽莎白表现出色。凯瑟琳一定很担心门多萨兄弟会怎么看待她的女儿。一位法兰西目击者很快证实，西班牙人被"如此美丽、罕见、贤惠的公主（就她而言……表现得如此冷静、坚定，且有天生的温柔）迷住了"。另一位目击者称，尽管一开始伊丽莎白明显很紧张，但她很快就放松了。

然而，她的高雅温柔并不能阻止男人之间令人不快的小手段成为仪式上的短暂插曲。安托万一直在意自己的至高地位，他即兴发表演讲，让所有人都很意外。他警告说，虽然西班牙人已经越境进入纳瓦拉，夺回了他们的王后，但他没有向西班牙割让领土。对此，尴尬的西班牙人只能回应："好吧，好吧。"安托万敢于以屈尊俯就的态度把手放在西班牙人的肩膀上。随后，因凡塔多公爵就抢在他之前戴上帽子，以此为报复，让安托万引以为耻。实际上安托万的炫耀完全徒劳：西班牙人认为他贫穷且傲慢。

终于，冗长的悼念、痛苦的微笑和无尽的鞠躬结束了，又到了说再见的时候。最后分手前，伊丽莎白亲吻了安托万·德·波旁。她向震惊的西班牙贵族解释说，她的母亲"命令她这么做"，因为波旁家族"是王室近支，而这是法兰西的风俗"。这是她最后一次遵循法兰西习俗。号角和木管乐器齐奏，伊丽莎白在布尔戈斯枢机主教和因凡塔多公爵的护送下走出修道院，走进西班牙人的车轿。

西班牙人接管了车队，在大雪中继续前行。据在场人称，安托万·德·波旁在修道院的大厅里逗留了一会儿，"很高兴完成了任务，但对不得不离开王后感到非常难过"。

法兰西王室于次年发表官方声明，称赞伊丽莎白嫁到西班牙是场胜利，这安慰了仍怀疑西班牙且震惊于亨利二世猝然去世的法兰西人。这份声明很少关注伊丽莎白本人，也没有提到她必然会产生的焦虑情绪。然而，当时在龙塞斯瓦列斯的人也许能体会她的心情。后来有不少人说伊丽莎白当时很悲哀，他们很可能捕捉到了真相。有人说当伊丽莎白意识到要和西班牙人一起离开时，她抓住安托万·德·波旁的手臂哭了。布尔戈斯枢机主教告诉她："忘记你的人民和你父亲的家吧。"

这也许是个好建议，但伊丽莎白永远无法做到。她几乎每天都能收到母亲的信，每一封都在提醒她。

3
信件
1559—1560 年，法兰西和西班牙

凯瑟琳不想让伊丽莎白忘记自己的出身。她希望伊丽莎白能弥合王国之间以及新旧家族之间的鸿沟。"记住，无论你建立起多么伟大的联盟，"法兰西的安妮在15世纪晚期教导女儿，"也永远不能愚蠢到骄傲自大，轻视自己的祖先——那是你的根啊。否则你就是无情无义。"对贵族女性来说，这简直是常识。贤妻要侍奉婆家，但也不能忘记娘家。

按照凯瑟琳的设想，母女俩将组成团体：伊丽莎白的目标是让腓力二世爱上她，至少尊重她；王太后则以联姻两国之间的"自然"联系为基础，建立政治联盟，毕竟他们现在是一家人了。凯瑟琳一再重复"家庭"这个词，仿佛西班牙和法兰西世代相爱一样。"天主教国王，我的好女婿"——每当与尚托奈使节谈论访问西班牙的计划时，她就会这样称呼腓力二世。当然，她会去拜访腓力二世：这是王太后对至高无上的国王，也是岳母对女婿的慈爱之举。这不仅仅是说说而已——凯瑟琳有几个很好的理由赴西班牙，既有个人原因，又有政治原因。这种套路掩盖了联盟脆弱的本质。由于宗教威胁着法兰西国内和平，她无法再承受任何来自西班牙的敌意，但她也想尽快再见到伊丽莎白。女儿刚走，凯瑟琳就开始想念她了。

早在凯瑟琳从夏特勒罗到达安布瓦兹之前，给伊丽莎白的信就装在

信使的鞍袋里了。在接下来的几个世纪里，她与伊丽莎白的分离成为艺术家和作家喜爱的主题，这说明了凯瑟琳内心深处的痛苦——这显而易见。进入19世纪后，法兰西浪漫主义画家欧仁·伊萨贝描绘了她们分别的时刻：表情阴沉哀伤的朝臣们把身着白色丧服、不断抽泣的伊丽莎白拉上等候的马车；凯瑟琳穿着高贵的黑色礼服，双臂伸向女儿。16世纪流传过一首以凯瑟琳的口吻写给伊丽莎白的诗。"我向上帝祈祷，"她说，"让腓力成为你的父辈，既是丈夫又是朋友。"这首诗不太可能是凯瑟琳自己写的，正如文艺复兴时期常见的那样，它可能是别人写的，试图描写众所周知的凯瑟琳的感受。

在伊丽莎白抵达西班牙的头几个星期里，凯瑟琳的信使源源不断地把信件送回法兰西。凯瑟琳密切关注伊丽莎白的进展，仔细读信，还向信使盘问细节。多年来，凯瑟琳一直和伊丽莎白同住在宫廷里，有女儿在身边，她很自在。现在就像回到女儿自己住在小育儿院的日子，凯瑟琳总担心女儿的行踪。她在想，那些送来报告的人究竟是想讨好自己（就像克卢埃和于米埃尔夫妇那样），还是（就像画家勒万尼耶那样）把好事和坏事如实告诉自己。

这种问题有办法解决：不同的人通过不同渠道向她汇报，对比一下就能检验事实。否则，你还能相信谁呢？即使不偏不倚，即使亲眼所见，报告也会受到别人的影响。某些关键细节展开时，他们可能分心或恰好不在场。但若所有的报告口径都一致，凯瑟琳就可以松一口气，或者把心提起来了。

令人高兴的是，大多数信件带来的都是好消息。当伊丽莎白的车队在萨拉戈萨蜿蜒前行时，西班牙各行各业的人聚集在路边欢迎她。他们称她为"带来和平的伊莎贝尔"，并为"和平与友善的王后"欢呼雀跃。凯瑟琳听到伊丽莎白进入潘普洛纳和瓜达拉哈拉的惊人场景时一定很激动。新王后参加数不清的宴会、假面舞会、舞会和斗牛（伊丽莎白第一次见到这种活动）。场面令人叹为观止，充满尚武精神。在潘普洛纳，数千名士兵站在街道两旁，数百名舞者、身穿盔甲的骑士和斗牛士在行进的车队两边表演。凯旋门耸立在人群上方。空中响彻喇叭声和小手鼓声。每户人家的窗户上都飘扬着绣有腓力二世和伊丽莎白名字首字母交织图案的横幅。

伊丽莎白每做一件事都有人汇报。最开始的形式十分正式，在龙塞斯瓦列斯，西班牙人的迎亲流程受阻，使人忧心忡忡。伊丽莎白需要好好表现。凯瑟琳得知，在潘普洛纳，女儿见到了古板而庄重的乌雷伊纳伯爵夫人——她将担任伊丽莎白宫中的首席女官。在瓜达拉哈拉，伊丽莎白受到的欢迎要热情得多。腓力二世最小的妹妹胡安娜夫人于1558年从葡萄牙回到西班牙。胡安娜嫁给了葡萄牙王储若昂·曼努埃尔，但婚后仅两年就成了寡妇，从此她被称为"王妃"——但这更多是指她在葡萄牙的尊称，而不是她在西班牙的地位。这位王妃比自己的新嫂子要大十岁，但她立刻就喜欢上了伊丽莎白。1月28日，在她们第一次见面的晚上，胡安娜就坚持要同伊丽莎白共进晚餐，由她自己的侍臣和侍女们服侍，这无疑表明了王妃的善意。

这一切对凯瑟琳来说都是好消息。

王太后指示伊丽莎白注意西班牙宫廷的主要操控者，特别是阿尔瓦公爵和鲁伊·戈麦斯·达·席尔瓦。伊丽莎白在婚礼上已经见过这两个男人了。像她母亲一样，她知道这两个男人蔑视对方。

西班牙宫廷和法兰西宫廷一样嫉妒丛生，但数鲁伊·戈麦斯·达·席尔瓦与阿尔瓦公爵间的斗争最为激烈。[1] 鲁伊·戈麦斯随查理五世的妻

---

[1] 按惯例，历史学家用鲁伊·戈麦斯·达·席尔瓦的名字"鲁伊·戈麦斯"来称呼他，不冠其父姓。

子葡萄牙的伊莎贝尔来到西班牙,成为年轻腓力王子的侍从,很快就成了王子忠实的朋友和伙伴——王子没有哥哥,而他就像王子的哥哥一样。腓力二世对鲁伊·戈麦斯言听计从,在他统治的头几年尤其如此。最终,外交使节称这位葡萄牙绅士为"戈麦斯国王"。

鲁伊·戈麦斯有温柔的棕色眼睛和精于算计的头脑。这位完美臣子有非凡的能力,对上下人等都能察言观色。鲁伊·戈麦斯拥有我们今天所说的"情商"。作为外国乡绅赤手空拳的次子,鲁伊·戈麦斯的财富是魅力和赤裸裸的奉承。16世纪40年代末,这颗朝臣之星开始迅速爬升。1553年,腓力二世撮合鲁伊·戈麦斯与美丽、富有且身份高贵的安娜·门多萨成婚,新娘独特的眼罩(她可能有一只眼睛失明)更增加了她的魅力。1558年,腓力二世从英格兰回到佛兰德斯,任命鲁伊·戈麦斯为首席内官侍臣。1559年7月,在他与伊丽莎白举行婚礼之前,腓力二世册封他的朋友为埃沃利王子。

第三任阿尔瓦公爵费迪南德·阿尔瓦雷斯·德·托莱多则完全不同。有位威尼斯使节抱怨说,他"傲慢自大,野心勃勃,喜欢奉承,嫉妒心强"。1560年2月,阿尔瓦这位查理五世时期的保守派遗老已经五十二岁。如果说鲁伊·戈麦斯是完美的朝臣,那么阿尔瓦就是完美的战士。他出身于古老的托莱多贵族家庭,相信社会地位是由血统和战功筑就的,很看不起一心争宠"往上爬"的朝臣们的纨绔做派。按等级和地位规矩,他本应成为国王最亲密的顾问,但腓力二世国王却宠信鲁伊·戈麦斯这样白手起家、出身低微的人,阿尔瓦为此切齿痛恨。战士和朝臣在国王面前争宠,两者都不敢离开国王太久,以免对方乘虚而入。每当腓力二世听从鲁伊·戈麦斯而不是阿尔瓦的建议时(这种情况经常发生),这位脾气暴躁的公爵就会回到自己的庄园里生闷气。

在西班牙对法兰西的政策上,两人完全出于私人原因针锋相对。在那个侍臣可以大展身手的时代,鲁伊·戈麦斯更喜欢和平,主张与法兰西结盟。然而,以煊赫战功赢得声誉和回报的阿尔瓦公爵认为西班牙应该同时统治旧世界和新世界。尽管在伊丽莎白的婚礼上表现得彬彬有礼,阿尔瓦仍视法兰西为敌人。

对善于解读男人心思的凯瑟琳来说,策略很明确:鲁伊·戈麦斯的友谊需要培养,阿尔瓦公爵则需要安抚。伊丽莎白必须努力使他们俩都满意。

在瓜达拉哈拉,庆祝活动逐渐升温。最重要的事件于1月30日,也就是伊丽莎白抵达这座城市两天后发生。那天晚上,腓力二世终于第一次正式见到了新娘,而且似乎对这位年轻姑娘很满意。他没有过夜。第二天,也就是1月31日,布尔戈斯枢机主教在因凡塔多宫再次为这对夫妇举行婚礼。那天晚上,在伊丽莎白的房间里举行了庆祝舞会和晚餐后,腓力二世去换衣服。"十点的时候,"有目击者说,"他回到她身边睡下,一直待到次日早晨七点。"我们不知道那天晚上他们是否圆房,但腓力二世没有抱怨。

接着,伊丽莎白又上路了,这次她有腓力二世陪同。他们先赴马德里,然后转向托莱多,也就是这次旅行的终点。在那里,利摩日主教(尽管西班牙的炎热天气使他喘不过气来,但他仍然很尽职)证实伊丽莎白安全抵达。凯瑟琳松了口气。"言语无法形容您带给我的快乐,"她在给利摩日主教的信中写道,"您把我女儿,也就是王后的所有消息巨细靡遗地告诉我,听到她受到国王的喜爱和臣民的尊敬,我是那么高兴。我很高兴她的所作所为能令国王和大臣满意。"

那段日子令人陶醉,人们对意大利战争的结束感到宽慰,为新王后到来而兴奋,但伊丽莎白的数十名法兰西随从在西班牙人中引起恐慌。虽说外娶的王后从本国带侍臣是惯例,但伊丽莎白的法兰西随从队伍却异常庞大。然而，在腓力二世的坚持下，所有西班牙朝臣都能自我克制。伊丽莎白在托莱多待的最初几天事事皆顺。她开心地和侍女们跳舞，乐观的利摩日主教在信中写道，甚至古板的乌雷伊纳伯爵夫人也尽心尽力。据另一位目击者讲述，伊丽莎白向伯爵夫人展示法兰西女士的穿衣风格。这是多么可爱、多么优雅的衣服啊。伯爵夫人低声说。她希望伊丽莎白能很快再穿上它们。

这则逸闻无疑让凯瑟琳放心了，因为伊丽莎白的随从队伍发回的所有信件都说车队离开潘普洛纳时，法兰西侍女和伯爵夫人之间发生了摩擦。马匹备好时，伊丽莎白邀请乌雷伊纳伯爵夫人与自己和德·克莱蒙太太同乘第一辆车，但伯爵夫人恭恭敬敬地谢绝了。然而车队出发时，伯爵夫人的马车冲在前面，撞到了王后车驾后面波旁家族贵妇的马车，打乱了次序。

车夫勒住缰绳，车轮停止转动。马车猛地一震，慢慢停下来。所有的目光都转向伊丽莎白。她又一次被贵族妇女之间微妙的地位排序搞糊涂了。诚然，乌雷伊纳伯爵夫人是**西班牙**地位最高的贵妇，但蒙庞西耶小姐和她的姨妈是**法兰西**王室的贵女。在这支庞大的车队中，在这无尽的旅程中，谁的地位比谁高？这些都是微妙的问题，没有明确的答案，也没有先例。在这个陌生的王国，她的新家，规则是什么？伊丽莎白还不到十四岁，她只知道这些问题很重要。

情况很尴尬，德·朗萨克先生负责翻译双方令人紧张的表述，乌雷伊纳伯爵夫人故意误解他的意思。最后，伊丽莎白以有利于法兰西贵女的方式解决了这个问题。她向面无表情的伯爵夫人解释说，波旁家族的贵女是王室的客人，不是西班牙臣民。乌雷伊纳伯爵夫人不情愿地让步，但她的不满显而易见。一有机会，凯瑟琳的观察员就给法兰西寄回令人不安的信件。众所周知，西班牙人讲究仪式感。伯爵夫人来自强盛的西班牙家族，是托莱多家族，也就是阿尔瓦公爵家族的死党。伊丽莎白和法兰西随从不能与伯爵夫人或阿尔瓦为敌。这是对外交手段的早期考验，伊丽莎白并没有交出满分答卷。

如此严重的社交失误在她女儿统治的早期是对脆弱的法西友谊的潜在威胁，也是凯瑟琳要担心的另一件事。

❖ —— ❖ —— ❖

她已经有太多事情要操心了。凯瑟琳的儿子弗朗索瓦二世继承的是饱受瘟疫和饥荒困扰的王国。在与西班牙十二年的战争之后，王国债台高筑，而且债务还在不断增加。吉斯兄弟用土地和现金回报朋友、食客和家人，但坚持要控制花费，拖欠王室军队的军饷，解散军队，免除王室债务的利息。如果有人抱怨，不管是士兵还是贵族，都会受到惩罚。不满的呼声高涨。这是小国王自己做的决定吗？还是吉斯兄弟在控制局面？

弗朗索瓦二世统治期间，对法兰西新教徒的迫害加剧，枢机主教和吉斯公爵打算在新教派站稳脚跟之前将其消灭。他们攻击异端，烧死相关人士，仿佛异端思想可以像灰烬一样随风飘散。他们认为异端邪说会导致叛乱——这才是真正的威胁，吉斯兄弟说，因为弗朗索瓦二世还很年轻。他们摧毁了据传用于新教集会的房屋，并说服法院通过新法律，要求法兰西臣民谴责检举集会，违者处死。所有举报人都将得到丰厚的奖励。现在，任何对邻居怀有哪怕是最微不足道怨恨的人，都有充分理由检举他们为异端。新法律助长了怀疑、报复和恐惧的气氛。社会结构正在一点一点瓦解。

就像玛丽·都铎统治下的英格兰一样，火刑把宗教迫害变成了公共戏剧。早在1559年12月，当伊丽莎白·德·瓦卢瓦与纳瓦拉国王和王后在波城躲避圣诞大雪时,弗朗索瓦二世就把一位名叫阿内·杜布尔格的年轻巴黎法官送上了柴堆。杜布尔格在1559年夏天被捕,就在亨利二世意外去世前不久。在亨利二世面前,这位年轻的法学家大胆建议法院应该追捕"亵渎者、通奸者、伪证者和可怕的放荡者",而不是那些没有违反法律,只是"在祈祷中呼唤君主名字"的人。一再讯问后发现,杜布尔格同情异端,但决定他命运的是关于通奸者的言论:愤怒的亨利二世认为这个年轻人在暗讽自己与迪亚娜·德·普瓦捷的关系。

亨利二世的死推迟了杜布尔格的死刑,但时间并不长。吉斯兄弟用这位年轻的法官杀一儆百:先是判处他绞刑,然后是火刑——这是对异端和叛国、侮辱国王的双重罪行的双重处决。

12月23日上午,木匠们在巴黎市政厅附近的格雷沃广场上竖起绞刑架。当天晚些时候,一辆两轮囚车载着杜布尔格驶入广场。那个年轻人笔直地站着,只穿着一件破烂的晨衣。他唱起赞美诗,声音越来越大。人群的反应肯定是复杂的:对法兰西新教徒来说,唱赞美诗既是展示信仰,也是在抗议;而天主教徒认为这是异端行为。

士兵们骑在马背上,手持长矛,拦住拥挤的人群。市政厅楼上靠广场这一侧挤满了人。广场上人山人海。

刽子手把绞索套在杜布尔格的脖子上,绳子穿过钉在绞刑架上的滑轮。那个年轻人双手合十祈祷。绳子拉紧了,滑轮转动起来,他被吊在空中。在他摇晃的四肢下,一捆捆木柴燃起火焰,火苗烧得木柴噼啪作响,渐渐地,大火冲天而起,滚滚灰云压向人群。格雷沃广场上有个巨大的木十字架,是巴黎地方官员为纪念这座法兰西最推崇天主教的城市的虔诚而竖起的。后来有幅著名的版画捕捉到了这一场景:木柴闷烧时,有个男孩爬上十字架,想看得更清楚。杜布尔格的尸体在烟雾中摇晃,火舌舔着他的脚跟。

3 信件

　　这是火上浇油。杜布尔格之死使天主教徒和新教徒群情激昂，凯瑟琳成了众矢之的。杜布尔格死后，有位心怀怨恨的新教牧师给她写了封措辞严厉的信，说上帝会为杜布尔格的死惩罚他们，就像上帝向亨利二世复仇一样。上帝的手臂仍然举在空中，要向她和她的孩子们复仇。他们的报应就要到了，无可掩饰，无可伪装。

　　这是封骇人听闻的信。然而凯瑟琳的反应很有分寸。虽然她是天主教徒，但她处理的是实际问题，是组建军队和筹集资金，而不是笼统、狂热地宣讲虔诚和信仰。凯瑟琳明白，如果国王软弱，君主制本身就无法强大。权力已经流向王座周围的贵族家族，比如吉斯家族和波旁家族。王室负债累累，贵族们纷纷向国内那些古老而富有的家族寻求庇护。这些忠心的追随者和朋友在朝野上下都形成派系，派系又因宗教仇恨而更强硬。哪方会获胜取决于谁能调动更多人力和钱财等资源。

　　凯瑟琳不喜欢吉斯兄弟的迫害政策，反对采取激进措施。如果被逼急了，新教徒会怎么做？其中几个强盛的贵族家族如果被激怒，可能会威胁她儿子的王位。她知道新教徒正通过血缘、习俗和法律组织起来，抬高安托万·德·波旁在宫廷的地位。凯瑟琳开始担心发生政变，于是开始打探情况、发出质询，并会见新教领袖。新教徒实际上得到了多少民众的支持？这个答案将决定她下一步的行动。

　　她试图拖延时间并寻求解决方案，在问题威胁到弗朗索瓦的王位之前控制住它。凯瑟琳希望不同派系间能达成妥协。在接下来的十年里，她将继续怀有同样的希望。

　　在此期间，她的儿子依靠着她。虽然从法律上讲，十五岁的他不适合处理政事，每个人都看出他缺乏经验，心态也不成熟。弗朗索瓦二世瘦且矮，不过是父王的影子。凯瑟琳成了他**事实上**的顾问，在虚弱国王领导下蹒跚前行的王国里，她是一颗定心丸。

枢机主教和公爵守在王位后面，而凯瑟琳站在弗朗索瓦二世身边，做他的合作者和良心。穿黑衣的她是不可动摇的图腾，她未亡人的面纱让人回忆起那个美好时代，那时法兰西由现任国王弗朗索瓦二世强大的祖先统治，而弗朗索瓦二世也会开启自己的时代。两个时代之间，凯瑟琳充当桥梁。这位威严的女性和那个笨拙的男孩似乎一同铸就了至高无上的力量，填补了某种空白。她陪同弗朗索瓦二世出席每次官廷活动、每场御前会议，甚至和他一起在以国王名义发布的官方文件开头签名。"王太后，也就是我的母后乐见如此……"国王的书记员记录道，"因为我也赞同她的每个意见。"

历史学家认为凯瑟琳垂帘听政始于此后几年，也就是夏尔九世统治时期，但她权力的种子最早是在弗朗索瓦二世时期播下的。正是在弗朗索瓦二世统治期间，凯瑟琳学会了如何行使真正的权力。正是在弗朗索瓦二世统治时期，侍臣和使节们看惯了穿黑衣的她：随和自若，总在国王的视线范围内。

年轻的凯瑟琳曾被官廷遗弃，到了四十岁，她却变得不可或缺。但国务使人筋疲力尽，她仍然在哀悼丈夫。她经常生病。"如果不是王儿这么听她的话，"忧心忡忡的玛丽·斯图亚特在给苏格兰的亲生母亲写信，"我相信她很快就会死去。""而这，"玛丽接着说，"将会是降临在这个可怜国家里我们所有人身上最大的不幸。"

❖ — ❖ — ❖

在西班牙，十几岁的伊丽莎白几乎无法减轻母亲的负担。她做得到吗？若不是当下局势如此，凯瑟琳可能会给伊丽莎白几年的时间来变得成熟，并适应新王国，然后再请求她的帮助。但是在1560年的冬天，凯瑟琳觉得局势紧迫。

3 信件

人们普遍认为，王后会代表平民、上流人士、远亲等求助者插手丈夫的事务。这个角色有古老的起源，以《圣经·旧约》中的以斯帖或基督之母马利亚等故事为原型，她们为那些求援者向儿子求情。

16世纪，女性常在棘手情况下扮演中立的主持者。时人认为，女性的温柔有助于冷却男性的暴躁脾气，因此妇女经常主持和平谈判——比如1559年，在托斯卡纳大公夫人克里斯蒂娜的主持下，法兰西和西班牙的代表敲定了《卡托-康布雷齐条约》。

凯瑟琳不抱幻想。伊丽莎白不是以斯帖，她还是个孩子。她可能被誉为"带来和平的伊莎贝尔"，但她几乎不会说西班牙语。1560年，凯瑟琳求助于女儿，这标志着她对法兰西不断升级的紧张局势感到焦虑。凯瑟琳知道腓力二世不会长期容忍法兰西新教崛起，尤其是异端威胁要蔓延到哈布斯堡王朝的领地。她需要伊丽莎白安抚她的丈夫，提醒他：法兰西是友邦。

不能有幻想：为了帮助母亲，伊丽莎白自己也需要帮助。凯瑟琳求助于她在西班牙的耳目——利摩日主教，并得到了德·克莱蒙夫人的温和指导。但凯瑟琳认为自己是伊丽莎白最好的老师。[1] 从伊丽莎白离开法兰西的那一刻起，凯瑟琳就开始给女儿写信。她写了一封又一封，在伊丽莎白的余生中，她从未停止过写信。

❖——❖——❖

凯瑟琳有种天赋：她知道该说什么、怎么说，以及对谁说。她的才能会激怒冲突的两派宗教人士，他们认为她虚伪且善于耍手腕，可崇拜者认为她很有外交才能。凯瑟琳在信中运用同样的说服技巧，用纸和墨

---

[1] 凯瑟琳认为就像母亲教导女儿一样，只有王后才能真正教导稚嫩的王后，正如查理五世认为只有国王才能教导未来的国王，就像父亲教导儿子一样。

水发声。她的读者有时觉得她是母亲,有时觉得她是朋友,但她永远是王后——威严且通常(并非总是)自信。

她在每座王宫里都有私人房间,凯瑟琳会在里面摆张桌子,很可能是女士用来写字的小桌子。木桌精雕细刻,涂着清漆,闪闪发光,桌面优雅倾斜,这样不会累到使用者的手和脖子,写字时也会感到很舒适。如果有需要(确实有需要),总会有大桌子被塞到房间和大厅的角落里。旅行时,她用小巧的便携式办公桌,所以通信永远不会中断。凯瑟琳有很多纸,几百支羽毛笔,可能还有几十把折叠小刀用来刮去错字,但她把这份工作留给了秘书们。她没有时间修改错误,只是把错字划掉。更多时候,她把错误留在那里,因为她的思维已经跳到下一件事,有时甚至忘了写完头一件事。[1]

多年来,从在勒穆拉特修道院的第一堂写作课开始,凯瑟琳就通过信件建立关系网。有数百位与她通信的人都能认出她的印章和她独一无二的签名。她写各种各样的信:正式的和随意的、愤怒的和深情的、表扬的和建议的、给家人的和给朋友的。她并不孤单:无数的贵族女性不停地写信,与王国各地的家人和盟友保持联系。吉斯家族的女人,尤其是安托瓦妮特·德·波旁,都是勤劳的写信工,也许凯瑟琳又一次在效仿她们。但如果说别的女人写的信数以百计,凯瑟琳写的信就是数以千计。我们仍然保存了她的信,部分原因是她非常多产,部分原因是她非常勤奋。据布朗托姆回忆,凯瑟琳养成了写信的习惯。她喜欢在午饭后写作,而且几乎总是在抄写。

没有谁能独自写那么多信。像其他忙碌的王室成员一样,凯瑟琳有书记员帮忙。他们会以她的名义写信,再交给她认可。他们会以漂亮的

---

[1] 这给历史学家带来了一定挑战。

字迹抄写一份，再请她签名。然而，凯瑟琳会花时间亲手写信给家人，或者那些她想留下深刻印象的收信人，这是一种特别的爱的表示，有时也暗示收信人应该对内容保密。凯瑟琳接受的早期教育质量不稳定，她的拼写也是如此，她终生保留了在意大利度过的最初几年的痕迹。和许多16世纪的作家一样，标点符号可有可无。凯瑟琳的信里几乎没有逗号，也没有句号。她字迹潦草，有力的笔画倾斜。凯瑟琳通常亲手给腓力二世国王写信，也总是亲手给伊丽莎白写信。

那些写给伊丽莎白的信充满了温情。凯瑟琳叫她"我的小女孩"，或者"我最亲爱的"——这个词无法真正翻译，也许这样最接近。她爱伊丽莎白，然而随着法兰西局势的日益紧张，这种爱开始承担另一种功能。母女之间简单纯洁的爱是凯瑟琳负担不起的奢侈品。她需要伊丽莎白的帮助。所有这些信，无论多么真诚，都让伊丽莎白想起她的家人：她爱的人和她对他们的亏欠。

与此同时，凯瑟琳找到了其他方法来培养两国之间的友谊，还能让伊丽莎白想起家乡。伊丽莎白一到托莱多，她们就开始互赠礼物——不仅在母女之间，还在她们的仆人和侍臣之间。有些东西在西班牙根本买不到，还有些东西在法兰西买不到。通常礼物都是大大小小的奢侈品，比如西班牙地毯，伊丽莎白在送给凯瑟琳时写道："非常适合舍农索。"德·克莱蒙夫人送给凯瑟琳几十副西班牙手套。玛丽·斯图亚特恳求凯瑟琳的一位书记员给利摩日写信，索要灯笼裤，并详细描述了她想要一条深蓝色的还有一条深红色的，要用"格拉纳达丝绸"制成。

有时，人也能当作礼物。凯瑟琳派自己最喜欢的园丁去为西班牙王室在阿兰胡埃斯的别墅建造露台（这个可怜人死在了半路上。在凯瑟琳给伊丽莎白的下一封信中，她答应再派个人去）。几个月后，伊丽莎白送一名年轻的西班牙女仆去为母亲服务，凯瑟琳对这位年轻女子的能力非常满意。还有一次，伊丽莎白代表一位鲁特琴演奏家写信，这位演奏者经萨伏依公爵夫人介绍，来托莱多投奔她。虽然细节尚不清楚，但这个人在法兰西犯下大错，只好匆忙逃离。但他想念法兰西莱，希望有一天能回国，伊丽莎白一边向凯瑟琳解释，一边向她推荐这位好绅士的服务。"出于对我的爱"，请原谅他，她写道，也许她自己也有点儿想家了。

凯瑟琳想要有西班牙丝绸刺绣的法兰西床品，但伊丽莎白警告说，想将床品弄得精致需要大量时间。在西班牙，凯瑟琳的美容香膏大受欢迎，因为德·克莱蒙夫人清楚地意识到西班牙没有类似产品。凯瑟琳的香膏包含搅打好的蛋清，还散发着药草香味，既舒缓肌肤，又能使肤色白皙。德·克莱蒙夫人是地道的法兰西女人，完全不相信西班牙的配方，对护肤品特别挑剔。

伊丽莎白最喜欢的礼物是克卢埃画的凯瑟琳和她弟弟妹妹们的半身像。"晚上，祈祷过后，"伊丽莎白的侍女给凯瑟琳写道，"她总是先在您的画像前行屈膝礼，然后在她王兄和其他人的画像前行屈膝礼。"有一次，凯瑟琳送给伊丽莎白一首赞美诗。"你弟弟（很可能是九岁的夏尔），"她写道，"想把这串珠链寄给你，还想在赞美诗集上写字。"伊丽莎白打开信封，看到熟悉的潦草字迹。"不向您致以祝福，不告诉您我很好，"他在另一张便条中写道，"我就不会让这封信送出去。""你会认出这笔迹的。"凯瑟琳只要说这句话就行了。

没有什么礼物能比得上她母亲的信。我们对凯瑟琳和伊丽莎白之间关系的了解大部分来自这些信件。尽管如此，还是失去了许多信息，哪怕只是因为我们无法理解。凯瑟琳和书记员经常用密码写作，尤其在涉及国家机密时必须如此。但即使对最好的密码学家来说，破解密码也很麻烦。英格兰人威廉·塞西尔发现破解密码特别费力后，曾对一位使节说："用密码写信时别写太多。"在写敏感话题时，女性还有其他方式来掩饰自己的意思，比如在信中提及无关痛痒的话题，并用让人心照不宣的典故点缀。

当时，母女间的交流大多是口头而不是书面的。无论是公共事务还是私人事务，尤其在不涉及最高国家机密时，真正的信息甚至不在信中。信件不过是个形式，真正要说的话被记在送信人脑子里。

凯瑟琳潦草地写信、签名、折纸、封缄，然后把信交给信使，再把自己真正想说的话告诉他。宫廷里不乏潜伏的间谍，也不乏可能会为人情或一点儿小钱出卖信件的朝臣或厨房仆役。其中一个解决方案就是优秀的信使：一位值得信赖的绅士能熟练地传递真正的消息。"我的女儿，"凯瑟琳写信给伊丽莎白，"我已委托这位信使向你口述，这样我就不必再给你写一封长信了。"这位"帕基耶先生"，这位"圣叙尔皮斯先生"，或者被简称为"这位听差""这位信使""这位先生"都是凯瑟琳信任的人。伊丽莎白知道，如果有信使能带着凯瑟琳的手写信来见自己，那么他的话就是可信的。

然而在其他信中，凯瑟琳却能畅所欲言，不需要密码或信使。她的笔在纸上潦草划过，写下母亲的大量建议和命令。做这个，不要做那个；吃这个，不要吃那个；说这个，不要说那个；相信他，不要相信她。她的信使们带着严格指示，沿着走熟了的路快速前往巴利亚多利德、托莱多和马德里，又带着伊丽莎白的回信返回。

凯瑟琳的信让伊丽莎白百感交集。有一次，利摩日主教告诉凯瑟琳，想家的伊丽莎白责备他，因为母亲已经好多天没有音信了。但布朗托姆后来说，伊丽莎白每当收到凯瑟琳的信时，都会吓得发抖。

❖ —— ❖ —— ❖

1560年5月，凯瑟琳写信给伊丽莎白寻求政治帮助，这是她第一次向女儿明确提出这方面的要求。伊丽莎白到托莱多已经三个月了。她刚刚过完十四岁生日。

苏格兰发生了动乱。太后玛丽·德·吉斯面临着叛乱。多年来,苏格兰平静的表面下酝酿着动荡。苏格兰人鄙视"宿敌"英格兰,但也不太喜欢法兰西盟友。他们渴望独立,并对法兰西将苏格兰视为"马前卒"感到不满。

尽管苏格兰贵族因玛丽·德·吉斯的节制、智慧和对影响日盛的新教的宽容拥戴她摄政,但最近他们变得谨慎起来。在意大利战争的最后一刻,玛丽·德·吉斯召集苏格兰军队为法兰西人作战,这种做法非常不得人心。强大的苏格兰贵族不喜欢摄政王太后在御前议会中塞满法兰西官员。他们开始将玛丽·德·吉斯视为法兰西计划的执行者,将年轻的女王玛丽·斯图亚特视为实现法兰西野心的工具。妇女是软弱的统治者,外国丈夫令人畏惧。玛丽女王嫁给了王储,苏格兰会不会完全落入法兰西之手?1558年4月,玛丽·斯图亚特在婚礼前夕批准向法兰西秘密赠款的消息泄露后,苏格兰的民族情绪再次爆发。

如果说是民族主义造成了裂痕,那么宗教差异就将其扩大。到1559年,新教已经在苏格兰站稳脚跟,越来越多的苏格兰贵族开始有这种新信仰。在苏格兰加尔文主义传教士约翰·诺克斯激烈言辞的鼓动下,这些贵族将新教视为苏格兰独立的关键。诺克斯激进的布道将犹豫不决的领主转变为虔诚信徒。1557年,几位苏格兰贵族组成议员团派系,并于1559年集结军队推翻玛丽·德·吉斯的统治,建立新教政府。内战很快爆发。贵族们知道法兰西军事力量强大,便派诺克斯前往英格兰,以教友的名义寻求伊丽莎白女王的援助。

出于宗教和政治立场,伊丽莎白·都铎有理由支持苏格兰新教贵族。历经玛丽·都铎灾难性的天主教统治后,她致力于宗教改革,乐见新教政权统治北方邻国。她自己的北部省份仍然坚定信奉天主教，这样一来，苏格兰的新教盟友就会包围它们。她期待苏格兰和英格兰之间建立新友谊，改变几个世纪以来的敌意，切断与法兰西的旧联盟。最重要的是，天主教在苏格兰失败，会影响玛丽·斯图亚特对英格兰王位的继承权。

伊丽莎白·都铎对某件事尤其耿耿于怀。作为亨利八世和安妮·博林的女儿，伊丽莎白女王被英格兰和外国天主教徒认作私生女，无权继承王位。她痛恨一有机会就把法兰西和苏格兰的纹章与英格兰的纹章放在一起的弗朗索瓦二世和玛丽·斯图亚特——他们这样做，仿佛玛丽已经是英格兰的合法女王，而伊丽莎白只是篡位者。新教在苏格兰的胜利将把这种傲慢扼杀于萌芽状态，同时巩固伊丽莎白的王位。

伊丽莎白犹豫了几个星期，考虑了战争和流血的代价、战败的耻辱和政治风险之后，她向苏格兰派遣了一支军队。

英格兰女王发动了一场艰苦的战争。作为苏格兰国王，弗朗索瓦二世发誓要镇压苏格兰叛军及其英格兰盟友，但缺乏必要的兵力。他的南部边境对面就是西班牙，是法兰西新交的朋友，也是坚定的天主教国家。腓力二世当然会理解惩罚反叛前哨的必要性。

现在是5月，凯瑟琳以此向女儿求助。"我的女儿，"她说，"你将从利摩日主教那里听到我遇到的麻烦。英格兰女王准备做出疯狂的决定，除非国王、我的好女婿、你的丈夫，阻止她。出于这个原因，亲爱的，我必须要求你：如果你能影响你的丈夫，必须和他谈谈，请他向伊丽莎白女王清楚表明意图，这样她就会觉得在苏格兰点这样一把火会令人非常不快。至于我，我可以向你保证，只要我活着，我就保证国王、我的儿子、你的哥哥，永远不会制造任何麻烦，而且如果我们失去和平，他会认为这是巨大的不幸……"

最后，她发现最简单的方法就是告诉伊丽莎白该怎么做。"把我的信给腓力看,"她写道,"他可以读到我最深情的赞美。"

这是一场赌博。伊丽莎白十四岁,刚做新娘三个月,和丈夫之间能有什么感情呢?"感谢上帝,"凯瑟琳在给利摩日的信中写道,"她做任何事情都很出色。然而她还年轻,对这个世界还缺乏经验和知识。我知道你明智的忠告对她会有多大好处。"与年轻的国王不同,年轻的王后伊丽莎白没有摄政王或御前议会帮她做决定。十几岁的伊丽莎白身处苏格兰和法兰西的泥沼之中。凯瑟琳希望假以时日,她能学会用魅力和感情来影响腓力二世的思想。

在这个过程中,王太后仍不停地写信、口授、发号施令,让女儿做自己的传声筒,让她把信转交给腓力二世。

❖ — ❖ — ❖

如果伊丽莎白·德·瓦卢瓦听从母亲的指示,她就无法完成任务:腓力二世不会支持法兰西人进军苏格兰。尽管《卡托-康布雷齐条约》结束了意大利战争,但腓力二世仍在作战——冲突已经变成了冷战。他担心在西班牙的帮助下,法兰西人真的成功征服苏格兰,然后转身入侵英格兰,将伊丽莎白·都铎从王位上赶下台,由玛丽·斯图亚特取而代之。英格兰将成为法兰西的领土,腓力二世只能听之任之。

腓力二世礼貌地拒绝了法兰西人,继续心照不宣地支持伊丽莎白·都铎。

苏格兰的冲突以失败而告终。伊丽莎白·都铎对战场上的挫折感到沮丧,她决定求和,而法兰西人则因国内的紧张局势而不再想参与对外战争。1560年7月起草的《爱丁堡条约》(*Treaty of Edinburgh*)要求玛丽女王和弗朗索瓦国王不得再将英格兰的纹章与苏格兰和法兰西纹章并置,并要求玛丽放弃对英格兰王位的继承权。此外,法兰西要从苏格兰撤走所有军队。

最后,也是最令苏格兰议员团高兴的是,该条约迫使玛丽女王为政府组建新御前议会。它将由十二名成员组成:玛丽选择六名议员,新教贵族批准其他六名议员。所有外国人(意为法兰西人)都不能担任军官。这对旧联盟来说是个打击。

尽管伊丽莎白女王愤怒地质问秘书威廉·塞西尔为何加来回归没有成为谈判的一部分,但该条约仍能令英格兰满意。吉斯兄弟渴望将军团撤回法兰西,并庆幸不必让出加来,他们也同意了这些条款。

如果说有人在苏格兰战争中输了,那就是苏格兰女王玛丽。玛丽被迫把对英格兰王位的继承权拱手让给伊丽莎白女王,还在组建苏格兰御前议会时被削弱了权力。人们不禁想知道玛丽·德·吉斯是否会为女儿争取到更优惠的条件。但玛丽·德·吉斯于1560年6月在苏格兰去世,就在战争结束前几周,她再也没能如愿回到法兰西。

理论上,伊丽莎白·都铎和信奉新教的苏格兰人成了胜利者:新教徒在苏格兰政府中站稳了脚跟;伊丽莎白女王在玛丽女王的觊觎下保住了王位。

然而玛丽女王和弗朗索瓦二世不会轻易罢休。伊丽莎白女王很快就会发现,这位年轻的苏格兰女王还留了一手:尽管玛丽女王和弗朗索瓦二世同意了这些条款,但他们拒绝签订《爱丁堡条约》。

4
国王的心，王后的身体
1560年，西班牙

伊丽莎白很快发现，天主教王后的生活受到严格限制。身边的人都经过精心安排，问候都是套话。外出活动时，从马鞍上的装饰到轿夫、侍女和仆从的级别也都有严格礼仪安排。即使在自己宫中，伊丽莎白也要遵守礼仪，而法兰西人和西班牙人事事都盯着她。因为年纪太小，她周围的大人就特别警惕。德·克莱蒙夫人与她寸步不离。她的首席女官、古板的乌雷伊纳伯爵夫人总在她附近徘徊，监督她的侍女。她和侍女在监护人警惕的目光下一起睡觉和吃饭。还有伊丽莎白的总管阿尔瓦公爵。冷淡的公爵变成了王后的看守人。每天晚上伊丽莎白上床睡觉后，阿尔瓦公爵就会锁上她的房门，把钥匙交给乌雷伊纳伯爵夫人。白天，只有得到他的允许，她的房门才能打开。晚上，有全副武装的哨兵站岗。

至少一开始时，就连胡安娜王妃也更像是新王后的监督者，而不是真正的朋友。胡安娜比伊丽莎白大十岁，在她父亲查理五世主张的严格西班牙宫廷礼仪下长大。众所周知，胡安娜有点儿自命不凡，她喜欢这样，并期望伊丽莎白也能习惯。虽然胡安娜对年轻的嫂子很温柔，但她可能把自己得知的关于伊丽莎白的大部分事都告诉了腓力二世。

在托莱多，伊丽莎白度过了漫长而天真的时光。有些时刻比其他时刻更开心。伊丽莎白很喜欢上索福尼斯巴·安圭索拉的美术课，她在课上展示了自己的天赋。"她很快就会超过她的老师,那可是位真正的大师。"急于讨好新王后和她母亲的德·维讷夫人对凯瑟琳絮絮叨叨地说。利摩日主教在这位年轻王后身上发现了真正的光辉。他送给凯瑟琳一幅伊丽莎白画的给人印象特别深刻的铅笔画。"您认得出画上人是谁吗?"他问。她为主教本人画了幅素描。

来西班牙的第一年,索福尼斯巴为伊丽莎白画了肖像。那幅画很大,是她身高的四分之三,完成后要在埃尔帕尔多官的皇家肖像长廊里展出。她画出了年轻王后的美:伊丽莎白身穿西班牙经典黑粉色相间的衣服,双臂优雅地垂放在点缀着蕾丝的西班牙袖中。她的右臂上搭着一张镶有珠宝链的貂皮。那是一件完美的配饰——珠宝闪耀,皮毛防蚤。伊丽莎白的唇边几乎没有笑意,但她的眼睛微笑着。那时索福尼斯巴已成为她最喜欢的人之一。

艺术是种乐趣,但伊丽莎白不能整天画画。她把下午的时间用来阅读或重新装饰房间、花几个小时回复信件和给母亲写信。她尽职尽责地跟家庭教师练习西班牙语,并用学到的新语言给凯瑟琳写了几张便条,但伊丽莎白从没长时间坚持学习过。即使多年以后,她的西班牙语仍然错误百出。用西班牙语写了几封信后,她又开始用法语给凯瑟琳写信。

伊丽莎白天生顺从,每天早晨都跟着胡安娜王妃去望弥撒。之后她和侍女们聊天,听中提琴演奏,或者进行她最喜欢的活动——打牌、掷骰子、抽签。

虽然在最初的几个月里,伊丽莎白有很多东西要学,而且日子有些单调。但整体来说是愉快的,她已经习以为常。除了新的语言,还有新的风俗和服饰。凯瑟琳曾严厉警告她,如果她想满足自命不凡的西班牙人的期望,就应该显得威严,因此她对自己的着装一丝不苟。伊丽莎白带着几十件衣服来到西班牙,经常一天换一两次衣服。她梳妆打扮,束腰丰胸。她已经掌握了新的服装细节,学会了如何处理新褶边和羽毛。像他的勃艮第祖先一样,腓力二世国王更喜欢黑色,这是虔诚又高贵、别致的颜色。伊丽莎白定做黑色礼服,饰以厚重的天鹅绒和锦缎。她在头发上戴饰品,穿软木高底鞋。她发现西班牙人觉得法兰西人穿得太暴露,于是用镶有珠宝的宽腰带把连衣裙的臀部收紧。伊丽莎白也学会了合理地偷懒。德·克莱蒙夫人勤奋地向凯瑟琳描述年轻王后的日常生活,正如她在其中一次谈到王后着装时所说:如果当天见不到国王,有时伊丽莎白早上和下午都穿同一件礼服——毫无疑问,这种闲暇时间很受欢迎,可以让她从缝衣服、别别针的麻烦事中暂时解脱。

快乐的日子并非一成不变。有嘉年华和宴会,有新比赛和新面孔。伊丽莎白很快就见到了唐·卡洛斯和他年轻的叔叔唐璜。唐璜是查理五世的私生子,1559年秋,腓力二世将他接到宫中。这两个男孩将成为她的朋友。不过,伊丽莎白很喜欢在塞哥维亚山麓的维尔萨因王室狩猎庄园消磨时间,那里的树林里到处都是朱鹭和野猪。她特别喜欢位于马德里以南几英里的阿兰胡埃斯的夏宫。那里很美,融合了西班牙过去和当代的建筑风格。腓力二世的曾祖父母卡斯蒂利亚的伊莎贝尔和阿拉贡的费迪南德把他们的天主教王冠合二为一,宫殿里仍然保留着摩尔建筑的痕迹,这些建筑是收复失地运动前几个世纪的遗迹。西班牙雕刻家塑造的大喷泉点缀在满是水果和坚果的花园中——这座花园很快就被凯瑟琳作为礼物送来的一位法兰西园丁给改造了。

在阿兰胡埃斯,远离目光锐利的外交官和使节,伊丽莎白和同伴可以放松一下。当然,凯瑟琳仍能密切关注女儿,这要多谢德·克莱蒙夫人,她甚至在度假时也记录着伊丽莎白的活动。一天下午,在阿兰胡埃斯(德·克莱蒙夫人写道),伊丽莎白和胡安娜王妃骑马外出,发现了一片山羊和奶牛遍野的牧场。为什么不试着挤牛奶呢?发现自己没有桶,她们就即兴发挥,把奶挤进胡安娜的帽子里,然后撕下几片面包,把它们浸在温暖的奶汁里,狼吞虎咽地吃下去。腓力二世在阿兰胡埃斯似乎很自在,德·克莱蒙夫人说。他花更多的时间陪伴伊丽莎白,有时在他午睡后去看她,或者陪她和胡安娜在河边散步——腓力二世骑着马,女士们乘车。有一次他甚至中断了自己的午餐,去和伊丽莎白一起吃饭。德·克莱蒙夫人想,这显然违反了腓力二世的一贯礼节,这无疑表明腓力二世喜欢和伊丽莎白待在一起。

在托莱多,伊丽莎白的日子更加平静。在马德里(1561年皇家城堡的建筑工程完成后,宫廷搬到了那里)情况有所好转,但也好不到哪里去。伊丽莎白试图为自己和宫廷增添情趣,为首都带来一点儿法式优雅。她在奢侈的娱乐上花了大量的钱,她记得父亲和哥哥在宫廷里的那种娱乐。许多西班牙朝臣想看到更绚丽的景象。那些在1559年随腓力二世从佛兰德斯回到西班牙的人发现祖国很无趣,与时髦的荷兰宫廷相比更是相形见绌。在国外生活了多年的费里亚伯爵觉得西班牙令人厌烦。"西班牙是地球上最落后的地方,"他抱怨道,"如果我不能把一半的家产收起来回到佛兰德斯,就让魔鬼带走我吧。"

甚至伊丽莎白也承认有时感到无聊。她怀念法兰西宫廷里那种轻松的气氛,怀念男女之间那种无忧无虑的谈话。在西班牙,利摩日主教写道:"访问……不像在法兰西那么流行。"由于阿尔瓦公爵的冷漠和乌雷伊纳伯爵夫人的敌意,后宫可能会紧张,气氛令人窒息。这一切都有点儿阴郁。

"我得说,夫人,"伊丽莎白有一次写信给凯瑟琳,"要不是有这么多好心人在这儿做伴,要不是有幸每天都能见到国王陛下,我会觉得这里是世界上最沉闷的地方之一。"然后她心念一转,"但是我向您保证,夫人,"她急忙说,"我为有这么好的丈夫感到幸运,即使情况再糟糕一百倍,我也不会难过。"

伊丽莎白没有理由抱怨。她的婚姻与幸福无关。伊丽莎白明白自己的婚姻对西、法联盟的重要性，但就算做筹码，这个十四岁的女孩也有私人感情。她最希望能让母亲高兴。但如果她想讨好凯瑟琳，就得先讨好腓力二世。

她取悦他了吗？没人能确认这点。德·克莱蒙夫人、德·维讷夫人和利摩日主教都及时报告了他们认为的真情流露迹象。他们说，腓力二世为人有礼且细心。如果伊丽莎白病了，他就派最好的医生每天来看她。如果她想和他说话，他总是答应她。如果她想要看表演、办舞会，他就会付钱。晚上，他经常到她的房间来。从表面上看，似乎一切都好。

然而，凯瑟琳显然认为伊丽莎白还没得到腓力二世的信任，因为她一直在用各种方式问这个问题，并要求得到答案。德·维讷夫人在1560年8月写道："王后和国王身体都很好。""他们能互相理解，在我看来，王后最近迈出了勇敢的一步，能与丈夫更亲密、更公开地谈论某些国家事务。"但是，如果腓力二世不听她的话，伊丽莎白的勇气对法兰西也就毫无用处。

于是，伊丽莎白让侍女们给自己穿上优雅的礼服，日复一日地在腓力二世的必经之路上等候，希望能同他搭话或向他笑一下。她继续和胡安娜王妃一起外出，欢迎腓力二世进卧房。法兰西女士们宣称这些策略奏效了，但从信件来看，凯瑟琳一定怀疑她们只是在猜测。

其他人也有同样的怀疑。使节们注意到腓力二世经常因国事出访，而把伊丽莎白抛在国内。有威尼斯使节认为这对夫妻相敬如宾，并指出腓力二世没有给伊丽莎白任何权力，她甚至不能"管理自己的后宫"。在一封写给凯瑟琳的充满热情的信中，有位女士无意中透露，即使在阿兰胡埃斯，腓力二世下午也经常和顾问们待在一起，让伊丽莎白独处。

凯瑟琳很可能猜到了真相：真正要处理政事时，腓力二世就会躲到文件堆里，留下伊丽莎白和胡安娜王妃及侍女一起消磨时间。

❖――❖――❖

这是伊丽莎白最脆弱的时期。在许多方面，她还是个孩子。德·克莱蒙夫人告诉凯瑟琳："晚饭后，王后陛下花了些时间给陈列柜里的娃娃穿衣服。"在西班牙的第一年，她还在长个子。1560年秋天，德·克莱蒙夫人高兴地报告说，伊丽莎白现在已经长得比德·克莱蒙本人还高了。这个女孩也变丰满了，她衣柜里的每件衣服都得放出四指宽。"别担心，"德·克莱蒙夫人安慰凯瑟琳说，"在西班牙，人们并不看重苗条的女性。"慢慢地，伊丽莎白显出成年女子的身材，胸部变得如此丰满，西班牙人对此表示惊讶。"他们觉得在她这个年纪，这是很了不起的。"德·克莱蒙夫人说。

如果说德·克莱蒙夫人急于报告好消息，那很可能是因为她常常不得不传递坏消息，至少在伊丽莎白的健康方面是这样。虽然伊丽莎白日渐高大丰满，但也常生病，令人担忧。

令凯瑟琳惊恐的是，伊丽莎白抵达西班牙没几天就病倒了。1559年2月23日，凯瑟琳收到了利摩日主教的完整报告。伊丽莎白的病使大家都感到吃惊。头天晚上，她还和侍女高兴地跳舞，第二天早上就开始发烧，额头上布满了"脓包或血疱"。大家马上惊恐地想起天花——这种病往好里说可能毁容，往坏里说会致命。幸运的是，医生团队给她的手臂放血后不久她就退烧了，水疱也开始消退。[1]

手术刀切开了她的皮肉，细细的朱红血流在盆里积聚。利摩日向凯瑟琳保证，伊丽莎白"坚忍而勇敢地挺过了手术"。凯瑟琳讨厌静脉切

---

[1] 腓力二世为年轻的王后指派了一队医生，凯瑟琳在伊丽莎白前往西班牙时也派出了几名自己选择的医生。凯瑟琳相信法兰西医生更了解伊丽莎白的体质，也许更重要的是，能告诉凯瑟琳真相。

开术，但在数百英里之外，她无力阻止它。事实证明，这种疾病是短暂的，并不是可怕的天花。

16世纪，人们相信四种体液的医学理论，认为人的健康取决于四种体液——血液、痰、黄胆汁和黑胆汁——能否适当平衡。其中较占优势的体液决定人的脾气。例如，多血质的人可能是"乐观的"或"开朗的"。胆汁质的人可能很容易发怒。严重的体液失衡会导致疾病。造成失衡的原因有很多，水土不服就是其中一种。

利摩日主教认为，是气候变化引发了伊丽莎白的疾病，"这个国家的炎热和空气的变化，因为这个国家的空气就像它生产的肉类一样，非常微妙且复杂，所以很少有外国人能逃脱这种疾病，尤其是在春天到来的时候"。他确信她很快就会适应新的水土。与此同时，西班牙干燥的空气使她"过度充盈"，这意味着她体内血液太多。伊丽莎白病快好时流了鼻血（根据文艺复兴时期医生的说法，这是自然的排泄过程），利摩日认为这证实了自己的理论。

正如利摩日预言的那样，伊丽莎白开始适应新的水土，但还没有脱离险境。不到一年后，也就是1561年1月初，伊丽莎白和表妹德·蒙庞西耶小姐都病倒了。这一次，医生确诊为天花。伊丽莎白的脸上和身上冒出流脓的水疱，高烧持续了一个多星期。西班牙医生又给她放血。腓力二世特别派信使去通知凯瑟琳，同时让她放心，说伊丽莎白的病正在好转。然而，这封信在两国间传送需要一周时间，在此期间任何事情都可能发生。直到腓力二世再次写信确认伊丽莎白康复后，凯瑟琳的担忧才有所缓解。

凯瑟琳担心腓力二世会找理由断绝与伊丽莎白的关系，于是把注意力转移到女儿脸上。"小心保护好她的眼睛，也别让她留下伤疤。"凯瑟琳警告利摩日，因为她既怕女儿失明，又怕女儿脸上留下痘坑。她推荐用鸽血和药膏的混合物来治疗皮肤，并给德·克莱蒙夫人送去了一种软膏。此后的几个星期里，德·克莱蒙夫人每天都用驴奶给伊丽莎白洗澡，并在她脸上和手上疮痂特别顽固的地方擦上药膏。德·克莱蒙说她长了很多脓包，"多得简直找不到地方再长了"。

至于伊丽莎白本人，凯瑟琳命令女儿在室内休息二十天："因为如果你过早出门，可能导致相当危险的胃反流。"

伊丽莎白蜷缩在房间里，凝视着凯瑟琳送来的家人画像。她把它们排好队：先是母亲，然后是兄弟姐妹，从长到幼。她试图拿自己的病开玩笑。"德·蒙庞西耶小姐全身的水疱还不如我一只手上的多，"她在给凯瑟琳的信中写道，"而且她那么小，真的可以叫作'小天花'！"伊丽莎白告诉母亲自己恢复得很不错。

但事实上，她的康复过程缓慢而痛苦。2月下旬她还一直发烧，一度"吐了整整三碗黏液"。天花又引起老毛病。除了疤痕和消化不良，她还有偏头痛，便秘又引起肠痉挛。德·克莱蒙夫人非常担心她患痔疮，于是给伊丽莎白用自己的配方灌肠。然而，偏头痛是另一回事。"她的头痛比平时好多了，"德·克莱蒙夫人烦躁地对凯瑟琳说，"可是我把墨角兰的种子用光了，所以我必须请您派下一位信使给我送来一些，因为在这里种墨角兰的季节已经过去了，再也找不到了。"显然，这位称职的管家婆不止一次把墨角兰种子用光了。

❖——❖——❖

偏头痛是老毛病了。便秘、反胃和长期卧床都不是问题。早在伊丽莎白皮肤上长出第一个脓包之前，德·克莱蒙夫人就一直在照料她脆弱的身体。德·克莱蒙在给凯瑟琳的信中透露，伊丽莎白经常毫无预兆地恶心呕吐。她容易流鼻血。有时她会晕倒。各种病痛此起彼伏，但在间隙中，伊丽莎白还算得上身体健康，甚至精力充沛。但当这些症状出现时，它们就像慢性病一样令人苦恼：伊丽莎白在西班牙的所有岁月里，它们从未真正消失。

我们不知道伊丽莎白的确切病情，也不知道今天的医生会如何诊断。几百年前的亲历者，无论是偶然的观察者还是医学专业人士的叙述都很不可靠。他们对症状的描述模糊，带有文艺复兴时期对医学和解剖学的个人看法。在现存信件中，最引人注目的一点是德·克莱蒙夫人、凯瑟琳，甚至利摩日主教都用隐晦的方式提到她的症状。他们的信件似乎有言外之意，暗示某些心照不宣的事，某些伊丽莎白还在法兰西时就已经初见端倪的问题。这些信看起来好像德·克莱蒙夫人的任务是控制住某种潜伏的东西。她是不是还要负责把它掩盖好？

❖——❖——❖

在十几岁的王室孩子中，伊丽莎白·德·瓦卢瓦并不是唯一一受反复发作的不明症状折磨的人。在英格兰，伊丽莎白·都铎在十几岁和二十岁出头的时候，特别是在她姐姐统治英格兰期间患过几次水肿病。从十几岁开始，玛丽·都铎就与某种表现出无数症状的折磨人的疾病作斗争。她的病与季节有关，所以玛丽·都铎称它为"宿疾"，其他人戏称它为"老熟人"。尽管苏格兰女王玛丽·斯图亚特在幼年时期身体健康，但十几岁时她有时会发烧、发胃病和两肋刺痛。在她的余生中，这些症状会时断时续地出现，尤其是在她感到压力大的时候。

1559年3月，就在伊丽莎白·德·瓦卢瓦婚礼前几个月，玛丽女王突然昏厥。次年5月，思罗克莫顿注意到，年轻的苏格兰女王"看上去病得很重，脸色苍白发青，呼吸急促"。有谣言说她活不长了。而玛丽活了下来，但胃痛和昏厥仍在折磨她，有时她不得不服用水凝剂——嗅盐和烈酒——才能缓过一口气。

1559年夏天，亨利二世去世不久，玛丽女王就昏厥了一次，这让西班牙驻法兰西使节惊讶，也让吉斯兄弟和凯瑟琳震惊。8月，当尚托奈大使和阿尔瓦公爵前往慰问丧偶的王太后时，玛丽女王正同凯瑟琳在一起。一见面，尚托奈立刻发现玛丽女王病了。他后来在给腓力二世国王的信中写道，她因"身体不适"而昏倒，枢机主教只好护送她离开房间。"她几乎失去了知觉，所以他们让她在国王的床上休息，因为那间卧室离她最近。"尚托奈写道，"当然，看到她病得那么厉害，脸色那么苍白，真是太遗憾了。"

在枢机主教把玛丽女王带走之前，尚托奈可能看到了不该看的场面。他在信中没有详细叙述这一时刻，但敏锐地听到某个细节。"他们称之'她苍白的脸色'。"他在谈到玛丽的病情时写道。折磨她的应该是某种慢性病，重要到法兰西人特地给它起了个名字。

虽然有学者认为玛丽患有卟啉病，一种血液病，但其他人认为她得的是某种在16世纪广为人注意的疾病。这种病多见于十几岁的女孩和年轻女子。在英格兰，人们称之为"绿色贫血"（greensickness）；在荷兰，它被叫作"白热病"（white fever）；内科医生给它起了拉丁名字"萎黄病"（chlorosis）；还有许多人说它是"处女病"——这个词更多是在描述年龄，而非病人的性生活史。有历史学家认为，这种疾病被称为"绿色贫血"，不是因为病人皮肤的颜色（尽管思罗克莫顿描述玛丽"脸色苍白发青"），而是因为病人总是"正值青春"。

文艺复兴时期的医生认为妇女和年轻女孩的身体"特别热、潮湿、常会渗漏"，容易血液过剩，这种情况在她们月经初潮时尤其严重。健康的女性每个月会通过月经将多余血液排出体外，哺乳期的母亲则是通过母乳将它们排出。医生认为，经血也可能通过流鼻血或呕吐的方式离开身体。如果一个女人不经常出血,医生可以通过放血来促进这个过程：这就是伊丽莎白·德·瓦卢瓦在西班牙的头几周经历的手术。

但是那些患绿色贫血的女孩呢？16世纪有许多内科医生发现患病者多为十几岁的少女,且她们虚弱的肝脏会产生过多的水分,而没有足够优质的血液。她们饱受头痛和昏厥之苦。她们消化困难,会挑食或吃奇怪的东西。有两个症状尤为突出：患病女孩通常"脸色苍白",而且由于体内充满了水而不是健康的血液,女孩常会停经。

绿色贫血是特定文化时期催生的疾病,是16世纪医生对一系列特定症状和行为分类后命名的。尽管如此,这个病名还是长期为人们广泛接受,直到19世纪医生们才做出诊断。但历史学家注意到这种疾病的另一个奇怪细节,可能会告诉我们医生观察到的某些症状：绿色贫血诊断开始随着其他困扰青春期女孩和年轻女性的疾病盛行而减少。这些"新"疾病中最重要的是神经性厌食症和贪食症。

凯瑟琳·德·美第奇从没给伊丽莎白·德·瓦卢瓦的病起过名字。书中没有提到"宿疾"或"绿色贫血"之类的词,甚至没有如"她的苍白肤色"之类的描述性病名。凯瑟琳对女儿的健康情况守口如瓶。在伊丽莎白离开法兰西之前,没有任何文件记录下任何异常情况,尽管她前往西班牙的行程因"胃反流"而推迟,而且她显然一直在头痛、流鼻血。凯瑟琳和利摩日主教都模糊地提到她"贪吃"。凯瑟琳很可能担心腓力二世会视伊丽莎白为"残次品"。伊丽莎白到达西班牙的第一年身体虚弱,凯瑟琳的焦虑只增不减。

还有其他迹象表明伊丽莎白的日常习惯不太健康。有时凯瑟琳发现伊丽莎白太放纵自己,"一觉得有点儿不舒服就上床睡觉"。她忽略锻炼。她特别喜欢吃肉,而且有吃太多零食的坏习惯,凯瑟琳认为这导致了严重呕吐。伊丽莎白圈子里的其他人也注意到了这些坏习惯。伊丽莎白从天花中康复不久，利摩日主教就觉得有必要给凯瑟琳写信，倾吐最微不足道的担忧。

"我希望她能自律些，"他写道，"不是她不够克制，而是她起床的时间不确定。她年轻，胃口又好，有时会忍不住在正常用餐时间之外吃东西。我已经让她的医生写信给您，这样您就可以向她提一下这件事。"作为外交家，利摩日说话总是留有余地。尽管如此，他还是不厌其烦地向凯瑟琳提起这些习惯，并要求医生写信，这表明了他的担忧程度。

在所有折磨伊丽莎白的"症状"中，有一种在女儿到西班牙的第一年就特别让凯瑟琳担心：像许多患绿色贫血的女孩一样，十几岁的伊丽莎白总是停经。

❖ —— ❖ —— ❖

伊丽莎白在离开法兰西之前来过月经吗？如果像某些历史学家说的那样，凯瑟琳的青春期来得很晚，也许她的女儿也会这样。当然，伊丽莎白也很可能来过月经，但只是偶尔来，就像其他年轻女孩一样。虽然习俗要求女孩来月经后再结婚，但在亨利二世去世后，凯瑟琳只专注于维护法兰西和西班牙的协议。虽然她推迟了将伊丽莎白送到西班牙的时间，但凯瑟琳可能担心等得太久会给腓力二世机会重新考虑，或给他借口破坏条约——特别是如果他知道了伊丽莎白迟迟不上路的原因。

凯瑟琳责成德·克莱蒙夫人留意伊丽莎白的月经。作为首席内宫侍女，德·维讷夫人也知道伊丽莎白什么时候来月经，什么时候不来。两位女士都数着月经间隔的周数和经期持续的天数。让凯瑟琳常常大失所望的是，几个星期延长到了几个月。

王太后可能收到了相互矛盾的报告。1560年9月，利摩日主教给法兰西写了封措辞暧昧的信，宣布伊丽莎白又病了。然而这一次，虽然要再等几天才能确认,但医生们认为这将是"持续九个月"的"疾病"。凯瑟琳对此表示怀疑。"从医生的信来看,我恐怕情况并不是这样的,而是她太过充盈的体液使她感到恶心或脸色苍白……我很担心这是场空欢喜。"她继续向德·克莱蒙夫人打听情况,但后来情况发展证明她的怀疑是有根据的。那年9月以后,没有人再提起怀孕的事,不久,凯瑟琳又对德·克莱蒙夫人发出了那熟悉的命令:"她来月经的时候,给我捎信来。"

但伊丽莎白的月经并没有到来,下个月没有,之后的几个月也没有。第二年1月,伊丽莎白从天花中康复,克莱蒙写道,伊丽莎白的医生正给她洗澡,好"让她来月经"。即使在伊丽莎白开始更频繁地来月经之后(可能是在1561年中期),她的月经周期也不可预测。失望的德·维讷夫人直到1561年秋天才写道:"她的月经并不像我们希望的那样稳定。"

凯瑟琳别无选择,只能等待。女儿的遭遇让她痛苦地回忆起自己多年的不孕,还有更严重的政治后果。她不知道夫妻两人有没有过性生活。写信给凯瑟琳的人都不能肯定。令人惊讶的是,德·克莱蒙夫人和德·维讷夫人对床事一无所知。据德·维讷夫人说,除非伊丽莎白生病,或者腓力二世外出处理国事,否则国王通常与妻子共度一夜。但是,房间的门"啪"的一声关上了,侍女只能和其他人一起猜测发生了什么事。没错,她们看到这对夫妇似乎感情不错,他们一起吃午餐!他们愉快地谈话!腓力二世非常亲切!但凯瑟琳怀疑腓力二世只是遵从西班牙的礼仪规则。她似乎没有直接向伊丽莎白提出这个问题。

有人知道卧室里发生了什么。1561年初,德·维讷夫人承认"某个有能力了解这些事情的人"说,尽管腓力二世国王"尽可能地爱伊丽莎白",但他不愿触碰年轻的妻子,以免"给她带来不便",用他的"力量"伤害她。

腓力二世对伊丽莎白的经期了解多少？他似乎对月经有所了解。在腓力二世与葡萄牙的玛丽亚-曼努埃拉结婚之前，有顾问告诉他："据她的侍女们说，她……自从初潮以来，月经一直很规律。她们说想要生孩子，这事最重要。"不管怎样，对凯瑟琳来说，腓力二世晚上去看望他的妻子只是出于丈夫的责任，表示敬意，这一点已经很清楚。也许他甚至会与她同榻而眠，但不会有进一步行动。他会觉得自己是和孩子睡在一起。

❖ —— ❖ —— ❖

这是老生常谈了。只有伊丽莎白生下孩子，她在西班牙宫廷里的地位才能有保障。在此之前，她的安全完全取决于腓力二世的善意。没有月经的新娘就不能怀孕，很容易被休弃。只有国王的爱才能救她，这一点凯瑟琳自己很久以前就明白了。

在伊丽莎白生下孩子之前，凯瑟琳信任德·克莱蒙夫人指导女儿在西班牙宫廷政治的迷宫中穿行。凯瑟琳和德·克莱蒙达成了共识。"我要求你继续把我女儿的消息寄给我，"凯瑟琳写道，"我会像处理我自己的事情一样处理你的事情。"因此，当凯瑟琳得知德·维讷夫人正在威胁德·克莱蒙夫人在伊丽莎白后宫中的地位时，她惊慌失措，然后勃然大怒。

1560年11月，阿尔瓦公爵的忠实追随者唐·安东尼奥·德·托莱多来到巴黎，她第一次听到关于麻烦的传言。[1] 狡猾的唐·安东尼奥透露淫荡的小道消息：伊丽莎白王后对德·维讷夫人过分关注，喜欢她超过所有其他侍女，连波旁家族贵女、西班牙的贵客、血统相当高贵的蒙庞西耶小姐都比不上她。伊丽莎白把全部注意力都放在未婚侍女身上，对

---

[1] 腓力二世交给他的秘密任务是阻止法兰西人建立新教教会，但显然凯瑟琳并不知情。

已婚女官却很少注意。法兰西侍女之间爆发争吵。这桩丑闻在西班牙宫廷里闹得沸沸扬扬，腓力二世国王本人也听到了风声。

凯瑟琳怒气冲冲地写了几封信，让利摩日主教赶紧去打听。他发现的情况比唐·安东尼奥说的要糟糕得多。这麻烦事使伊丽莎白的后宫里出了一个空缺。她心爱的保姆回法兰西去了，德·维讷夫人想接替她的位置。然而作为从法兰西来的高级侍女，德·克莱蒙夫人明白自己应该密切关注伊丽莎白，她想让自己担任这个角色。德·维讷夫人说了一些关于德·克莱蒙夫人的令人发指的话。内讧变得如此严重，德·维讷夫人甚至指控克莱蒙夫人从伊丽莎白那里偷了一万克朗。

按照利摩日的说法，德·维讷夫人并不感到内疚。德·维讷说，她应该得到晋升。她很受西班牙侍女们的欢迎。事实上，她已经是"王后的内宫侍女"，而且，她知道"王后的一切秘密"。

王后的一切秘密。这有要挟的味道。"每个人都会试图从主人那里谋利，还会试探着得寸进尺。"悲观的利摩日写道。凯瑟琳很沮丧。她发出了严厉警告：德·维讷夫人绝对不应该威胁德·克莱蒙夫人，也不应该"介入王后的事务"。她立即命令利摩日不惜一切代价迅速解决这个问题，哪怕得罪西班牙人也在所不惜。如果他胆敢隐瞒情况，"你也应该知道，我有密探，他们会把那边发生的一切都告诉我的"。

凯瑟琳一直依靠德·克莱蒙夫人，认为她很可靠，但现在这个可靠的人反而出了问题。凯瑟琳很清楚，西班牙人已经反感伊丽莎白臃肿的法兰西侍从队伍。在潘普洛纳惨败之后，乌雷伊纳伯爵夫人对法兰西贵妇再也没有好感。她特别恨德·克莱蒙夫人，因为她老是守在伊丽莎白身边，抢自己的活计。法兰西侍女之间的口角只会让西班牙人更加坚信法兰西人应该回家。但为了伊丽莎白，为了这段婚姻，凯瑟琳迫切需要德·克莱蒙夫人留下来。

利摩日主教明白形势有多严峻。显然，德·克莱蒙夫人"在王后年轻时至关重要，直到上帝赐予她孩子为止"。

他开始干活了。首先要让乌雷伊纳伯爵夫人回心转意。利摩日卷起袖子，在伊丽莎白和亲法的鲁伊·戈麦斯之间跑来跑去，巧妙地安排德·克莱蒙夫人、乌雷伊纳伯爵夫人和腓力二世国王坐在一起沟通。然后，按照事先安排，伊丽莎白主持了这次调解。她扮演了和事佬的角色，巧妙地赞扬了两位女士对国王的忠诚服务。腓力二世点头表示赞同。从表面上看，这位法兰西贵妇和她的西班牙同行同意休战。利摩日认为他挽救了德·克莱蒙夫人在伊丽莎白家中的地位。至于德·维讷夫人，既然腓力二世已经明确地向德·克莱蒙夫人表示了祝福，她肯定不会再反对前者了。几天来，利摩日第一次感到可以高枕无忧了。

11月下旬，利摩日给凯瑟琳写了一封详细的信，语气沾沾自喜。然而，12月初，这位和平大使接待了一位重要的访客。

腓力二世国王的用人方式有规律可循。每当国王想向法兰西人传达友好信息时，他就会派鲁伊·戈麦斯去。但要想警告对方，他会派出阿尔瓦公爵。

这个冬天，阿尔瓦公爵出现在利摩日的家门口。

第二天，闷闷不乐的利摩日又写信给凯瑟琳说，德·克莱蒙夫人不得不走了。根据阿尔瓦的说法，西班牙的贵族们见到自己的王后被一个"外国人"摆布，感到"震惊"。腓力二世国王觉得至少有必要向贵族们让步。阿尔瓦曾经说："如果在这些小事上得不到安抚，他们在其他严肃的事情上就会很难说话。"

更重要的是，阿尔瓦解释说，腓力二世国王崇拜西班牙文化。他希望他深爱的伊丽莎白"完全变成西班牙人"，但德·克莱蒙夫人的存在是个障碍。阿尔瓦说，如果伊丽莎白成为真正的西班牙女人，她就能"更好地御夫","因为腓力二世爱她胜过前几任妻子"。凯瑟琳当然能理解,德·克莱蒙夫人破坏了夫妻间的默契。阿尔瓦公爵和腓力二世国王都知道,这种良好的理解正是凯瑟琳最想要的。

凯瑟琳进退维谷。腓力二世国王看清了德·克莱蒙夫人的真面目:凯瑟琳在西班牙的代理人。他看到利摩日如何设法把她留下。阿尔瓦公爵的警告是腓力二世劝岳母别插手的一种方式。利摩日别无选择,只能建议把德·克莱蒙夫人送回国,让德·维讷夫人代替她。他相信这个年轻女人是忠诚的。毕竟,她已经很熟悉伊丽莎白了。

❖——❖——❖

凯瑟琳输掉了这场战斗。她缓和态度,召回了德·克莱蒙夫人。然而,损害已经造成。凯瑟琳对德·克莱蒙夫人给伊丽莎白的后宫带来丑闻感到愤怒。她对利摩日主教没有更努力地保护德·克莱蒙夫人感到愤怒。她的怒气也落在伊丽莎白身上。显然,有些教训是她女儿没学到的。

在这件事闹得沸沸扬扬的时候,伊丽莎白收到了母亲的信:

"我的女儿,有人从西班牙来告诉我说,你的几位夫人合不来,德·维讷夫人竭力想干涉你的事。这很糟糕。你应该看看我给德·维讷夫人和德·克莱蒙夫人写的信。你离开时我怎样吩咐你的,你就要怎样做。你知道若你的秘密被人发现会有什么后果。你的丈夫如果知道了,肯定永远不会见你了。"

"若你的秘密被人发现"——凯瑟琳是在说后宫女眷之间的争吵吗?还是有别的事情困扰着年轻的王后?五个世纪后,这句话仍难以索解。不过伊丽莎白无疑明白母亲的意思。凯瑟琳接着说:

"虽然我相信德·维讷夫人可能对你很忠诚,但我听说她很喜欢礼物和恩惠。在这种情况下,有时这样一位侍女会忘记自己对女主人应尽的义务，转而去取悦男主人——你丈夫比你有更多的方法来取悦她。

"有见过你官里情况的人说，你对德·维讷夫人的宠爱超过其他侍女。的确，你对其他任何人都不像对德·维讷夫人那样关心，对德·蒙庞西耶小姐甚至是她母亲和德·克莱蒙夫人也不像对她那样在意。现在所有的西班牙人，甚至你的丈夫都在谈论这件事，嘲笑你。

"说实话，考虑到你的地位和处境，这很糟糕，而且很明显你还是个孩子，无论管理后宫还是公开场合的表现都不成熟。房里如果没有外人，你可以同德·维讷夫人和其他侍女打成一片；但若有外人在场，你就必须尊重关心表妹和德·克莱蒙夫人，仔细听她们的话，因为她们都很聪明，而且全心全意地为你的荣誉和幸福努力。至于其他女人，[1]除了种种犯蠢的行为，你从她们身上什么也学不到。"

这些都是责备的话。在信的末尾，凯瑟琳放了狠话：

"你是个好姑娘，如果你想让我对你满意而且爱你，如果你想让我相信你爱我，正如你应该做的那样，那就照我说的去做。因为在这个世界上，我最渴望的就是看到你快乐幸福地过完一生。你的好妈妈，凯瑟琳。"

这封直截了当的信表达出写信人的控制欲和冷酷。然而凯瑟琳不愿抱有侥幸心理。这种幼稚的错误绝不能再犯了。

1561年1月，伊丽莎白染上了天花，侍女间的倾轧也随之结束。伊丽莎白用涂满了柠檬软膏的手写信给凯瑟琳，称赞德·维讷夫人和德·克莱蒙夫人在她生病期间尽心尽力的服务。她再一次试图调和矛盾。伊丽莎白也很感激腓力二世在她卧病在床时经常来看望她。她写道，他真是个好丈夫。

伊丽莎白以她自己的方式为她制造的混乱向母亲道歉。"我要告诉

---

[1] 凯瑟琳用的词是"坏女人"。虽然在16世纪，这个词还不像今天这样带贬义，但凯瑟琳没有任何善意。

您，我是世界上最幸福的女人，我的幸福都归功于您。夫人，我想不出还有什么比得到您的命令更荣幸的了。我将尽力为您效劳，这是我的义务。"

从接下来许多年的情况来看，伊丽莎白似乎说到做到：她将永远努力服务于母亲、尊重母亲。为了让凯瑟琳面上有光，她必须做腓力二世的贤妻。伊丽莎白成功了吗？她康复后，又开始常规活动：无休止地努力赢得腓力二世的爱和尊重，日复一日地用别针别衣服，或缝制以各种面料和珠宝制作的沉重礼服——所有这一切都是为了打造符合西班牙标准的华丽形象，吸引国王。然而在这一切背后，伊丽莎白年轻的身体疼痛、扭动、起伏、饥渴，月经量忽多忽少。她无法控制自己的身体。

伊丽莎白明白联盟失败的后果。她已经感受到了母亲的怒火。也许这一切的压力足以引起头痛、呕吐、流鼻血和昏厥，让她脸上的红晕消失，或者让她哭泣。"我想，"对她的症状迷惑不解的法兰西医生写信给凯瑟琳，"她可能有轻微的忧郁症。"

5
儿女
1560—1561 年，法兰西

1560年11月初，正当凯瑟琳得知伊丽莎白·德·瓦卢瓦的侍女们吵闹不休时，弗朗索瓦二世国王觉得内耳有奇怪的刺痛感。耳疾断断续续地折磨了他好几年，所以起初很少有人把这种新症状放在心上。然而几天后，那只耳朵的阵痛比平时更剧烈。更糟糕的是，有脓渗出来了。

根据国王侍从路易·贡萨加的记载，脓液连续十天不停渗出。11月17日，弗朗索瓦国王在用餐时突然头痛得厉害，不久之后一阵恶心袭来。他躺在床上，烧到发抖。几天来，他的症状时好时坏，在发烧、疼痛和康复间循环反复。但到了月底，弗朗索瓦二世已经神志不清，浑身发抖，只要有人讲话的声音高于耳语，他就会觉得脑子里有大锤在敲，有人在大声喊叫。医生们不知所措，清洗和烧灼疗法都不起作用。脓液流出时，国王似乎有所好转；但脓疮不可避免地闭合时，病情就会恶化。11月过去了，12月过去了，凯瑟琳开始做最坏的打算。

这痛苦的垂死男孩也是王国命运的写照。在弗朗索瓦二世国王短暂的统治期内，法兰西的紧张局势恶化。法令失效，谈判破裂，信任被彻底侵蚀。新教徒和天主教徒之间的和解期为冲突所取代，随后又出现了派系和解的新希望。然而到了1560年秋天，双方的希望都开始动摇，没有明确的宗教解决途径。

善意已被仇恨和复仇的渴望取代。街上和法庭上都爆发了斗殴事件。新的侮辱词汇出现。邻居和陌生人之间以"教皇党人"和"胡格诺派"（一个不知出处的绰号）互相辱骂。这种辱骂如此恶劣，以致国王宣布这两个词非法，但"胡格诺派"最终在日常用语中成了"法兰西新教徒"的同义词。

谣言如野火般蔓延，不信任升级为恐惧。早在1560年3月初就有消息传到宫中，说胡格诺派将在当月中旬实施阴谋。关于政变、绑架国王及其家人的传言纷至沓来。

为抢先镇压起义，并抓住时机展示实力，吉斯兄弟在图尔地区召集军队和宪兵，因为他们认为胡格诺派计划在那里发动袭击。当新教徒聚集在安布瓦兹城堡附近的森林里时，王室军队正埋伏在那里等待。森林变成了杀戮场。王室卫队躲在树后，以狙击手般的精准度击毙了所谓的密谋者。其他士兵在卢瓦尔河淹死俘虏，把尸体堆在岸上。几个囚犯被拖到城堡里，死在刽子手的剑下，他们的头被挂在绞刑架上。其他人被打得满身是血，吊在窗栏上，以此警告所有潜在的密谋者。等窗栏上挂满了尸体，他们就把尸体挂在炮塔上。尸体在塔上摇晃。

安布瓦兹骚乱（Tumult of Amboise）是胡格诺派教徒的信标，他们对此"刻骨难忘"。新教徒指责吉斯兄弟，但也没放过年轻的国王弗朗索瓦二世。法兰西新教徒再也无法完全信任君主政体，他们以最大的恶意揣测，认为国王想要屠杀自己的臣民；即便往轻里说，国家也已经失控。那天在安布瓦兹的新教徒中，有个叫奥比涅的人险些丧命。几十年后，他的儿子、胡格诺派贵族、诗人阿格里帕·德·奥比涅回忆，伏击发生的几个月后，那些被苍蝇叮咬过的人头仍在城堡前的绞架上腐烂。当时年仅八岁的奥比涅和父亲在去巴黎的路上经过安布瓦兹，目睹了这可怕景象。他们骑马经过城堡时，父亲转向儿子，发誓要报仇。"如果你不想报仇,"他对男孩说,"我会诅咒你的。"

这些是铭刻在记忆中的景象和声音,是塑造身份的情感。就像那个爬上格雷沃广场的十字架看阿内·杜布尔格被烧死的男孩一样,胡格诺派殉道者腐烂的头颅让奥比涅明白,这是你死我活的战争,没有妥协的余地。一方是我们,一方是他们。要么正确,要么错误。法兰西同胞现在也可能成为你的敌人。整整一代的孩子,无论是新教徒还是天主教徒,都对暴力习以为常。父母养育儿子,又送他们上战场。

为了自己的儿子,凯瑟琳尽一切可能避免这场战争。安布瓦兹的暴力事件使她恶心。她相信,和平谈判和妥协让步是能重新编织将法兰西贵族联系在一起但现已磨损的纽带的唯一可靠途径。1560年8月,安布瓦兹骚乱爆发五个月后,凯瑟琳在枫丹白露主持宗教会议。在很短的一段时间里,会议似乎很有希望,甚至连洛林枢机主教也愿意接受胡格诺派的某些要求。遗憾的是,谈判最终因暴怒的军人不愿妥协而宣告破裂。波旁兄弟,即安托万·德·波旁和弟弟孔戴亲王拒绝出席会议,而吉斯公爵态度暴躁,满含敌意,嘲笑法兰西改革派的新领袖加斯帕尔·德·科利尼。[1]

历史学家认为凯瑟琳低估了能给法兰西宗教仇恨火上浇油的那种狂热,而她本人没有陷入这种狂热情绪。她为和平奔走时,胡格诺派和天主教徒已经磨刀霍霍。她试图提醒双方:所有法兰西人,无论宗教信仰如何,首先都应效忠于她的儿子弗朗索瓦二世。她希望随着时间的推移,弗朗索瓦二世能成长为他父祖那样强大的国王。她希望在他的统治下,王国的创伤能够愈合。然而就在枫丹白露会谈三个月后,这位年轻的国王就去世了。

---

[1] 科利尼是统帅阿内·德·蒙莫朗西的外甥。他提倡的改革把家庭分成下层和上层阶级。

弗朗索瓦二世国王的弥留持续了三个星期。据某位历史学家说，他死得非常痛苦，受到了极大折磨，以至于"他们几乎盼着他死"。12月5日中午，神父为他施了临终敷油礼。到了下午两点，男孩的四肢都凉了。他在那天晚上十点到十一点之间去世。十七岁的他只做了十七个月国王。

当晚，王位落入凯瑟琳的次子、年仅十岁半的夏尔之手。

即使是亨利二世的可怕意外给凯瑟琳带来的创伤，也比不上弗朗索瓦二世去世后那几周她心中的痛苦。几天后，王太后得知在西班牙的女儿伊丽莎白得了天花，病情严重。虽然因王太后刚刚遭受打击，国王腓力二世很快就以异常温和的语气证实了伊丽莎白即将康复，但凯瑟琳仍然觉得天塌地陷。短短几天里，她失去了一个，甚至可能会是两个孩子，那是她的国王和她的调停大使，这是空前的灾难。她很快就会回到国事上，回到她那无与伦比的实际生活中。然而有几次，她拼尽全力才能战胜令人心碎的悲哀。

"我求求您，"她在给腓力二世的信中写道，"请告诉伊丽莎白，为了她的健康，要听话……这样我就不会遭受更多的不幸了。愿我们的主允许她活下去，这样她就可以为您服务、取悦您，并继续保持您与这顶王冠之间的友谊，只要她活着，我就会努力滋养和加强这种友谊。"

她带着极度绝望和新的使命感写作。腓力二世国王知道，凯瑟琳已经接管了夏尔九世国王的政府。弗朗索瓦二世的死留下了权力真空，王国处于战争边缘。现在要靠凯瑟琳把碎片捡起来，一块块重新拼好。

❖——❖——❖

凯瑟琳是什么时候决定摄政的？至少从12月的第一天起，弗朗索瓦二世陷入弥留痛苦时，她就开始采取必要措施。根据威尼斯使节的说法，凯瑟琳怀疑儿子会英年早逝。他写道："她记得所有占星家的预言，所有占星家一致预言国王陛下将短命。"很可能她早就为弗朗索瓦二世的死做准备了。

儿子短暂在位期间,凯瑟琳开始反感吉斯兄弟。在反对他们政治立场的同时,她也感到对方鄙视自己。"他们试图从我身边夺走我的丈夫。"在给伊丽莎白·德·瓦卢瓦的信中,凯瑟琳回忆起很久以前国王弗朗索瓦一世差点儿把她送回意大利,而克劳德·德·吉斯提出用自己的女儿来代替她。"他们也想把你哥哥从我身边抢走。"凯瑟琳说。在吉斯兄弟的权力之下,年轻的弗朗索瓦二世"很害怕"。她不能让同样的事发生在夏尔九世身上。

幼主登基,不利王权。法兰西习俗规定,国王过完十三岁,即"满十四岁"时,可以合法宣布自己成年。年仅十岁的夏尔九世需要有人为他摄政至少三年。但对处于内战边缘的王国来说,三年的过渡期太长了。

那么谁应该为夏尔九世摄政呢?即使在和平时期,摄政制度也很脆弱,而且令人不安。坐在王位上的孩童会让其他有王位继承权的人或王国看到夺取王位的机会。野心勃勃的朝臣和贵族可以利用幼年的君王。此外,不得人心的摄政王可能会在不满的臣民中引发叛乱。虽然摄政王能在幼主继位时稳定君主制,但实际上它暴露了君主制的弱点。

无论王国处于和平还是战争状态,摄政王的选择总是令人心头压抑。有时国王会指定在自己生病或死亡后由谁来摄政,但弗朗索瓦二世没有留下这样的遗诏。没有王室直接颁布的诏令,也就没有合法依据。1560年12月,没有任何个人或政府机构有权为夏尔九世国王选择摄政王,能参照的只有先例和习惯。

凯瑟琳必须为自己摄政争取支持。她知道自己面对的是什么。首先,她需要对抗的强大对手就是已实行了几个世纪的《萨利克法典》。

尽管英格兰、西班牙和苏格兰人不太喜欢女王，但他们还是接受了这个概念。然而法兰西人完全反对女王。甚至一想到有女人"垂帘听政"，就会让法兰西人紧张。与其说《萨利克法典》是实际存在的法律，不如说它是习俗，它是14世纪某位渴望王位的狡猾叔叔发明的。1316年，腓力五世（次子）在他哥哥、国王路易十世及其襁褓中的儿子去世后登上法兰西王位。路易十世的独女若昂认为王冠属于自己。腓力五世辩称，若昂的母亲对丈夫不忠，人们难免会怀疑若昂的生父身份。在贿赂了重要的律师、贵族和顾问后，腓力五世赢得了支持。"当时，"某位编年史家写道，"人们宣布女性不能继承法兰西君主的王位。"

就算法兰西人似乎是被迫遵守这条习俗，到1340年，教皇卜尼法斯十二世也已经认同法兰西排斥女继承人的做法。到19世纪末，这一习俗已经发展到不仅国王的女儿不能继承王位，就连外孙也不能继承王位。（某位教皇法学家在1377年写道："根据法兰西的合理习俗，国王的女儿不能继承王位，因此国王的外孙也没有继承权。"）

确立不久，《萨利克法典》就为法兰西的政治提供了便利。《萨利克法典》明确了王位继承顺序：父死子继，或从执政的国王到血亲王孙，仅限男性——这使王室继承冲突降到最低。这种做法也使法兰西国王能保持法兰西血统：嫁给外国人的法兰西公主的儿子不可能继承王位。

这种推理方式在15世纪的英法百年战争期间特别有用。在此期间，由于没有客观需求，长期无人搬出《萨利克法典》。但面对英格兰人的王位继承要求，法兰西法学家再次祭出这个法宝。他们说，英格兰人无权继承法兰西王位，因为英格兰人的继承权是通过女人，即法兰西的伊莎贝拉、英格兰国王爱德华三世之母传下来的。为了支持该论点，这批律师还编造了《萨利克法典》的历史。法学家让·德·蒙特勒伊冈顾它源于14世纪的事实,宣称它实际源于古罗马法。另一篇匿名撰写的论文将其追溯到5世纪圣奥古斯丁的保护者、教皇卜尼法斯一世的时代。为了避免自己的意思被误解,这位作者把论文命名为《萨利克法典:法兰克第一法》(*The Salic Law, First Law of the Franks*)。

到16世纪,《萨利克法典》比任何法令都有效力。它还有明显的民族主义色彩。而且之前提到,它还很方便。如果没有《萨利克法典》,弗朗索瓦一世就不会继承王位。相反,王位将传给路易十二的长女克洛德。似乎是为了掩饰自己继承王位的途径,弗朗索瓦一世国王娶了克洛德,将瓦卢瓦王朝的两个分支合二为一。他还命政治理论家克劳德·德·塞塞勒等人撰写《法兰西大君主制》(*The Great Monarchy of France*)等书,说明出生在外国的统治者多么"有害且危险"。外国国王遵守不同的习俗,说不同的语言,"生活方式与他统治的土地上的人民完全不同"。[1] 凭借《萨利克法典》,弗朗索瓦一世为法兰西人保全了法兰西。

法兰西人一再说服自己,由于某种循环逻辑,《萨利克法典》是自然的,甚至是上帝赐予的。当时人们认为,女人不能继承法兰西王位,是因为她们不能敷抹圣瓶油膏——法兰西国王在加冕典礼上涂上它,表明"君权神授"。圣餐是留给男人的。女人也不能举起法兰西君主制的另一个伟大象征——金色火焰旗。当它飘扬在进行白刃战的士兵头上时,就意味着对敌人格杀勿论。女人无法上战场。这些都是古老的传奇符号,火焰旗可以追溯到12世纪,据说当时法兰克国王克洛维斯的洗礼就使用了圣瓶。为女人加冕打破了几百年的传统——对法兰西人来说,传统使王权神圣,能把普通士兵变成基督教战士。

---

[1] 西班牙的查理五世在十六岁登上西班牙王位时就遇到了这个问题。最初,在荷兰出生和长大的查理五世对西班牙本地人来说,似乎太"佛兰德斯式"了。他从未完全掌握卡斯蒂利亚语。

再说，女人不是不适合统治吗？大自然不是让她们屈居男人之后吗？这一习俗得以保留，部分原因是大多数16世纪的法兰西人认同它的逻辑。"自然法则"说女人不如男人。女人明显为家事操心更多，而不太关心公共生活。罗马法或教会法需要什么法律先例呢？至少从14世纪晚期开始，治国问题就绕不开类似说法。有文章写道"女人是虚伪的"，意思是她们是骗子。此外，她们"摇摆不定，鲁莽恶毒；总按欲望一意孤行"。最重要的是她们很软弱。仅仅因为这样，统治权就应该留给男人："公共领域由男人捍卫比女人更好。"

《萨利克法典》把法兰西人从外国人和女性手中"拯救"出来。

❖ —— ❖ —— ❖

《萨利克法典》规定了王位如何传承，但没有规定如何选择摄政王。即便如此，《萨利克法典》还是让法兰西人警惕任何敢于接近政权的女性。当然也有例外。实际上，欧洲各国的国王通常会在外出时（比如征战）委托妻子摄政。这种做法的基本原理是"夫为妻纲"的观念。此外，国王通常会指派御前议会或两位贵族协助她完成任务。这些人从国王手中接过御玺，从而明白谁才是真正的统治者。当然，在短暂的摄政期内，王后不可能再婚，也不可能将王位交到另一位王子手中。有这样的前提条件，凯瑟琳·德·美第奇才能在亨利二世外出征战期间两次摄政。人们认为临时摄政最多只能持续几个月，国王回国后就会结束。

为幼王长期摄政更令人不安，因为一连多年他都需要代理人和咨询意见。对这项任务，天生意志薄弱的女性并不是理想选择。在这种情况下，摄政权会传给国王的叔叔，在法兰西则会传给血亲王孙中的第一顺位者。但先例一再表明，叔叔和血亲王孙往往比女人更糟糕。

律师、顾问和历史学家通常都认为"叔叔"是大麻烦，他们总是觊觊王位。贪婪的叔叔会利用王权谋利吗？一旦幼主成年，他会放弃权力吗？具有讽刺意味的是，正是确立了《萨利克法典》习俗的国王腓力五世，即若昂的叔叔的所作所为，告诉世人王叔能有多背信弃义。

1560年，凯瑟琳和顾问们无须翻阅中世纪历史，就能找到诡计多端的王叔事例——他们只要看看英吉利海峡对岸就行了。他们的事迹在英格兰俯拾皆是。传说15世纪末，英格兰的理查三世为篡夺王位杀死了侄子，结果在博斯沃思战役中败给了亨利·都铎，后者开创了新王朝。最近，萨默塞特公爵爱德华·西摩夺取摄政权，把侄子爱德华六世变成了激进的新教徒。他制定宗教政策压迫天主教臣民，又向苏格兰发动战争。爱德华六世的另一个叔叔托马斯·西摩密谋利用小国王和国王的妹妹伊丽莎白·都铎，从亲哥哥萨默塞特公爵手中夺权。西摩被送上了断头台。狡猾的王叔们可以召集军队，贿赂盟友，召集外国支持者。他们常常把自己的利益置于国王和王国的利益之上。他们的弱点摧毁了王朝。

凯瑟琳争取摄政权，实际是想避开那群贪婪的叔叔。虽然吉斯兄弟不过是弗朗索瓦二世的姻亲，但他们的所作所为就像法学家和贵族害怕的邪恶王叔一样。他们利用王位来推进自己的宗教议程，在全国煽动暴力事件。凯瑟琳觉得他们不是摄政王的合适人选，吉斯兄弟也觉得自己的统治到头了。外甥女婿还在病榻上挣扎时，他们就准备返回茹安维尔了。

从理论上讲，血亲王孙，即王位的下一顺位继承人的王子可以担任摄政王，但他们并不比王叔们更受欢迎。血亲王孙的概念保证朝代平稳过渡，然而继承权也使他们天生就不值得信任。当然，如果现在的王朝灭亡，他们将继承王位：让这些王子掌权就像让他们尝到了渴求的王权的味道。

出于宗教原因，法兰西胡格诺派支持波旁家族摄政。1560年12月，波旁众贵族公然扰乱治安。安托万·德·波旁和弟弟孔戴亲王被怀疑是安布瓦兹骚乱的策划者。他们不出席枫丹白露会议，公然藐视国王，似乎特别想煽动叛乱。早在1560年10月，也就是弗朗索瓦二世国王去世前两个月，就有消息传到宫廷，说孔戴亲王正在组建新教徒军队。他被逮捕审判，并被判犯有藐视君主罪。由于担心胡格诺派愤怒，凯瑟琳请求法官米歇尔·德·洛皮塔勒不要签署死刑执行令，从而拖延了死刑的执行。米歇尔·德·洛皮塔勒属于政治温和派，也是她忠实的顾问。最后，只因弗朗索瓦二世国王不幸去世，孔戴亲王才没有被送上绞刑架。12月4日国王弥留之际，孔戴亲王仍在狱中。

事难两全，但凯瑟琳和顾问们认为女人是乱世中最安全的避风港。具有讽刺意味的是，在这种情况下，凯瑟琳发现自己的意大利出身可能比较有利。理论上，外国出生的王后在国中会被孤立，只有通过儿子才与这个国家的血统和土地联系在一起。理论上，就算占有土地，她也得不到任何利益。理论上，她没有需要保护的食客网络。"自然法则"将女性定义为弱者，认为她们不适合统治，也称赞母亲天生深情：出生在外国的王后依附王国并非通过雄心勃勃的权力网络，而是通过母亲的爱。

弗朗索瓦二世弥留之际，凯瑟琳的顾问找到了有价值的先例。在翻阅尘封的档案时，他们发现了西班牙出生的布朗歇·德·卡斯蒂利亚的故事，她是十字军圣徒路易九世（最终被封为圣路易）的母亲。1226年，十二岁的路易继承了法兰西王位。母亲布朗歇为他摄政八年，直到1234年，其间一直保护他的王国不受拒绝承认他天赋之权的反叛贵族侵害。路易亲政后，母亲仍是他值得信赖的顾问。

凯瑟琳的顾问找不到比这更完美的故事了。通过母亲的爱，布朗歇·德·卡斯蒂利亚为最自负的法兰西国王拯救了法兰西王国。这门特殊的历史课还有其他好处：圣路易是波旁王朝的祖先之一。凯瑟琳打赌，波旁家族的血亲王孙会从这个故事中看出他们自己高贵的祖先对布朗歇的感激之情。

也许这个故事会提醒他们，凯瑟琳自己就是圣路易的后裔，她的母亲马德莱娜·德·拉图尔·奥韦涅也是波旁家族成员。凯瑟琳不是波旁家族的敌人，而是他们的亲戚和盟友。他们可以信任她，把法兰西王位托付给她。

如果说反对者有《萨利克法典》和女性弱点为武器，那么凯瑟琳就有布朗歇·德·卡斯蒂利亚的故事和母爱。母爱使王后成为贤惠仁慈的良母，随时准备保护儿子和他的利益。他的利益不就是她的利益吗？在弗朗索瓦二世统治时期，法律学者让·杜蒂耶为凯瑟琳在年轻国王身边的地位辩护时就是这么说的。"根据史书记载和符合自然法则的判断，母亲比任何其他血缘相近（无论有多近）的人都更爱孩子。她们用更甜美的心更温柔地养育他们，更小心地保护他们的身体和财产。""母亲，"他接着说，"应该比其他所有人都受人尊敬。"既然小夏尔要当国王了，杜蒂耶的推理就显得多么正确啊。

12月5日，弗朗索瓦二世去世的那天，凯瑟琳要用母爱来维护自己的统治权。她已经在争取支持了。"我将承担必要的行政职责，"她给正在勃艮第的国王副手写信，"利用亲王和显贵们丰富而卓越的建议，感谢上帝……"她告诉他，放心吧，王国是安全的，不是因为凯瑟琳的性别，而是因为凯瑟琳履行了她作为王后的职责。"愿上帝保佑，他没有让这个王国失去合法的、真正的继承人，那就是我的儿子。"

换个背景，她的性别、母亲身份和出生地佛罗伦萨可能会对她的诉求起到反作用。[1]然而现在，凯瑟琳让它们成了自己的助力。

❖——❖——❖

12月6日晚上，也就是弗朗索瓦二世国王死后的第二天，国中显贵齐聚奥尔良，参加夏尔九世国王的第一次议会。在凯瑟琳的要求下，吉斯兄弟和他们的对手安托万·德·波旁都出席了。法官米歇尔·德·洛皮塔勒也在桌旁有一席之地。夏尔九世国王高踞主位，清楚地提醒所有人都该忠诚于他，且仅忠诚于他。所有显贵中只有统帅蒙莫朗西不在，他将于第二天到达奥尔良。

通过精明的谈判，凯瑟琳成功收拢了吉斯家族和安托万·德·波旁。她轻易地说服了吉斯兄弟：他们对自己在朝廷的政治前景感到绝望，于是抓住了在新政府中发挥作用的机会。凯瑟琳知道吉斯兄弟有大批忠诚拥趸，并意识到他们可以作为强大的蒙莫朗西和不值得信赖的波旁家族面前的缓冲，于是将他们纳入了新国王的御前议会。

赢得安托万·德·波旁的支持更加困难。作为第一顺位的血亲王孙，安托万认为摄政是自己与生俱来的权利。他和王太后讨价还价。安托万坚守自己的权利，而凯瑟琳不肯让步。她反驳说他是和他弟弟孔戴亲王一样的叛徒。他提出辞去摄政职务，以"证明他的忠诚"，这正好中了她的圈套。凯瑟琳要求他以书面形式确认放弃。

尽管如此，凯瑟琳还是试图安抚纳瓦拉国王的自尊心。作为交易的一部分，她同意释放孔戴亲王。此外，她将任命安托万为王国中将，让他控制军队。对安托万来说最重要的是，她还承诺与腓力二世谈谈纳瓦拉失地的问题（从那一刻起，凯瑟琳就给伊丽莎白·德·瓦卢瓦写了大

---

[1] 其实玛丽·德·吉斯的性别、母亲身份和外国血统，多年来一直是她担任苏格兰摄政的阻碍。

量焦虑的信件,请求帮助)。

他们正式同意安托万参与摄政,但是凯瑟琳清楚表明了说话算数的是谁。[1]

蜡烛照亮了夏尔九世国王议事厅里的面孔;大门紧闭,守卫森严。在聚集起来的贵族面前,米歇尔·德·洛皮塔勒为凯瑟琳发声。他的演讲只不过是表演。交易已经敲定。凯瑟琳一走进议事厅就掌控了政府。吉斯家族和波旁家族一起出现在会议桌旁,不过是承认了他们已经授予她的权力。

她从不自称摄政王,她也没有要求巴黎高等法院给自己这个头衔。凯瑟琳知道,作为女人,谦虚是她的优势。如果她从未要求获得这个头衔,就不会有人说她是在为自己谋求权力。相反,她担任"王国总督"只是为了维护法兰西和她儿子的权威——这是慈爱母亲的无私行为。然而,从夏尔九世登基的第一天起,凯瑟琳就成了摄政王。

御前议会的首次会议结束时,洛林枢机主教拿起弗朗索瓦二世的御玺破为两半,象征着弗朗索瓦二世统治结束。他转向凯瑟琳,把夏尔九世的新御玺放在她手里。新王的御印将会出现在每份王室文件、法令和制诰上。

谁拥有御玺,谁就拥有了通往王国的钥匙。现在它属于凯瑟琳了。

❖ — ❖ — ❖

若她觉得一旦御前议会认可她的权力,权力交接就会顺利进行,那她就错了。几个月来,骚乱四起。

12月下旬,在奥尔良举办的三级会议的代表勉强批准了凯瑟琳的班

---

[1] 蒙莫朗西也可能反对她摄政,为了安抚他,凯瑟琳在他12月7日抵达宫廷后立即将他纳入御前议会。

子。[1]但在弗朗索瓦二世死后三个月，三级会议于3月在巴黎召开会议时，他们废除了它。在胡格诺派和政治温和派的控制下，三级会议希望将吉斯兄弟逐出宫廷，重组御前议会，将凯瑟琳的地位降为"国王本人及其幼弟们的监护人"——听起来很像保姆。他们想让安托万·德·波旁摄政。看到新教徒即将摄政，新国王的御前议会出现内乱。讽刺的是，吉斯公爵与宿敌阿内·德·蒙莫朗西联合起来，这两个对手现在以天主教的名义组建统一战线。[2]理论上，他们反对新教在政府中日益增长的威胁，但他们也试图遏制凯瑟琳的权力。吉斯兄弟和追随者开始散布谣言，说凯瑟琳正在"改变宗教信仰"。

凯瑟琳比以往任何时候都更渴望得到女儿的情感支持。"我的女儿，你已经从我上一封信中看到他们是如何折磨我的了。"她痛苦地给伊丽莎白写信。她的思路散乱，拼写因绝望而乱七八糟。虽然凯瑟琳竭力表现出冷静调停者的样子，但她的内心已经崩溃了。维持班子的同时，她也沉浸在深深的哀悼中。弗朗索瓦二世曾是国王，但也是她的儿子，她的长子。

"上帝把你父王从我身边夺走，"12月7日，也就是弗朗索瓦二世去世后两天，她在另一封信中潦草地写道，"但上帝还不满足于此，上帝还带走了你的哥哥，你知道我爱他，把我和三个小男孩留在四分五裂的王国里。所有我能信任的人都有自己的小算盘。让我做你的榜样吧，我的爱……恐怕你忘了把自己交托给神。因为只要上帝愿意，随时都可以把你置于我所处的境地。我宁死也不愿看见你在那儿，因为我怕你承受

---

[1] 三级会议是咨询会议，包括贵族、神职人员和平民三个等级的代表，由法兰西国王召集和解散。虽然三级会议没有通过法律的权力，但可就国事向国王提出建议。

[2] 吉斯、蒙莫朗西和第三位御前议会成员马歇尔·圣安德烈一起组成了天主教的三位一体，后来被称为"三驾马车"。

不了我所承受的痛苦，而没有上帝的帮助我是无法忍受的。"

她为夏尔九世感到心碎和恐惧，回忆萦绕在她心头。"把你自己托付给上帝吧，"凯瑟琳对伊丽莎白说，"因为你曾见我像你现在一样满足，除了不能像我希望的那样得到你父王的爱，什么也不必关心。"她曾经几乎是幸福的。但现在，命运，或者说上帝，改变了这一切。

凯瑟琳努力克服悲伤，她几乎总是在克服悲伤。十二天后她恢复了镇静，更慎重地给伊丽莎白写了第二封信，为圆她自己的说法而掩盖了某些幕后交易。

"我的女儿，前几天写信给你的时候，我非常苦恼。我无法用语言形容，我多希望你能为你做了国王的弟弟和这个国家做点儿什么。我派这个信使去见使节是为了告诉你，我的女儿，因为你爱我们，所以你必须努力鼓励你的丈夫保持住对你父亲和你哥哥的善意，尤其是他对我的善意。让他放心，只要我还活着，他只会从我们这里得到友谊和智慧，我在养育王儿时也会教他这样做。他也应该知道，我掌握着这个王国的权柄。就算还有纳瓦拉国王插手（因为这个王国的法律明确规定，若幼主登基，则血亲王孙必须辅助其母），你的丈夫也不应该有任何怀疑，因为纳瓦拉国王唯我命是从。"

凯瑟琳再次给政治披上了母爱的外衣：如果伊丽莎白爱自己的母亲，就该传播凯瑟琳关于母爱的故事。

毫无疑问，伊丽莎白听话地把凯瑟琳的意思转达给了腓力二世。收到母亲的信后，伊丽莎白也写信给夏尔九世国王。"我应该告诉你，"她以孩子的身份对另一个孩子说，"既然我们都这么幸运，我们应该为王太后向上帝祈祷。让上帝为我们保护她。我知道你会永远听她的话，但我还是要提醒你爱她、尊敬她。""因为，"她解释说，"你所拥有的一切光荣美好的东西都要归功于她。"

第三部分

1
家
1560年，法兰西

弗朗索瓦二世国王去世的次日早上，玛丽女王戴上白色薄面纱。面纱披落在肩，一直垂到黑色裙子后面。这是她在十八个月里第三次佩戴白纱——第一次是在1559年，为亨利二世；第二次是在1560年6月，为她母亲；而现在，距上次仅仅六个月后，为弗朗索瓦二世。

整整一天，除了外祖母安托瓦妮特·德·波旁，玛丽女王拒绝见任何人。正当她悲伤的时候，残酷现实向她迫近。她的前途未卜，法兰西王国不再是她的国家。在弗朗索瓦二世死后的日子里，威尼斯使节米凯利·苏里亚诺看着玛丽女王，心里只有怜悯之情。"渐渐地，"他在12月8日的一封急件中写道，"每个人都会忘记先王的死，除了他的小王后。她既美丽又优雅，是位高贵的女士。"她太年轻了，苏里亚诺写道。"她拒绝任何安慰，但总是想起她遭遇的某件不幸之事，她不绝的眼泪、哀哭和痛苦，激发着大家的同情心。"

正如苏里亚诺预言的那样，弗朗索瓦二世国王很快就被遗忘了。西班牙人传说他被仓促下葬，没有按国王规格举办盛大葬礼。据说吉斯兄弟对弗朗索瓦的遗体不理不睬，赶回出席夏尔九世的御前会议，把尸体交给疏忽大意的书记员随便处理。坚守礼仪的西班牙人窃笑着，利用这条流言来羞辱那些仍然围着伊丽莎白·德·瓦卢瓦转的法兰西侍臣。

然而西班牙人找不出玛丽·斯图亚特的一丝不妥。当舅舅们围坐在新国王的议事桌旁时，这位年轻女子陷入悲伤。"丈夫死后，"思罗克莫顿在给英格兰枢密院的信中写道，"她立即换了住处，远离所有的朋友，避世索居，直到今天还没有走到屋外，而且还将继续这样过四十天。"她大部分时间都和安托瓦妮特待在一起，同食同宿。

她现在会做什么，她会去哪里？玛丽女王的婚约中有条款：如果弗朗索瓦二世去世，她可以选择留在法兰西。如果有孩子，尤其是男孩，她可能会借此留下。她自己的母亲在詹姆斯五世死后就留在苏格兰捍卫她的王位，玛丽可能也会这样做。但她没有孩子。十八岁时，她已成为地位高贵的遗孀，但不是太后。

在与弗朗索瓦二世结婚后的两年半时间里，只有一次人们传说她怀孕了。"他们说法兰西王后怀孕了，"1560年9月，尚托奈在给腓力二世的信中说，"但这还不确定。"尚托奈可能不是唯一怀疑的人。令人吃惊的是，档案资料没有关于王后可能有孕的内容。尚托奈的信是唯一提到此事的消息来源。也许像她的舅舅们一样，玛丽非常希望借怀孕来巩固吉斯家族对王权的影响，以至于自欺欺人。谣言是短命的。9月以后，尚托奈再也没有在急件中提到怀孕。

有观察家从一开始就怀疑这段婚姻会有结晶。差不多整整一年前，即1559年12月，当时在佛兰德斯哈布斯堡宫廷的费里亚伯爵听说"苏格兰女王不太可能有孩子"。几十年后，法兰西回忆录作家路易·雷尼耶·德·拉普朗什描述医生一看到弗朗索瓦二世国王肿胀苍白的脸，以及他受感染的耳朵，还不时从鼻子里流脓，就认为情况不妙。医生警告吉斯兄弟，国王病情堪忧。"医生秘密建议吉斯兄弟解决他们的事务，因为国王将不久于人世。更重要的是，他们不应该期望他们的外甥女，也就是女王能够生孩子，除非换个父亲——不仅由于上述病情，还因为国王的生殖器完全畸形，且闭塞不通。"

费里亚伯爵和拉普朗什都认为错在弗朗索瓦二世，而不是玛丽女王。弗朗索瓦二世体弱且发育不全。这位威尼斯使节声称，这对夫妇在新婚之夜已圆房，但人们还是怀疑这种说法，甚至怀疑他们自始至终都没有发生过性行为。如果没有性生活，婚姻就很容易破裂，吉斯兄弟不能冒这个风险。有没有可能他们散布玛丽女王怀孕的谣言就是为了打消疑虑？

由于没有孩子将她与法兰西联系在一起，丧偶的玛丽女王得考虑是否要回到苏格兰。她找到了拖延的方法。1月12日，就在四十天的哀悼结束之前，玛丽女王告诉自己在苏格兰的代理人，"只要法兰西事务允许，她就会回到自己的王国苏格兰"。只是旅行的费用没法让她马上离开。

想到要回国，玛丽女王心里充满了矛盾。苏格兰遥远而充满敌意，信奉新教的苏格兰贵族控制着她的御前议会，并威胁要叛乱。法兰西是玛丽女王的家。法兰西引导玛丽女王信教，陶冶她的思想，塑造她的语言。从卢瓦尔河畔高耸的城堡到煨成果酱的紫罗兰花瓣的味道，从她读过的诗句到她追随的时尚，再到她敬爱的外祖母的面容，法兰西大大小小的细节都在影响她的思想。苏格兰对她来说只是遥远的记忆。那里政局动荡，到处都是信奉异端的贵族，对她来说陌生而充满威胁。她的王冠将她与苏格兰联系在一起，但在内心，玛丽女王属于法兰西。

布朗托姆写道，她更希望"在法兰西做个单纯的寡妇，满足于亡夫留给她的图赖讷和普瓦图，而不是去统治苏格兰"。

凯瑟琳·德·美第奇比大多数人更能理解玛丽。这两个女人都爱过弗朗索瓦二世。凯瑟琳也从遥远的国度来到法兰西。和玛丽女王一样，凯瑟琳是法兰西贵妇的女儿，也是外国人。也许她能理解儿媳与苏格兰之间的矛盾关系，觉得她更多属于自己嫁入的国家，而不是出生的王国。

然而与玛丽女王不同，多年来，凯瑟琳已经完全融入了法兰西。母亲的身份使她有资格站在御前议会中央，协助夏尔九世治理国家。此外，凯瑟琳并没有另一个王国的至高王冠。凯瑟琳站在法兰西宫廷的中心，而玛丽女王生活在两个王国之间，成为边缘的局外人。

至少在信中，玛丽女王声称自己与凯瑟琳的关系一如既往的紧密。王太后给了她"同样多的爱和友谊……就像女儿能从母亲那里得到的一样"，她写信给她的苏格兰代理人时说。在夏尔九世的统治下，苏格兰和法兰西的旧同盟将坚不可摧。在弗朗索瓦二世死后的最初几周，凯瑟琳没有给玛丽女王任何理由怀疑这些话。虽然她要求玛丽女王归还王冠珠宝，但表现出了应有的尊重，甚至是善意。但是玛丽女王一定注意到了，凯瑟琳并不鼓励她留在法兰西。

凯瑟琳不信任玛丽女王。虽然很难说清是从什么时候开始的，也很难知道为什么，但玛丽女王心中充满痛苦。凯瑟琳的不喜之情可能出于个人原因。玛丽女王自鸣得意且傲慢。据罗马教廷大使圣－克鲁瓦说，玛丽·斯图亚特曾宣称，她的婆婆"永远只是商人之女"。很难证实圣－克鲁瓦的说法，他的急件是这种说法的唯一来源。

话又说回来，凯瑟琳的不信任本质上出于政治考虑。如果拉普朗什的话可信，凯瑟琳就有充分的理由保持警惕：至少有一次，玛丽女王以牺牲凯瑟琳为代价，明确地表达对吉斯家族的忠诚。1560年5月，也就是弗朗索瓦二世去世前八个月，玛丽女王偶然发现婆婆凯瑟琳正在阅读法兰西新教领袖发来的报告。这份简报要求把吉斯兄弟赶下台，为国王组建新的御前议会，并成立全国宗教委员会。拉普朗什说，这位年轻的王后"监视王太后的一举一动"。玛丽女王要求知道是谁送来的简报，凯瑟琳说出了信使的名字。很快，吉斯兄弟就逮捕了这个人，而凯瑟琳被迫解释自己为何与异端者来往。

如果真是如此,那么事实就浮出了水面:玛丽不仅是法兰西王后和苏格兰女王,她首先属于吉斯家族。她对家庭的服从盖过了其他一切责任,也盖过了她曾在凯瑟琳身上得到的柔情。就像从小被教导的那样,玛丽女王对舅舅们亦步亦趋。尽管随着年龄增长她开始有自己的想法,但时间并没有磨灭她对吉斯家族的强烈忠诚,也没有消磨"吉斯兄弟对政治和宗教的看法通常正确"这种信念。

玛丽早年的忠诚不含杂质,就像任何孩子对家族一样。玛丽女王对吉斯兄弟特别顺从。孝顺本来就不应该受到谴责。毕竟,凯瑟琳对自己孩子的期望也不下于此——这种父母的期望可能是她从一直钦佩的吉斯家族那里学来的。

然而王国命运的变迁改变了凯瑟琳对吉斯兄弟的看法。在弗朗索瓦二世统治的最后几个月,她开始担心吉斯兄弟操控政局。出于政治考虑,她愿意让公爵和枢机主教留在夏尔九世国王的御前议会中,但她越来越把这二人视为私人对手。她的怨恨近乎仇视。"他们对不再能控制政局感到非常愤怒,"1561年初,她在给伊丽莎白·德·瓦卢瓦的信中写道,"他们想让所有人都恨我……他们以为如果我们开战,我就会被迫向他们屈服,听从他们的劝告。但是我向你保证,以我的信念,我永远不会做这样的事,因为他们太忘恩负义了。他们大肆挥霍,糟蹋了这个王国,毁掉了一切。"

然而,凯瑟琳对吉斯兄弟的感情是复杂的。她不能马上把他们打发走。他们位高权重,富有且人脉广泛。把他们放在身边,她就可以盯着他们,必要时也可加以利用。有时她似乎很欣赏公爵的贵族荣誉感和枢机主教狡猾的政治手腕。凯瑟琳总是对安妮·德·埃斯特和安托瓦妮特·德·波旁怀有真挚的感情。

然而,苏格兰女王玛丽是另一回事。这个女孩的傲慢让人恼火,但王太后对她越来越反感是出于政治考虑，而不是私人原因。凯瑟琳意识到吉斯兄弟会利用丧偶的玛丽女王，将她作为武器推进与自己背道而驰的计划。玛丽的年纪，她的苏格兰王冠，她的英格兰王位继承权，使她再次成为另一件能满足吉斯兄弟野心的婚姻工具。对凯瑟琳来说，光是这件事就会让玛丽女王的危险指数上升。

❖——❖——❖

玛丽女王于1561年1月15日结束哀悼。换下白色面纱后，她没有立即返回苏格兰。在宫中闲居几个月后，她四处游逛，拜访吉斯家族的亲戚，仿佛想四处走走，寻找安慰。她的第一站是巴黎以西十四法里[1]的楠特伊的吉斯城堡，然后再转向东北去兰斯，即洛林枢机主教的教区。在那里，她和姨妈勒妮待了一段时间。勒妮是圣皮埃尔女修道院的院长。

不久之后的1561年3月，玛丽女王母亲的遗体被秘密从爱丁堡运往法兰西。最后，玛丽·德·吉斯的灵柩被安顿在妹妹主持的修道院的地下室，这是一次苦乐参半的归乡。然而母亲再次下葬时，玛丽女王已经离开了。

她慢慢往东南方向走，离吉斯家族在茹安维尔的住所越来越近。在王国东部边缘的南锡，她拜访了远房表亲洛林公爵和他年轻的妻子，也就是玛丽的小姑子克洛德·德·瓦卢瓦。玛丽女王发现克洛德变了。现在，这个女孩"放肆而高傲"地炫耀自己能嫁给显赫的洛林家族。不知何故，克洛德觉得自己比玛丽女王优越。"殿下想抢苏格兰女王陛下的风头！"目睹了这种紧张气氛的布朗托姆回忆道。多年的童年友谊几乎在一夜之间烟消云散。难道克洛德对她的嫂子总是这样无情吗？或者，像伊丽莎白·德·瓦卢瓦一样，克洛德是凯瑟琳的孩子，知道自己应该

---

[1] 法里是法国从前的长度单位，一法里约合四公里。——译者注

忠于谁。"她希望下次见面的时候能稍微讨好一下王太后。"布朗托姆总结道。他注意到,如果说克洛德是骄傲的年轻女士,那么凯瑟琳就"比她还要骄傲一倍半"。

玛丽女王忠诚于谁呢?很多人都想知道。3月,玛丽女王在旅途中接待了两位来自苏格兰的使者。第一位是罗斯主教、天主教徒约翰·莱斯利。他鼓励她回国,并保证有两万名天主教战士将帮助她用武力从信奉新教的贵族手中夺回苏格兰。玛丽女王赞赏他的热情,但不愿苏格兰再次爆发内战。

第二位是代表新教领袖的苏格兰特使。詹姆斯·斯图亚特勋爵是苏格兰国王詹姆斯五世的私生子,也是玛丽女王同父异母的哥哥,比她大十二岁。玛丽女王认识他,但不太熟。1548年,五岁的玛丽女王第一次来到法兰西,十几岁的詹姆斯就陪伴着她,不久他就回到了苏格兰。他还参加了她和王太子的婚礼。1559—1560年的苏格兰战争期间,詹姆斯在苏格兰贵族中的影响力与日俱增。作为能干的政治家和坚定的改革派,他与英格兰新教徒建立了密切的联系,受到威廉·塞西尔、尼古拉斯·思罗克莫顿和托马斯·伦道夫等政治家的支持。

约翰·诺克斯的布道打动了詹姆斯勋爵,多年来,他的信仰已经升华为真正的热情。思罗克莫顿将他描述为"最高尚的贵族之一,他所知道的世上所有人中,没人比他更虔诚、真挚、宽宏大量"。

詹姆斯希望说服妹妹延续玛丽·德·吉斯的宗教宽容政策,如果她自己能接受新教信仰就更好。[1]玛丽女王没答应。然而玛丽女王说,像母亲一样,即便她不放弃自己的信仰,也会允许臣民接受新教信仰。

詹姆斯对她的观点表示赞同,玛丽女王松了一口气。她感谢他的忠告,

---

[1] 威廉·塞西尔是真正的信徒。尽管他祈祷玛丽女王永远不能继承英格兰王位,但仍希望万一这种情况出现,玛丽女王仍能恪守对新教的承诺。在逼迫伊丽莎白·都铎结婚生子的英格兰议员中,塞西尔是最激进的。

而他感谢她的接见，然后他离开了。玛丽天真地认为自己已经找到了能与苏格兰臣民共同前进的道路。她还错误地认为詹姆斯勋爵是值得信赖且忠诚的亲戚，因为就像她的吉斯舅舅一样，他的忠诚有血缘纽带保证。玛丽女王没有意识到自己同父异母的哥哥对宗教改革的热情有多深，也没有意识到他不信任旧联盟。他早就断定，与信奉新教的英格兰结盟远比与信奉天主教的法兰西结盟要好。玛丽女王不知道的是，他们在巴黎会面后，詹姆斯经由伦敦回到爱丁堡，把与玛丽女王会谈的内容向尼古拉斯·思罗克莫顿和盘托出。

虽然玛丽女王耐心地听了罗斯主教和詹姆斯勋爵的话，但事实上，她仍不愿回到苏格兰。她留在法兰西还有另一个原因：她已经开始第二次议婚。就在弗朗索瓦二世生病的时候，宫里已有人悄悄谈论她未来的丈夫人选。"有人说是西班牙王子，有人说是奥地利公爵，还有人说是阿伦伯爵。"思罗克莫顿在11月写道，当时医生们还希望弗朗索瓦二世能活下来。到次年3月，当玛丽在国中漫游时，其他的求婚信从瑞典、丹麦和费拉拉源源不断地涌来。

至少公众认为，玛丽女王不是处女新娘。理论上，守寡减弱了她在婚姻市场上的吸引力，然而她仍很抢手。她是苏格兰的女王，也是英格兰王位的继承人之一。此外她还很年轻，只有十八岁，仍有生育能力。

在讨论这些求婚者时，玛丽女王不会天真地袖手旁观。她认为自己值得拥有美满的第二次婚姻。据思罗克莫顿所知，她对仅仅为了"取悦自己"或从暂时联盟中获得"蝇头小利"的结合不感兴趣。不，玛丽真正想要的是"延续她的荣誉，并嫁给可能支持她的伟大丈夫"。她的前夫是国王，她希望未来的丈夫不次于国王。

与凯瑟琳·德·美第奇不同的是，玛丽女王不会终身穿着黑色长袍、戴着面纱；与表姐（英格兰的伊丽莎白·都铎）不同的是，她不会宣誓保持单身。全欧洲都知道,伊丽莎白女王拒绝结婚一事已经在议会和枢密院掀起轩然大波。英格兰内外没人能理解这位极难对付的英格兰女王。毫无疑问,一位年轻的女王,尤其是像伊丽莎白这样王位不稳的女王,需要丈夫来保护和指导自己。

这位十几岁的苏格兰女王没有凯瑟琳·德·美第奇或伊丽莎白·都铎那样的勇气。玛丽女王相信婚姻是女人获得力量和维持王位稳定的唯一途径。当然,她再婚是有实际原因的:苏格兰需要继承人,而且强大的丈夫可以支持她对抗那种能最终引发苏格兰战争的叛乱,她至今仍对这场战争记忆犹新。更重要的是,玛丽怀疑自己的能力:她从小就被作为王后来教育,无法想象自己不靠男人也能统治苏格兰。

对年轻的苏格兰女王来说,另一顶王冠,即配偶的王冠的前景触动了她更深层次的自我意识。她的家人从小就教导她,有一天她会统治三个王国。她陶醉于那无与伦比的地位和随之而来的奉承。这三顶王冠的前景定义了她在别人眼中的价值,也定义了她在自己心中的价值。然而现在她只能统治贫困的苏格兰——这种反差令人痛苦。另一顶如"基督教世界至高无上的法兰西国王"那样伟大的王冠,可以弥补她失去的那种欣喜而自命不凡的感觉。对玛丽女王来说,这种赞美就像紫罗兰的芬芳、茹安维尔的美景和卢瓦尔河上蔚蓝的天空一样熟悉。

❖——❖——❖

玛丽女王离开法兰西宫廷之前,思罗克莫顿雇了几个间谍打探她的行踪。事实证明这是个艰巨的任务。玛丽女王从一座庄园跑到另一座庄园,每次消失几个星期,躲在对吉斯家族友好的城堡和修道院里,没有人跟得上她。思罗克莫顿想知道玛丽和谁打交道、收到了谁的求婚信、打算嫁什么样的人。苏格兰女王仍没签署《爱丁堡条约》,这激怒了伊丽莎白·都铎。对思罗克莫顿和伊丽莎白女王来说，玛丽的犹豫似乎是不祥之兆。显然，她仍然觊觎英格兰王位。

在玛丽女王签署《爱丁堡条约》之前，伊丽莎白女王希望她不接受任何外国援手。玛丽女王的婚姻引起广泛关注，她选择的丈夫会展现玛丽女王对英格兰的立场。

思罗克莫顿并不是唯一对苏格兰女王再婚感兴趣的人。1561年1月初，玛丽女王仍幽居服丧时，凯瑟琳·德·美第奇曾就某些婚姻传闻质问洛林枢机主教。尚托奈使节听到了这段对话（可能从主教本人口中得知的），又向腓力二世转述。

"我的儿子还尸骨未寒，"凯瑟琳问道，"你们已经在谋划玛丽再嫁的事了吗？"

"反正他也不会知道了。"主教冷冷地回答。但其实这种事并不奇怪。"就算是宫中最不起眼的侍女，也会有人为她谋划再嫁，更不用说王后了。"

几个星期后的2月初，伊丽莎白·德·瓦卢瓦给母亲发来急件。"小心别让姐姐去茹安维尔，"她警告说，"我们早在三个多星期以前就知道她计划到那儿去了，甚至在你的信还没到之前就知道了，他们一定对茹安维尔的消息了如指掌。"她说的"姐姐"是玛丽·斯图亚特，"他们"指的是腓力二世和顾问。

茹安维尔坐落在上马恩省的悬崖上，距离哈布斯堡家族所在的佛兰德斯只有一箭之遥。这里远离法兰西宫廷好奇的目光，也方便向佛兰德斯的西班牙代表秘密送信，并收到他们的答复。

伊丽莎白的信只是证实了凯瑟琳的担心。洛林枢机主教和吉斯家族与腓力二世就玛丽的婚事展开了谈判。新郎是阿斯图里亚斯亲王：腓力二世的独子、西班牙的法定继承人唐·卡洛斯。

2
唐·卡洛斯
1561年，法兰西和西班牙

1561年冬天，凯瑟琳快四十二岁了。生育、悲伤和忧虑严重影响了她的健康，但没有任何画像能证明她有白发或皱纹。没有使节提到凯瑟琳有厌倦或放弃摄政的倾向。相反，王太后陛下迷住了所有来访者。凯瑟琳穿着高贵的黑衣，俨然是虔诚母亲的形象：丰满、结实、稳重，但脚步敏捷，走起来像在跑。在所有旁观者看来，她似乎是夏尔九世的定心丸，这是她致力于在公众面前塑造的形象。夏尔九世即位不久，在某幅委托画家创作的肖像中，凯瑟琳把留在家里的三儿一女聚在身边。所有的孩子都长得很像，似乎在炫耀亨利二世的丰富遗产和凯瑟琳优秀的生育力。这些都是她的孩子，法兰西的孩子。凯瑟琳把年轻的夏尔九世拉近，手指轻轻放在他的肩膀上。她把他的手握在手心。

她是国王的母亲。作为母亲，她会保护儿子的最高统治权不受威胁。其中某些威胁就摆在夏尔九世的议事桌上。

弗朗索瓦二世死后不久，吉斯家族一度传出新王夏尔九世可能和玛丽结婚的消息。凯瑟琳很快否认了，理由是亲缘关系过于密切，而且男孩年纪还小。事实上，她希望阻止吉斯家族获得他们原本在弗朗索瓦二世统治时享有的那种权力。凯瑟琳猜测，吉斯家族计划将玛丽嫁给唐·卡洛斯也是出于同样的目的：他们寻求秘密途径来继续控制御前议会和国家。如果法兰西天主教徒能得到西班牙军队和金钱的支持，就不会向胡格诺派教徒妥协，而会团结在吉斯兄弟周围。凯瑟琳试图通过伊丽莎白让腓力二世相信自己的调停政策正在起作用。如果吉斯家族与腓力二世结盟，她担心自己的权威会崩溃。

比起凯瑟琳，吉斯家族是西班牙的天然盟友。西班牙大使尚托奈宣布腓力二世十分厌恶宗教改革。腓力二世尤其鄙视法兰西建立全国宗教委员会的想法，而这是胡格诺派的主要诉求之一。向新教徒妥协的想法使腓力二世反感。他相信吉斯兄弟的根除政策是唯一出路。

这是一场争夺腓力二世之心的战争：他会遵从自己天主教徒的本能吗？或者，他会尊重小舅子夏尔九世国王和岳母凯瑟琳太后吗？为了和平，凯瑟琳需要通过婚姻来加强家庭关系。现在吉斯兄弟在干涉她的计划。

最重要的是，凯瑟琳希望唐·卡洛斯能娶自己最小的女儿玛戈特，而不是玛丽·斯图亚特。自1559年伊丽莎白嫁给腓力二世以来，她就一直在推动这桩婚事。当时，枢机主教本人也支持这桩婚事。枢机主教在给利摩日大使的信中说，如果西班牙王子还有希望的话，我们更希望是他，而不是其他任何人。似乎是为了强调这一点，凯瑟琳拿起笔，在信的末尾加上注释。"看到**玛戈特**在她姐姐身边，是我在这个世界上最渴望的事情之一。"

1561年初，法兰西有幼主登基，第二次西班牙-瓦卢瓦联姻似乎比以往任何时候都更加紧迫。但这位枢机主教现在已不是凯瑟琳的合作者，而是凯瑟琳的对头。苏格兰女王玛丽成了阻碍。

凯瑟琳还在纠结另一个问题。"如果唐·卡洛斯没能娶一个像你妹妹玛戈特那样忠于你的女人，"凯瑟琳在1月给伊丽莎白·德·瓦卢瓦的信中写道，"如果你的丈夫死了，唐·卡洛斯就会做国王，你将成为世界上最不幸的女人。"这个棘手的继承顺序问题又一次浮出水面。唐·卡洛斯是西班牙王位的继承人。如果腓力二世死了,唐·卡洛斯就将掌握伊丽莎白和她未来孩子们的命运。玛戈特会保证她们的幸福。玛丽·斯图亚特会吗?

通过这封信,凯瑟琳试图在伊丽莎白的心中播下怀疑的种子,把这个问题与私人利益联系起来。对王后来说,私人事件也总和政治有关。如果成为唐·卡洛斯的新娘,玛丽女王就会威胁伊丽莎白在西班牙宫廷里的地位。作为至高无上的女王,玛丽的地位将超过伊丽莎白,就像她之前一直居于伊丽莎白之上一样。一旦她嫁给王太子,西班牙臣民就会视玛丽女王为他们未来国王的母亲。玛丽女王使法兰西宫廷里的所有人都相形见绌,她也会比西班牙宫廷里的所有人都耀眼。

伊丽莎白仍在与自己的疾病作斗争,仍在努力争取丈夫的爱,最糟糕的是,她仍没有孩子。如果有竞争对手能大肆鼓动谄媚的西班牙朝臣支持吉斯家族的计划,或在腓力二世面前争宠,她就没有招架之力。玛丽女王身居高位,魅力非凡,美丽绝伦。但凯瑟琳需要伊丽莎白继续做西班牙的第一夫人。

她会以毒攻毒,她会想办法引诱唐·卡洛斯。1月中旬,凯瑟琳听到西班牙王室与吉斯家族联姻的传闻,就悄悄地把小玛戈特的漂亮画像寄给了西班牙的伊丽莎白。当信使带着这幅画翻越比利牛斯山脉时,王太后正暗中策划。玛戈特只有七岁。一个小女孩怎么能和被龙萨称赞为"美逾朝阳"的苏格兰女王相比呢?这需要凯瑟琳全部的聪明才智。她猜想吉斯兄弟也已经寄去了玛丽·斯图亚特的画像。

❖——❖——❖

如果凯瑟琳知道唐·卡洛斯的野心有多大,她可能会更担心。这个男孩急于向父亲证明自己，渴望娶个地位高贵的新娘。然而，目前尚不清楚凯瑟琳、吉斯兄弟或玛丽对唐·卡洛斯了解多少。尽管伊丽莎白·德·瓦卢瓦肯定在见到唐·卡洛斯后不久就意识到他与众不同，但在她现存的信件中，没有任何内容指出这位王子有什么不寻常之处。腓力二世也试图控制有关儿子信息的传播。他很可能希望唐·卡洛斯最终能摆脱奇怪举止，恢复正常。

这些做法确实很奇怪，不过，目前尚不清楚这个男孩的行为究竟是什么时候开始引起人们关注的。他的童年即使不快乐，也过得很顺利。唐·卡洛斯出生于1545年7月，以他祖父的名字命名，他出生四天后就失去了母亲。他和姑母胡安娜王妃住过一段时间，她十分宠爱他。唐·卡洛斯七岁后不久，腓力二世就不再让胡安娜照顾他，把他交给了主管和导师，让他们严格控制他的日常生活。腓力二世和查理五世都安排过唐·卡洛斯的学业和生活，然而这两个霸道的人基本没有参与过这个男孩的生活。从1548到1551年，腓力二世一直住在布鲁塞尔；1554年，他再次离开西班牙，首先与玛丽·都铎一起住在英格兰，然后再次前往佛兰德斯，在那里一直待到1559年。腓力二世在西班牙时，把大部分时间都花在文件和顾问身上。查理五世则于1556年逊位，住在马德里西南约一百五十英里处的尤斯特修道院，离孙子更近。皇帝能定期收到报告，但疲惫的查理五世没有兴趣见唐·卡洛斯。在他1558年去世之前，查理五世只在从佛兰德斯到尤斯特隐居处的路上见过孙子一次。

当父亲出门在外，而祖父在修道院里祈祷时，年轻的卡洛斯在导师的精心看管下长到十几岁。从表面上看，他的日子过得平静而健康。据他的主管唐·加西亚·德·托莱多说，他一日三餐营养均衡，下午三点左右还能吃一份零食。他每天都望弥撒。他睡得特别好，日常活动主要是阅读和锻炼。他也喜欢社交，每天花几个小时与朋友愉快地交谈。

然而就在他十几岁时，家人和老师开始注意到不正常的迹象。唐·加西亚认为唐·卡洛斯患有"胆汁病"，会时不时大发脾气。此外，他变得懒惰，不愿专心学习。唐·加西亚非常沮丧，他甚至大胆地建议查理五世去咨询医生，也许他们会给这个男孩用药。

一年后，也就是1558年，唐·加西亚的沮丧变为真正的担忧。唐·卡洛斯不爱学习。"至于他的学习和体育锻炼，"他再次写信给查理五世，"并没有像我希望的那样进步。然而，我们已经尽全力教他知识，毫无保留。我非常希望陛下能带他去尤斯特待一段时间，这样您可以见见他。也许您能看出他受教育方面的障碍，指出我该如何调整方法，完成使命。至于我本人，我目前看不出自己能改变什么。然而我必须指出，虽说殿下尽可能表现得恭敬顺从，同时愿意接受教导和任何纪律处罚，但这些教育方法都没有达到预期效果。"

胡安娜王妃恳求父亲尽快把唐·卡洛斯带到尤斯特来。"陛下不能理解，您为我们做这件事有多重要。"她恳求道。然而查理五世不同意。

越来越多的人知道唐·卡洛斯行为古怪。就在唐·加西亚忧心忡忡地写信给皇帝时，驻佛兰德斯的威尼斯使节描述了自己听到的情况。"唐·卡洛斯王子十二岁了，"他写信给威尼斯总督，"他的头和身体不成比例。他的头发是黑色的。他气色不佳、身体虚弱，已初见性格残忍的端倪。人们提到他某个怪癖：有人把打猎捕获的野兔献给他……他却想看它们被活活烤熟。有人献给他一只大乌龟作为礼物，某天，这只乌龟咬了他的手指，他立刻就咬掉了它的头。他似乎很鲁莽，而且特别喜欢女人。他的导师试图教他西塞罗的理论，缓和他性格中的浮躁一面，但是唐·卡洛斯只想谈论战争，读与战争有关的书。"

这男孩得的是什么病？没人知道。随着岁月流逝，唐·卡洛斯越来越容易失控，而腓力二世"喜得贵子，后继有人"的心情逐渐变为担忧。

16世纪人们对先天残疾或人体发育的理解与我们今天的不同。相反，腓力二世认为唐·卡洛斯的异常出自上帝之手，是对自己弱点的惩罚。腓力二世后来说："上帝惩罚我的罪过，却让这孩子代我受折磨。"

腓力二世认为这是上帝的意旨，而我们认为这是生物学机制在起作用。王子的症状可能部分源于其基因。正如某位传记作家指出，唐·卡洛斯是几代近亲通婚的产物——近亲通婚不仅涉及哈布斯堡家族，还有他的勃艮第、阿拉贡和卡斯蒂利亚祖先。他自己的父母是嫡亲表（堂）兄妹，他们的父母也是嫡亲表（堂）兄妹。从遗传学角度来说，这些表（堂）亲的亲缘关系比大多数表（堂）亲都要近。

历史学家杰弗里·帕克写道："普通人有八位曾（外）祖父母，但唐·卡洛斯只有四位；他的曾曾（外）祖父母也不是十六位，而是六位。"由于近亲通婚，他的远祖血缘也很近。理论上，天主教会禁止近亲联姻，但像哈布斯堡和特拉斯塔马拉（唐·卡洛斯的西班牙祖先）这样的王室很容易就能从教皇那里买到特许，因此他们后代的精神状态不可避免地不稳定。这个家族的西班牙系血脉已经受"疯病"困扰。查理五世把自己的母亲，也就是人们所知的"疯女胡安娜"，关在托德西利亚斯的宫殿里。

家族联姻巩固了联盟，助力帝国的建立，却也诞生一个身心遭受残酷折磨的小男孩。唐·卡洛斯被认为是血缘纯正的伟大哈布斯堡王朝嫡系后代。然而到了青春期，他似乎出了问题。

他头大肩斜，背驼胸塌，左腿比右腿短，走路一瘸一拐。他的脸色苍白得吓人（使节和同时代的肖像画家都能注意到这一点），身体非常虚弱，于是导师不许他骑马。1560年，他患了严重的"四日热"（quartan fever）——很可能是疟疾，这让他经常病恹恹的，浑身出冷汗。然而，疾病本身并不能解释他的虚弱体质。威尼斯使节说："他天生虚弱，没有活力。"

外交文书中充斥着类似细节,其中某些源于道听途说。目前尚不清楚使节们是否夸大了唐·卡洛斯的身体状况,以便更有说服力地丑化他的形象。

卡洛斯十五岁左右时,使节们几乎视这个男孩为怪物。他的身体歪斜,声音沙哑,讲话结结巴巴。他贪吃残忍。有人说他很丑。他的理解力似乎并不比七岁的孩子强多少,尽管他不停地问问题,但很少能理解答案。他有强迫症。战争仍然是他最喜欢谈论的话题。并不是每个人都对他印象不好:尽管帝国大使认为唐·卡洛斯过于耿直,心里想什么就说什么,但他也指出这个年轻人的虔诚堪称模范,而且记忆力极好。这个男孩听不懂言外之意。许多观察家说他讨厌说谎者,也不喜欢弄臣和傻瓜——也许是因为他听不懂他们的笑话和俏皮话。在这一点上,他不肖其父。

宫里人最怕的是唐·卡洛斯无法控制的暴怒。他的脾气来得快,去得也快。"他时好时坏,"腓力二世解释说,"有时相对平静。"这种状态可以持续几个星期或几个月。就在大家几乎已经习惯之时,突然之间,他又会大发雷霆。

"据我所知,他谁也不喜欢,"有威尼斯人说,"但是有许多人他恨得要死。"如果唐·卡洛斯不喜欢某人,他就会想方设法地报仇。布朗托姆后来讲了个特别险恶的故事。"有次他的鞋匠给他做了双靴子,做得很差。唐·卡洛斯把它们切成小块,像炸牛肚一样炸熟,然后盯着鞋匠一块一块地吃掉。"腓力二世任命鲁伊·戈麦斯为儿子宫里的"总管",但年轻人特别仇恨他。从鲁伊·戈麦斯上任的第一天起,唐·卡洛斯就下定决心要把这位朝臣逼入绝境。唐·卡洛斯怀疑鲁伊·戈麦斯监视自己,他还见不得腓力二世宠爱这个出身微贱的人,却很少关注自己的儿子。

十几岁时，唐·卡洛斯注意到了令人不安的趋势。1559年腓力二世下旨，如果他自己去世，唐·卡洛斯将在结婚后同时统治荷兰和西班牙。然而奇怪的是，父亲并没有给他任何正式任命——对像他这样年龄和地位的男孩来说，早该让他处理政事，以便为继位做准备。唐·卡洛斯无法理解。其他人也注意到腓力二世在排挤唐·卡洛斯。帝国大使写道："不让他参与任何事务，这对他来说是奇耻大辱。"

唐·卡洛斯认为腓力二世在压制自己，他希望有门好婚事来解决这个问题——只要父亲点头。

❖——❖——❖

威尼斯使节错了：唐·卡洛斯确实喜欢过甚至爱过某些人。一个是他年轻的叔叔唐璜，查理五世的私生子，他在1559年被腓力二世带到西班牙。唐璜比唐·卡洛斯小两岁，时时陪伴于王子左右，是"他在这个世界上最好的朋友"。

他珍爱的另一个人是伊丽莎白·德·瓦卢瓦。1560年初，伊丽莎白第一次从法兰西来到托莱多，在那里遇到了唐·卡洛斯。唐·卡洛斯在她面前深深鞠了一躬。他看上去顶多十二岁，一如既往的脸色苍白、身体虚弱，因为他刚刚从第一次严重的"四日热"中恢复过来。她生性温柔，他很脆弱，他们很快就成了朋友。在宫廷里，在年轻的王后面前，男子的行为举止受到严格规范。唐·卡洛斯似乎尽可能多地去看望伊丽莎白。

19世纪后期开始，有谣言说唐·卡洛斯爱上了伊丽莎白，还责备父亲"偷走了他的妻子，法兰西的伊丽莎白夫人，她是《卡托－康布雷齐条约》中允诺给他的，本来应该是他的。这使他非常不高兴，因为他一直爱她，直到死都尊敬她。当然，她是世界上最善良、最可爱的公主之一。人们把她从他身边夺走，这使他非常生气"。这个故事在接下来的几个世纪里成为浪漫主义文学和歌剧偏爱的主题。然而，在16世纪中期的资料中，没有任何证据表明这是真的。

相反，他们同病相怜。孤独可能让他们走到一起，尤其是在伊丽莎白抵达西班牙后的头几年，腓力二世经常出门，或者和顾问们躲在房间里。1560年3月，利摩日主教对凯瑟琳说："她尽可能在晚上用跳舞或其他娱乐活动取悦唐·卡洛斯，他很需要这些。"他们都热爱艺术：唐·卡洛斯已经收集了一批令人印象深刻的画作，也很欣赏索福尼斯巴的油画技巧。哪怕只是为了取悦她的母亲（希望唐·卡洛斯能娶玛戈特），伊丽莎白也有充分的政治理由与王子搞好关系。即便如此，伊丽莎白还是发自内心地想和这个男孩交朋友。她喜欢他，他也喜欢她。"他对王后表现出特殊的感情。"德·维讷夫人写道。

在写给凯瑟琳的信中，伊丽莎白一次也没有提到卡洛斯的跛脚或驼背，也没有详述卡洛斯性格中令人讨厌的方面。相反，她为他担心。1562年，唐·卡洛斯在阿尔卡拉摔了一跤，有性命之忧。之后，伊丽莎白和胡安娜王妃跪在地上哭了好几个通宵，为他祈祷。伊丽莎白给凯瑟琳写了充满绝望的信。[1]唐·卡洛斯用珠宝和善意回报她。"他鄙视所有女人，尤其是贵妇，认为她们是情场上的伪君子和叛徒，私底下比别人更淫荡。"布朗托姆说。但是唐·卡洛斯从来没这样评论过伊丽莎白。

---

[1] 1561年，在一次高烧后，腓力二世把唐·卡洛斯送到离马德里大约二十英里的埃纳雷斯河畔，风景如画的小村庄埃纳雷斯堡休养。腓力二世相信，他的儿子在那里可以呼吸到新鲜空气，恢复精力，最终能专心致志地学习。几个月来，这个男孩孜孜不倦地读书。但第二年，他从楼梯上摔了下来，后脑勺撞上了一扇木门。伤口很快就发炎了。一周后，唐·卡洛斯开始胡言乱语，感染蔓延到头部，他的眼睛被脓肿封住，脓液渗入脖子和躯干，有条手臂不听使唤。包括著名医生维萨里在内的医疗团队尝试了拔罐、清洗、按摩、使用利尿剂和放血等各种疗法，还请来了当地一位很受欢迎的摩尔人医生，但都无济于事。二十一天后，医生们宣布自己已回天乏力，但镇上的人挖出的弗赖·迭戈·德·阿尔卡拉的干尸，之后唐·卡洛斯奇迹般地开始康复。这个奇迹可能要归功于大自然，也可能归功于上帝。弗赖·迭戈·德·阿尔卡拉是15世纪的方济各会修士，被称为圣人。唐·卡洛斯时而清醒，时而昏迷，被脓液糊住了双眼。他用那只还能动的手摸索着去触碰圣物。他后来把救命的功劳归于圣人。但弗赖·迭戈无法治愈他的灵魂，之后，卡洛斯的脾气越来越差。

然而，这对朋友并不总能彼此坦诚相待。

凯瑟琳寄给伊丽莎白的玛戈特的肖像画还附带另一幅画像。历史学家不知道第二幅画中人物的身份，母女间的信件也没有透露任何线索。这些画像在1561年2月的第一天到达西班牙，当时伊丽莎白的天花还没痊愈，她把它们陈列在自己的房间里。一天下午，胡安娜王妃去拜访伊丽莎白，称赞画像里的女孩是"世界上最美丽的"。她特别欣赏年轻的玛戈特。正在此时，有人通报唐·卡洛斯王子驾到。

"他也看了那些画像，"几天后伊丽莎白在给母亲的信中写道，"他笑着对我说了三四遍'小的那个更漂亮'。""这确实是一幅非常漂亮的画，我同意他的看法，认为画得很好。德·克莱蒙夫人告诉他，她会成为他的贤妻。他笑了起来，没有回答。"

那笑声意味着什么，伊丽莎白说不清楚。也许他的笑声是个好兆头；也许这位笨拙的王子真的很欣赏玛戈特，只是不知道如何回答。但也许，正如伊丽莎白私下得知的那样，唐·卡洛斯开心还有另一个原因：很有可能他在嘲笑她和凯瑟琳，因为王子的注意力已经转向了苏格兰女王。

3
考验
1561年，法兰西和西班牙

那年春天，有位神秘人物开始出现在凯瑟琳和驻西班牙大使利摩日主教的往来信件中，他们称他为"那位先生"。"夫人，我接到陛下的命令，"利摩日写道，"而且……因为这件事对国王和整个王国的未来都至关重要……我正在竭尽全力，请我在西班牙、法兰西的朋友和其他人服从国王的命令，透露些消息，夫人，就是关于让您如此恼火的那位先生的事情。""那位先生"身材高挑苗条，有着琥珀色的眼睛——"他"不是别人，正是玛丽·斯图亚特本人。

从与主教的通信中，凯瑟琳知道议婚双方都瞒着自己。伊丽莎白·德·瓦卢瓦从其他人鬼鬼祟祟的目光和偶尔说漏的话语中得到了某些信息，但并没有获得实质性消息。直接挫败婚姻计划意味着要得罪吉斯公爵和洛林枢机主教，他们现在表面上还是凯瑟琳的盟友，也是御前议会的成员；此外还要得罪她自己的女婿腓力二世。凯瑟琳的行动需要高度保密，与利摩日主教密切协调。寄信有风险。信件容易丢失或泄密，在不同的国家之间传递时要经过许多人的手，很容易被间谍发现。密语是个解决办法。凯瑟琳的书记员们写加密的信件，将密钥用多封信件送给利摩日主教。[1]在西班牙，利摩日对照密钥来读密信，煞费苦心地破

---

[1] 凯瑟琳最信任的秘书之一是克劳德·德·奥贝斯比恩，利摩日主教的哥哥。

译每一个符号。然而凯瑟琳担心密语也不够安全。因此他们用"那位先生"来指代玛丽·斯图亚特。

这位所谓的"先生"办事很狡猾，所以凯瑟琳要加倍狡诈。在弗朗索瓦二世死后，西班牙贵族唐璜·曼里克·德·拉腊被派往法兰西宫廷吊唁，凯瑟琳在一旁滔滔不绝地说自己要为年轻的夏尔九世国王安排好婚事，同时不断地试探对方（她在给利摩日的某封密码信中承认了这一点）。唉，凯瑟琳没有从狡猾的唐璜那里了解到"另一桩婚事"，然而她仍很坚定。她向唐璜发誓说："我正在，并将继续尽我所能阻止这一切。"

她面对的敌人很可怕。吉斯兄弟显然与西班牙大使尚托奈沆瀣一气，而凯瑟琳憎恶尚托奈。他们在西班牙还收买了谁？凯瑟琳自己在西班牙的信息来源很少，只有少数几位高级代理人可以透露有用的信息。"他们说这对'他'来说是桩好婚事。"德·克莱蒙夫人写道，用的是对唐·卡洛斯的隐晦称呼。"利用苏格兰，他们就能统治佛兰德斯。既然英格兰王国该归她继承，那么西班牙、佛兰德斯和苏格兰很快也会落入她手中。"但德·克莱蒙夫人只能在西班牙收集有价值的零碎信息，对影响西班牙的政策无能为力。只有利摩日主教和伊丽莎白才能左右腓力。然而到目前为止，伊丽莎白几乎没能说服过腓力二世。

王太后在给伊丽莎白写信时，既没有使用密码，又没有使用晦涩的典故。当然，密码信会把人搞糊涂。凯瑟琳仍然用适合十五岁孩子的简单语言向女儿解释某些概念，而把细微的差别留给那位精明的大使。更重要的是，用密码给伊丽莎白写信很危险。利摩日主教住在自己家里，而伊丽莎白却住在龙潭虎穴中。西班牙侍女们簇拥着她，腓力二世和唐·卡洛斯也定期去拜访她。如果有西班牙人在年轻的天主教王后的房间里发现了一封加密的信，会怎么想呢？（窥探的目光让国王和王后们忧心忡忡。至少有一次，查理五世警告腓力二世要把文件"锁在你妻子和任何活人都看不见的地方"。)

最好是使用遁词和模糊处理。凯瑟琳写给伊丽莎白的信,以及伊丽莎白的回信都只简略地提到了玛丽这位苏格兰女王,从未直接点名。她们用无关紧要的话题来影射,比如伊丽莎白送给凯瑟琳的四打手套"有些是喷香水的白色手套,有些是喷香水的黑色手套,还有一些没喷任何香水,但洗得很干净"。凯瑟琳会让利摩日主教私下向伊丽莎白说明细节。

"你知道我写信给你是关于……在这里酝酿的婚事,"凯瑟琳在12月底给利摩日的一封信中写道,"从那以后,我发现它仍在推进。你要留心察看,看是怎么一回事。"

凯瑟琳能准确地教收信人做她的传声筒。现在,她命令利摩日为腓力二世国王描绘关于法兰西事态的最乐观的图景。凯瑟琳深受人民爱戴,她声称,法兰西臣民"相信这是非常幸运的:我们的主虽然带走了他们的王子,却把我留在这里来辅佐下一任夏尔九世国王。他出身好、性格好,人们希望他能带来很多好处,能宽慰他们的痛苦"。

与此同时,大使必须尽其所能地阻止腓力二世答应儿子与玛丽·斯图亚特的婚事。"你知道这有多重要,"她恳求道,"你要把你知道的关于这件事的一切马上通知我。关于此信若有回复,请派这位信使回去,不要另派他人。最重要的是,让我的女儿充分了解她必须扮演的角色。"

❖ —— ❖ —— ❖

凯瑟琳在苦心策划。一方面,她拼命想要挫败玛丽·斯图亚特和吉斯兄弟;另一方面,她同样迫切地希望唐·卡洛斯娶自己的女儿玛戈特。实现第二个目标也就实现了第一个目标,所以凯瑟琳下定决心要让玛戈特成为候选新娘。她使出了能想到的每一种手段,希望至少有一种能奏效。她给腓力二世国王寄去甜言蜜语的信,要求在蒙松与他见面谈谈。

她奉承鲁伊·戈麦斯，诱导他倾向法兰西。她寄去玛戈特的画像。她敦促伊丽莎白在宫廷里暗示自己的妹妹很有魅力。

腓力二世是凯瑟琳的目标之一，另一个目标是胡安娜王妃。凯瑟琳认为可以哄骗胡安娜站在玛戈特一边。当然，去哄人的还是伊丽莎白。

通过德·克莱蒙夫人巧妙的报告，凯瑟琳知道胡安娜和伊丽莎白之间的感情不错，这消息使王太后很高兴。大家都知道腓力二世很喜欢他的幼妹。王妃支持谁，谁就更容易赢得腓力二世的喜爱。1560年，凯瑟琳能利用这段友谊得到她想要的吗？

从第一次在瓜达拉哈拉见面的那一刻起，胡安娜就宠爱伊丽莎白。作为养育者，尽管侄子唐·卡洛斯经常表现得粗鲁无礼，胡安娜仍然爱他，并努力确保他的健康。她扩大母爱的覆盖范围。1557年，她虔诚地在马德里她出生的宫殿里建立了"贫穷修女会"。这座修道院收留的是极贫穷的女子，院中人都发誓要安贫乐道。若胡安娜及其女性亲属不愿在宫中生活，可以退居此处——尽管胡安娜对自己的地位特别自豪，但有时仍想离开宫廷去修道院生活。她的主要目标是为方济各会培养修女。在一幅可能是1561年索福尼斯巴画的肖像中，胡安娜和一个看起来七八岁的见习修女站在一起。孩子斜靠在王妃的裙子上，外人会以为这是一对母女。

胡安娜确实有自己的孩子。1552年，十七岁的她嫁给了嫡亲表兄、葡萄牙王储若昂·曼努埃尔。他们的婚姻持续了不到两年，若昂·曼努埃尔就于1554年去世，一周后胡安娜生下了他们的儿子。婴儿塞巴斯蒂安四个月大的时候，胡安娜就接到腓力二世的命令，要她回西班牙，在他住在佛兰德斯的时候摄政。她乖乖地召集仆从，把儿子交给他的奶奶照顾。她一直希望能回到葡萄牙为儿子摄政，但机会从未到来。虽然她定期收到塞巴斯蒂安的画像，并给葡萄牙宫廷写了无数信件，但胡安娜再也没有见过自己的儿子。

她自己的孩子不在西班牙宫里，胡安娜就把母性倾注在新王后身上。伊丽莎白可能在这位王妃身上看到了自己母亲的一丝痕迹，她和凯瑟琳·德·美第奇一样，在丈夫死后永远穿着朴素的黑色衣服，然而胡安娜并不那么严肃。她的父亲查理五世经常挑他最小孩子的毛病，抱怨胡安娜"非常傲慢，生活无序"。胡安娜天性中有股年轻人的冲劲，和伊丽莎白的活泼相得益彰，但她们的外貌绝无相似之处：伊丽莎白有一头黑发，胡安娜则金发碧眼。胡安娜很"傲慢"，于是伊丽莎白，这个宫廷中唯一地位高于她的女人成了她能"屈尊"接受的为数不多的同伴之一。

她们的友谊真实而深厚。在阿兰胡埃斯，德·克莱蒙夫人注意到胡安娜和伊丽莎白没有一天不互相拜访或互通消息。有时她们整天形影不离。她们每天早上望弥撒、野餐、跳舞、设计假面舞会和芭蕾舞剧、闲聊、拜访修道院，或参加附近修道院的晚祷。胡安娜爱好音乐，她邀请伊丽莎白在她的房间里待上几个小时，聆听中提琴和竖琴，或伊丽莎白从法兰西带来的长笛手演奏的美妙旋律。伊丽莎白教胡安娜骑从法兰西带来的马。那是一场考验。胡安娜更习惯乘车和骑骡子，她第一次尝试就摔下了马。为了让伊丽莎白高兴，胡安娜重新振作起来，又试了一次，直到她或多或少掌握了新技巧。

胡安娜在伊丽莎白最脆弱的时候照顾她。"周五早上，她的偏头痛发作了，"德·克莱蒙夫人谈到伊丽莎白另一次慢性头痛发作时写道，"她没有起床，而是望弥撒，在床上用餐。那天晚上，王妃来看她。"伊丽莎白可能从未同别人有过更亲密的关系，就算是小时候和玛丽·斯图亚特也没有。当然，对胡安娜来说，没什么比"恐惧"更能支配伊丽莎白和凯瑟琳的关系了。

然而，凯瑟琳认为伊丽莎白应首先效忠母亲，其次才是胡安娜。王妃只是凯瑟琳实现目标的另一个工具,她认为伊丽莎白也有同样的目标。"不要放过任何机会阻止王储娶除你妹妹(玛戈特)以外的任何女人,"她对女儿说,"我听说王妃很喜欢你。为了实现目标,你得让她帮你。"

与此同时,凯瑟琳给伊丽莎白布置了另一项任务。吉斯兄弟成了王太后的眼中钉。他们强硬地推行复兴天主教的计划,破坏凯瑟琳的权威。为了奉承虚荣的纳瓦拉国王,他们试图说服他打破与凯瑟琳的协议,自己接过摄政权。吉斯兄弟隐约感觉只要诱饵选得对,安托万·德·波旁就会放弃支持胡格诺派,转而支持法兰西的天主教事业,从而削弱凯瑟琳的调停策略。他们让安托万相信,如果他独自摄政并控制军队,就能从西班牙手中夺回纳瓦拉,因为只有这样他才能赢得腓力二世的尊重。1561年2月和3月之交,安托万开始对凯瑟琳一手掌控摄政权感到恼火,抱怨自己在纳瓦拉的权力迟迟不能实现。这正中吉斯兄弟下怀。

恐惧的凯瑟琳又给伊丽莎白写了一封信,行文支离破碎、杂乱无章,几乎没有意义。但从这封乱糟糟的信中,伊丽莎白看出了如下请求:"如果你希望我得到安宁,如果你还爱我,那就让你的丈夫腓力二世国王给纳瓦拉国王一个准话吧。"也许腓力二世可以归还西班牙占领的部分纳瓦拉领土,甚至可以用另一块西班牙土地,比如萨迪尼亚来代替。当然,只要送点儿小礼物,纳瓦拉国王的抱怨就会被压下去,他与凯瑟琳的友好关系就会恢复。

对任何人提出这样的请求都是危险的,更不用说对一名少女了。伊丽莎白不仅干涉玛丽·斯图亚特的婚姻,现在还要试图影响丈夫与另一位地位同等的国王的关系。可以看出凯瑟琳有多绝望。

❖——❖——❖

凯瑟琳似乎从不怀疑伊丽莎白对自己的孝顺和忠诚。在西班牙的头几年里，伊丽莎白对她的要求百依百顺。"您的孝顺女儿"——小姑娘在每封信的末尾都这样签名。虽说这不过是个例行公事的签名，但这几个月来伊丽莎白用行动证实了它的准确性。在盲目遵从母亲意愿的过程中，伊丽莎白养成了表里不一的性格，甚至对她的亲密伙伴也是如此。

3月，针对玛丽·斯图亚特的谋划愈演愈烈，凯瑟琳终于为德·克莱蒙夫人定下了离开的日期。这位侍女似乎没意识到西班牙人对自己的敌意有多深，也没意识到凯瑟琳打算把自己接回国。凯瑟琳让伊丽莎白假装什么都不知道。"德·克莱蒙夫人前几天来找过我，"深感内疚的伊丽莎白向利摩日承认，"她让我发誓，我和您对她要离开这事一无所知。因为我担心如果我不这样做，她也许会生病……我发了誓，至少您没有对我透露过，也保证您什么都不知道……我保证我会像完全不知情一样问您。"[1]后来伊丽莎白可能后悔说了谎。德·克莱蒙夫人永远离开西班牙后，伊丽莎白非常想念她。"我无法告诉您失去这么好的伙伴我有多难过。"她告诉凯瑟琳。凯瑟琳温和地解释了德·克莱蒙夫人离开的原因："免得你丈夫认为我在利用她当间谍。"尽管如此，她总是期望伊丽莎白完全顺从。

在凯瑟琳看来，这种互动简单易懂。王太后期待女儿绝对地、近乎机械地服从自己，还需要她无限信任自己。她从来没有给过女儿质疑自己决定的余地，比如玛丽·斯图亚特和唐·卡洛斯联姻是否对由伊丽莎白担任女王的西班牙有利，或者这桩婚姻是否能缓和法兰西的宗教矛盾。凯瑟琳的所作所为好像伊丽莎白只是自己意志的延伸：只要凯瑟琳觉得合适，伊丽莎白就会为她服务。

---

[1] 德·克莱蒙夫人得知自己要离开后非常痛苦，认为自己辜负了凯瑟琳。利摩日主教请凯瑟琳向德·克莱蒙夫人保证她没有恶意；伊丽莎白也要求凯瑟琳温柔地对待德·克莱蒙夫人。显然，三人都担心一旦德·克莱蒙夫人回到法兰西，凯瑟琳就会惩罚她。

凯瑟琳似乎也从未考虑过自己的谋划会不会危及伊丽莎白在西班牙的安全。她让伊丽莎白对付自己的丈夫、利用其与胡安娜的友谊——这无疑是伊丽莎白在西班牙福祉的重要组成部分，但她从不为伊丽莎白担心。

同样，凯瑟琳要求伊丽莎白阻止一场既有利于唐·卡洛斯（伊丽莎白的新朋友兼继子），又有利于玛丽·斯图亚特（伊丽莎白的老朋友、仍被伊丽莎白称为"姐姐"的女孩，凯瑟琳也曾视其为女儿）的联姻，却从未良心不安。在这段时间里，每当凯瑟琳公开（而不是用暗语）指称玛丽女王时，都没有流露出对这个悲伤的年轻女子的哪怕一丝怜悯。对凯瑟琳来说，界限是明确的：如果说伊丽莎白是凯瑟琳本人的延伸，那么玛丽女王就是全心全意地效忠吉斯家族。

"她一如既往地对我卑躬屈膝，"那年3月，心怀恶意的凯瑟琳在给伊丽莎白的信中说，"但我毫不怀疑她的真实意图。"

对凯瑟琳来说，若涉及政治，友谊就可以牺牲。弗朗索瓦二世一死，凯瑟琳和玛丽女王的关系就断绝了，但是血缘关系（母亲与孩子的关系，或者至少孩子与母亲的关系），仍然牢不可破，甚至比婚姻誓言还要牢固。

在过去的十八个月里，凯瑟琳给伊丽莎白寄了无数信件和礼物。现在，她对伊丽莎白的深爱，以及伊丽莎白与法兰西和家人间尚未割裂的纽带，将在她最需要的时候提供政治帮助。伊丽莎白是法兰西的公主，帮助祖国难道不是她的责任吗？然而，随着凯瑟琳的恐慌加剧，她在信中表达出的态度也略有变化。伊丽莎白必须为母亲着想，这是凯瑟琳反复强调的信息。也许，她相信只有这样说才能激励伊丽莎白去做必要的事。或者对凯瑟琳来说，她自己的权威和法兰西的幸福已经合二为一了。

如果法兰西处于和平时期，凯瑟琳也许不会如此逼迫伊丽莎白。可是在当时的情况下，凯瑟琳必须紧紧抓住她。

3 考验

♦——♦——♦

1561年的春天来了。凯瑟琳收到的消息令人沮丧担忧:伊丽莎白没能取得进展,玛丽·斯图亚特的婚姻计划似乎进展迅速。利摩日忙着破译从某位法兰西修士那里截获的加密信件。(大使怀疑)这名修士代表吉斯兄弟来到西班牙"拆散某桩婚姻,再缔造别的联姻"。他告诉凯瑟琳,信中提到了"那位先生"。更糟的是,伊丽莎白说腓力二世对玛戈特态度冷淡。虽然一开始他对小女孩的画像赞不绝口,但在接下来的几个月里,他对瓦卢瓦家族最小的女儿失去了兴趣。

5月,凯瑟琳在写字台上铺开一张米色的纸,用笔蘸了蘸墨水。在恐慌中,她又策划了另一桩婚事来切断玛丽·斯图亚特的前途:如果胡安娜王妃不支持玛戈特,也许伊丽莎白应该说服王妃,即她的新朋友和小姑子,自己嫁给唐·卡洛斯。

凯瑟琳又一次让伊丽莎白做自己的传声筒。

"我的女儿,我读了你关于你的女王姐姐和王子结婚的信。[1]看到他们还在议婚,婚事似乎有新发展,若你认为玛戈特不可能嫁给王子,那么你应该全力帮助王妃胡安娜嫁给王子……告诉她,没有什么比看到她嫁给王子卡洛斯更能让你感到安慰的了,因为你们是朋友,你希望她升到最高的地位。如果她这么做,你们俩就能永远待在一起了。让她诚实地告诉你她对这件事的感受,这样你就可以在这件事上更好地帮她。你必须清楚地表明你爱她,希望既能让她无忧无虑,又能维护她的尊严。我的女儿,因为你爱我们,我劝你帮助她,尽一切可能让她嫁给他。"

凯瑟琳不排斥近亲结婚。她非常清楚哈布斯堡家族喜欢内部通婚。

然后凯瑟琳把话题转到暴躁的纳瓦拉国王——伊丽莎白的第二项任

---

[1] 凯瑟琳还坚持称玛丽·斯图亚特为伊丽莎白的"姐姐"。

务。凯瑟琳觉察到伊丽莎白不愿干预，便改变策略。"我已经写信给你，让你和你丈夫谈谈纳瓦拉国王的补偿问题……所以我不再赘述，只恳求你遵照我给利摩日主教的指示去做。如果你想帮助我，你就必须尽可能地帮助他。我的女儿，这会让纳瓦拉国王满意，而你丈夫对法兰西的期望也会实现。"

"我的女儿，"凯瑟琳继续说，"想想看，如果你达成了腓力二世的愿望，你会立多大的功啊……然后我就能把这里的一切安排得让你丈夫满意。"凯瑟琳把伊丽莎白的不同责任混为一谈：侍奉凯瑟琳和侍奉腓力二世已经合二为一了。

信末，凯瑟琳直截了当地以家人身份提醒她。"我不再教训你了，因为我相信你会尽你所能听从大使的劝告。我在这里过得很好，你的兄弟姐妹们也一样。我向上帝祈祷，请上帝也保佑你，只要你愿意，上帝就会继续赐你幸福和满足。"

因为你爱我们。如果你想帮我。女儿的责任被归结为爱和服从，由"恐惧"提炼而成，正如凯瑟琳自己曾经所说。这就是依恋的魔力。

凯瑟琳把爱当作诱饵。伊丽莎白的确爱她的母亲。她对凯瑟琳的爱，以及对母亲赞许的深切渴望，一直主导着她的生活。现在，凯瑟琳在检验这种感情。如果伊丽莎白爱她的母亲，她就会完全按照母亲的话去做。伊丽莎白所希望的一切都由此而来：祖国的和平；腓力二世的赞许；上帝的祝福；当然，还有她母亲永恒的爱。

这也正是凯瑟琳的期望。

4
回报
1561年，
法兰西、西班牙、苏格兰、英格兰

1561年5月底，如释重负的凯瑟琳对伊丽莎白欢呼："多亏纳瓦拉国王对我的爱和服从，我才有安稳日子过。""我向你保证，即便我自己的儿子也不会比他更听话。"当凯瑟琳意识到伊丽莎白在西班牙没能取得进展时，她开始在法兰西国内自行采取行动。应王太后的命令，她那位姓波旁的朋友和亲戚、极具外交手腕的德·蒙庞西耶夫人介入此事。夏尔九世继位时，正是德·蒙庞西耶夫人说服安托万·德·波旁接受副摄政的位置的时候。她告诉他：与凯瑟琳合作比与她作对要好。现在，这位好心的夫人又一次不辱使命。

当然，凯瑟琳继续说，伊丽莎白仍然要说服腓力二世补偿纳瓦拉国王，只是目标变了：凯瑟琳现在要的不是收买纳瓦拉国王，而是让他一直开心。

几天后，伊丽莎白带来了她自己的好消息，也是王太后能得到的最好消息：经过数月秘密谈判，玛丽·斯图亚特和唐·卡洛斯议婚失败。不知怎的，腓力二世发觉凯瑟琳对这桩婚事起了疑心。为挽回面子，他假装不知道这件事。"他听说您认为吉斯兄弟一直在讨论西班牙王子和他们外甥女的婚事。他向我保证，情况并非如此。他要我告诉您，他很想知道这个谣言的来源……我告诉他,您对我只字未提,我也不认为您会有这样的怀疑。"对伊丽莎白来说,撒谎越来越容易了。

如果大家都假装无事发生,两个王国就可以携手前行,联盟也会稳固不变。事实上,有几个疑问使腓力二世推迟了这桩婚事。首先,他不愿危及吉斯家族在夏尔九世御前议会中的地位。其次,他还有英格兰女王要对付。伊丽莎白·都铎听说他们在议婚,怒不可遏地向腓力二世明确表示,她认为这桩婚事是西班牙方面公然的敌对。最后,是他妻子的温柔催促,她不停谈起妹妹玛戈特——腓力二世无疑怀疑她是在凯瑟琳的怂恿下这么做的。由于这三个女人的纠缠,同时腓力二世私下对唐·卡洛斯仍然心存疑虑,他认为最好先搁置这桩婚事。

凯瑟琳和伊丽莎白·德·瓦卢瓦都知道,这只是暂时的决定。纳瓦拉国王可能会改变主意不和凯瑟琳合作,吉斯和西班牙仍有可能重新议婚,凯瑟琳也不能保证唐·卡洛斯终有一天会娶玛戈特。不过就目前而言,她赢得了战斗。

最重要的是,她得到了伊丽莎白忠诚的保证。她的女儿尽已所能地发挥作用,这个胜利虽小,却是决定性的。"伊丽莎白的权威和美德与日俱增,"利摩日主教肯定地说,"她希望……您能继续写信,鼓励她与丈夫交流,同时帮她维持之前已相当有效地表现出来的自信和勇敢。"**帮我就是帮你**,伊丽莎白可能会说。母女俩互相支持。凯瑟琳答应了,她相信长女仍然坚定地站在自己这边。

❖——❖——❖

玛丽·斯图亚特离开法兰西的前几天,凯瑟琳·德·美第奇举办了一场演出。7月,玛丽女王在圣日耳曼-昂莱见到了宫中众人,这里是小育儿院的旧址,也是保存她快乐童年回忆的地方。凯瑟琳策划了奢华的欢送仪式、四天庆祝活动和适合尊贵寡居王后身份的壮观表演。

24日,玛丽女王与大家告别。在公开场合,凯瑟琳以苏格兰女王离去为憾事,但她实际非常高兴看到玛丽女王离开。

"她八天前就上了船,如果顺风的话,她已经到了苏格兰。"几周后,凯瑟琳在给伊丽莎白·德·瓦卢瓦的信中这样潦草地写道。她松了口气,这个制造麻烦的孩子终于回大洋彼岸去了。

尚托奈向腓力二世提供了其他细节。"玛丽女王前天离开了宫廷",他在7月26日写道。由于玛丽女王仍不批准《爱丁堡条约》,英格兰女王拒绝给她发通行证,不许她的船只靠近英格兰海岸。伊丽莎白·都铎还要求玛丽女王放弃"对英格兰王位的觊觎",并要求她返回苏格兰时"带去的法兰西人不得超过一百"。玛丽女王不理睬英格兰女王。"把一切事项都推迟到回苏格兰之后。她现在正前往加来,那里有两艘船在等着她。"腓力二世国王已经为玛丽签发了安全通行证,若她需要在佛兰德斯登陆就可以使用,但伊丽莎白·都铎没有给予她这样的善意。

在之前的几个星期里,玛丽女王的船一直慢慢沿曲折路线向加来港口驶去,一边哀悼,一边推迟启程日期。即使在她留在法兰西最后的日子里,也有朝臣怀疑她会改变主意留下来。然而最终在8月14日,玛丽女王认命地登上一艘漆得闪闪发光的白色桨帆船。她的大部分随从都挤上了第二艘船——这艘船的颜色鲜红,船尾挂着两面旗帜,一面蓝色,绣着法兰西的纹章;一面白色,"银光闪耀"。玛丽女王不顾伊丽莎白·都铎的警告,带走了大批法兰西人。在她的随从中,有四位名叫玛丽的女孩,那是跟随她从苏格兰来到法兰西的朋友,现在已经长大成人,还有她的三位姓吉斯的年轻舅舅。吉斯公爵和洛林枢机主教留在法兰西。

在圣日耳曼-昂莱的最后几天里,法兰西宫廷送给玛丽女王许多礼物。她现在带着这些礼物,还有她在法兰西度过的童年的其他纪念品——

头巾、诗集、刺绣品，以及凯瑟琳送她的那串粗珍珠项链。没有什么礼物能像皮埃尔·德·龙萨为她写的哀歌那样动人。龙萨说，没有玛丽，法兰西就像褪色的肖像画，像一枚被剥夺了"宝贵珍珠"的戒指。在所有法兰西诗人中，龙萨是玛丽女王的最爱。在未来的岁月里，每当她想家的时候，她就会哭着翻阅他的诗集。

她的船队中午起锚，下午剩下的时间里大家都在甲板上漫步，船只奋力驶向开阔水域。布朗托姆也在随同玛丽女王前往苏格兰的法兰西使团中。后来他回忆起，他看到玛丽女王坐在甲板上，拒绝回下面的舱房。船慢慢离岸，一阵微风吹满了帆，她仍然坐在舵边不动。玛丽女王举起双臂，从侧舷回望海岸线，然后她崩溃了。"再见了法兰西！"她哭着说，"再见！"她在舵旁待了近五个小时。

那天晚上她几乎不吃不睡。她拒绝回到甲板下的房间，侍女就在甲板上为她搭了张床。玛丽女王躺进被窝，恳求舵手：如果明早还能看到法兰西的海岸线，就早点儿叫醒她。

第二天早上，她醒来时仍能遥遥望见海岸线。风已经停了，不能把船吹进深海。"命运眷顾了她。"布朗托姆说。但这礼物很残酷。当风终于起了，把大船吹向开阔的海面，她又抽泣起来。她的话后来广为传诵。"再见了法兰西！一切都结束了。再见了法兰西！我再也见不到你了。"

正如她预言的，玛丽女王再也见不到自己童年生活过的国家了。回到法兰西仍然是她最热切的愿望，这个愿望影响了她以后的所有选择。对玛丽来说，法兰西不仅仅是个地名，而是一种心态。她在那里躲过童年的危险，那里还有疼爱她的家人、奉承她的朝臣，以及视其为实现终极帝国梦想的国王。现在一切都消失了。尽管几乎所有写给安托瓦妮特的信都丢失了，但玛丽仍尽可能坚持与吉斯舅舅和外祖母保持稳定通信。在接下来的几年里，特别是在重大的危急时刻，玛丽女王会说她希望能回法兰西和外祖母住在一起。她非常想念安托瓦妮特,一心只想回家。[1]

风一起,玛丽女王的帆船就驶向了爱丁堡北边的利斯。十三年前,玛丽女王勇敢地穿过爱尔兰海,经历了十六天疾病和海浪的折磨;现在她回国只需要快速穿过英吉利海峡。船只短暂途经荷兰海岸,然后沿着英格兰东海岸前进——仅仅五天。8月19日早晨六点,就在浓雾开始消散时,玛丽的桨帆船悄悄到达了利斯。船上的法兰西人一直在寻找预兆,他们认为这预示着不祥。多年后,苏格兰加尔文主义传教士约翰·诺克斯表达了同样的观点,对这位让他恨之入骨的年轻女子,他的话中满是蔑视。"玛丽登陆的前后两天都不见太阳,"诺克斯写道,"这是上帝预先降下的警告。但是,唉,大多数人都是瞎子。"

大雾很可能反映了玛丽女王的心情。她从五岁起就再没见过苏格兰。看到等待自己的马车时,她的心一沉。帆船开得太快了,利斯的接风会安排得很匆忙。据布朗托姆说,她抱怨:"这些比不上我熟悉的法兰西的富丽场面、美食和良马。"那天晚上,女王睡在霍利鲁德修道院,市民们聚集在她的窗下,拉着小提琴,在赞美诗集上签名,表达敬意。约翰·诺克斯后来说,玛丽喜欢这些乐师。但布朗托姆抱怨说,他们的调子很不协调。甚至几十年后,信奉天主教的布朗托姆也无法掩饰对苏格兰人的蔑视。他不禁为玛丽感到悲伤,因为她回到的是异端者和野蛮人的国家。

❖ —— ❖ —— ❖

几年后有人传谣,说玛丽女王离开法兰西前,凯瑟琳·德·美第奇

---

[1] 十八岁的玛丽女王凝视着法兰西,同时风将她的船吹向苏格兰。布朗托姆笔下的这一形象完美地隐喻了玛丽女王人生的下一篇章,让人怀疑这是他编造的。这艘国家之船确实已经启航。虽然玛丽女王掌着舵,但她只是乘客,对自己曾在法兰西拥有的一切念念不忘。

强迫吉斯兄弟做出选择。他们可以安排玛丽女王嫁给敌对的王国，也可以站在法兰西利益这边。最后，像善良的法兰西人一样，他们宁愿为法兰西谋福利，也不愿为外甥女谋利益。根据某位历史学家的说法，玛丽女王在法兰西逗留的最后几天里曾向吉斯公爵征求她再婚的建议，公爵没有回答，只是说"他不知道谁最适合她"。

当然，吉斯兄弟会继续给她写信，给她出主意。但玛丽仍然感到他们在彼此疏远。她作为孤儿回到苏格兰。与伊丽莎白·德·瓦卢瓦不同的是，她没有母亲"牵着她的手"，就像安托瓦妮特在玛丽女王五岁来到法兰西时做的那样。她的负担也不同于伊丽莎白·德·瓦卢瓦。如果玛丽女王能像伊丽莎白一样，成为强大国王的妻子，不必自己费心统治国家，她会怎样做呢？如果精于政治的玛丽·德·吉斯还活着，也许玛丽女王根本就不会回到苏格兰，而是会选择嫁给贵族丈夫，扮演适合她的贤妻角色。或者，如果玛丽·德·吉斯还活着，她可能会继续为女儿摄政，直到玛丽女王成长到能亲政为止。

如果法兰西的局势不像现在这样，也许会有另一个女人来引导玛丽女王。伊丽莎白·德·瓦卢瓦的经历证实，凯瑟琳·德·美第奇有能力带领年轻的女王在新王国和错综复杂的文化中成长。在婆婆身上，玛丽女王可能会找到指引自己的母性之手。然而，吉斯兄弟冷酷无情的政策，以及他们在国内赤裸裸争权的表现让凯瑟琳疏远了玛丽女王，也损害了她们之间一度融洽的关系。很久以前，凯瑟琳曾说玛丽女王在她年老时能给她安慰，但现在王太后把她看作实现吉斯兄弟野心的软弱工具。尽管凯瑟琳写给玛丽女王的信已散佚，但王太后和女王还是会在适当的时候通信。[1]

---

[1] 玛丽女王在自己的信中反复提到凯瑟琳的信。

在这段时间里，玛丽女王与凯瑟琳的交流很有礼貌，始终在信末尽责地签上"您最谦卑、最听话的女儿"等字样，但她的信却没能流露真正的温情。直到后来，当玛丽女王认为自己真的需要凯瑟琳时，她才放下矜持的态度。

实际情况是，玛丽女王回到苏格兰之前就失去了能给她忠告的母亲。她没有真正的政治盟友，没有监督者，也没有胡安娜王妃陪她进入这个陌生的国家。她在政事方面仍不成熟，需要有人为她摄政。但她已年满十八岁，按法律规定无需摄政王。她只能靠自己。

玛丽女王还想争取某位女士的帮助。正如学者苏珊·多兰所言，玛丽女王可能因为极度孤独，才如此热切地寻求伊丽莎白·都铎的友谊，以确保伊丽莎白女王认可她的英格兰王位继承顺位：这份友谊，这份遗产，将成为玛丽最著名的心魔。甚至在离开法兰西去苏格兰之前，玛丽女王就会见了英格兰大使尼古拉斯·思罗克莫顿，通过他向她的女王表姐示好。也许玛丽女王相信伊丽莎白女王能帮她在苏格兰宗教和政治的黑暗水域中航行，做她的朋友和向导，就是那种她一向依赖的年长亲戚。若玛丽女王能成为英格兰的继承人，伊丽莎白女王也许会与她结盟，并提供她需要的帮助。也许到那时，玛丽手下信奉新教的苏格兰贵族就能被安抚好——至少玛丽是这么希望的。

玛丽对英格兰王位的渴望很复杂。她住在法兰西时，英格兰的君主王冠就像法兰西王后的后冠一样对她影响很大。她还是孩子的时候，亨利二世正是看中她英格兰王位继承人的身份，才把她接到法兰西保护起来——她的避难所是用英格兰王冠换来的。我们永远不可能知道玛丽女王私下是怎么想的，也许她也读不懂自己的心思。不过也许她是想向诸侯、其他君主，甚至向她自己证明她仍有价值。凭借英格兰王位继承权，她可以收回她失去的东西，比如无与伦比的地位、王室丈夫和一个家。

布朗托姆写道,多年以后,吉斯兄弟意识到把玛丽女王送回苏格兰是个错误,并"为他们的错误感到后悔"。

❖ —— ❖ —— ❖

利斯的雾散去后不久,使者们就骑马南下,把玛丽女王在苏格兰登陆的消息告知英格兰宫廷。如果说凯瑟琳·德·美第奇对玛丽女王的离去感到欢欣鼓舞,那么伊丽莎白·都铎对玛丽女王的归来则近乎苦恼。在离开法兰西之前,玛丽女王曾向英格兰使节尼古拉斯·思罗克莫顿明确表示,希望伊丽莎白女王能尽快承认她对英格兰王位的继承权。现在玛丽女王又把王位继承的问题抛回给英吉利海峡对岸的伊丽莎白女王,使本已让人焦虑不安的问题雪上加霜。1560年的苏格兰战争加重了英格兰女王的财政负担,《爱丁堡条约》仍然悬而未决。她自己的臣民也为英格兰的继承权而烦恼,并要求她结婚生子。伊丽莎白女王不愿意这样做。

她即位不久就向下议院宣布:"我的大理石碑上会写:在位多年的女王,毕生都是处女。对我来说这就足够了。"这个回答不能满足任何人。虽然伊丽莎白女王大声表示反对,但她的顾问和御前议会继续敦促她结婚。玛丽女王的归来只会让他们加紧对她结婚并生下继承人的催促,以确保她的王位不受苏格兰天主教女王的影响。

1561年夏末,伊丽莎白女王年近二十八岁,在位近三年。她举止傲慢、喜爱奉承,议事时爱骂人、令人困惑地拒绝结婚,但大胆鲁莽的表象下隐藏着痛苦的不安全感。伊丽莎白女王是安妮·博林和亨利八世的女儿,三岁时就被父亲宣布为私生女。虽然他最终恢复了她的英格兰王位继承顺位,但从未恢复其合法身份。她的童年很孤独,基本上没有朋友;母亲犯通奸罪被处决，成为她永远无法摆脱的阴影。直到九岁父亲都不肯见她。除了最后一位继母凯瑟琳·帕尔，她几乎与任何一位继母都没有关系。然而，两人的友谊并没有持续多久。父亲去世后不久，十三岁的小伊丽莎白加入凯瑟琳和新婚丈夫托马斯·西摩的家庭。托马斯·西摩是小伊丽莎白同父异母弟弟爱德华六世的叔叔，而爱德华六世是新国王。不久，凯瑟琳发现西摩把小女孩抱在怀里，就把小伊丽莎白送到别处去住。小伊丽莎白很可能爱上了这个年长的男人，喜欢他的爱抚。她太年幼了，没有意识到他出于政治野心才引诱自己。

　　二十岁出头的时候，伊丽莎白经历了同父异母的姐姐、天主教徒玛丽·都铎的可怕统治。玛丽·都铎厌恶她的新教信仰，认为伊丽莎白是私生女，无权继承王位。伊丽莎白忍受同教者的迫害，隐藏信仰，为继承王位而战。她收买支持者，发起秘密运动，密谋迫使她姐姐就范。这招勉强奏效：玛丽·都铎直到临终才终于承认伊丽莎白的权力。

　　伊丽莎白为了自己与生俱来的权力饱受折磨，艰难登上英格兰王位。议会中有不少人仍然质疑她身份的合法性，但伊丽莎白女王不打算放弃王位。她担心任何可能损害自己权力的行为，不对任何类似行为掉以轻心。谁敢这样做，谁就是她的敌人。

　　尽管如此，伊丽莎白女王对苏格兰女王的感情还是矛盾的。她有理由欣赏玛丽女王：苏格兰女王像是位贤惠的年轻女子，正为爱侣哀悼；为尽职责，她回到祖国，回到臣民中。甚至玛丽女王对英格兰王位的要求也不完全冒犯伊丽莎白女王。理论上，玛丽女王没有合法权力：英格兰的亨利八世在1544年的《继承法案》(*Act of Succession*) 和遗嘱中都废除了自己苏格兰亲属的继承权。玛丽女王的主张基于血缘——她是亨利八世长姐玛格丽特·都铎的后代。伊丽莎白女王可以接受这个说法，她认为血缘比法律更能证明自己得位正当。[1]

尽管如此，玛丽女王似乎过于渴望得到那顶尚未属于她的王冠。在亨利二世和弗朗索瓦二世的统治下，她敢于把苏格兰和英格兰的纹章放在一起，就好像她已经是英格兰女王一样，这让伊丽莎白·都铎非常恼火。是什么让玛丽女王现在更值得信任？就在那年夏天，苏格兰女王在巴黎对思罗克莫顿许诺的只有友谊。玛丽女王说，在那之前的一切都是她丈夫或公公一手促成的。她的誓言似乎很认真。

然而令伊丽莎白女王懊恼的是，玛丽女王仍然不签署《爱丁堡条约》。她的犹豫引起了英格兰女王的怀疑。只要一个签名，玛丽女王就能证明她的善意。她可以平息对方的敌意，那么，她为什么要拒绝呢？

吉斯兄弟的所作所为使伊丽莎白女王愤怒，他们主张的天主教财政紧缩政策使她反感。她还认为吉斯兄弟视自己为篡位者，并怀疑他们长期觊觎英格兰王位。她确信是吉斯兄弟煽动玛丽女王拒绝签署《爱丁堡条约》。现在玛丽女王回到了苏格兰，是否也出于吉斯兄弟的授意？

❖——❖——❖

9月，玛丽女王新派驻英格兰的大使、莱辛顿领主威廉·梅特兰骑马前往英格兰宫廷呈交官方文书。他替玛丽女王转致问候，并再次询问伊丽莎白女王关于王位继承的问题。梅特兰发现这位红发的英格兰女王虽然没有自己侍奉的玛丽女王漂亮，但也很高贵；她像玛丽女王一样泰然自若，但远没有玛丽女王个子高。然而他很快就发现，伊丽莎白女王讲话甚至比玛丽女王更滔滔不绝；她的思想就像钉子一样尖锐。

伊丽莎白女王问了梅特兰一个同样尖锐的问题：为什么苏格兰女王

---

[1] 事实上，没有任何一位候选人有明确合法途径登上英格兰王位。亨利八世的婚姻问题，以及随后王国的宗教紧张局势，使英格兰陷入继承困境。

玛丽仍然拒绝签署《爱丁堡条约》？梅特兰结结巴巴地解释说，玛丽女王正忙着与国内领主打交道。伊丽莎白显然很生气。如果玛丽女王要拖延时间，自己就奉陪，以牙还牙。在那年9月的一系列谈话中，梅特兰得知伊丽莎白女王已经想明白了英格兰王位继承的问题。她的回答对玛丽女王来说不是好兆头。

伊丽莎白女王对苏格兰大使直言不讳：她担心自己作为英格兰女王的人身安全，但威胁并非来自玛丽女王，至少不只是。相反，威胁来自她自己的臣民。人们很贪婪，随时准备投靠他们认为对自己最有利的王室成员。伊丽莎白女王目睹过这种现象，当时在姐姐玛丽·都铎的统治下，她扮演着玛丽·斯图亚特现在的角色，然后人们成群结队地拥戴伊丽莎白女王，让玛丽·都铎孤立无援。伊丽莎白女王解释说，反复无常是英格兰人的特点。

"我知道英格兰人民反复无常。无论谁在台上，他们都不会满意，总是盯着下一个成功者。人天生有这种倾向。普鲁塔克说：夕阳不如朝阳。在我姐姐的统治时期，我很清楚大家多么渴望我上位，热切地想把我推上王位。"但现在伊丽莎白当了女王，大家就开始看向她身后的继承人。人就是这样，总在寻找下一个更好的东西。"就像孩子吃完苹果后睡觉，梦到了苹果，早上醒来找不到苹果时就哭一样，当我还是伊丽莎白公主时，每一个对我有好感的人，或者我对他有好感的人，都暗自幻想我登上王位后能赐他期望的奖赏。"没有哪个王子富有到能让每个人都满意，伊丽莎白女王也不例外。当人们意识到她无法实现他们的梦想时，就会转向下一顺位的继承人。

至于所谓的政治友谊，那不就是空中楼阁吗？每个善意表达的背后都隐藏着威胁。玛丽女王答应结盟，但伊丽莎白女王怎么能确定苏格兰女王一旦成为继承人，就不会与信奉天主教的英格兰臣民串通一气呢？

她怎么知道玛丽女王不会把她从英格兰王位上赶下来呢？梅特兰想尽一切办法让她放心，给她担保，然而伊丽莎白了解人性。"若有希望获得王位，就很难用担保来约束亲王。"

不，伊丽莎白女王更愿意继续做初升的太阳。"当我戴上了这枚戒指，我就已经嫁给了英格兰，我一直戴着它作为象征。"她说，"只要我活着，我就是英格兰女王。我死后，谁最有权利，谁就继承王位。"她不愿透露未来君主的人选。

伊丽莎白女王把王位继承问题推给未来解决。如果苏格兰女王玛丽确信自己配得上英格兰王位，且拥有只有上帝才能赐予的继承权，那么王位最终就会落到她头上。但如果其他人比她更有资格，伊丽莎白女王就无权指定她作为继承人。耐心点儿，她劝告道，该是玛丽的，总跑不掉。

当然，她们仍可以是朋友。"我从没恨过她，"伊丽莎白女王告诉梅特兰，"她有英格兰血统，是我的表妹，我的近亲，所以我自然会爱她。"梅特兰再也无法从英格兰女王那里得到别的信息了。苏格兰大使失望地离开了。

❖ —— ❖ —— ❖

伊丽莎白女王利用与梅特兰的谈话播下了策略的种子。在接下来的几年里，英格兰女王不会粉碎玛丽女王对英格兰王位的期待，相反，她会保持这个希望不灭。她绝不会否认玛丽女王是英格兰王位最合法的继承人。伊丽莎白女王现在只是不愿承认这种说法。此外，伊丽莎白女王一直认为英格兰和苏格兰应该结盟。

这不是游戏。对伊丽莎白·都铎来说，这关系到她能否保住王位。她需要玛丽女王签署《爱丁堡条约》。在此之前，她以继承权为筹码（伊丽莎白女王怀疑玛丽女王把条约当作自己的筹码）。伊丽莎白女王知道

这本时祷书很可能是弗朗索瓦一世国王赐给凯瑟琳的，
书角有她和丈夫亨利二世名字首字母交织而成的图案。
后来凯瑟琳把她大家庭的肖像画也附在书中。

西班牙贵妇礼服，由丝绸和亚麻布制成。

16 世纪的坡跟鞋，在西班牙风行一时，
由丝绸和软木底制成。虽然它们不如在威尼斯
流行的那种鞋那么高，但穿者仍需迈小步走。
伊丽莎白爱穿这种坡跟鞋。

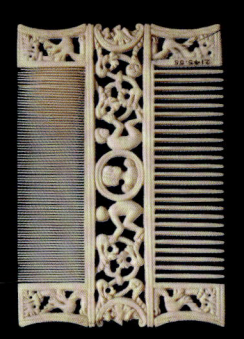

约 1550 年的法兰西象牙梳。
伊丽莎白嫁到西班牙，
以及玛丽女王回苏格兰时，
很可能各自携带了几把
类似的梳子。

意大利平边蕾丝的样品，
就是凯瑟琳在勒穆拉特
女修道院学会做的那种。
凯瑟琳教伊丽莎白和
苏格兰女王玛丽刺绣和编织。
伊丽莎白更喜欢绘画和素描，
但玛丽女王终生热爱刺绣。

凯瑟琳·德·美第奇在她最喜爱的舍农索城堡里的卧室。现有的室内装饰尽量重现16世纪凯瑟琳住在这里时的样子。

贵族妇女系的装饰性束腰带，好像低腰带。西班牙人认为法式腰带（如这条产于巴黎的腰带）太细了，他们喜欢更宽的腰带。

热爱音乐的伊丽莎白·德·瓦卢瓦把法兰西音乐家和乐器带到了西班牙。据说，这把"库尔茨小提琴"随年轻的王后从法兰西来到西班牙，作为送给腓力二世的礼物。

产妇躺在床上休息，家里的妇女为新生儿洗澡。我们有理由庆祝：母亲和孩子都熬过了分娩的磨难。

十六岁的夏尔九世,约 1566 年。这位年轻人看起来很严肃,而且生机勃勃。凯瑟琳希望他能开启一个盛世。

十二或十三岁的苏格兰女王玛丽。吉斯兄弟寄希望于她的美貌和个人魅力。

十二或十三岁的伊丽莎白·德·瓦卢瓦。不久后她就嫁给了西班牙的腓力二世。

凯瑟琳收藏的孩子们的肖像画。左上角起顺时针方向:五岁的苏格兰女王玛丽;凯瑟琳的儿子之一、初学步的弗朗索瓦在画家面前微笑,此时他大病初愈;凯瑟琳夭折的孩子,即两岁的路易和双胞胎让娜与维克图瓦。凯瑟琳把最后这幅肖像画贴在了她的时祷书上。

凯瑟琳和她的四个孩子。从左至右：埃库莱斯（后改名弗朗索瓦，安茹公爵）、夏尔九世、玛格丽特（玛戈特）和亚历山大－爱德华（后为亨利三世）。凯瑟琳握着夏尔九世国王的手，作为母亲的她，守护着她的孩子和法兰西。

伊丽莎白去世二十年后,索福尼斯巴·安圭索拉参照 1561 年伊丽莎白十五岁时的肖像,
凭记忆画了这幅画。这件作品捕捉到在这位西班牙王后身上很少见的超凡的美,
也许这证实了索福尼斯巴对她不渝的忠诚。

十六岁的玛丽·斯图亚特,纯洁的王太子妃。

弗朗索瓦一世华丽的盔甲。

凯瑟琳的丈夫、法兰西的亨利二世的小像。

在盛大的王室比武中，亨利二世戴着这种招摇的头盔。

这场比武最终导致亨利二世死亡，长矛刚刚折断，碎片四处飞溅。

让·克卢埃于 1527 年至 1530 年间为巅峰时期的弗朗索瓦一世画了这幅肖像画。

埃尔·格列柯为吉斯的夏尔，即洛林枢机主教、玛丽·斯图亚特最爱的舅舅绘制的肖像画。

茹安维尔，19 世纪艺术家想象中的吉斯家族在香槟的祖宅。

新教法官阿内·杜布尔格被烧死。为了看得更清楚,一个男孩爬上了格雷沃广场的十字架。

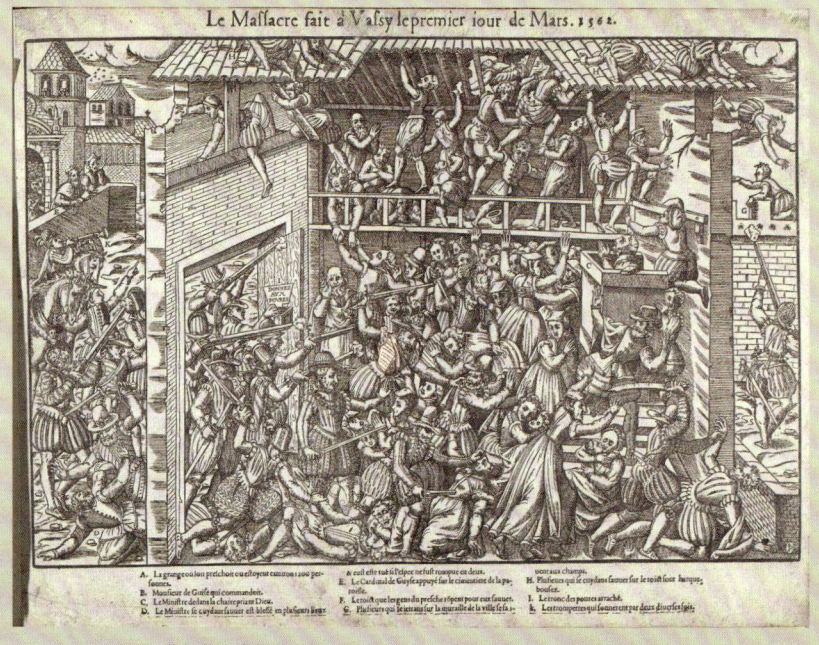

16世纪艺术家描绘的瓦西大屠杀。它引发了第一次法国宗教战争。新教徒逃到了他们做礼拜的谷仓屋顶。

安布瓦兹骚乱。有囚犯在城堡前被处决,还有人被吊死在塔楼上。

一幅描绘普瓦西会谈的19世纪油画记录了夏尔九世的青年时代。他的脚勉强踩到地板上的垫子。新教牧师发言时,夏尔九世目光游离。

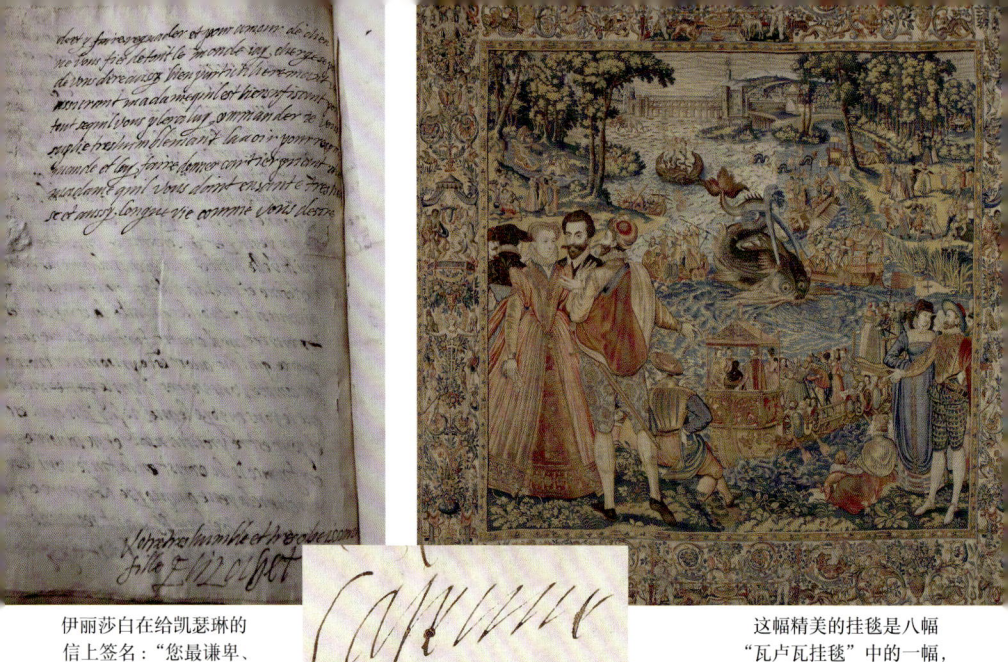

伊丽莎白在给凯瑟琳的信上签名："您最谦卑、最听话的女儿。"

凯瑟琳难以模仿的潦草签名。

这幅精美的挂毯是八幅"瓦卢瓦挂毯"中的一幅，展示了鲸鱼节，即凯瑟琳在巴约讷与伊丽莎白会面时安排的众多华丽表演之一。

16世纪意大利的文具匣。这个盒子既适合旅行时携带，又适合日常使用，便于存放书写工具和纸张。倾斜的盖子便于羽毛笔书写。

被囚禁在英格兰时，玛丽女王经常以刺绣消磨时间。大约在 1570 年，也就是她逃到英格兰两年后，她绣了这只鱼鹰（可能是在施鲁斯伯里伯爵夫人的帮助下）。

达恩利勋爵死后，讽刺的小册子在爱丁堡随处可见，玛丽女王被描绘成诱人的海妖，博斯韦尔伯爵被描绘成象征欲望的野兔。

为庆祝弗朗索瓦二世和玛丽女王结婚而发行的法兰西勋章。弗朗索瓦二世位于左边，表明他在婚姻和王国中的权威。

1567 年至 1568 年，玛丽女王被贵族们囚禁在利文湖堡。

阿兰胡埃斯王宫，西班牙国王的度假地，是伊丽莎白·德·瓦卢瓦的最爱之一。

索福尼斯巴·安圭索拉的自画像，
她是文艺复兴时期著名的艺术家，
也是伊丽莎白最喜欢的侍女之一。

19 世纪的画家欧仁·伊萨贝捕捉到了
伊丽莎白·德·瓦卢瓦离开法兰西时的悲伤。
凯瑟琳穿黑色，伊丽莎白穿白色。

奥地利的胡安娜,葡萄牙王妃,腓力二世最小的妹妹。

佛兰德斯艺术家安东尼斯·莫尔创作的腓力二世肖像画。西班牙国王对这幅画非常满意,他制作了几幅复制品,送到外国宫廷。

"巴约讷肖像"。伊丽莎白大约二十岁,已经跟上了西班牙的时尚潮流:她的黑色长袍上装饰着银色的"puntas",她系着宽腰带,右手拿着腓力二世的小像。

腓力二世委托艺术家在埃斯科里亚尔建造他家人的黄金雕像。唐·卡洛斯,高大强壮,站在腓力二世的右后方。伊丽莎白,腓力二世心爱女儿的母亲,跪在他身后。

这是已知克卢埃为凯瑟琳画的第一幅肖像画,约 1550 年。
从高领礼服和神秘微笑可以看出,她怀孕了,怀的可能是路易或夏尔。
当时三十岁的她已为王室生了几个孩子, 在宫中站稳了脚跟。

国内外的天主教敌人都在密谋反对自己,利用玛丽女王的王位继承权来对抗自己。如果伊丽莎白失去王位,她将被视为篡位者。最好的情况是监禁,最坏的情况是被送上断头台。

多年来,玛丽女王一直没有觉察到这一策略。她相信伊丽莎白女王最终会回心转意,就像英格兰女王的顾问们认为总有一天她会同意结婚一样。每次获赠一首诗或一封信、一幅卧室里的画像,或一颗戴在手上的珠宝,玛丽女王都相信自己能打动伊丽莎白女王。然而,她的每次努力最终都会遭到伊丽莎白女王阻挠。

她们本应是朋友。她们有那么多理由能结成紧密的联盟。詹姆斯勋爵看得出她们有不少共同点:都是女性的她们天生就是维和者,她们还是表姐妹。他告诉伊丽莎白女王:"两位女王都正值青春,在最优秀、最善良的品质方面很相似,上帝再慷慨不过地赋予她们自然的礼物和财富。"但是,如果说她们本应因性别而团结,却最终因性别而生分。伊丽莎白和玛丽周围都是对女性统治充满敌意的男性,这是她们王位不稳的原因之一。于是她们都采用了自认能够巩固王位的策略,也因此而彼此对立。

玛丽女王追求的目标与伊丽莎白女王相同。她也希望做朝阳——事实上,她的整个童年都是作为法定继承人度过的。她体验到了承诺未来和成为继承人(无论是作为配偶继承法兰西后位,还是作为君主继承英格兰王位)的力量。那道光曾为玛丽女王灿烂燃烧,她多么渴望再次沐浴于其中。

然而事实证明,英格兰的继承权是一场零和博弈。玛丽女王认为自己需要王位继承权来安抚信奉新教的臣民、赢得其他君主尊重、实现自我价值。在英格兰,伊丽莎白女王有必要把继承问题作为筹码,哪怕只是为了控制臣民。玛丽女王后来意识到,伊丽莎白女王掌握着一切权力。

她是在位的英格兰女王，而玛丽女王只是觊觎者。直到伊丽莎白女王去世，继承人的选择都由她一言而决。

　　伊丽莎白女王的确会让玛丽女王等待。这位苏格兰女王等了将近三十年。她会一直等到生命尽头。

第四部分

1
女王的信仰
1561—1563 年，
苏格兰、法兰西、西班牙

五岁那年，苏格兰女王玛丽第一次意识到自己是众人关注的焦点，她为此感到奇怪且不适。她几乎从出生起就戴上了王冠，但作为统治者的勇气仍未经考验。童年时，她把思考和管理的权力交给母亲，自己只负责在白纸上签名。玛丽女王的书本知识是在教室里孤立的学术空间中获得的，是"纸上谈兵"，只偶尔触及实际政策。"苏格兰女王"一直是抽象的头衔，更像是供她骄傲展示的宝石，而非意味着大洋彼岸她长久未见的王国、疆土和人民。法兰西的宫廷生活是她看得见、摸得着的有形世界，吉斯兄弟让她留在这个世界的中心。玛丽女王从没问过自己该不该这样生活。

玛丽女王把受过的教育当作又一件精美饰品。在童年时代，虽然谈不上技巧，但她已经学会演奏维吉那琴。她持一支优雅的笔，尽职地在书桌前花几小时写漂亮的斜体字，背诵西塞罗华丽的诗篇，然后溜出去找舞蹈老师和小马。经导师指导，她能流利地背诵拉丁语演讲词。但如今，现实生活在召唤，议员们在等待她的命令。母亲曾试图培养玛丽女王的治国能力，送给她一本记载了王国中显赫贵族的书，书中描述了哪些人忠于国王，哪些人有煽动性。如果玛丽·德·吉斯能活得久一点儿，也许会在玛丽女王的政治教育上投入更多心力。也许玛丽女王试过了，但没能学进去。

在法兰西，洛林枢机主教给玛丽女王暗示，并在她耳边低声点拨。在苏格兰，面对贵族们评估自己的目光，玛丽女王只能猜测她的舅舅会给出什么建议。她给法兰西发了信，提心吊胆地等待答复。但枢机主教现在离她很远，他的注意力更多地投注在法兰西国内日益紧张的局势上，而不是他在苏格兰的外甥女的命运上。这是玛丽女王第一次被迫运用自己有待磨炼的判断力。

至少玛丽女王能提升苏格兰宫廷的档次。她知道该怎么做，苏格兰臣民也鼓励她这么做，因为他们和法兰西人、西班牙人一样渴望威严和辉煌。像母亲之前那样，玛丽女王也欣然答应，开始用法式风情装点宫廷。她在船上放满家具、厚实的靠垫、柔软的亚麻布和精美的挂毯，还有三位法兰西室内装潢师和她最喜欢的法兰西刺绣师随行。皮埃尔·乌德里灵巧的手指捏着针工作，像被施了魔法一样。玛丽女王在床上和墙上挂满用细丝线织成的帷幔，边缘饰以流苏，内衬厚羊毛，以抵御苏格兰冬日的寒冷。

至于服饰，侍女们给她披上蓝色缎子和金线织锦，用绿色天鹅绒辅以装饰，用紫色、白色、灰色和金色的丝线把袖子缝在衣服上。她们给她戴时髦的塔夫绸帽子，披上层层叠叠的蓝黑条纹斗篷。她喜欢黄色、橙色和粉红色，喜欢柔软奢靡的亚麻、纱布和薄纱。英吉利海峡也阻挡不了玛丽女王赶时髦的决心。她不止一次派法兰西侍从塞尔韦·德·康德去巴黎盘点最新款式，并根据需要采购。他尽职尽责地带着一箱箱小饰品和配饰、几十只黄油般柔软的手套和香水回来。

盛装能掩盖玛丽女王的年轻和明显的稚嫩。"说实话，我承认，我……需要经验。"就在那个夏天，她对思罗克莫顿说。那一刻，也许她是真诚的。在舞池里，在接见室的礼貌交流中，或者在晚餐聚会上轻松交谈时，周围人只会对玛丽女王的法兰西习惯报以微笑。但在召开御前议会的议事厅，情况就不那么乐观了。与魁梧的苏格兰贵族议员们坐在一起，玛丽女王感到自己格格不入、一无所知。有时她会坐在那里，目光低垂，双手紧握绣活——这是她从凯瑟琳·德·美第奇那里学来的技巧。凯瑟琳·德·美第奇花几个下午把丝线编织成蕾丝花边，同时还能与侍女们聊天。现在，玛丽女王坐在会议桌前，当顾问们激烈地互相攻击和辩论时，她竖起耳朵听着，手里的针闪闪发光，这是女性美德和谦虚的写照。

关于支配苏格兰政治的贵族关系网，以及他们之间似乎永无止境的争夺她的认可、影响力和权力的斗争，她还有很多要学。苏格兰人尊敬国王，但权力没有完全集中在国王手中。苏格兰国王依赖贵族保护，而贵族期望得到好处作为回报。最重要的是，他们觊觎头衔和能带来收入的封地。争斗很常见。贵族们在议会和枢密院中谋求地位。家族感情很强烈，经常影响他们对国王的忠诚度。在苏格兰高地有戈登和坎贝尔家族称霸；边境地区是赫伯恩和休姆家族的地盘；斯图亚特、汉密尔顿和道格拉斯家族控制着低地。玛丽·德·吉斯在成为摄政王之前的几年里一直在努力研究这些情况。她成功满足了各派要求，安抚了他们的情绪。但玛丽女王回来时，她早已去世了。

即使不考虑宗教的泥沼，苏格兰的家族政治也已是一团乱麻。与法兰西一样，虽然新教徒在苏格兰仍是少数派，但其发展迅速，席卷城乡。一群强大的新教贵族在玛丽女王归来时迎接她，他们都是老"议员团"的成员。在舅舅的教导下，玛丽认为法兰西的新教徒是异端和叛逆者，知道信奉新教的苏格兰贵族也有叛乱倾向，然而他们似乎愿意与她合作，她别无选择，只能如此。苏格兰战争结束时，她已经同意支持新教教会，

· 253 ·

在回国前,她重申了这一承诺。她尊重新教徒中的不少人,尤其是驻英格兰大使威廉·梅特兰和她同父异母的哥哥詹姆斯勋爵。詹姆斯勋爵是这些人的代表,了解他们之间的嫉妒和对抗情绪。他的忠告似乎是正确的。事实上,她没有其他人可以信任。

❖——❖——❖

9月2日,在她的队伍正式进入爱丁堡的那天,玛丽女王走出爱丁堡城堡,发现周围有五十个打扮成摩尔人的年轻人,他们的四肢和脸上都涂着黑颜料。在这个欢庆的日子里,天公也作美。9月微弱的阳光照着玛丽从爱丁堡城堡到荷里路德宫漫长的骑行道路(现在被称为皇家英里大道)。乐声四起,沿途还有游行表演。人们不时拦住她,或请她做简短演讲,或献上某个城镇的城门钥匙。队伍走得很慢,但玛丽女王很喜欢沿途的景色和人们的美好祝愿。她的臣民们努力为她设计戏剧。路上玛丽女王遇到了四个年轻的"处女",由还未进入青春期的男孩扮演。他们穿着礼服,代表谨慎、节制、坚韧和正义。这些都是执政女王应有的基本美德。

她不需要提醒。面对大胆到令她吃惊的臣民,玛丽女王已经开始努力保持谨慎和节制。即使在那个喜庆的日子里,她还是从木管乐器和风琴的欢快旋律中感觉到气氛有些紧张。有人和着音乐唱赞美诗。在某出戏中,一个孩子大声说"把弥撒那套东西收起来"。在城堡山半山腰,有个"小天使"递给玛丽一本紫色封皮的《圣经》,并唱了首歌谣,指导她读这些书,找到"上帝的正确命令"和"通往天堂的完美道路"。显然,她的新教臣民在向她传递信息,而这并不是和平的信息。他们鄙视罗马教会。他们厌恶弥撒。天主教徒是"教皇党人",新教徒是"敬虔者"。他们欢迎女王,但不满她的宗教信仰。最令玛丽女王吃惊的是,他们竟然毫不避讳这一点。

在玛丽女王抵达利斯后没几天,她的臣民就已经清楚地表明了态度。她在爱丁堡的第一个星期日,即 8 月 24 日圣巴塞洛缪日(Saint Bartholomew's Day),玛丽参加了在荷里路德宫某座私人教堂里举办的弥撒,只有几个近侍和陪她从法兰西前来的几位年轻吉斯舅舅在场。有人泄露了弥撒的消息,在加尔文主义传教士约翰·诺克斯的朋友们的带领下,教堂门外的院子里发生了一场混战。在礼拜堂里,玛丽女王可以听到有人喊:"拜偶像的神父该死!"在圣坛上,那个同样是法兰西人的神父开始颤抖。詹姆斯勋爵在教堂外拦住了愤怒的苏格兰人,而受惊的神父则被护送到安全的地方。

这件事吓坏了玛丽女王,她赶紧去平息骚乱。第二天,她发表了一份宣言,承诺要找到解决宗教分歧问题的办法。目前,她禁止贵族们改变她刚到苏格兰时的宗教局势,"违者处死"。换句话说,新教教会可以保留。除此之外,她还同意承认"议员团"的其他改革。弥撒仍被禁止,教皇权威无法施展。她承认新教是王国的官方信仰。然而,她也要求臣民对仍在苏格兰海岸的法兰西客人表现出宽容。所有苏格兰人都被禁止骚扰她的法兰西侍从和同伴,同样"违者处死"。

她只是希望暂时有喘息空间,自己想想下一步该怎么办。没有人知道该如何应对新教的兴起,每个人都只是猜测哪种策略能更好地控制局面。就连洛林枢机主教也犹豫不决。诚然,他憎恶法兰西的异端邪说,仍然希望把法兰西人的灵魂从"崩溃"的边缘拉回来。但是讲求实际的主教已经开始认识到施行重典弊大于利。此外,苏格兰不是法兰西。议员团曾在玛丽·德·吉斯摄政期间成功发动叛乱。新教教会得到官方承认,他们实际上取得了胜利,新教在王国站稳了脚跟。红衣主教希望玛丽女王仍然是天主教徒,其他的一切都难以预测。尽管如此,他还是建议女王想办法安抚新教贵族——至少暂时安抚，以赢得他们的信任和支持。玛丽女王的宣言就是第一次尝试。

国内局势使她迷惑不解。她的臣民难道不应该害怕她吗？诚然，君主应该仁慈。国王是臣民的慈父，女王是慈母。然而就像现实生活那样，母子关系中难道不该有恐惧的因素吗？当然，这种恐惧是需要培养的。母亲曾在信中责备过她。此外，安托瓦妮特懂得如何打耳光。至于反叛的臣民，亨利二世用断头台和火葬镇压了宗教叛乱。在教堂门外的喧嚣中，玛丽女王没有听到任何顺从的声音。相反，人们对暴力反抗感到愤怒。苏格兰人民似乎不听女王的话，至少在宗教问题上是这样。

十八岁的玛丽女王发现自己正在与席卷苏格兰乃至整个欧洲的民粹主义作斗争，这种民粹主义将两种权威体系置于对立的境地。一方面是臣民须服从君主，"所有的臣民都必须服从"，爱丁堡的普罗沃斯特勋爵把城门钥匙交给玛丽女王时宣布；另一方面，上帝的命令凌驾于凡人君主之上。法兰西的圣礼或加冕礼等仪式明确将上述体系融为一体，用涂抹圣油象征上帝的祝福，赋予国王统治的权力。法兰西国王对法律和上帝都负有责任。但新教的兴起使臣民在意识形态上反对天主教君主的信仰体系，威胁要将上帝与君主分离，使两者对立。

洛林枢机主教认为，加尔文或路德的异端教义自然会使信徒不服从命令，如果信徒手中再有火器，就越过了煽动叛乱的界限。然而，对约翰·诺克斯这样的加尔文主义传教士来说，违背上帝的命令，哪怕是为了向君主效忠，都要罪加一等。"如果真正认识并正确崇拜上帝都会成为**反叛**的主要原因，"诺克斯对玛丽女王说，"那我有什么可被责备的？"忠诚的人不想在上帝和君主之间做出选择，但如果迫不得已，他们总是会选择上帝。

诺克斯在9月4日星期四见到了玛丽女王，之前的那个星期日，他在荷里路德宫斥责了玛丽的弥撒。玛丽知道诺克斯。1558年，这位传教士在《吹响反对女性可怕统治的第一声号角》中充分展示了他的厌女症："大自然把**女人**塑造为意志薄弱、没有耐心、愚蠢软弱的生物。经验告诉我们，她们反复无常、残酷无情，缺乏谋略和团队精神。"此外，妇女的统治是对上帝的"轻蔑"。因此，人民完全有权利把在位的女王赶下台。

诺克斯恐吓玛丽女王。四十五岁的他看上去比实际年龄要老。坚如磐石的信念在他额头上刻下了皱纹，使他齐腰的胡须变得花白。他善于挑动争端，非常受人民欢迎，凭一己之力策反了玛丽女王手下许多贵族。虽然他只是普通商人的儿子，但他显然对批评玛丽女王毫不愧疚。她必须赢得他的支持，或者在战斗中打败他——玛丽女王不确定自己能否做到这一点。

这位传教士起初表现得还算温顺。出于对年轻女王的尊重，诺克斯平静地承认，《吹响反对女性可怕统治的第一声号角》中的每一个字都出自他手，但它针对的是英格兰的天主教徒玛丽·都铎，而不是玛丽·斯图亚特或她的母亲玛丽·德·吉斯。玛丽女王怀疑地眨着眼睛。诺克斯的表面客套结束了，他换了种策略。没错，他承认玛丽女王没有做过冒犯苏格兰臣民的事，至少目前没有。诺克斯说，只要她没有让信徒的鲜血玷污她的双手，他就会满足于生活在她的统治下，就像圣保罗耐心地忍受了罗马皇帝尼禄的统治一样。

对一场艰难的谈话来说，这个开端不算好。尽管如此，玛丽女王还是希望他们能达成和解。这位传教士在她的臣民中享有无可置疑的声望。她不能与他作对。

玛丽女王很快克服了这个男人的厌女症。性别不是无关紧要吗？她相信君权神授。对她来说，这个等式很简单：臣民应该服从他们统治者的神圣命令。然而诺克斯给苏格兰人民带来新的宗教，与苏格兰国王一直信奉的宗教截然不同，也与玛丽现在信奉的宗教不同。他的传教侵蚀了她至高无上的权威。

"既然上帝命令臣民服从君主，那么这种教义怎么可能来自上帝呢？"她问。

对诺克斯来说，答案很简单。宗教并非来自世俗的王公，而是来自上帝。"臣民也不应该根据君主的欲望来建立宗教信仰"，因为这些欲望微不足道且多变，完全是人类的欲望。

但她也读过《圣经》，玛丽女王反驳，只是她的解释不同。"我将捍卫罗马教会，因为我认为它是真正的'上帝的教会'。"

诺克斯耸了耸肩。玛丽错了。虽然她是女王，但她的地位并没有赋予她凌驾于《圣经》之上的权力。"夫人，您的意志没有道理；您也不该把那罗马的娼妓（天主教会）当作耶稣基督真实无玷的配偶。"教会之间不存在相对真理。只有一个真正的教会、一个"神的道"（The Word of God），这个"道"讲得很清楚，至少对约翰·诺克斯和"敬虔者"是这样。"神的道自然显明；如果哪里费解，圣灵……会在其他地方解释得更清楚。"

至于那些可能反抗君主的臣民，诺克斯也有话要说。如果君主虐待人民，人民就有权反抗，诺克斯的死对头玛丽·都铎就是个很好的例子。她把数百名英格兰臣民送上了火葬柴堆。"如果他们的君主越界了，"他说，"做了不该做的事，毫无疑问，君主可能会受到抵制，甚至是武力抵制。"

玛丽女王哑口无言。这一次，她的如簧巧舌失灵了，至少有十五分钟，她静静地站在那里"迷茫"。诺克斯的话让人想起反抗和革命。最后她无言以对。

1 女王的信仰

在接下来的几年里,玛丽女王和诺克斯见了好几次面,每次都由诺克斯主导谈话。尽管玛丽女王从小就被教育要相信吉斯兄弟的观点是正确的,但事实证明她和诺克斯一样固执。"我实话跟您说吧,"她在1561年夏天对思罗克莫顿说,"……我信奉的宗教是最能为上帝接受的,事实上,我既不了解,又不想了解任何其他宗教。我是在这种信仰中长大的,如果我不严肃对待信仰,谁还会相信我呢?"她如果善变,那该如何取信于臣民呢?

这是玛丽女王狡猾的修辞,能把对她最有利的论据巧妙地合理化。就像她的吉斯舅舅一样,她可能会固执而尖锐,我行我素。尽管不清楚自己的信仰有多深,但她永远不会改变信仰。玛丽女王跟随吉斯兄弟尝到了甜头。她不具备福音派的玛格丽特·德·纳瓦拉或英格兰的伊丽莎白·都铎那样的知识分子头脑——这种好奇心至少可以促使她倾听鼓舞臣民的新宗教思想。她的天主教信仰是联系她与法兰西,以及她离开的那些人最后的纽带之一。就因为这样,她永远不会放手。

也许她可以走中间路线,与臣民们各行其是?玛丽女王没有意识到,对诺克斯这样的传教士来说,妥协是不可能的,对本该是人民世俗代表的在位女王来说更是如此。诺克斯认为,像玛丽女王这样的女人,比男人更需要人民拥戴才能保住王位。玛丽女王没能打动诺克斯。他说:"她有骄傲的心态、狡猾的机智,以及反对上帝及其真理的顽固不化的心。"

事实上,在接下来的几年里,玛丽女王一直在努力与新教臣民妥协,经常说一套做一套。她允许新教教会蓬勃发展,同时在私人教堂里耐心地看神父举行仪式。她写信给教士和教皇,保证永远忠于天主教,同时允许新教继续做苏格兰的官方宗教。像腓力二世这样虔诚的天主教国王为此震惊。他们一直在等她采取雷霆手段,但一直没等到。

玛丽女王完全出于世俗和以自我为中心的原因容忍王国里的新教教

会。强大的新教贵族,如她的哥哥詹姆斯勋爵,一直在努力为她谋求英格兰王位。在议事厅里,他主张与英格兰建立新的友谊,以统一两个王国。正如詹姆斯勋爵设想的,玛丽女王继承英格兰王位就是这种新友谊的一部分。玛丽女王没有意识到自己在詹姆斯的计划中扮演的角色:他希望通过为玛丽女王赢得继承权,确保她永远保护苏格兰新教徒。她只知道自己不能疏远哥哥这样有权势的贵族。她需要他为她的议事桌和英格兰的继承权服务——她如此渴望王位,以至于有时愿意牺牲信仰来得到它。

❖ —— ❖ —— ❖

1561年冬至,凯瑟琳·德·美第奇开始阻挠"某位先生"的联姻计划,还要应对西班牙人的指责——他们认为她对异端太过软弱。腓力二世不明白为何凯瑟琳对法兰西新教徒做出这么多让步。在他看来,她花了太多时间与异端者交流,没有施重典,而是通过法律保护新教徒。今年1月,根据王室法令,她将异端审判从王室法院转移到地方教会法院,有效地结束了王室对宗教迫害的监督。这项最新法令暂停了所有异端案件审判。她还下令释放所有因宗教问题被监禁的人,包括那些拿起武器反抗国王的人。她甚至还释放了在安布瓦兹骚乱中被捕的囚犯。

凯瑟琳仁慈行为的影响似乎超越了政治,延伸到了家庭核心。德·克莱蒙夫人写道,西班牙人特别关心小公主玛戈特,就是那个凯瑟琳极想嫁给唐·卡洛斯的小姑娘。"这里的人很关心您小女儿的教育,也关心她平时相处的人。"德·克莱蒙夫人忧心忡忡地对凯瑟琳说。他们不知道她对上帝的认知是否正确。好母亲该这样做吗?在西班牙,人们议论纷纷。

王太后否认了所有指控。"如此美丽的消息……来自西班牙,"她讽刺地对利摩日说,"既不真实,又恶毒。"她永远不会动摇旧信仰,只是希望找到出路，摆脱可能将王国拖入内战的宗教敌对状态。国王已叫停了火刑，"因为害怕在民众中引发强烈情绪"。人心不稳，暴怒情绪很危险。"每天都有新情况出现，我们不得不寻找新的补救办法，有时需要宽宏温和，有时因场合不同需要严厉。"凯瑟琳解释说。凯瑟琳认为，补救办法之一是召开法兰西宗教会议，重新统一法兰西教会。

几个月来，法兰西新教徒一直在呼吁召开会议，凯瑟琳倾向于同意这个要求，哪怕只是为了在法兰西境内解决法兰西本身的问题也值得。罗马不赞同这个办法。前一年，也就是1560年11月，教皇庇护四世呼吁重新召开特伦托大公会议，讨论天主教该如何应对席卷欧洲的异端邪说。[1]但凯瑟琳担心教宗召开会议这种单方面行动会加剧法兰西的宗教仇恨，希望在派遣代表前往特伦托之前，先缓解王国内部的紧张局势。解决办法就是让法兰西天主教徒和新教徒坐下来谈谈。

1561年6月，凯瑟琳宣布召开法兰西全国会议讨论教会问题。来自罗马的代表将加入法兰西天主教教士的行列。会谈将于9月在普瓦西修道院举行，普瓦西位于原来的小育儿院（圣日耳曼-昂莱城堡）以北仅三英里处。直到接下来的那个月，也就是7月，凯瑟琳才抛出了让众人大吃一惊的决定。她宣布，出席仪式的不仅有天主教神职人员，希望阐述观点的"所有臣民"也将被允许参加部分环节。天主教徒怒不可遏，而胡格诺派的领导层开始制定战略。最好派谁去呢？加尔文太有煽动性了。相反，他们选择了加尔文的副手泰奥多尔·德·贝兹。

8月24日的圣巴塞洛缪日，正当玛丽·斯图亚特在苏格兰的教堂里因愤怒的暴民抗议弥撒而心惊胆战时，凯瑟琳准备在圣日耳曼-昂莱会见新教徒贝兹。他身材高大、英俊潇洒、举止文雅，受到王太后、二十

---

[1] 这是第三次召集特伦托大公会议，早前在1545—1547年，以及1551—1552年就举行过多次会议。它在1561—1562年第三次举行。

几位新教大臣和贵族的热烈欢迎，其中包括孔戴亲王和加斯帕尔·德·科利尼。科利尼是统帅阿内·德·蒙莫朗西的外甥，是法兰西新教贵族中的新领袖之一。天主教徒抱怨说，贝兹比教皇还受欢迎。

凯瑟琳对谈判寄予厚望，毕竟宗教不同派别之间也有和解的先例。三十年前，查理五世曾在奥格斯堡与信奉路德宗的德国王公们达成协议，现在凯瑟琳在普瓦西也能做到。王太后没有意识到的是，到16世纪60年代，新教已经分裂。与查理五世不同的是，她打交道的不是路德教徒，而是更为激进的加尔文主义者。

普瓦西会谈开局不错。在会议议程正式开始之前，贝兹应凯瑟琳的要求私下去见洛林枢机主教。凯瑟琳巧妙地控制着谈话，男人们试图消除分歧。在贝兹向主教保证自己只求王国和平之后，两人开始谈到弥撒中的"圣体实在"这一症结。路德教徒认为"基督的身体和血真实存在，并分配给那些吃主晚餐的人"，但贝兹不愿意承认这点（贝兹忠于信仰，上帝的"圣体实在"问题是区分加尔文主义者与路德主义者的基本问题之一）。然而，枢机主教继续努力，拼命地寻找与新教对手的共同点。

"您是否承认，"主教换了个说法，"我们在弥撒过程中，实质上将耶稣基督的身体和血化为圣餐？"

"确实如此，"贝兹回答说，"在精神上和信仰上都是如此。"

枢机主教很满意，没有费心去分析这个回答的细微差别。凯瑟琳显然也松了口气。"您听见了吗，主教大人？"她问，"他说圣事主义就是这个意思，而您也赞同。"两人离开会议厅时，枢机主教拥抱贝兹表示和解。"您会发现，"他说，"我不像他们说的那么邪恶。"

所以凯瑟琳和主教对接下来发生的事情完全没有准备。9月9日，第一天的会议上，当着王室、贵族、六位枢机主教、四十六位主教、数十位神学家和宗教法规专家的面，贝兹昂首挺立、滔滔不绝，说得他们头昏脑涨。然后他宣布，加尔文主义者确实相信"圣体实在"。然而——然而——"我们说上帝的身体与饼和酒天差地别。"耶稣在灵里，不在身体里。

"这是亵渎神明！"主教们轻声交头接耳。在房间角落里，七十岁高龄的加斯帕尔·德·科利尼双手抱头。这位干瘪虚弱的图尔农枢机主教惊恐地颤抖痛哭。王太后怎么能允许有人"在国王面前犯下这种可怕的亵渎罪行"？凯瑟琳急忙向他保证，她和儿子永远信仰天主教。

这是加尔文主义者的"失误"，就像三十年前弗朗索瓦一世统治期间导致"海报风波"的那个错误一样严重。贝兹的失言毁了普瓦西会谈。凯瑟琳试图减少双方辩手的数量，先把新教徒和天主教徒各减到十二人，然后再各减到五人。洛林枢机主教努力绕过"圣体实在"的问题，发表了激烈演讲，强调天主教、路德教和希腊东正教的普世因素（明确忽略了加尔文教），坚持折中办法仍然有可能。他试图让贝兹做出让步，敦促他赞同路德宗关于圣餐中"圣体实在"的观点。难道贝兹不能至少同意这种解释吗？但贝兹让主教失望了。他坚定捍卫信仰，拒绝在"圣体实在"的问题上妥协。

几个星期过去了。1561年10月13日，经过整整一个月的辩论，会谈不欢而散，没有解决哪怕一个法兰西宗教改革问题。气馁的洛林枢机主教回到自己的庄园，用剩下的时间准备特伦托大公会议。1562年9月，他前往意大利。在特伦托，在意大利阿尔卑斯山下，主教再次尝试提出谨慎和妥协策略，但面对的只是来自意大利和西班牙神职人员的敌意。孤立无援的他除了将自己的信仰与罗马教会统一，看不到前进的道路。主教回到法兰西时，他本人的观点也变得强硬，所有和解的想法都烟消云散了。

凯瑟琳仍硬撑着,不愿承认新教徒和天主教徒各不相让——这不仅因为个人较量和骄傲,还因为双方都全心全意地认为自己掌握的才是唯一真理。折中道路之外的另一种可能让凯瑟琳感到恐惧:在她摄政期间可能会爆发内战,而夏尔九世国王还未成年,这对她来说无法接受。

事实上,一场战争已经在王国内打响了。气氛紧张得要命。当时实行治安维持制度,关于天主教暴行和新教破坏圣像的传闻比比皆是。新教牢牢控制的南方尤其动荡不安。去年11月,也就是普瓦西会谈结束一个月后,法兰西南部城市卡奥尔的几名天主教神父冲进一位当地贵族的家,当时数十名新教徒正聚集在那里听布道。在混战中,五十名胡格诺派教徒被杀。屠杀结束后,天主教行凶者放火烧屋,把血淋淋的尸体拖到街上。

天主教徒说胡格诺派教徒非常邪恶,他们向国王抱怨,并发行描述暴力和破坏圣像故事的小册子。胡格诺派教徒不仅杀害天主教徒,还玷污教堂和圣礼——对天主教徒来说,这些都是等同于谋杀的罪行。一位天主教徒描述了胡格诺派教徒如何在圣诞节期间袭击教堂的神父,践踏圣餐薄饼,打碎教堂的窗户和祭坛,偷走装饰品和圣物。随后,胡格诺派教徒挥舞刀剑,在城市的街道上游行,高呼:"福音,福音。盲目崇拜的天主教徒在哪里?"被指控的新教徒抗议说,是天主教徒挑衅在先。在他们的祈祷会上,附近的天主教徒向他们扔石头,不停地敲教堂的钟,打扰他们做礼拜。

新教徒的暴力行为只会刺激天主教徒。天主教的暴力并没有阻止宗教改革发展。相反,法兰西贵族成群结队地皈依新信仰,甚至包括那些曾忠实侍奉老国王亨利二世和弗朗索瓦二世的人。凯瑟琳认为，只有通过调停，国王才能平息动乱。只有宽容才能给紧张局势降温，重树国王权威。

在16世纪，宽容并不意味着赞同。它不能说明两人的信念都是正确的，只能说明你因无法改变对方，而且对方的信仰没有从根本上挑战并限制你自己的信仰，才接受对方的信仰。法兰西政治温和派的支持很"宽容"，他们试图避免党派之争。1561年夏、秋两季，凯瑟琳求助于许多这样的温和派，尤其是她的顾问，曾帮她组织普瓦西会谈的米歇尔·德·洛皮塔勒。

但坚定的天主教捍卫者认为，任何形式的温和都只是对新教徒的又一次让步。在普瓦西事件之后，他们痛斥凯瑟琳的纵容：她怎么敢给新教徒演讲的机会？对保守的天主教徒来说，这些迹象表明凯瑟琳要么没有认识到问题的严重性，要么实际上支持新教徒——或者更糟的是，她自己已经皈依了新教。

还有一些耸人听闻的说法（其中某些可能是真的），信新教的王太后的侍女们在她房间里组织胡格诺派布道，而王太后对此视而不见。某位罗马教廷大使见到夏尔九世和玩伴们参加化装舞会时戏谑地戴着主教法冠，被吓呆了，但据说这事让凯瑟琳哈哈大笑。还有人说少年国王甚至向纳瓦拉国王的妻子、新教徒让娜·德·阿尔布雷吐露，他去做弥撒只是为了取悦母亲。让娜·德·阿尔布雷把事情经过告诉了思罗克莫顿，思罗克莫顿听了很高兴。

这是可耻的，对正统的天主教徒来说，这是异端行为，然而凯瑟琳希望宽大处理。吉斯公爵对凯瑟琳的放任态度非常反感，他离开宫廷，回到自己的庄园。甚至法兰西新教徒也开始相信凯瑟琳并不避讳支持他们。"我向您保证，"贝兹在12月给加尔文的信中写道，"这位王太后，我们的王太后,似乎比以往任何时候都更喜欢我们。"

凯瑟琳不理会那些批评。"我的女儿,我向你保证,关于你弟弟的事,他们是在对你撒谎。"当夏尔九世年少不检点的消息传到西班牙时,她用嘲弄的口吻对伊丽莎白·德·瓦卢瓦说,"他们对你撒了那么多谎。他们给你带来的痛苦让我很难过。学着跟我一起嘲笑他们的邪恶吧。"

1562年1月,王太后颁布了后来得名的《宽容法令》(*Edict of Toleration*)。这条法令是到当时为止法兰西颁布的法令中最"宽容"的。虽然它承认天主教会在法兰西的至高地位,但同时授予了胡格诺派教徒自由做礼拜的权力——这是他们长期寻求的特权。凯瑟琳坚持加上限制条件。胡格诺派教徒可以聚集在一起做礼拜,但不可在城内。没有特别许可,他们也不能在晚上聚会。尽管有上述限制,胡格诺派教徒和天主教徒都认为这项法令是法兰西新教徒的胜利。

《宽容法令》在欧洲史无前例。没有任何其他王国正式承认,更不用说允许一个以上的基督教教派共存。法兰西曾经只有一个上帝、一个国王、一部法律,它们的地位至高无上。现在凯瑟琳不仅承认改革后的宗教,似乎还给了它发展空间。

❖——❖——❖

普瓦西会谈快破裂时,凯瑟琳就派她常用信使之一德·奥桑斯先生前往腓力二世的宫廷,递交王太后精心起草的对会谈的看法,但西班牙使节尚托奈抢在了他前面。等德·奥桑斯赶到时,腓力二世已对普瓦西的情况了如指掌。伊丽莎白·德·瓦卢瓦后来告诉母亲,勃然大怒的腓力二世几乎当着法兰西特使的面摔门而去。伊丽莎白说,只是出于对凯瑟琳的尊敬,加上天生慷慨大方,腓力二世才勉强接见倒霉的德·奥桑斯。

普瓦西会谈似乎支持"两种宗教对等"的疯狂理念。在腓力二世看来，宗教只有正统和异端之分。他不关心宗教改革各种思想派别间的分歧。无论你是追随加尔文、路德，还是瑞士宗教改革家茨温利的教义都无关紧要。你终归是"路德教徒"——这个词在西班牙的负面含义与"圣礼派"或"胡格诺派"在法兰西的负面含义相同。

尽管他当时肯定无法预见，但腓力二世根本不必担心普瓦西事件。历史学家也解释不清宗教改革从未在西班牙真正开始的原因。自16世纪20年代以来，宗教改革思想的某些元素不时冒头，当时许多西班牙知识分子认为腐败丛生的西班牙教会终将改革，乐于见到伊拉斯谟的《愚人颂》(*Praise of Folly*) 等书尖锐批评教会的罪恶和贪污行径。但伊拉斯谟和路德的思想都没能演变成有组织的新教改革实践。他们的学说只在小范围的知识分子圈子里发展——这不过是疥癣之疾，很容易对付。

1557年和1558年，就在查理五世去世之前，当局在塞维利亚、安达卢西亚腹地和卡斯蒂利亚的巴利亚多利德发现了一些新教小团体。官员们迅速"清洗"了这些城市。那位幽居尤斯特修道院的年迈皇帝也建议他的女儿、时任摄政王的胡安娜在全国范围内犁庭扫穴。胡安娜求助于15世纪末由伊莎贝尔和费迪南德建立的宗教裁判所，铲除和惩罚那些持非正统思想的摩里斯科人、改宗者、穆斯林和改信基督教的犹太教徒。多亏宗教裁判所，腓力二世国王很久以后才会相信，异端邪说在西班牙根本没有立足之地。

宗教裁判所的武器之一是火刑，这是长达数天的奇观，包括审判、忏悔声明和焚烧等程序。1559年5月，胡安娜王妃在巴利亚多利德主持了首次大规模火刑。二十九名囚犯对信奉和传播异端邪说表示忏悔，十四人被烧死。大多数犯人都先被绞死再被焚烧，只有最冥顽不灵者才被活活烧死。尽管如此，场面还是很恐怖。即使是死者也不能幸免。一名妇女在她和家人被指控之前自然死亡，她的尸体被挖出来审判，并被焚烧。

火刑达到了目的。三年里，西班牙本土几乎再找不到新教活动的痕迹。

尽管如此，1561年，法兰西最高阶的贵族对宗教改革的热情日渐高涨，使腓力二世非常担忧。他知道，外国的革命可以在西班牙的乡村和大学里播下种子，生根发芽。事实上，西班牙的正统宗教就像压在沸腾锅上的铁盖子。伊莎贝尔和费迪南德驱逐犹太人，迫害摩里斯科人和改宗者，但摩里斯科人仍不时叛乱，在南方尤甚。新教的异端邪说会引发其他叛乱吗？

腓力二世最关心的是毗邻法兰西的西班牙领土。怎样才能防止法兰西的异端邪说从南部边界蔓延到西班牙北部，或者向东扩散，给在佛兰德斯肆虐的起义活动火上浇油呢？纳瓦拉国王在宗教上的态度模棱两可，更不用说他的妻子让娜·德·阿尔布雷本身就是狂热的新教徒。这个女人尤其让腓力二世头疼。纳瓦拉国王治下的贝阿恩横跨比利牛斯山脉，毗邻西班牙北部边界。腓力二世对法兰西路德宗的蔓延感到恐惧，这可能是他迫使法兰西贵族离开伊丽莎白·德·瓦卢瓦的随从队伍，免得他们将异端思想带入自己后宫的原因。

从法兰西传来的消息让大多数西班牙人愤慨。在西班牙，不知所措的法兰西侍臣觉得必须捍卫祖国。他们常常难以区分事实与虚构。1561年春天，德·克莱蒙夫人回信说西班牙人"总爱夸大坏事"，似乎在问真实情况是否真有那么糟糕。"我总假装他们是在开玩笑。"她满怀希望地说。伊丽莎白也不知道该相信什么，因为她母亲的信说的是一回事，而尚托奈的说法又是另一回事。有些消息过于惊悚，令人无法接受。伊丽莎白得知胡格诺派教徒毁坏了她曾祖父路易十二的坟墓时，吓得连连后退。在听说有位法兰西主教娶了他的女教师（新教牧师惯于这样做）后，伊丽莎白表面说不信，然后偷偷地给利摩日主教写了张便条，询问此事是否属实。

早在普瓦西那场灾难之前，德·克莱蒙夫人和伊丽莎白就都担心，如果凯瑟琳不迅速惩罚异端者，西班牙和法兰西之间很快就会爆发战争。"夫人，要表明对陛下的忠诚，惩罚罪犯不是更明智的办法吗？"德·克莱蒙夫人大胆地建议道，"哪怕只是为了表明您不支持他们也行啊。"即使是忠心耿耿的德·克莱蒙也不明白凯瑟琳为什么如此束手束脚。

普瓦西会谈险些成为引爆点。当时，王太后仍在寻求西班牙归还领土，以取悦纳瓦拉国王。1561年10月，普瓦西会谈的消息传到西班牙，伊丽莎白向母亲解释说，除非凯瑟琳证明自己对天主教事业的忠诚，否则腓力二世不会帮她的忙。

伊丽莎白写满了四大张信纸的正、反两面，一直到第五张纸才写完——这是她现存最长的一封信。一开始的字迹写出了她最高的水平。

腓力二世已经开始质疑凯瑟琳的判断力了，伊丽莎白警告说。他认为凯瑟琳应该少考虑安抚纳瓦拉国王，多考虑镇压叛乱。如果凯瑟琳觉得寡不敌众，"陛下应该向腓力二世求助，我们愿意出借财富、军队和所有一切来维持宗教事业。如果您做不到，国王就会施恩并保护那些因信仰而受难的天主教徒，并请您不要为此生气。这件事与陛下关系密切，因为如果法兰西成为路德宗的天下，佛兰德斯和西班牙就会很快步其后尘"。

凯瑟琳的许诺不过是空头支票，只有严酷的措施才能证明她的决心。"因为西班牙人，"伊丽莎白继续说，"相信'眼见为实'。"

我们的财富。我们的军队。西班牙人相信"眼见为实"——伊丽莎白是腓力二世的传声筒。也许这部分由他口授，也许是经常陪伴在伊丽莎白身边的胡安娜王妃帮她厘清了思路。尽管如此，伊丽莎白写的一切都没有表明她的政见与丈夫的不同。她才十五岁，在西班牙还不到两年，她已经开始用西班牙人的眼光看待法兰西了吗？

写到中途，伊丽莎白的字迹开始潦草。纸上开始出现墨斑，字母也走形得厉害。她写得很快，因为感到新的压力。凯瑟琳的犹豫威胁到伊丽莎白在西班牙的声誉。

"夫人，如果您不立即惩罚路德会教徒，我就不知道该如何跟这里的人交代了。阿尔瓦公爵告诉我，既然您现在手握最高权力，我就再也没有任何借口来解释您为何不履行我对他们的承诺。我求求您，别让我成为骗子……现在，既然国王、我的丈夫把所有的军队都交给了您，您就可以把异端剪除。如果您再等下去，异端者只会越来越多。他们说，我的父亲、先王亨利二世惩罚他们，把他们全部消灭掉了；我的哥哥、先王弗朗索瓦二世施以雷霆手段后，就很少再听到他们继续活动。这证明他们如果受到惩罚，就不敢造次。但如果您纵容，他们就完全有理由大胆行动。"

在凯瑟琳的现实政治教育下，伊丽莎白就腓力二世国王眼中的简单问题给出了简单答案。如果凯瑟琳想维持与西班牙的联盟，哈布斯堡和瓦卢瓦家族的联姻是不够的。她需要摧毁法兰西的新教。

伊丽莎白也信新教吗？没有迹象表明她不是天主教徒。作为王后而非执政的女王，她与侍女一起消磨时光，接触不到议事厅里的微妙讨论。她还只是个孩子。伊丽莎白早年沉浸在天主教教义中。在宗教改革思想影响到她弟弟妹妹的生活并盛行于法兰西宫廷之前，她就离开了法兰西。随着年龄增长和日渐习惯西班牙的生活，她的早期信仰来自西班牙宫廷，以及腓力二世视为正统的天主教，而不是祈祷会和从法兰西传来的神职人员也能结婚的疯狂故事。她每天早上要做弥撒,晚上还要听晚祷,西班牙天主教仪式贯穿她的日程表。在朋友胡安娜王妃身上,伊丽莎白发现了西班牙天主教虔诚的化身:这位虔诚的女人在二十一岁时就秘密宣誓加入耶稣会,是少数女性成员之一。[1]

1551年,年轻的腓力二世与父亲在奥格斯堡待了将近一年,花很多时间与德国路德教徒相处,他自己承认,他们相处得"非常好"。但腓力二世是人,也是未来的国王,出于政治原因,他不得不调整理念。伊丽莎白·德·瓦卢瓦是年轻的女人,根据当时流行的理论,她的思想脆弱而易受影响。她在西班牙过着受庇护的生活,受胡安娜王妃和乌雷伊纳伯爵夫人的严密监视。腓力二世绝不允许任何异端邪说玷污和迷惑他年轻的王后。

"她按照西班牙人的心愿生活。"德·克莱蒙夫人曾经这样评价伊丽莎白。西班牙人的心愿塑造了她的思想。很久以后的1567年,伊丽莎白将法兰西新教徒描述为"邪恶的叛徒",劝弟弟夏尔九世"向他们复仇",而且"不必留情面"。和腓力二世一样,她视新教徒为敌人。

她会永远爱母亲。世上所有的异端邪说和丑闻都无法改变伊丽莎白对凯瑟琳永恒的爱。在普瓦西事件之后,伊丽莎白警告凯瑟琳,因为她既爱母亲,又为母亲担心。"夫人,我是冒昧给您写这封信的……既然您知道我对您的感情。除了有幸做您的女儿之外,我欠您的太多了,我永远也报答不了。"伊丽莎白无法再为母亲找借口。她很可能再也无法理解母亲了。

---

[1] 胡安娜可能利用耶稣会士的誓言避免再婚,因为再婚会让她远离西班牙。如果是这样的话,胡安娜的这个巧妙策略就在一定程度上把婚姻掌握在自己手中——对她这个地位且姓哈布斯堡的年轻女人来说,这是了不起的壮举。胡安娜虔诚有无可挑剔,她知道她同样虔诚的哥哥腓力二世不会强迫她违背誓言。

最终，凯瑟琳为调和天主教徒和新教徒付出的艰苦努力无法平息仇恨的旋涡。教派间的敌意愈加浓厚；每次侮辱、攻击和暴力事件都被收集、分类、铭刻于心，证明双方正义的证据像火绒一样堆积如山。多年来，战争一直濒临爆发的边缘。1562年3月，吉斯公爵点燃了那根火柴。

当月，公爵和家人在约二百名武装人员的护送下，从他们位于茹安维尔附近的多马坦勒弗朗的庄园骑马到埃克拉龙的庄园去。他规划了一条稍微迂回的路线，希望避开瓦西，因为最近几个月那座小镇上的新教徒很活跃。最近回家时，公爵还遭到了母亲的严厉批评。她警告他：要么清理这个地区，要么承担永远失去名誉的风险。整个地区都被新教控制，公爵因此感到不安，于是他带上几十名士兵随同保护自己。瓦西对他来说是个特别敏感的话题，那里的城堡属于他的外甥女玛丽·斯图亚特。回苏格兰之前，她把城堡的管理权交给了公爵。

那个3月的早晨，公爵命车队停在离瓦西约一英里的小村庄布鲁瑟瓦，然后准备吃早饭。他计划先做弥撒，然后集合部队，尽快悄悄地穿过瓦西。

正吃着早餐时，他们听到了微弱的钟声。教堂的钟声从瓦西镇墙内响起，但这不是正常教堂敲钟的时间，至少天主教徒不会觉得这是正常的。

公爵派了几个侦察兵到瓦西去侦察，他自己上马跟在他们后面不远处。

两小时后，五十名新教徒死亡，二百多人受伤。公爵的侦察兵发现大约有五百名新教徒，其中有男人、女人和孩子，挤在离当地教堂不远的谷仓里。教堂里没有长凳，人们肩并肩站着听布道。当士兵们试图挤进去时，胡格诺派教徒阻止了他们。谷仓里激动的会众中，有个新教徒伸手捡起一块石头。

公爵赶到现场时，狭窄的街道上挤满狂乱的人群。毛瑟枪在开火。有人喊道："杀！杀！以上帝之名，杀了这些胡格诺派教徒！"谷仓里，公爵的士兵从惊慌失措的人群中开出一条路。逃命的新教徒毁坏了通向屋顶的楼梯，外面的神枪手将他们一个个击毙。牧师躲在讲坛后面，试图躲避反弹的子弹。当杀戮结束时，"谷仓的柱子和墙上都溅满了血"。

夏尔九世和凯瑟琳王太后召见吉斯公爵。他为自己辩解，坚称自己是无辜的，当时形势已失控。"如果我有意这样做，我为什么要带……我的妻子，带着我们七岁的孩子跟在后面？我从没想过会发生这种事。大多数人都是我的臣民。他们很了解我。"

然而，很少有新教徒相信瓦西大屠杀是场意外。杀戮的消息通过法兰西内外的新教徒网络传播开来。几周之内，谴责大屠杀的小册子充斥伦敦街头。当时信奉新教的孔戴亲王身在巴黎，得知这些杀戮事件后，要求得到完整解释。4月，孔戴亲王拒绝去枫丹白露朝见国王和王太后，而是撤退到卢瓦尔河谷的奥尔良，开始集结军队。吉斯公爵也以王室之名召集军队。

双方都克制了几个月。1562年从春到秋，双方剑拔弩张。最后，新教军队和天主教军队于12月19日在德勒镇以南相遇。好几个小时过去了，什么也没发生。两支军队只是面对面等待。

他们曾在意大利战争中并肩作战。他们是怎么成为敌人的？多年以后，一位名叫弗朗索瓦·德·拉努的胡格诺派上尉回忆说："每个人都做好了战斗准备。但大家想道：面前的敌人既不是西班牙人，也不是英格兰人，更不是意大利人，而是最勇敢的法兰西人。他们中间有我们的同志、亲戚和朋友。一小时内，我们就要开始互相残杀。"为了饼和酒，或者为了把《圣经》捧在手里、用自己的语言阅读的权利，而互相残杀。

德勒战役（Battle of Dreux）中有一万人阵亡。

❖——❖——❖

战争爆发了，这是凯瑟琳曾不惜一切代价试图阻止的战争。在第一次冲突时，她一次又一次恳求双方妥协，实现和平。凯瑟琳不可能知道的是，1562年的冲突不过是法兰西宗教战争（French Wars of Religion）的开端。接踵而来的内战在16世纪后半叶撼动了整个王国。在1589年凯瑟琳去世之前，她在法兰西目睹了不少于八次类似的冲突。战争使法兰西人家破人亡，激起了持续到17世纪的仇杀。历史学家估计，这些战役，加上随之而来的疾病和饥荒，造成二百万至四百万人死亡。法兰西人称上述内战为"动乱时期"。

1562年，凯瑟琳还预见不到会有如此多的伤亡。她希望这第一场战争能成为最后一场。战斗已经造成无数死伤，纳瓦拉国王安托万·德·波旁在德勒战役前不久的鲁昂围城战（Siege of Rouen）中阵亡。[1]1563年2月，瓦西事件大约一年后，天主教徒准备夺取奥尔良城时，吉斯公爵在营中背部中弹，六天后在外科医生的手术台上因失血过多而死。在严刑拷打下，刺客声称自己为新教领袖加斯帕尔·科利尼海军上将卖命，此人正是吉斯兄弟的宿敌、统帅蒙莫朗西的外甥。

对手起起落落，时而改头换面，但从未完全消失。公爵死后，吉斯家族信起天主教来更理直气壮。这个家族痛恨信奉新教的科利尼，一直到他去世。

吉斯公爵被暗杀一事深深震撼了凯瑟琳，但他的死给了她呼吁和

---

[1] 安托万·德·波旁最终背叛了弟弟孔戴亲王，倒向吉斯公爵，从而证实了他在政治方面是个野心家，不太注重宗教。

平的机会。1563年3月，战争随着新法令《安布瓦兹和约》(*Peace of Amboise*)的颁布而结束。该法令允许信仰自由，但对新教崇拜施加新限制，将新教集会限制在某些城镇郊区的特定区域。巴黎及其周边地区则完全禁止新教礼拜，官方给出的理由是保护夏尔九世，实际是对首都日益狂热的天主教徒情绪的妥协。

双方都没能在第一次宗教战争中取得胜利。凯瑟琳的策略没有动摇：她仍然寻求平衡，对天主教徒和新教徒都做出让步，因此《安布瓦兹和约》几乎没能让任何一方满意。

凯瑟琳被希望蒙蔽了双眼。然而，其他人从一开始就能看出凶兆。1562年春，第一次内战前夕，律师、温和的天主教徒艾蒂安·帕基耶骑马穿过巴黎的街道，看着军队在城市的各个角落集结。恐惧涌上他的心头。"现在人们都在谈论战争。"他若有所思地对朋友说。在一个国家里，没有什么比内战，尤其是以宗教为借口发动的内战更可怕了，尤其此时幼王还没有完全掌握指挥权。

"如果让我来评价这些事，"帕基耶写道，"我会说这是悲剧的开始。它将在我们中间上演，代价是我们自己。"

2
天主教国王
1562—1565 年，苏格兰

吉斯公爵死后不久，凯瑟琳派特使菲利贝尔·杜克罗克去慰唁苏格兰女王玛丽。玛丽女王写信感谢王太后，恳求她照顾好公爵的孩子们，最重要的是，"那些叛国者竟敢做如此恶事，背叛您以后再也不会有的最忠诚的仆人"，必须把他们绳之以法。竟然从背后射杀了这么一位值得尊敬的人，她那属于吉斯家族的骄傲被悲伤唤醒。"我对您的信任，"她写道，"给了我一点儿安慰。"她知道王太后不喜欢吉斯兄弟。现在，她希望凯瑟琳能负起责任来。

公爵去世的消息使玛丽女王伤心欲绝。她已经熬过了艰难的一年。去年夏天，伊丽莎白·都铎推迟了备受期待的女王峰会。玛丽女王为这次会面极力游说，她相信伊丽莎白女王本人无法抗拒自己的魅力，肯定会把继承权拱手送给自己。作为礼物的珠宝和诗歌，连同索要伊丽莎白女王肖像的请求和焦虑的便条（它们看起来更像是情书而不是外交信函）一路南下。恳求奏效了。1562 年 7 月，英格兰女王让步，正式邀请玛丽女王在夏末会面，地点可能在诺丁汉，也可能在约克。同邀请一起送到的是玛丽女王渴望已久的伊丽莎白女王肖像。

这看起来像她吗？玛丽一边欣赏这幅画，一边问英格兰使节托马斯·伦道夫。

惟妙惟肖,他回答说,虽然现实中的伊丽莎白女王更漂亮。"我相信,"他对玛丽说,"女王陛下很快就会亲自做出判断。"

"我拭目以待,"玛丽女王回答,"我打心眼里尊敬她、爱她,把她当作我亲爱的嫡亲姐姐。"

两天后玛丽女王收到消息,伊丽莎白女王将邀请推迟了至少一年。最近法兰西的紧张局势升级,法兰西天主教徒如此无情地屠杀她的教友,所以伊丽莎白女王不便与苏格兰女王会面。当然,她承诺,她们还能做朋友。

玛丽女王哭了整整一天。取消的峰会是法兰西内战首次给她造成的个人损失,第二次则是吉斯公爵遇刺。[1]

死亡现在已经成为毁灭性的常客,但公爵的死对玛丽女王打击很大。他给玛丽女王的建议几乎和枢机主教一样多,作为回报,她在信中表达爱和忠诚。那年早些时候,她对吉斯家族在法兰西宫廷地位的下降感到不安,急切地写信给主教,字里行间充满了担忧。"您一定知道她给了我们多少真诚的帮助,"主教对凯瑟琳说,"您了解她的内心,也很善解人意……除了我们共同的血缘和对她的服务,她也不会忘记我们如何善待她的丈夫和公公,即两位先王。"玛丽女王为公爵的死深感悲痛。唯一会让她更为悲痛的事,是外祖母或舅舅洛林枢机主教去世。

几年后,玛丽女王的恐惧几乎成为现实。1565年,她得知主教差点儿死在刺客枪下。"请原谅我对此事的特别关注,"她匆忙给凯瑟琳写信,再次要求惩罚肇事者,"但我已经失去了一个舅舅,现在又快失去另一个了。"而且,玛丽女王知道自己承担不起这样的损失。

---

[1] 玛丽女王将继续向伊丽莎白女王施压,要求举行峰会,并一直殷切盼望实现,但伊丽莎白女王一如既往地让玛丽女王等待。尽管苏格兰女王热切希望,但两位女王永远不会见面。

❖——❖——❖

1562—1563年，玛丽女王开始考虑再婚。伊丽莎白女王推迟峰会可能是诱因之一。友谊和恭维都不起作用：玛丽女王现在需要一个丈夫，一个拥有军队、船只、财富和震慑力的丈夫，来迫使伊丽莎白女王承认自己对英格兰王位的继承权。她越来越痴迷，越来越迫切地想得到那个王位。根据威廉·梅特兰的说法（他向西班牙驻伦敦大使德·夸德拉吐露了这一秘密，德·夸德拉随后又通过一系列惯常的外交通信方式告知了腓力二世），苏格兰女王决定再婚。"这样如果不能通过正当手段获得的话，她就能在英格兰'通过武力'维护自己的权力。"她尤其看好法兰西能提供某些"补救办法"。

吉斯公爵的死可能使玛丽女王更着急结婚。这位骁勇善战的公爵在英格兰大力维护她的权力，更重要的是，他扮演了父亲的角色。他去世了，玛丽女王信任的另一个比她自己更坚强的心灵和思想就消逝了。也许找个丈夫可以填补空缺。她那年二十岁。弗朗索瓦二世在两年前去世，她是一个需要继承人的王国的女王。她完全有理由再婚。

然而令玛丽女王惊讶的是，理想的新郎并没有出现。尽管凯瑟琳·德·美第奇宣称只有哈布斯堡公主才配得上自己的儿子，但玛丽女王还是希望夏尔九世能向自己求婚——但这几乎不切实际。玛丽女王一直想回到法兰西，而作为王后回去是个好办法。几年来，她一直幻想着凯瑟琳会改变主意，幻想夏尔九世自己会坚持要求。与此同时，主教也在推荐求婚者。玛丽女王耐心地、毫无热情地接待他们。

有不少候选新郎，其中有几人热烈追求她。当然，他们都值得尊敬——玛丽女王向某位亲戚肯定这一点。困难在于玛丽女王自己。没有哪位候选人能配得上她。1564年，法兰西有位德·莫维西先生来拜访她，发现她能凭记忆列出婚配人选和他们的缺点。有内穆尔公爵和费拉拉公爵,还有哈布斯堡大公奥地利的查理。有一段时间,瑞典王子埃里克突然出现在名单中,但让玛丽女王尴尬的是,他将会礼貌且冷淡地退场。最后,小纳瓦拉国王和小吉斯公爵,即玛丽女王的表兄弟也会加入这个名单。就连孔戴亲王也来求婚,他认为自己的宗教改革主张会让玛丽女王的新教臣民满意。没人合格。

她坚定决心,同时憎恨任何建议她下嫁的人。"我希望您能允许我听从枢机主教先生**在婚姻问题上**的建议,"当王太后主动提出意见时,她冷淡地回信给凯瑟琳,"我非常谦卑地感谢您像关心最听话的女儿一样关心我。"

但是玛丽女王没有听从舅舅的建议。枢机主教把奥地利的查理放在他自己列出的名单首位。这位不幸的大公是三兄弟中的幼子,而且很穷,没有影响力来"推进她在苏格兰或英格兰拥有的某些权力"——玛丽一想到这个就退缩了。苏格兰信奉天主教的汉密尔顿家族推荐自家的阿伦伯爵,但这个年轻人在1562年精神崩溃,把自己锁在卧室里。其他候选人的地位都不如她,都是无足轻重的公国或王国的君主。即使是奥尔良公爵,也就是夏尔九世的弟弟和凯瑟琳最宠爱的儿子——莫维西曾推荐过他——也不行。莫维西机敏地指出这桩婚事额外的好处:如果玛丽女王嫁给奥尔良公爵,就能回到法兰西。这位精明的使节谈到了玛丽女王最深切的愿望之一。玛丽女王不为所动。对年轻的苏格兰女王来说,即便是能回法兰西也不值得她下嫁。她渴望嫁给一位国王。

如果没法嫁给夏尔九世,那么只有另一个男孩能引起玛丽女王的注意。1563年,她又想起了阿斯图里亚斯王子唐·卡洛斯。她再次恳求主教为她斡旋。[1]

尽管她不太可能抱有幻想,我们也不知道玛丽女王对唐·卡洛斯的孱弱体质究竟了解多少。苏格兰与西班牙没有正式外交关系,所以玛丽女王的宫廷里没有西班牙大使。然而,她可以通过佛兰德斯和法兰西获取关于西班牙的二手消息,她派往伦敦的使节也能带回种种八卦故事。同样,来自西班牙的消息也经常通过驻伊丽莎白女王宫廷的西班牙大使汇集到托马斯·伦道夫的耳朵里。玛丽女王想必听说过唐·卡洛斯身体状况反复无常,自从两年前他在阿尔卡拉不幸摔倒以来,他的病情一直恶化。虽然她以阿伦伯爵精神失常为借口驳回了他的求婚,但唐·卡洛斯的情况并没使她退缩。

唐·卡洛斯身体虚弱也没关系。玛丽的目光越过男孩,转向他的父亲。也许在喜欢想象和幻想的玛丽女王眼中,腓力二世综合了亨利二世、吉斯公爵、枢机主教等所有她生活中强大男性的家长风范。能与法兰西王冠媲美的是腓力二世,而不是唐·卡洛斯,而且他还能以军队、财富和意志力帮她赢得英格兰王位的继承权。腓力二世拥有至高无上的权力,可以平息新教臣民的任何叛乱。如果她嫁给了唐·卡洛斯,就可以和王子一起住在西班牙,而腓力二世则能帮她管理远方的苏格兰。有了腓力二世的同意和祝福,她就可以回归那种法兰西的旧日生活了——只不过这次搬到了半岛上,沐浴在伊比利亚的阳光下。

玛丽似乎没有想到,如果唐·卡洛斯死了(他也许活不过四年),她就会被打回原形——不愿自己治理苏格兰、急于寻找丈夫帮忙的女王。也许她认为,这次会有个孩子维系她与西班牙的关系。她将被视为西班

---

[1] 枢机主教相当勉强地同意帮助玛丽女王。他可能已经盘算过,查理大公不像那些更强大的王子,不会威胁到与法兰西的旧联盟,也不会损害主教自己在凯瑟琳面前的地位。作为第三子,大公可以以苏格兰国王的身份统治苏格兰,而不会吓到担心被外国势力接管的苏格兰臣民。可惜,枢机主教没能说服他的外甥女。

牙王太后,而苏格兰将永远被西班牙统治。

一有合适时机,她就给腓力二世写信,有时只说客套话,有时则真情流露。即便在他取悦她的那个时期,她也在讨好他。在她母亲去世后,她写信说:"我的好兄弟,当我读到您对我亡母的哀悼,我无法形容它带给我的安慰。我不知道该怎么感谢您才好。我非常感激您,所以我非常希望能有机会做点儿什么来报答您。"弗朗索瓦二世去世时,玛丽女王的信字字含泪。"您的信安慰了世上最痛苦的女人,"她对腓力二世说,"我恳求您,在我不幸的时候做我的好兄弟,让我得到您的欢心。"

两年前腓力二世不情不愿的态度并没有吓倒玛丽,1563年,她仍想嫁给他的儿子。

这一次,腓力二世再次坚持在婚约"敲定"之前严格保密,指派位于佛兰德斯的代理人格朗韦勒枢机主教和玛丽女王的远房亲戚阿尔斯霍特公爵夫人处理信件。玛丽女王用密码写信,尽量少落笔,还叮嘱她那负责法兰西事务的秘书罗莱先生要极为谨慎。当然,这个秘密很快就泄露了。

伊丽莎白·都铎劈头盖脸地辱骂唐·卡洛斯。伊丽莎白女王宣布,玛丽女王不该嫁给哈布斯堡王子,也不该嫁给法兰西王子。苏格兰女王如果希望继承英格兰王位,就应该嫁给热血的英格兰人。然而伊丽莎白女王并没有向玛丽推荐她的贵族。相反,她推荐自己最好的朋友、最喜欢的罗伯特·达德利勋爵。他是她的御马官,据说还做过她的情人。1563年,玛丽女王认为伊丽莎白女王的提议很荒谬,弃之不理,觉得她只是在开玩笑。[1]

---

[1] 伊丽莎白女王在1564年再次提议让罗伯特·达德利勋爵娶玛丽女王。这一次,她很认真地把达德利封为莱斯特伯爵,好让他能引起高傲的苏格兰女王的兴趣。然而,玛丽女王最终得出结论,这个提议是假的:伊丽莎白女王似乎不愿意把最喜欢的人送到北方。即使为了王位,达德利本人似乎也不愿离开伊丽莎白女王。玛丽女王因受到侮辱而勃然大怒。

在法兰西，凯瑟琳还能保持相对冷静，她瓦解玛丽女王与西班牙婚事的策略现在已经安排妥当。凯瑟琳确信洛林枢机主教又在故技重施，"千方百计想要重新执掌法兰西王国"，于是她命令伊丽莎白·德·瓦卢瓦"尽一切可能破坏这桩联姻"。她对吉斯兄弟和他们一贯的宏伟目标大加讥讽：英格兰女王将被认定为异端者和篡位者！唐·卡洛斯和玛丽女王将统治整个英格兰！伊丽莎白对此不以为然。"英格兰女王不会在意的，因为他们虽想废黜她，但也只能空谈"——没有军队来实现。对人的品性有卓越判断力的凯瑟琳不禁佩服伊丽莎白的敏锐。

腓力二世有意拖延议婚。玛丽女王坚持不懈，紧张地给格朗韦勒枢机主教和阿尔斯霍特公爵夫人寄信。她不明白腓力二世为什么拖延时间。绝望的玛丽女王恳求公爵夫人继续为自己讲好话，承诺将对后者永远忠诚和尊敬，"就像您是我的亲生母亲一样"。她的催促毫无结果：经过近两年的秘密谈判，腓力二世在1564年10月突然终止议婚。玛丽女王不会嫁给唐·卡洛斯——现在不会，将来也不会。阿尔斯霍特公爵夫人传达坏消息的信在路上耽搁了，在12月底才送到玛丽女王手里。

如果玛丽女王希望腓力二世能像亨利二世一样，视她为诱人的苏格兰彩头，那她就错了。腓力二世对自己的儿子心存疑虑；而且玛丽女王不知道，他对她也有顾虑。腓力二世觉得玛丽女王对天主教的所谓承诺似是而非。玛丽女王嘴上说得很好。1563年，她在给教皇庇护四世的信中写道："我希望成为**教会**最顺从的女儿，为这一事业不惜代价，必要时甚至不惜牺牲自己的生命。"她会强迫臣民"尊重神圣的罗马天主教会"，并派枢机主教舅舅去亲吻教皇的脚。然而，她没有派代表参加特伦托大公会议，而是要求洛林枢机主教代表她行事，她找的借口相当站不住脚。

这还不是全部。她任由那个异端坏蛋约翰·诺克斯欺辱、斥责自己，仅以哭泣来回应（腓力二世听见了）。此外，新教势力在她的王国里没有减弱的迹象。相反，苏格兰教会一直是国内的官方教会。玛丽女王似乎心烦意乱，在本应解决内政问题时一心想着继承英格兰王位。尽管玛丽女王公开宣称尊奉天主教，腓力二世却没从她的行动中看出真正的虔诚。他把婚约谈判拖得足够长，以确保苏格兰女王不会嫁给哪位法兰西王子——这可能是他自始至终的目标。

"我很高兴知道这件事已经尘埃落定了。"玛丽女王在给阿尔斯霍特公爵夫人的信中谈到唐·卡洛斯时强作镇定。她还是得嫁人："我的事务和我的臣民迫使我做出某些决定。"

在和西班牙议婚的过程中，她一直焦虑不安。1563年末，她因右肋疼痛而病倒，哭哭啼啼，郁郁寡欢。玛丽以为自己感冒了，医生却诊断为"忧郁"——与其说是精神状态，不如说是对她体液的评估。药石无效。伦道夫站在床脚向她转述消息，玛丽女王则靠在枕头上。她的臣民反复无常，拒绝一切外国君主，而国外列强沉默寡言，似乎没人愿意和她一起走向圣坛。她感到进退维谷。"有人认为，女王生病是因为择婿不顺，"伦道夫向塞西尔报告，"而且国外求婚者都不太热切，臣民也不愿意她嫁给外国人。"

在计划未来时，有时她会怀疑婚姻是不是正确的选择。"有时玛丽女王喜欢听别人结婚的消息，"伦道夫说，"很多情况下，孀居生活才是最好的。"单身生活不能长久满足玛丽女王。她还是想嫁人，做个妻子要自在得多。

最重要的是，玛丽女王希望能有人来教导自己。1564年1月，与唐·卡洛斯的议婚不断延期时，玛丽女王派秘书罗莱前往茹安维尔。他带了一封给主教的密信和一张给她外祖母的便条。"我已经命令罗莱把我所有的事情都告诉您，"她在给安托瓦妮特的信中写道，"请听他把话说完，然后告诉我，您要我做什么。我将永远只听从您，而不是世上其他任何人，因为现在除了您，我没有任何人可以侍奉和服从，我的好外婆，因为您已经代替了我所有父系和母系的亲属。我恳求您允许我永远蒙您的恩宠。"

最有可能的是，安托瓦妮特赞同枢机主教的观点：玛丽女王应该嫁给哈布斯堡家族的查理大公。尽管玛丽女王很孝顺，但她还是做不到这点。

❖——❖——❖

1564年秋天，被西班牙回绝的她坚定了再婚的决心。1565年冬天，她的堂弟、达恩利勋爵亨利·斯图亚特出现在她面前。达恩利勋爵十八岁，长得很英俊：沙金色的头发，蓝眼睛，白皙娇嫩的皮肤。他体格健壮，姿态优雅，腿很长，站起来比玛丽女王还高——这很难得，因为玛丽女王几乎有六英尺高。达恩利勋爵并不是她想要的国王，但玛丽女王说服自己：总有一天他会成为国王的。毕竟，他的血管里流淌着英格兰和苏格兰王室的血。

和玛丽女王一样，达恩利勋爵也是英格兰国王亨利八世的大姐玛格丽特·都铎的孙辈。虽然达恩利勋爵属于苏格兰都铎家族，而亨利八世将他的祖先从英格兰王位继承人中剔除了，但他和母亲都出生在英格兰，这对他继承英格兰王位很有利。达恩利勋爵是天主教徒。他的母亲伦诺克斯伯爵夫人玛格丽特·道格拉斯以狂热行为闻名。英格兰的天主教徒在达恩利勋爵身上看到了天主教重归被异端女王玷污了的土地的希望，几乎像支持玛丽女王一样支持达恩利勋爵继承英格兰王位。

所以玛丽女王把达恩利勋爵设想为未来的国王和她通往英格兰王位的道路。外国使节会说她在1565年春天爱上了他。这可能是真的。她很欣赏他那英俊的外表和高大的身材，他那欧陆式举止和优美的法语是经过私家教师打磨的，而且1562年他与欧比尼的法兰西表亲们一起待了很长时间，这段经历也对此有很大帮助。他纸牌打得很好，是个狂热赌徒；他喜欢音乐，会说拉丁语，自诩书法优美，高抬腿的加利亚德舞也跳得很棒。他可能让她想起了同自己一起长大的法兰西贵族。只要达恩利勋爵愿意，他就能讨人喜欢——向苏格兰女王求爱时，达恩利勋爵就格外讨人喜欢。不久，他就养成了叫她"玛丽妈妈"的可爱习惯。4月，外国信件说苏格兰女王已经神魂颠倒，但爱情并不是唯一让玛丽女王激动的情感。春夏两季，多年累积的怨恨充满了她的心。

1565年3月，英格兰传来消息，说伊丽莎白·都铎将推迟审查玛丽女王继承英格兰王位的合法性，直到"她本人结婚，或宣布永不再婚——结果很快就会见分晓"。那就等着伊丽莎白女王决定结婚吧！苏格兰女王对这种嘲弄感到羞愧难当。更糟糕的消息在4月传来。玛丽女王听说凯瑟琳·德·美第奇曾为儿子、国王夏尔九世向伊丽莎白·都铎求婚——尽管英格兰女王上个月刚拒绝这次求婚，可她现在似乎正在考虑。

被腓力二世拒绝和被伊丽莎白女王藐视是同一回事。玛丽女王从未见过英格兰女王本人，只见过她的画像，她对女王的印象很抽象，伊丽莎白女王在画像上的签名是这位有血有肉的女人唯一看得见的标志。伊丽莎白女王是她的表姐，而凯瑟琳则是她的家人：作为婆婆，她教年轻的玛丽刺绣，在小玛丽的病榻边照顾她，她还是玛丽亲爱的朋友和"妹妹"的母亲，也是玛丽亲爱的舅妈安妮·德·埃斯特的密友。玛丽女王崇拜过凯瑟琳，甚至也许爱过她。然而现在，凯瑟琳这位纯正的美第奇家族成员把儿子的王位献给篡夺王位的异端女王，而后者支持玛丽女王的新教臣民，拒绝让出玛丽女王认为自己有权继承的英格兰王位。

对玛丽女王本人，凯瑟琳只愿意抛出次子奥尔良公爵。王太后透露

· 285 ·

了玛丽女王在自己心里的地位。

正如玛丽女王向达恩利勋爵的母亲伦诺克斯夫人吐露的那样,"法兰西王太后在针对她"。那年春天,玛丽女王情绪起伏不定,情欲与愤怒互相助长。玛丽女王无疑爱上了英俊的达恩利勋爵,但更重要的是,她对凯瑟琳·德·美第奇和伊丽莎白·都铎的怨恨促使她采取行动。

❖——❖——❖

后来在某份未注明日期的备忘录中,玛丽解释了自己嫁给达恩利勋爵的原因。这个年轻人后来被证明意志薄弱、挥霍无度且有暴力倾向,是个糟糕的婚配人选。他的天主教信仰浅薄,被她手下的贵族鄙视。玛丽女王指出,她一直希望嫁给唐·卡洛斯,但她"在法兰西的亲戚"违背她的意愿,阻挠她的努力。她继续责怪所有人,唯独不自责。

她找的借口包括:臣民不断要求她结婚;她缺乏资金和军事支持来慑服新教贵族;她没有任何可信的参谋。玛丽女王也会提到伦诺克斯夫人。"伦诺克斯伯爵夫人……恳求我嫁给她的儿子,一个兼具英格兰和苏格兰血统的人,在继承顺位中距我最近。他姓斯图亚特——这样我就能永远保留这个苏格兰人喜欢的姓氏;他还和我有同样的宗教信仰。只要我赐他荣誉,他就会尊重我。"伦诺克斯夫人的想法很有逻辑说服力。达恩利勋爵满足了她的一切需要。也许对玛丽女王来说最重要的是,终于有人教她该怎么做了。

1565年上半年,玛丽女王一连收到好几封伦诺克斯伯爵夫人的来信,催她嫁给达恩利勋爵。这是伯爵夫人酝酿多年的计划。1665年春,玛丽女王特别脆弱,腓力二世国王、伊丽莎白女王和凯瑟琳太后给她造成的创伤还历历在目;可供选择的新郎越来越少;玛丽女王几乎无人能咨询。她甚至失去了主教的信任,因为主教仍对她不选择查理大公耿耿于怀。

她在寻找其他能讲自己爱听的话的人。

因此1565年冬天，伦诺克斯夫人从伦敦派出信使，带着密信、包裹和肖像来见玛丽女王，玛丽女王热情接待了她。那年2月，男孩自己来到了法伊夫。近年少见那么冷的冬天，但他从积雪中开出一条路。玛丽已经准备好要见这位英俊的年轻人。就这样，她于2月见到了容光焕发的达恩利勋爵：漂亮的男孩配得上美丽的女王。

很快，她就知道伦诺克斯夫人又开辟了一条秘密通信渠道，通过西班牙驻英格兰大使迭戈·古斯曼·德·席尔瓦与腓力二世通信。1565年冬天，席尔瓦向腓力二世证实："这位**伦诺克斯夫人**和她的儿子是天主教徒，效忠陛下。"在接下来的几个月里，伯爵夫人缓慢而稳定地向西班牙国王施加压力。

我们不清楚伦诺克斯夫人和玛丽女王是如何沟通的。所有书面证据都被销毁了，这很容易理解：伦敦的伦诺克斯夫人就在英格兰女王的眼皮底下暗度陈仓。伊丽莎白·都铎不喜欢达恩利勋爵和玛丽女王结婚，因为这门婚事会把二者对英格兰王位继承权合二为一，威胁加倍。虽然一手信息已散佚，但我们看到有幸存的第三方信件引用了伯爵夫人和女王的通信内容。玛丽女王对伦诺克斯夫人说的任何话都要通过西班牙驻伦敦大使转达。玛丽女王迟早会知道腓力二世的回信内容。

6月，玛丽女王与达恩利勋爵订婚的消息传到了西班牙。在伦敦，伦诺克斯夫人再次见到古斯曼·德·席尔瓦，后者转致腓力二世国王的话："请转达我对玛格丽特·伦诺克斯夫人的同情和善意，以及我对她儿子**婚姻**计划成功的祝贺，以便让她们满意，让她们知道，在这件事上，她们可以依靠我，这样她们就能取悦并鼓励英格兰天主教徒及其政党……你要让伦诺克斯夫人明白……若婚事达成，她的儿子不但会成为苏格兰国王，还会成为英格兰国王。我不仅会为此高兴，还将帮助他实现目标。"

7月29日，玛丽女王和达恩利勋爵在荷里路德宫举行婚礼。黎明前，她挽着达恩利勋爵的父亲伦诺克斯伯爵的胳膊走进了她的私人礼拜堂。两位神父主持仪式，严格遵循天主教程序。在她的第一次婚礼上，玛丽女王别出心裁地穿上了白衣。这一次，除了天主教惯常采用的白面纱外，她全身穿黑。她沾沾自喜地认为自己现在得到了腓力二世的支持，于是穿上天主教中表明寡妇贞节的衣服，准备告别丧服。

❖——❖——❖

和婆婆凯瑟琳一样，玛丽女王也有"表演"的本事。但与凯瑟琳不同的是，她有时会幻想。她还在法兰西当小女孩时，就热衷于在宴会上穿着苏格兰服装，吸引法兰西朝臣的注意，因为这种"异国风情"的服饰很有趣。到达苏格兰后不久，玛丽女王的行为举止仍然像个孩子，她有时会穿着男人的马裤，带着侍女"四个玛丽"在爱丁堡的街道上游荡。她的想象力漫无边际。就在那个冬天，当她在圣安德鲁斯附近短暂度假时，伦道夫发现她住在商人的房子里，和几个朋友聚在熊熊燃烧的炉火旁。没有女王住在那里，她跟伦道夫开玩笑说。不，她当时正和"一小群"朋友玩"做资产阶级太太"的游戏，她卸下了女王的礼服和担子——至少暂时可以。

1565年的复活节，就在刚开始爱上达恩利勋爵时，玛丽女王又开始表演了。春季某天，玛丽女王的侍女们给她穿上了普通城镇妇女的长袍。她笑嘻嘻地和朋友们在城里逛了一圈。"全城上下，朝遇见的每个人要钱，用来准备当天晚些时候举行的宴会。"此后不久，她在某个商人家里吃饭，庆祝这个最神圣的天主教节日，而镇上的人围在桌子旁注视她。这就是微服私行、大笑的女王，是他们大多数人见过的最高、最漂亮的年轻女子。

那个节日里，她的多变掩盖了她逐渐固执的态度。同一个复活节，玛丽女王坚持在弥撒中只能演奏传统管风琴，禁止任何苏格兰乐器，尤其是笛子和鼓，这让她那些信奉新教的贵族很沮丧。7月24日，也就是玛丽女王与达恩利勋爵结婚的前五天，她在写给腓力二世的信中把自己描绘成最虔诚的天主教女王。新的一页翻开了：新婚的玛丽女王对天主教信仰许下新承诺。她希望这能博得腓力二世的欢心。虽然她不能嫁给唐·卡洛斯，但她仍然渴望得到天主教国王的认可。

"先生，我的好兄弟，我很清楚上帝赐予陛下的美德，我看到上帝不仅把许多臣民的命运托付给您，他们的国王，上帝似乎还责成您成为俗世中神圣天主教信仰的捍卫者——这是最重要的任务。因为我也是受神权的女王之一，我总是用一切力量来抵制那些信仰与我相悖的人。为了有更强大的力量来抵制，我决定采纳臣民的建议，嫁给伦诺克斯伯爵的儿子。我确信，您（驻伦敦）的大使曾被迫介入此事，哪怕只是为了阻止新教派的发展，他已与陛下分享了促使我做出这一决定的所有原因。

"**我的臣民**试图阻止我做弥撒。我回绝了他们，我决心抵制他们，宁死不屈，我已经把这里发生的一切告知您的大使。我相信陛下会给予我帮助，就像您已经派遣了那么多的军队来对抗土耳其人一样，因为我非常需要您的帮助来维护信仰。"

玛丽女王向新教徒做出让步，也没有派特使去特伦托，至少看起来是这样。这是位决心发动宗教战争的君主，也是位渴望派出自己的十字军东征的女王，不用武器，而用婚姻。她又在表演了吗？玛丽女王认为自己已经做到了吗？她已经成为自己理想中的女王了吗？还是成了她认为的腓力二世理想中的女王呢？对玛丽女王来说，以纸上谈兵的方式描绘出一位虔信天主教的女王更容易。可没有伊丽莎白·德·瓦卢瓦像提醒凯瑟琳一样提醒她"我们西班牙人"更重视行动而不是言辞。

玛丽女王有充分理由请求腓力二世帮助。她的贵族们出于各种各样的原因不喜这门婚事。他们当中的新教徒担心达恩利勋爵预示天主教会回归苏格兰——玛丽女王给腓力二世的信已经证实了这一点,只是他们不知道而已。所有贵族都怀疑玛丽女王授予达恩利勋爵的权力:她封他不少头衔,赐他大片领地,包括罗斯伯爵领地和奥尔巴尼公爵领地——后者通常是苏格兰王室才能获封的领地。在接下来的日子里,他们更加恐惧:结婚前夕,玛丽将授予达恩利勋爵"国王"的头衔。

詹姆斯勋爵已经退出宫廷,以表示反对这桩婚事,他开始集结盟军和军队。玛丽女王拒绝谈判,急忙去鼓励自己的支持者。对那些不确定支持教会还是女王的犹豫不决的新教贵族,她向他们保证不会试图"阻碍或骚扰臣民信教的自由"。玛丽女王自己都不确定能否遵守这个誓言。当然,她没对腓力二世说过类似的诺言。

内战似乎迫在眉睫。玛丽女王请求西班牙支持,然而她一如既往地盯着自己最想要的东西。在她给腓力二世的信的后半部分,玛丽女王请求西班牙国王帮个忙。她没有意识到自己的用心已昭然若揭。

"我敢肯定,对基督教世界来说,没有任何一场战争能比这场'新福音传道者'的战争更危险,或比它更能影响臣民对君主的服从。(愿上帝保佑陛下永远不会在本国中感受到它们对宗教的影响!)所以,鉴于这些宗教原因,以及我一直(并将在我的余生中)希望与陛下在所有事务上结盟的真诚愿望,我请求陛下考虑向您的大使建议,支持伦诺克斯伯爵之子和我在英格兰的权力,命令他转告英格兰女王,陛下绝不会允许任何有损**我们继承权**的事情发生。我希望有一天我们能偿还欠您的情。与此同时,我愿为您向上帝祈祷,我的好兄弟,请上帝赐陛下长寿,保佑您事事成功。您的好姐妹:玛丽·R。1565年7月24日于爱丁堡。"

3
家事
1565年，法兰西与西班牙交界处

伊丽莎白·德·瓦卢瓦1565年的肖像与四年前索福尼斯巴·安圭索拉为她画的那幅相差无几。伊丽莎白全身入画，四十五度侧身，头戴镶满珠宝的后冠，身穿缀满红宝石的黑色裙子。一条黑天鹅绒从肩膀上披下。闪闪发光的银饰扣在一起，垂在紧身胸衣和裙子前襟上。这就是西班牙的"puntas"，伊丽莎白最喜欢的装饰品。一条沉重的金腰带悬在臀部之上，德·克莱蒙夫人多年前就注意到这正是西班牙人喜欢的腰带。高软木底鞋需要伊丽莎白斯文地迈小碎步，虽然它们被掩盖在裙子下，但可能也修饰了她的脚。伊丽莎白喜欢西班牙女鞋。有位法兰西使节送给伊丽莎白一双法兰西拖鞋（她母亲送给她的礼物）后讽刺地说，伊丽莎白赞美法兰西时尚，但"说到坡跟鞋，她就完全成了西班牙女人"。

在这幅肖像画中，伊丽莎白大约二十岁，看上去是个不折不扣的西班牙女子。然而为了澄清身份，她手里拿着腓力二世的小画像。艺术家利用这个细节表明画中人是腓力二世国王的王后。

这幅画像的作者仍不确定。有专家认为是阿隆索·桑切斯·科埃略，也有人认为是索福尼斯巴·安圭索拉本人。有些人说这幅画本应作为礼物，由伊丽莎白亲手送给凯瑟琳·德·美第奇。

1565年春末，伊丽莎白准备去法兰西和西班牙边境见母亲和弟妹。

自从1560年冬天抵达瓜达拉哈拉以来,她一直渴望与他们见面。1565年,她终于盼到了家庭团聚。

这次会见计划于当年6月在法兰西边境城镇巴约讷举行。它在西班牙比利牛斯山脉以北,法兰西与巴斯克地区接壤的地方。1526年,未来的国王亨利二世还是个小男孩时,他就越过边界来到西班牙,代替父亲当了囚犯。巴约讷是瓦卢瓦家族的伤心之地,现在西班牙人和法兰西人将在此庆贺。

伊丽莎白一得知要去见母亲,就开始收拾行李。索福尼斯巴·安圭索拉和几位遴选出来的女士将陪同她一起去。也许伊丽莎白本打算带走这幅新画,但最终它没能被带走。也许因为画家当时来不及画完它。当年4月,伊丽莎白从马德里北上,画像留在了西班牙。

❖——❖——❖

在巴约讷见面是凯瑟琳·德·美第奇的主意,她在法兰西寻求另一条和平之路。虽然1563年的《安布瓦兹和约》在第一次宗教战争后帮法兰西恢复了平静,但这种平静很脆弱。而且,凯瑟琳感觉到法令抵不过新的敌意。她需要展示力量:年轻的夏尔九世该宣示君威了。1563年8月17日,在鲁昂的最高法院,在凯瑟琳、血亲王孙和议员的簇拥下,夏尔九世宣布成年。男孩刚满十三岁,这是法兰西国王可以在没有摄政王的情况下亲政的最低年龄。当然,他的母亲会成为例外,因为"他保留她对他发号施令的权利"。那天在鲁昂,夏尔九世拿着帽子站起来,向凯瑟琳走去。不必赘述,再没有比这更崇高的敬意了。

如果凯瑟琳认为自己还政就能让各宗教派系团结在年轻的国王周围,那她的希望会落空。国内局势仍然紧张。暴力事件频发,群情激昂。法官们在地方法院抱怨,拒绝承认《宽容法令》。巴黎的律师尤其反对新法，认为虽说理论上夏尔九世是统治者，但实际上说话算数的仍是凯瑟琳。

凯瑟琳渴望亲自看看外省的情况。她还认为，法兰西王国比以往任何时候都更需要展示君王的威严，而这种展示已经多年未见了。她需要一场由年轻的夏尔九世国王为主角的演出、一场能镇住所有法兰西人的盛大游行——无论对新教徒还是天主教徒来说。1563年秋，她开始筹划。

凯瑟琳开始"讲故事"。每次委托作画、建造纪念碑、美化花园或修缮宫殿时，她都会在其中添加内容，讲述自己如何以汗水和血肉之躯建起瓦卢瓦王朝。在那个大多数民众目不识丁的年代（尽管由于新教坚持阅读《圣经》，这种情况正在慢慢改变），她的故事与其说是用文字写就的，不如说是被可视化了的。凯瑟琳的语言包括景象、声音、气味，甚至味道：宴会和奇观、喷泉和烟花、游行和盛大演出。1563年，凯瑟琳试图讲述夏尔九世代表光明力量的故事。她传达的信息简单有力：所有法兰西人，不论地位或出身，都应效忠国王，也就是她的儿子。

年末的几个星期里，凯瑟琳已经精心策划好大规模的王国巡游。她将带着夏尔九世和他的大多数弟弟妹妹以及整个法兰西宫廷上路。她和夏尔九世将巡幸三十多座法兰西城镇和无数村庄。他们将从枫丹白露向东到香槟，沿边界穿过勃艮第，顺着索恩河和罗纳河这两条姊妹河向南越过里昂，然后进入普罗旺斯，再从那里出发向西到朗格多克，穿过波尔多，进入王国最南端的巴约讷，然后再次向北进入卢瓦尔河谷中心。

这次巡幸总共持续了两年多。夏尔九世将在旅途中长大成人。1564年冬天出发时，他还是十三岁的男孩；1566年春天回到枫丹白露时，他已是英俊的十六岁青年，下巴长出了胡须。

王室巡游并不是激进行为。君主经常巡幸王国，向臣民展示威严、评估事态、提高声望。凯瑟琳本人曾陪同弗朗索瓦一世的宫廷巡视王国，也曾陪同亨利二世前往鲁昂和里昂等城镇开展场面盛大的正式访问。现在，凯瑟琳寄希望于人们还记得那些巡游，那些旧日的辉煌时光。人们一看到高大健壮又年轻的夏尔九世骑着骏马，身边簇拥着衣甲华丽的士兵和贵族，就会想起弗朗索瓦一世和亨利二世的时代。凯瑟琳利用梦想和回忆引人怀旧。她要向他们展示的不是夏尔九世的真实样子，而是她希望他成为的样子，也就是他祖先的形象。她为夏尔九世策划了壮观的场面，让那些伟大的勇士国王黯然失色。或者，她希望如此。

这次巡视于1564年2月中旬在枫丹白露附近开始。2月13日星期日，凯瑟琳在城堡外森林里的小庄园中举办欢送会。茂密的常青树下，客人们欣赏表演和音乐。大家都陶醉于龙萨那华丽的诗句。在诗中，牧羊人在鲜花盛开、牛奶流淌的草地上嬉戏。龙萨为凯瑟琳统一王国的努力欢呼。"她把田地和树林还给了我们，"他写道，"她把我们送回从前的牧场，把家园还给我们，驱走我们的恐惧。"凯瑟琳就像罗马的大地之母西布莉女神。那个星期日，在奶牛场，王室孩子们背诵了龙萨的诗句。

这不过是第一支变奏曲。接下来的两年里，这个主题将在无数场合被一再重复。她的儿子夏尔九世是演出的主角，但将法兰西的伟大过去和未来连接起来的是凯瑟琳。她以慈母的关怀孕育和平与繁荣。

这是一次令人筋疲力尽的旅行，旅行本身就是工作，需要极其繁重的后勤工作来安排数千人的食宿。先遣队为缓慢行进的车队侦察安全的行进路线；有专门的设备照顾皇家动物园里的动物——喜欢宠物的夏尔九世坚持要带上它们。当夏尔九世无所事事地坐在法庭上，听大法官米歇尔·德·洛皮塔勒训诫拒绝承认维持和平法令的顽固法官时，他学会了保持耐心。他向聚集在周围求他"治愈"[1]的村民们致意，并一路上和

---

[1] 据说法兰西国王的触摸能治愈坏血病留下的凹凸不平的瘢痕。

母亲参加了几十次洗礼——接受洗礼的都是女孩,母亲做她们的教母,结果许多女婴都因此取名为"夏洛特·凯瑟琳"。凯瑟琳在旅途中磨炼她本已很出色的组织、事务管理和外交技巧,同时还要对新教徒和天主教徒的抱怨做出回应。当然,她带着秘书和羽毛笔。她虽远离巴黎,但从未停止写信。

王室巡游的一路上有很多玩乐机会,有很多美妙的欢乐时光。最悲惨的莫过于旅程开始的最初几天,在香槟省的巴勒迪克,凯瑟琳自豪地主持了自己第一个外孙(克劳德之子)的洗礼。夏尔九世和弟弟奥尔良公爵就像青少年一样,抓住机会在没完没了的宴会上大吃大喝,在几十场比赛中为他们最喜欢的人加油。夏尔九世也想参加比赛,但母亲不允许。自从1559年7月亨利二世出事那一天起,比武就让凯瑟琳紧张不安。甚至连简单的模拟比试对她来说也太危险了。虽然夏尔是优秀的骑手,但脾气暴躁的他还是只能使用钝刃的假武器徒步作战,他因母亲把自己当作像弟弟一样的小孩子对待而感到耻辱。

凯瑟琳在巡游的最初几个月就想要与腓力二世见面。自从腓力二世在1559年娶了伊丽莎白以来,她就一直渴望见到他。不知怎的,腓力二世总能找到避开她的办法。但现在凯瑟琳离南部边境如此之近,他找不到借口了。为什么不见面呢?她向她的西班牙女婿建议在丰特拉维亚、圣让德吕兹或巴约讷附近见面。这是他带伊丽莎白一起来的最佳时机。

为了进一步讨好腓力二世,凯瑟琳决定用她最崇拜的两位国王的名字给最小的两个儿子重新命名。1565年春天,在图卢兹,奥尔良公爵亚历山大-爱德华以父名取名为"亨利"。凯瑟琳还宣布,她最小的儿子埃库莱斯将以他已故的哥哥和祖父的名字取名为"弗朗索瓦"。凯瑟琳怀疑腓力二世国王会觉得"亚历山大"这个名字太像希腊神话中的名字;"爱德华"这个名字太英式,太像新教徒;而"埃库莱斯"完全是异教徒的名字。改后的名字唤起了人们对英勇的法兰西天主教国王的记忆——凯瑟琳确信它们不会令人反感。

❖ —— ❖ —— ❖

凯瑟琳提议与腓力二世会面,这算不上异想天开。君主们以前也曾亲自会面,在几周的欢宴中,他们名义上搁置了竞争。王国之间的边界是见面的最佳地点。在边境会面意味着双方都没有主场优势,但边境附近的土地较少受首都权威的辐射,情况不稳定且危险。例如英格兰国王亨利八世担心与苏格兰毗邻的北部地区会发生叛乱,或者这些地区在面对新英格兰教会时仍公然信奉天主教。无独有偶,法兰西胡格诺派的据点能在远离保守巴黎的法兰西南部蓬勃发展也是有原因的。然而,同样的边缘性质也使王国边界成为抛弃旧思想和放下(至少暂时)古老敌意的空间。在这里,人们可以在坚持基本立场的前提下大胆探索各种可能。

最著名的一次边境峰会发生在1520年,法兰西的弗朗索瓦一世和英格兰的亨利八世在皮卡第的广袤田野上会面,那里地处法兰西最北端的阿德尔和当时被英格兰控制的加来之间。两位国王都还年富力强:安妮·博林还没出现,阿拉贡的凯瑟琳仍是亨利八世的爱妻;弗朗索瓦一世"好生养"的王后克劳德尚在人世。他们友好的笑容掩盖了激烈竞争和膨胀的自我。工人们平整谷底,免得某位国王的营地比另一位的高(这次会面的组织者、英格兰枢机主教沃尔西几乎达成了"移山"的成就)。到处都铺满闪光的金锦,所以这次会面被称为"金缕地之会"。这种奢华景象震惊了所有人。其实在这样的场景中,他们几乎没有达成任何外交协议。

君主之间的会晤并非每次都能如愿以偿,尤其是在大不列颠岛上。早在1562年,苏格兰女王玛丽就全身心投入准备与伊丽莎白·都铎的会谈，但它还没开始就流产了。

尽管很失望（也许正是因为失望），但玛丽女王已经踏上旅程。回到苏格兰后，她还没有周游过全国，因为她几乎把全部精力都放在维护与伊丽莎白女王磕磕绊绊的友谊上。她的队伍蜿蜒向因弗内斯附近的北方湖泊进发。随行的伦道夫说，这一路上太可怕了，"复杂"且"痛苦"。在老阿伯丁，他潦草地写信给威廉·塞西尔吐苦水。这次出巡花了很长时间，天气湿而冷。食物价格昂贵，供应短缺。就连田地里的玉米穗都被雨水浸湿了，看上去生长不良。伦道夫确信它们"永远不会成熟"。

玛丽女王不顾旅途坎坷，继续前进，决心向人民展示自己的威严。在阿伯丁，峰会取消让她失落的情绪再次郁积。沿着这条路走不到三英里就到了亨特利伯爵的府邸，"全国最漂亮的宅子"之一，是个不错的住宿处。玛丽女王很警惕。亨特利虽然是天主教徒，却从没为她的母亲玛丽·德·吉斯出过多少力。而且令玛丽女王烦恼的是，他还不赞成她与新教女王伊丽莎白会面。现在他的行为有谋反的倾向。她召他来阿伯丁，他带来了一千五百名士兵，远超她允许的一百名。不久，她收到消息，亨特利的儿子违抗命令，不去斯特灵堡报到。当她到达因弗内斯，打算住进亨特利的城堡时，守门人说没有亨特利的允许，拒绝放她进去。不服从国王命令近乎叛国。

玛丽女王被激怒了。她煽动当地忠诚的乡下人迫使城堡投降，并下令绞死城堡管事。他的尸体被吊起来时，伦道夫看着苏格兰女王，她看上去异常镇定，甚至好像很享受这次冲突。"我向您保证，我从没见过她这么快乐，沮丧之情一扫而空，"他写信给塞西尔，"我也从来没想到能在她身上发现这么多性格侧面。"伦道夫已经习惯看到玛丽坐在会客室里"不停做针线活"。他之前看低了这位美丽的女王，没想到她也有冷酷无情的一面，而且情绪可能有点儿不稳定。

玛丽女王已经宣示了主权,证明自己不会容忍任何叛乱,即使是亨特利这样的天主教徒她也不会放过。她因能施展权力而欢欣鼓舞,但伊丽莎白·都铎很快就把她打回原形。玛丽女王在10月回到爱丁堡时,收到一封英格兰女王的亲笔信。伊丽莎白女王详细地解释为什么要推迟会面。她描述了法兰西人的暴行,"扔进水中淹死""把人剁成碎片",孕妇被绞死时怀中还抱着哭闹的婴儿。大家都知道,吉斯公爵在瓦西的恶劣行径是这些麻烦的根源(能如此残忍对待同胞,又会怎样对待外人呢?伊丽莎白女王问)。既然仆人们在打仗,那么主人之间还能有什么友谊呢?

英格兰女王的疑虑依然存在。无论玛丽女王多少次提到姐妹情谊和友谊,伊丽莎白女王都保持缄默。尽管伊丽莎白女王曾承诺一年后再见面,但她从未兑现承诺。多年来,玛丽女王多次试图安排会面,但伊丽莎白女王从未同意。每次被拒绝,玛丽女王都有种无力感。

❖——❖——❖

玛丽·斯图亚特没办成的事,凯瑟琳·德·美第奇要努力促成。她希望法兰西王室出巡能够促进她与腓力二世会面,尽管如此,她还是多方下注,以防腓力二世太固执。

1565年冬,还在出巡路上的凯瑟琳与伊丽莎白·都铎建立了不算太稳固的联盟。英法之间的敌意在前一年有所缓和,伊丽莎白女王签署了《特鲁瓦条约》(*Treaty of Troyes*),放弃了英格兰对加来的权力,以换取十二万法兰西克朗。在1562—1563年的宗教战争中,凯瑟琳装作看不见英格兰女王公开支持孔戴亲王和法兰西宗教改革分子。1565年2月,她为十四岁的夏尔九世求娶三十二岁的伊丽莎白。

这个事例说明了:敌人的敌人可以成为朋友,甚至成为家人。敌人是谁？西班牙大使德·夸德拉猜测她们俩都想让玛丽·斯图亚特心神不宁。在某种程度上这是真的。伊丽莎白女王主要针对玛丽女王，而凯瑟琳的目标是腓力二世本人。如果腓力二世拒绝与她会面或提出太多要求，凯瑟琳就会求助于伊丽莎白·都铎这样的新教徒：这是求婚一事包含的潜台词。

马德里的腓力二世不想见凯瑟琳。事实上，一想到这事他就害怕。与凯瑟琳见面可能会让其他国家以为他默许法兰西异端的存在。腓力二世也不希望见到任何法兰西的异教徒，而且他确信新教贵族一定会出席。

然而，他的岳母五年来不断要求见面，使他不胜其烦。显然，凯瑟琳会不停地问下去。此外，鲁伊·戈麦斯机智地说服了腓力二世维持与法兰西的同盟关系，把对凯瑟琳的要求降低到"仿照他与玛丽·都铎结婚时在英格兰实施惩罚异端的类似措施，在法兰西国内也采取行动"。腓力二世还希望凯瑟琳采纳1563年休会的特伦托大公会议颁布的法令。会议修改了天主教会的某些基本信条，希望能引导信众回归教会。然而它并没有在弥撒上让步，而是毫不含糊地宣称，基督存在于圣餐的饼和酒中。教皇要求所有天主教王国采纳这些法令。然而凯瑟琳拒绝了。

腓力二世决定向凯瑟琳让一小步。腓力二世不想如她的愿亲自见她，并对她表示歉意，但他知道母女俩是多么渴望再次见面，于是宽宏大量地说："为了满足她们俩的愿望，我已经回复了最尊奉基督教的王太后，我很高兴让王后，也就是我的妻子去丰特拉维亚看望她。"他警告凯瑟琳，伊丽莎白的出席是有条件的。如果有法兰西异端者参加，伊丽莎白会拒绝露面。"我绝不允许她这么做，"腓力二世写道，"而且她自己也不愿意这么做。"

凯瑟琳提出抗议，担心新教徒会因被排斥在外而感到不满，这会破坏法兰西脆弱的和平。她向腓力二世解释，孔戴亲王尤其希望向西班牙王后表示敬意。尽管如此，腓力二世还是坚持立场——王太后被迫将孔戴亲王和纳瓦拉王后让娜·德·阿尔布雷从巡行队伍中遣送回国。

腓力二世命令驻外使节消除各国关于新教徒的疑虑：如果有人怀疑，他们就解释说，这次团聚"只是表达爱意的家庭聚会"。

伊丽莎白·德·瓦卢瓦离开马德里前往巴约讷的几个星期后，腓力二世再三考虑了这事。通过外交渠道，他得知夏尔九世计划在巴约讷会见土耳其大使。土耳其人是哈布斯堡王朝的宿敌，凯瑟琳似乎一心要让腓力二世知道她还有别的盟友。伊丽莎白对她母亲强硬得起来吗？腓力二世派阿尔瓦公爵跟随王后，以防万一。

❖——❖——❖

伊伦镇坐落在西班牙边境，比达索阿河的入海口。6月，它迎来了伊丽莎白·德·瓦卢瓦和她为数不多的随从。行程有变，她在路上花了两个月。布尔戈斯暴发的瘟疫迫使伊丽莎白取道东北部的索里亚，没能出席在布尔戈斯举行的宴会，这让该城居民非常遗憾。幸运的是，她只多花了四天。

在伊伦附近，伊丽莎白终于见到了弟弟，刚受洗的奥尔良公爵亨利。他于6月9日到达，穿着华丽的深红色衣服，率一百名随从疾驰而来。这些随从从头到脚都像王子一样穿着红色，仿佛一片猩红色海洋。小亨利最后一次见伊丽莎白时才九岁。现在他快十四岁了。"陛下，我见到了王后，我们的姐姐，我们都很高兴。"那天晚上他写信给夏尔九世。很明显，同胞姐弟长得很像。"她长得真像您。"亨利写道。

她确实长得像夏尔九世，现在又多了些西班牙派头——不光表现在衣着上。布朗托姆有种神奇的本领，能在年轻王后们出国旅行时照顾她们。在伊丽莎白动身前往边境之前的几个月，他作为法兰西特使抵达西班牙，加入伊丽莎白的随从队伍。伊丽莎白迷住了布朗托姆。他在她身上看到了"融合了西班牙和法兰西的、庄重而温柔的"优雅风度。现在对她来说，西班牙语和法语一样容易掌握。后者只在同法兰西贵妇和像布朗托姆这样的外国使节交谈时使用，而前者则在其他场合使用。地毯是西班牙的最好，书籍和乐器是法兰西的最棒。她喜欢用彩色蝴蝶结和缎带点缀黑色西班牙礼服。伊丽莎白融合了两个世界。

那年夏天，巴斯克地区异常炎热。6月14日闷热的午后，伊丽莎白来到西班牙王国境内的比达索阿河左岸。在属于法兰西的右岸，凯瑟琳和夏尔九世正焦急地等待着她。

几个月来，王太后急着要再见到女儿。凯瑟琳在路上孜孜不倦地给伊丽莎白写信，追踪她来巴约讷的行程。6月初，当西班牙王后抵达伊伦时，凯瑟琳曾希望前往那里，作为伊丽莎白的客人在那里过夜。但结果令她很失望：谨慎的西班牙人劝伊丽莎白拒绝凯瑟琳的要求。凯瑟琳被迫等到月中。现在，她们团聚的时刻终于到了。

最后是凯瑟琳渡了河。为了避免对西班牙的"侵略"，夏尔九世留在了法兰西的土地上，但凯瑟琳作为王太后，尤其是这位面孔多变却令人敬畏的王太后有权力调解争端、跨越边界。她的出现奠定了基调：这是王太后与王后的会面，她们是天生的和平缔造者。此外，凯瑟琳是伊丽莎白的母亲。她可以把女儿带回家。

凯瑟琳在比达索阿河左岸下船，向女儿走去。伊丽莎白——现在比她母亲还高——深深地行了个屈膝礼。"那么深，"一位目击者写道，"好像要吻她母亲的膝盖一样。"凯瑟琳不允许她这样。凯瑟琳扶起伊丽莎白，吻了她三次。然后两人轻声哭了起来，流了很多眼泪，回到河边时，她们的眼泪还没有干。

两个女人回到法兰西这边的河岸，西班牙人和法兰西人在驳船的甲板上杂处。船抛锚后,夏尔九世跑到甲板上。即使很兴奋,他也设法控制住自己。他没去吻伊丽莎白,因为他不敢冒犯西班牙人,但他拥抱了姐姐两次。十五岁的夏尔九世是个敏感的男孩。后来,他也忍不住流下了眼泪。

❖——❖——❖

从年轻的奥尔良公爵带着一群身着深红色衣服的随从来接伊丽莎白的那一刻起,直到会面的最后几天,凯瑟琳都希望能驯服西班牙人。法式优雅,法式匠心,法式财富,法式品位。西班牙将缩在法兰西壮丽威严的阴影下。这是凯瑟琳传达的信息,不仅传达给西班牙人,还传达给其他派遣使节的国家,比如威尼斯人、英格兰人和罗马教皇。巴约讷是凯瑟琳的舞台,全欧洲都是她的观众。

演出越来越壮观,凯瑟琳的目标也越来越大、越来越乐观。在"万国"比武大会上,代表特洛伊人和亚马孙人、法兰西人和西班牙人、摩尔人、罗马人、希腊人和阿尔巴尼亚人的数十名士兵在烈日下进行了一场模拟战争。在室内化装舞会上,士兵们袭击一座被施了魔法的城堡。河中岛一日游时,三十艘船组成的小船队载着客人经过种种壮观景致。在河中央,六位特里同骑在巨龟上吹奏木管乐器。海神内普丘恩坐在巨大海马拉着的贝壳里,滔滔不绝地吟诗。上演压轴戏时,观众们看到一头巨大的鲸鱼跃出水面。勇敢的捕鲸者们拔出长矛,半小时之内就制伏了这头可怕的海兽。[1]

这里有喷泉和焰火、喜剧和悲剧、马上比武、海战、唱十四行诗的阉人和跳舞的牧羊人。政治融入了精彩的表演。6月21日,阿尔瓦公爵

---

[1] 这条鲸鱼似乎由机械驱动。巴约讷这个以航海、捕鲸为业的小镇为呈现出这一特殊景观感到非常荣耀。

授予夏尔金羊毛勋章。6月26日,在峰会接近尾声时,教廷大使向伊丽莎白颁发了金玫瑰,赞美她是"带来和平的伊莎贝尔"。像那朵玫瑰一样,伊丽莎白是美德的缩影。"和平王后"会治愈一切创伤。

时年十一岁的玛戈特当时也在巴约讷,多年后,她仍然记得那些辉煌的日子。最重要的是,她回忆起母亲在比达索阿河群岛的某个岛上举办的盛大宴会。绿树成荫的草地上摆着十二张桌子。她的母亲凯瑟琳王太后、哥哥夏尔九世和姐姐伊丽莎白王后坐在丝绸华盖下。当穿着牧羊人服装的舞者围着桌子跳舞时,驳船漂浮在水面上,甲板上挤满了乐工,"自始至终都在唱歌和演奏"。"普瓦特万人吹风笛,"玛戈特回忆道,"普罗旺斯人演奏小提琴和铜钹,勃艮第人和香槟人用双簧箫、低音提琴和长鼓,布列塔尼人跳快步舞和布朗舞,其他各省都各有所长。"这是法兰西的庆典。本应统一的法兰西。

宴会结束时,半人半羊的怪物萨蒂尔从巨石后面大步走出来,几十个跳着舞的仙女从岩石顶上跳到草地上,使宴会的客人们高兴不已。突然,雷声大作,大雨倾盆,大家笑着跑向小船。对年少的玛戈特来说,糟糕的天气也没能破坏美好的回忆。

❖ ── ❖ ── ❖

然而在精彩表演背后,气氛更加紧张。凯瑟琳带着两个目的来参加峰会。首先,她希望腓力二世能支持自己的宗教宽容政策;其次,她一如既往地想促成瓦卢瓦家族和哈布斯堡家族更多的联姻。夏尔九世不在联姻之列,因为他与伊丽莎白·都铎仍在议婚。相反,凯瑟琳提议胡安娜王妃和自己的儿子奥尔良公爵亨利结婚。她还抱着把玛戈特嫁给唐·卡洛斯的希望。当然,腓力二世给伊丽莎白和阿尔瓦安排了截然不同的任务。

他们讨论的内容保密。我们可以从阿尔瓦和西班牙驻法兰西特使弗朗塞斯·德·阿拉瓦的信件中，以及腓力二世自己事后的叙述中拼凑出部分谈话内容，但很多信息都散佚了。有一点很明确：凯瑟琳没能让伊丽莎白屈从自己的意愿。凯瑟琳自己也不作任何让步。据阿尔瓦说，凯瑟琳一心想要联姻；伊丽莎白只说会请腓力二世考虑一下。伊丽莎白敦促母亲实施特伦托大公会议的条款；凯瑟琳说它们不是必要的。凯瑟琳坚持认为，王室出巡已经平息了民众情绪，现在夏尔九世已经宣布成年，国内秩序很快就会恢复。

阿尔瓦看不到希望。随着6月底的临近，他的心情越来越低落。夏尔九世只会对母亲的话鹦鹉学舌，阿尔瓦向腓力二世报告：“前景不乐观……法兰西一天天走向毁灭，却没有任何补救措施。”

然而在最后时刻，他精神一振。王太后与王后达成了某种协议。究竟发生了什么尚不清楚，但在某种程度上，凯瑟琳向女儿投降了。伊丽莎白的固执使凯瑟琳吃惊。"你变成西班牙人了！"阿拉瓦说她提出抗议。[1]"我是西班牙人，我得站在西班牙一边。"伊丽莎白同意她的话，"但我仍是您的女儿，就像您当初把我送到西班牙时一样。"

她们做了什么决定？我们永远不会知道。只有阿尔瓦、凯瑟琳、伊丽莎白和几个代表在场，但所有人都守口如瓶。多疑的新教徒最终认为，有许多天主教徒的暴行曾在边境酝酿，如1566年阿尔瓦公爵对荷兰起义的血腥镇压，以及1572年巴黎圣巴塞洛缪日屠杀期间对数千名法兰西新教徒的无情杀戮。全欧洲的新教徒都为上述骇人听闻的事件痛斥腓力二世、阿尔瓦和凯瑟琳，但放过了伊丽莎白·德·瓦卢瓦。

然而，正如腓力二世自己所说的，无论在巴约讷有何秘密，伊丽莎

---

[1] 腓力二世屈服于凯瑟琳的压力，派阿拉瓦取代令人憎恶的尚托奈作为西班牙驻法兰西大使。

3 家事

白都曾积极参与其中。那年8月，腓力二世给当时住在罗马的西班牙枢机主教弗朗西斯科·帕切科写了封信，解释在边境发生的事情。据腓力二世说，伊丽莎白当时向凯瑟琳明确表示，宽容只会鼓励法兰西新教徒拿起武器，和平法令只会导致叛乱。是伊丽莎白而不是阿尔瓦告诉凯瑟琳，腓力二世坚持要"规范王国的宗教事务"，而夏尔九世必须"绝对服从"。腓力二世说，是伊丽莎白竭力要求母亲推行特伦托会议制定的法令。伊丽莎白"如此巧妙地"拒绝了再次举办法兰西宗教会议的想法，以至于凯瑟琳同意适当考虑实施特伦托会议的法令。凯瑟琳见别无选择，于是向伊丽莎白——而不是向阿尔瓦——承诺"一旦王室出巡结束，她将不再拖延，会尽快采取补救措施"。

凯瑟琳投降后，伊丽莎白派阿尔瓦公爵回报这个好消息。腓力二世的妻子最终还是采取了强硬的态度。

感情和爱，加上坚持、严格和执着的要求——这些不就是凯瑟琳自己的武器吗？伊丽莎白是她母亲第一个也是最重要的学生。腓力二世总结道，伊丽莎白相信母亲会对法兰西新教的"弊病"采取"补救措施"。他写道："王后，我的妻子，我对这样的决定很高兴，因为毫无疑问，很明显，若这种补救措施势必要实行，就一定会有人去做。"腓力二世请枢机主教帕切科发誓保守秘密，说即使是教皇也应该保持沉默，以免法兰西人为了挽回面子而食言。这种"补救措施"是否包括针对法兰西新教徒的任何具体行动，或者仅仅是略微修正政策，仍然是一个谜。

❖——❖——❖

在巴约讷最后的庆祝日子里，王后和王太后设法把分歧放在一边。没有什么能动摇她们对彼此的爱。7月的告别让人心痛。"泪如涌泉。"阿拉瓦写道。夏尔九世心烦意乱，统帅蒙莫朗西不得不提醒他"国王决不能哭泣",但男孩还是哭了。

天主教王后于7月1日星期一离开巴约讷。她的队伍在夜间赶路,以避开正午炎热的太阳,所以回程花了将近六周。[1]法兰西大使向凯瑟琳保证,尽管旅途很辛苦,伊丽莎白仍然精神抖擞。在回来的路上,所有随行人员都在回忆看到的奇观、品尝过的食物和遇到的人。8月27日星期六,伊丽莎白终于回到马德里,见到了腓力二世。她仍然笑容满面,而腓力二世可能从没这么高兴见到她。

离开巴约讷之前,凯瑟琳给腓力二世写了封信。"我的女婿,"她潦草地写道,"您使我有幸能见到女儿,我真是感激不尽。我发现她情况很好,我和我的王儿,以及整个王国,都欠您的人情,因为您对她很好。这将使您更加确信您的兄弟夏尔九世对陛下的诚挚友谊,这次会面只会巩固友谊,您的王后会向陛下详细说明。"她像往常一样落款:"您的好岳母、好姐妹——凯瑟琳。"

事实上,巴约讷的会面让她很失望。虽然她又见到了伊丽莎白——这是个有价值的彩头,但凯瑟琳提议的瓦卢瓦家族和哈布斯堡家族的婚事落空了。此外,腓力二世还拒绝支持她的《宽容法令》。也许最令人失望的是,伊丽莎白唯丈夫马首是瞻。她快成为西班牙人了。

凯瑟琳从来不轻言放弃,她重新调整焦点,把目光投向英格兰。8月离开巴约讷后,她派信使去见伊丽莎白·都铎,后者已经决定拒绝夏尔九世的求婚。[2]为了让伊丽莎白女王回心转意,凯瑟琳送了龙萨新出版的书作为礼物。这本书里有一首法兰西王室的孩子们两年前在凯瑟琳

---

[1] 因为天气炎热,凯瑟琳已经指示特使随时通报伊丽莎白的行程和健康状况,并在天主教王后回到马德里后立即通知自己。
[2] 伊丽莎白女王考虑法兰西求婚的时间可能长到只够让玛丽·斯图亚特不安。伊丽莎白女王是否有意将玛丽推入她与达恩利勋爵的灾难性婚姻仍有争议。

农场王室出巡欢送会上背诵的诗。龙萨曾将一份副本献给他的缪斯苏格兰女王玛丽，但是凯瑟琳想把这本书献给"英格兰女王陛下"。

"夫人，"献词是这样开头的，"法兰西在国内风波平息后，现在何其有幸能得到经陛下您庄严宣誓的和约。您能……终结几百年来两国滋长积累的怨恨，以及几乎与生俱来的分歧。这些怨恨和分歧给这两个咫尺之遥的繁荣王国造成如此多的苦难。"凯瑟琳又在尝试迷惑对方，仿佛用寥寥数语就能抹去几代人的敌意。

凯瑟琳还打算把这本书作为和平的礼物：像她的新教徒臣民一样，伊丽莎白·都铎也想知道巴约讷是否在酝酿阴谋。但在峰会结束时，来自苏格兰的消息分散了英格兰女王对西班牙-法兰西边境会谈的注意力。她得知表妹玛丽女王嫁给了达恩利勋爵亨利·斯图亚特，这二人对英格兰王位的继承权因此合二为一了。

4
女王们的两个身体
1566年，苏格兰和西班牙

1566年1月30日，苏格兰女王玛丽给几周前刚入主圣彼得大教堂的教皇庇护五世写了封贺信，表明她对罗马天主教会的忠诚，尽管她承认自己忽视了庇护四世对她"最虔诚和神圣的要求"。她的借口是：她的臣民仍然欢迎异端，动不动就要叛乱。"每个人都知道，我们的王国遭遇的困难有多么大，降临到个人身上的动乱有多么残酷。我们宗教的敌人很多。"玛丽女王的书记员用简洁的拉丁语写道。玛丽女王声称，敌人强大，而且很狡猾。到目前为止，他们挫败了她让苏格兰回归旧信仰的一切努力。

玛丽觉得没必要指名道姓。事实上每个人都知道，詹姆斯勋爵及其新教盟友在她去年夏天7月29日举办婚礼后几天就叛乱了。"追逐战"一直持续到10月。叛军和王室军队在苏格兰王国全境内互相追逐，从未真正交手，但这确实是叛乱。

在冲突最激烈的9月，玛丽女王曾向法兰西请求援助，并威胁说，如果夏尔九世和凯瑟琳王太后抛弃她，她将"投奔另一个国君的怀抱"。与此同时，她写信给另一位王公，想要借兵——如果没有军队，现金也可以。"这个王国发生的事件将导致天主教徒全部毁灭，并建立邪恶的错误信仰。"她告诉西班牙的腓力二世，"我们正在抵抗，但王夫和我将冒着失去王冠的风险",以及"我们在其他地方主张的权利——如果我们没有得到基督教世界某位伟大君主的帮助的话"。

答复令人满意。腓力二世一直渴望铲除异端,他送去了两万枚金克朗,可惜,这笔钱没能运到苏格兰。[1] 凯瑟琳认为,如果妇孺不得不与强大的新教贵族打交道,那么折中主义总是最好的办法,她主张采取外交手段。她派使者去苏格兰,严厉警告说,战争"威胁着玛丽的整个王国"。德·莫维西先生发现玛丽女王毫不留情,要不惜一切代价粉碎敌人,不愿意听自己讲道理。"女王陛下……"他写道,"宁愿放弃权杖和王冠,也不愿与那些天生就是她臣民的人谈判,那些人不仅不爱戴她,甚至在受赐荣誉和财富后忘恩负义。"

王太后对苏格兰女王的顽固不化表示遗憾,于是派莫维西去英格兰看看伊丽莎白·都铎的头脑是不是更灵活些。她担心玛丽女王会与她同父异母的哥哥作对到底,担心同样鄙视达恩利勋爵的英格兰女王会支持詹姆斯勋爵。最重要的是,凯瑟琳想避免战争。深陷国内紧张局势的法兰西无力支持苏格兰对抗英格兰。此外,王太后还在努力挽回夏尔九世和伊丽莎白女王的婚事。

尽管损失了西班牙人的黄金,尽管前婆婆不愿提供物资援助,玛丽女王还是在一定程度上占了上风。10月,詹姆斯勋爵和叛军逃到英格兰,投奔伊丽莎白·都铎。为了尊重自己的表妹苏格兰女王和法兰西人对和平的呼吁,伊丽莎白女王用法语训诫跪在地上的詹姆斯勋爵数小时,详述叛国臣民要面临的危险。但是出于对教友的尊重,她还是庇护了叛军。

玛丽女王在1月写信给教皇庇护五世时,詹姆斯勋爵和盟友仍在英

---

[1] 玛丽女王派名叫亚克斯利的代表向腓力二世详细汇报战况。腓力二世把亚克斯利和金子送上回苏格兰的船。不幸的是船沉没了,亚克斯利溺亡,金子被冲上英格兰海岸,被诺森伯兰公爵拾获。尽管玛丽女王写信恳求,他还是拒绝交还失物。

格兰等待时机。詹姆斯勋爵的口是心非刺痛了玛丽女王。比起其他任何人,她更依赖他与英格兰建立关系,更依赖他保护自己免受约翰·诺克斯等人的辱骂。他们是血脉相连的家人,把他们连接起来的纽带是吉斯兄弟打造的,玛丽认为它牢不可破。现在她只想复仇。她没收叛徒的地产,废黜他们的头衔。她还要求他们在3月12日出席苏格兰议会会议。在那里,他们将被剥夺公民权——废除权利、没收财产——并接受叛国罪的指控。

正如玛丽女王向庇护五世保证的那样:还有希望。"事情还没有严重到我们无法依靠您的建议和援助过关的地步,因为我们……必定能赢。"在3月召开的议会会议上,玛丽计划制定条款,恢复王国的旧信仰。她确信在新教皇的帮助下,自己一定能取得胜利。

玛丽女王说"还有希望",其实另有原因,尽管她小心翼翼,并没有向教皇提起。她现在已经怀孕将近六个月了。玛丽女王在怀孕中找到了安慰:她在结婚那天告诉伦道夫,她不想让王国"没有继承人"。这是她作为女王的首要职责,也是她结婚的意义所在。[1]也许继承人的诞生会平息新教臣民的暴躁情绪。侍女们把她的衣服尺码放大。玛丽女王祈祷能生个儿子。

如果说她的婚姻激发了新的天主教热情,那么她的怀孕则坚定了宗教决心。玛丽女王于1月写给庇护五世的信满纸虔诚之言,然而字里行间还能看到那个总把自己利益放在首位的年轻女人。她在信末写道:"通过满足**我的信使**的要求(或者更确切地说,我们通过他提出的要求),我们将有理由比以往任何时候都更加依恋罗马教廷。"当然,虔诚不应取决于她的意愿。"不过,我们一直都忠诚于它。"她急忙纠正错误。然后,为了证明她的观点:"愿上帝在我们和整个基督教世界中永远保持圣座

---

[1] 当然,玛丽女王没有告诉伦道夫,自己是在利用达恩利勋爵来增加继承英格兰王位的可能——尽管她不必这样做,因为伦道夫和伊丽莎白·都铎都已经看穿了她的计谋。

的圣洁!"最后她亲笔写道,"圣座最忠诚的女儿玛丽女王。"

❖──❖──❖

只有玛丽女王在给教皇的信上签了名。她没有让达恩利勋爵在上面签名,这与几个月前相比是个明显的变化,当时玛丽把"她的全部思想都交给了达恩利勋爵来统治和指导",伦道夫厌恶地指出,就好像她是王后,而他才是国王。到1565年12月,玛丽对丈夫的热情已明显降温。

她的办事员从文件中抹去了达恩利勋爵的名字,召回印有"亨里克斯和玛丽亚"字样的硬币。虽然以前大家都称他们为"国王陛下和女王陛下",但现在大家称达恩利勋爵为"女王的丈夫"。1565年圣诞节,伦道夫惊讶地写道:"我从来没见过这个政府变化这么大。"这对夫妇为各种问题吵个不停,伦道夫猜这是"恋人的争吵",但他错了。

伪装已经崩坏。贵族们在婚礼前的反对意见看来没错——这事实一定和达恩利勋爵的恶劣行为一样让玛丽恼火。热恋期的那位白马王子变得脾气暴躁、嫉妒心强,而且经常酗酒,让玛丽女王十分害怕。若玛丽女王不满足他的要求,他就会大发脾气——"追逐战"期间,玛丽女王拒绝提拔达恩利勋爵的父亲伦诺克斯伯爵为中将,于是他第一次大发雷霆。相反,她更喜欢博斯韦尔伯爵。

玛丽女王认为她有充分的理由。第四代博斯韦尔伯爵詹姆斯·赫伯恩年方而立,已经用实际行动证实自己能坚定捍卫王室利益。尽管博斯韦尔伯爵是新教徒,但他对玛丽女王及其母亲玛丽·德·吉斯的忠心从未动摇过。1559—1560年,当"议员团"起义反抗玛丽·德·吉斯时,博斯韦尔伯爵代表摄政王勤奋工作,窃取从英格兰秘密寄给苏格兰叛军的资金。因为对新教不忠,博斯韦尔伯爵招来了英格兰人、不少苏格兰贵族,尤其是詹姆斯勋爵的绵绵不绝的仇恨——詹姆斯勋爵永远不会原谅他的背叛。

玛丽女王花了数年时间试图调和詹姆斯勋爵和博斯韦尔伯爵间的矛盾,但现在她认为二者不和对自己很有好处。博斯韦尔伯爵是老练的指挥官,骁勇善战。此外,博斯韦尔伯爵讨厌英格兰人。玛丽女王可以确信,博斯韦尔伯爵不会被英格兰的金钱打动而加入詹姆斯勋爵的阵营。的确,伯爵多年来一直陷在与其他贵族的纠纷中,如1562年,阿伦伯爵指控博斯韦尔伯爵试图绑架女王,而这一指控最终被证明不实。此外,博斯韦尔伯爵以粗俗和不敬而闻名。思罗克莫顿称他"虚荣、鲁莽、危险",并谴责他对新教的表面忠诚,而大为惊骇的托马斯·伦道夫说博斯韦尔伯爵曾称玛丽为洛林枢机主教的妓女。

1565年,玛丽女王忽略了人们对博斯韦尔伯爵性格的评价,认为这是苏格兰人嫉妒和英格兰人怨恨的结果。相反,她看过他尽心尽力的服务记录——从亲自安排人把她的行李从法兰西运到苏格兰,到代表她把秘密信件送到欧洲大陆。她决定信任他。[1]

相比之下,达恩利勋爵的父亲伦诺克斯伯爵却曾为谋求利益而背弃苏格兰,转而向英格兰效忠。但达恩利勋爵认为玛丽女王在打压自己父亲。他像玛丽女王一样珍视家庭,这打击了他的自尊心。从那以后,他们的感情每况愈下。

达恩利勋爵举止粗暴,以侮辱她为乐,这使玛丽女王羞红了脸。他对天主教的漠不关心使她苦恼。她给腓力二世和教皇写虔诚的信,自己的丈夫却几乎不去做弥撒。这位加冕女王尊重他,把他提升到国王的崇高地位,他却忘恩负义。他指责她吝啬,并抱怨她和秘书戴维·里齐奥

---

[1] 历史学家约翰·盖伊指出,家族关系可能是玛丽女王信任博斯韦尔伯爵的原因之一。伯爵的妹妹嫁给了玛丽女王同父异母的私生兄弟之一,即科尔丁厄姆勋爵约翰,于是博斯韦尔伯爵成了她比较近的姻亲。一直想依靠家人的玛丽女王,在被另一个亲戚詹姆斯勋爵背叛后,可能会向博斯韦尔伯爵求助。

在一起待的时间太长。最让人恼火的是,尽管她一再拒绝,他仍缠着她,要她封自己为并肩王。

"并肩王"是苏格兰法的概念,是议会批准的法案。达恩利勋爵如果被封为并肩王,将获得作为国王的全部主权。如果玛丽女王死后没有子嗣,王位就会传给达恩利勋爵的后代。在订婚前,玛丽女王在亨利二世和吉斯兄弟的注视下,签字同意了三项秘密"捐赠",实际上已将同样的权力拱手送给了弗朗索瓦二世。苏格兰人对此深感失望,这件事也成了1559—1560年反对玛丽·德·吉斯的苏格兰战争导火索之一。这场战争以棘手的《爱丁堡条约》结束,该条约削弱了玛丽女王对议会的权威,也削弱了苏格兰与法兰西之间的旧联盟。

也许是1560年的事件给她上了一课,也许是她早就觉得达恩利勋爵不太成熟。不管出于什么原因,1565年,新婚的玛丽女王对封他为王一事犹豫不决。值得注意的是,这位最希望成为王后的年轻女子明智地迈出了保护女王统治权威的一步。当达恩利勋爵坚持己见、态度冒犯时,她收回了他的特权,不让他靠近自己的床——她怀孕就是个好借口。那小伙子自己生着闷气。玛丽觉得他很讨厌,不许他靠近自己。她觉得如果自己严厉些,也许他就不会那么固执。

❖——❖——❖

法兰西的凯瑟琳担心玛丽·斯图亚特,但并不是担心她的个人福祉。玛丽女王代表不确定的政治因素。只要玛丽女王嫁给弗朗索瓦二世,她作为苏格兰女王和英格兰王位继承人的价值就有助于法兰西建立帝国。然而现在玛丽女王是自由的,能够婚姻自主,能按自己的喜好做事——而她的某些兴趣与凯瑟琳的相悖。幸运的是,王太后成功阻止了她与唐·卡洛斯的联姻,确保玛丽女王的苏格兰王位和英格兰继承权没落入西班牙人手中。尽管凯瑟琳给"天主教国王，我的贤婿"写了很多信以取悦他，但她知道法兰西和西班牙本质上仍是对手。

然而对玛丽女王来说，似乎到处都有麻烦。王太后不喜欢玛丽女王对英格兰王位的执着追求——既然弗朗索瓦二世已经去世，这个执念就是负担。凯瑟琳仍将苏格兰视为法兰西的托管地，必要时可以用它来对抗英格兰或西班牙，但是凯瑟琳掌控不了玛丽女王的感受。玛丽女王的那些信奉新教的贵族鄙视法兰西与苏格兰的旧关系，更倾向于同英格兰建立新联盟。至于玛丽女王，大家都知道她对英格兰王位的痴迷。玛丽女王会断绝与法兰西的关系以满足这些贵族，并赢得继承权吗？

另一方面，如果英格兰和苏格兰爆发战争，那么英格兰可能会获胜，而法兰西将完全失去对苏格兰本就很脆弱的控制力。凯瑟琳不会为了玛丽·斯图亚特的野心而牺牲夏尔九世的利益。

一贯狡猾的凯瑟琳帮助玛丽女王在"追逐战"期间斡旋，部分原因是为了提醒玛丽女王：她的政治生命依赖于她与法兰西的关系。如果她想和英格兰保持友谊，哪怕只是为了获得英格兰王位继承权，玛丽女王也需要法兰西的帮助。凯瑟琳的特使莫维尔在接下来的几年里多次访问苏格兰。

玛丽女王的事一直都是凯瑟琳关注的头等大事，但1566年1月，她的注意力转向了西班牙。当怀孕的玛丽女王给教皇写谄媚的信时，伊丽莎白·德·瓦卢瓦也正等待自己的孩子降生。凯瑟琳既喜且忧：王太后、母亲和外祖母的多重身份使她对此事的兴趣复杂化了。终于能有个婴儿把这两顶王冠绑在一起了，这使凯瑟琳激动不已；但一想到伊丽莎白可能会流产，甚至面临更糟的结果，她就非常害怕。

1566年1月底，伊丽莎白怀孕已满三个月，刚刚进入第四个月。她离开法兰西来到西班牙已有六年，这期间她还没有哪次怀孕能足月。到目前为止，这次怀孕很顺利，虽然还为时过早，但凯瑟琳已经为可能出现的并发症，以及几个月后分娩本身带来的危险感到忧心。她女儿的身体一直很虚弱。凯瑟琳对新任驻西班牙大使福尔克沃的雷蒙·德·鲁埃尔[1]说，她感觉自己"如坐针毡"地等待着孩子出生。

福尔克沃大约六十岁，宽肩大鼻，是位经验丰富的外交官，凯瑟琳完全信任他。福尔克沃每写一封信给夏尔九世，就会另写一封给凯瑟琳，把她渴望知道的所有私密细节都告诉她。虽然他在腓力二世的宫廷里与要人们打交道时表现得很古板，但福尔克沃还是忍不住对伊丽莎白缓和态度。年轻的王后和饱经风霜的使节成了好朋友——伊丽莎白从未见过比他更忠诚的仆人。

福尔克沃和凯瑟琳一样对孩子的出生感到焦虑。他知道王后能怀孕都很不容易，这个过程令人担忧，而且相当漫长。多年来，王太后和伊丽莎白在西班牙的所有随从都一直担心这位年轻的王后永远不会怀孕。

❖ — ❖ — ❖

麻烦开始于伊丽莎白的月经——她到达西班牙后才有初潮，随后只是偶尔才来月经。1562年，当她的月经周期终于稳定下来时，所有人都希望她能尽快怀孕。似乎万事俱备。据侍女们说，她的月经周期有规律：间隔大约三到四周，每次出血三到四天。德·维讷太太说，她和腓力二世一样，一向气色不错。此外，伊丽莎白的法兰西侍女们报告说，腓力二世经常临幸伊丽莎白。每个月，凯瑟琳都期待着收到好消息，然而她只能一次次失望。

大家都说伊丽莎白赢得了丈夫的尊敬和臣民的爱戴，她甚至赢得了

---

[1] 原名为"Raymond de Rouer, Sieur de Fourquevaux"，后文以姓氏"Fourquevaux"，即"福尔克沃"简称。——编者注

脾气暴躁的乌雷伊纳伯爵夫人的好感。"她适应得很好……为了使大家幸福，她只要生个孩子就行了。"悲伤的德·维讷夫人在给凯瑟琳的信中写道。

随着岁月流逝，凯瑟琳的担忧与日俱增。腓力二世娶过一个不能生育的女人，即玛丽·都铎。他还能等多久？唐·卡洛斯仍然暴躁易怒，腓力二世需要更多的孩子来保护他的遗产和王国。此外伊丽莎白的斗争也一定让凯瑟琳想起了她自己同样长期不孕的过往——那是何等痛苦的经历。王太后确信，腓力二世不会等十年之久。

伊丽莎白当然会在"上帝的恩典"下怀孕并生下孩子，凯瑟琳告诉福尔克沃。当然，如果上帝需要凡人帮忙，那么凯瑟琳随时做好了准备。王太后写下了几十种补品的配方，把它们寄给伊丽莎白、她的大使和德·维讷夫人，给药方上加了一剂"母亲的压力"。"我发现这些东西对生孩子很有用，"她在一张便条中写道，"希望它们对她也有用，因为这是我在这个世界上最盼望的事。"凯瑟琳收买那些她怀疑与腓力二世睡过觉的女人（腓力二世柔顺的得力助手鲁伊·戈麦斯的妻子安娜·门多萨得到了一颗大钻石），并向自己请来的意大利医生温琴佐·穆戈诺尼提供建议。穆戈诺尼随伊丽莎白来到西班牙，是她的私人医生，与腓力二世指派到伊丽莎白宫中的一群西班牙医生一起工作。如果凯瑟琳能说话算数，她就会解雇所有西班牙人，因为她不喜欢他们的治疗方法，尤其是放血。的确，不同国家的医疗方法各不相同。但是凯瑟琳只相信穆戈诺尼医生。

伊丽莎白几乎无法理解自己的身体状况，她的身体规律难以捉摸，各种症状也是个谜。多年来，她的月经周期波动，还有偏头痛和断续的恶心，这些都让她几乎不敢抱有希望。1562年，伊丽莎白在给凯瑟琳的信中写道："夫人，我不能瞒着您，我不知道自己能不能怀孕。""侍女说我表现出怀孕的所有迹象，但我不知道我有没有怀孕。我只有在晚上才觉得恶心。如果有任何确定的迹象，我一定会立即写信给您。"伊丽莎白一如既往地害怕让凯瑟琳为此失望："如果我错了，我可不想失去您对我的好感。"那个月晚些时候，所谓的迹象全都消失了。

这样的假警报使凯瑟琳惊慌失措。1564年春天，伊丽莎白怀孕了，这次她很确定。不久，她收到来自凯瑟琳最亲密的朋友之一、表姑萨伏依公爵夫人的热情洋溢的贺信。

"我可以向您保证，夫人，"公爵夫人写道，"我从没见过王太后，也就是您的母亲这么高兴。显然，若她能有幸再次见到您，她就几乎拥有了想要的一切——这当然是真的，夫人。如果上帝赐予我这份恩典，能看到你们俩都有这份好运，我可以幸福地死去。"

怀孕持续了大约五个月，凯瑟琳有足够的时间为腓力二世介绍两个法兰西接生婆。她向腓力二世保证，这两个接生婆都是优秀而得体的天主教妇女。"既然我不能有幸在她生产时亲临现场，作为母亲，我只希望她能得到周到的照顾。"腓力二世和伊丽莎白拒绝了接生婆——尽管事实证明，她们的服务毫无意义。就在凯瑟琳寄出这封信的几周后，伊丽莎白在一场几乎要了她性命的高烧中流产了。

❖——❖——❖

这场考验严峻而可怕。1564年8月，当凯瑟琳与夏尔九世刚开始巡幸全国时，她的大使（当时是德·圣叙尔皮斯先生）的信件如雪片般飞来，报告伊丽莎白已经奄奄一息。几天后又来了几封信请她放心，说伊丽莎白正在康复。直到月底，凯瑟琳收到穆戈诺尼医生的长篇报告，才知道伊丽莎白病情有多严重。穆戈诺尼把所有可怕细节都告诉给了王太后。

穆戈诺尼写道，事实上，伊丽莎白自去年4月以来一直感觉不舒服。到了5月，她怀疑自己有孕。侍女们把症状——发烧、头痛、呕吐和食欲不振——归因于怀孕初期的不适。她的肚子越来越大，国内气氛也愈见欢腾。腓力二世下令举行宴会和比武来庆祝。伊丽莎白自己估算怀孕有五个月时，于8月5日举行了一场聚会。晚饭后，她设法平静下来，上床睡觉。侍女们对医生只字不提那天晚上发生的事，使穆戈诺尼非常遗憾。

但王后渴得要命，彻夜未眠，于是侍女们去请医生。王后的西班牙和法兰西医生立即诊断出这是高烧——持续高烧使王后陷入出汗和发冷的循环中。更令人不安的是，血从她的鼻子里流了出来。

医生们讨论了静脉切开术。在西班牙，长期以来，医生惯于在不必要的情况下给孕妇放血，只是为了保护胎儿。然而穆戈诺尼认为，这种做法违背了古希腊和古罗马医学权威——希波克拉底和伽伦的教诲。那些德高望重的医生已经向我们展示了孕妇在怀孕的三到七个月间会患上多么严重的疾病。穆戈诺尼警告说，在这种情况下放血可能会导致流产。然而，西班牙人的意见占了上风。手术刀划出一道伤口，"从她的右臂上……流出七盎司血"。然而，在接下来的几天里，出血并没有缓解伊丽莎白的发烧、剧烈头痛和"日夜折磨着她"的放射状疼痛。

她的病情恶化，于是西班牙和法兰西医生开始争执。不顾穆戈诺尼的强烈反对，西班牙医生坚持再次给王后放血，这次是从她的左臂放血。穆戈诺尼写道，那天晚上伊丽莎白流产了，过程相当漫长，持续了两天。医生生动地描述全程，似乎王太后能和他一样对临床细节感兴趣——考虑到凯瑟琳对医学和伊丽莎白的身体状况都很关心，也许她确实会感兴趣。最重要的是，穆戈诺尼见到从伊丽莎白的子宫里出来的肉块，证明"确实有胎儿"，"形状像公羊的心脏"。因为在那一刻之前，他仍然对怀孕心存疑虑。[1]然而流产并没有让伊丽莎白病情缓解。王后的体温更高了。

当穆戈诺尼和西班牙医生治疗病人时，在场的贵族们无助地站在一旁。乌雷伊纳伯爵夫人哭个不停；阿尔瓦公爵每次会诊时都要到场，时而愤怒，时而惊慌。腓力二世被人请走，但他一有空就会过来。与此同时，阿尔瓦公爵不断向国王汇报最新情况。

西班牙医生认为残留的液体和碎片使子宫发炎（穆戈诺尼在报告中继续说），于是又给伊丽莎白放血，这次是从右脚放血。在她患病的第十一天，医生们一致同意为她催吐，但催吐使伊丽莎白极其困倦。她瘫软无力，没有反应，就像死去一样，这让他们无能为力。医生们忙得团团转，试遍了所有方法，拔罐、揉搓、绑扎、芥末包、蓖麻膏和又一次放血，这次刺破了她的前额中央。伊丽莎白的右臂开始颤抖，嘴唇开始扭曲，医生们担心她会"卒中"，即中风。穆戈诺尼建议用猪苓（一种红伞有肋蘑菇），这引发了另一轮的争论。与此同时，王后的脸和喉咙肿得可怕。

西班牙医生表示自己已回天乏力。阿尔瓦公爵和乌雷伊纳公爵夫人坚持要请神父来主持临终涂油仪式，这是临终者的最后仪式。他们带来了笔和墨水，以便伊丽莎白在神志清醒的时候能在遗嘱上签字。

穆戈诺尼不知道的是，西班牙宫廷的外国使节已经冲回自己办公桌前写信。其中一位是英格兰驻西班牙使节托马斯·查洛纳，他写信给伊丽莎白·都铎，说天主教王后流产了，现在"生死只能听天由命"。死亡的阴云笼罩在宫殿上空。"大门关着，宫中男女哀怨地轻声哭泣。教堂里挤满了为她祈祷的贵族。她凭借美德和温柔得到大家的喜爱，大家

---

[1] 尽管穆戈诺尼没提到胎儿的性别，也没有描述其是否成形，但圣叙尔皮斯说伊丽莎白流产了一对双胞胎女孩，而费拉拉使节认为只有一个男婴。

都希望她能生下许多王子。"每个人都担心，如果伊丽莎白·德·瓦卢瓦死了，西班牙和法兰西可能会再次干戈相向。

查洛纳又加上一条令人担忧的传言。当时是1564年夏天，苏格兰女王玛丽还没有见过达恩利勋爵，也还没有结婚。查洛纳写道："朝廷的使节和其他人都说，如果伊丽莎白·德·瓦卢瓦去世，国王将向苏格兰女王玛丽求婚。"查洛纳猜测法兰西人会阻止这桩婚事，但不确定。几个王国和几位君主的命运都系于这位年轻西班牙王后的性命之上。

伊丽莎白卧室里的穆戈诺尼仍没有放弃希望。作为科学和观察的信徒，他坚持认为受难的王后还有希望。当圣雅科莫大主教和伊丽莎白的告解神父来主持最后的圣事时，医生把阿尔瓦公爵拉回卧室去看伊丽莎白。凝视着她的脸，穆戈诺尼确信自己仍能从她苍白的肤色中看到一丝"生机"。医生说服阿尔瓦向腓力二世国王转致自己的建议，腓力二世国王"犹豫不决，在恐惧与希望之间……进退两难"。希望最终获得了胜利。腓力二世批准了穆戈诺尼的催吐法。

在阿尔瓦和哭泣的乌雷伊纳伯爵夫人的注视下，医生们围在伊丽莎白的床边。穆戈诺尼"把猪苓浸剂和一点玫瑰水糖浆放在银瓶子里，一只手把它放到垂死王后的嘴唇上，另一只手撬开她的牙关。伯爵夫人也来帮忙"。不久之后，伊丽莎白开始好转。穆戈诺尼写道，这一切发生得如此突然，就好像是"神的手而不是人的手"在起作用——也许是这位好医生的谦辞，但显然当时力挽狂澜的是他本人。穆戈诺尼以胜利口吻愉快地结束了这封信。奇怪的是，尽管信长达几页，他仍为自己写得太短而道歉。"我知道您有多忙。"他告诉凯瑟琳。

伊丽莎白活了下来，但她拖了好几个月才完全康复。她完全按照凯瑟琳的建议去做，呼吸新鲜空气，锻炼身体——这让乌雷伊纳伯爵夫人非常沮丧，因为她觉得王后最好卧床休息。伊丽莎白日渐好转，西班牙举国如释重负，凯瑟琳和伊丽莎白·都铎也是如此。但1565年夏，正当法兰西和西班牙军队在巴约讷集结时，玛丽·斯图亚特嫁给了达恩利勋爵，使英格兰女王又一次惊慌失措。腓力二世意识到自己有多么爱年轻的妻子。他把情妇抛在一边，花更多的时间和伊丽莎白待在一起，在宫殿花园郊游，在河边散步，还悠闲地野餐。有种乐观情绪暂时占据了国王的心：尽管伊丽莎白的流产令人痛苦，但这表明她可以怀孕——萤火虽微，却稳定放光。伊丽莎白一康复，腓力二世临幸的次数就增加了。

我们不知道伊丽莎白对流产的感受。腓力二世后来对她关怀备至，母亲又温柔地叮嘱她要注意身体健康，可能挫败感就消失了。伊丽莎白仍在寻求母亲的认可，而凯瑟琳庆幸女儿劫后余生。那年2月，伊丽莎白还在康复中时，腓力二世就同意她和凯瑟琳在巴约讷团聚。在某种程度上，他打算把这次旅行作为给两个女人的礼物。腓力二世明白，失去了伊丽莎白，凯瑟琳会像他自己一样伤心。见面后，凯瑟琳写信告诉腓力二世她女儿看起来情况很好，感谢他救了她的命。

❖ — ❖ — ❖

1565年仲夏，伊丽莎白从巴约讷返回后，这对王室夫妇再次集中精力生育继承人。1565年12月，伊丽莎白可以确认自己又怀孕了，已经两三个月了。是什么起了作用？伊丽莎白归功于圣欧赫内，苦难家庭的守护神。她告诉福尔克沃大使，去年11月，她曾和腓力二世一起去观看圣欧赫内脆弱的遗骸从马德里转移到埃纳雷斯堡的新安息地。当圣徒的灵柩缓缓驶过时，伊丽莎白承诺"把上帝赐给她的第一枚果实以圣徒的名字命名"。那天下午，她请医生给她洗了个澡，晚上和腓力二世一起上床就寝。她相信圣欧赫内听到了自己的祈祷。

尽管伊丽莎白有种种病痛，但她的怀孕很顺利。第三个月平安无事地过去了，接着是第四、第五个月。凯瑟琳如坐针毡。福尔克沃说，伊丽莎白感到婴儿踢了她"两三次"。从王后的外表来看，乌雷伊纳伯爵夫人确信伊丽莎白怀的是男孩。

腓力二世变得更贴心，每天晚饭后，他都花两个小时看望妻子。"整个王国都欣喜若狂，王公贫民弹冠相庆，"福尔克沃兴奋地写道，"如果伊丽莎白算对了受孕日期，那么孩子将在8月20日出生。"

只有两件事败了凯瑟琳的兴致。首先，伊丽莎白显然希望母亲别插手产房的事。凯瑟琳又一次提出要派值得信赖的法兰西产婆过去，腓力二世似乎倾向于同意（随着孩子预产期临近，他开始紧张），但伊丽莎白拒绝了，坚持说自己这边已经有了"一个非常有经验的西班牙女人"。福尔克沃一直在促成这事，但伊丽莎白仍然固执己见，只承诺孩子一出生就给凯瑟琳捎信。她也反对弟弟亨利、现安茹公爵过来等候孩子出生。西班牙人不信任外国人，她努力寻找借口。他们不会让公爵插手的。但在凯瑟琳的坚持下，亨利还是来了。

凯瑟琳不愿告诉伊丽莎白自己派去亨利的真正原因。1566年5月，当伊丽莎白怀孕七个月时，阿尔瓦公爵要求她审阅并签署遗嘱。这个请求使凯瑟琳惊惶。这意味着什么？一方面，她怀疑腓力二世在向伊丽莎白施压，要求她把嫁妆——1560年随她一起越过比利牛斯山脉的那些满载财宝的马车——遗赠给哈布斯堡王朝的继承人，而不是归还法兰西。令凯瑟琳惊愕的是，尽管福尔克沃一再暗示，伊丽莎白还是不肯透露遗嘱的内容。女儿的遁词令她痛心。如果最坏的情况发生，凯瑟琳想让亨利在场维护法兰西的利益。

与此同时，想到伊丽莎白可能死于难产，凯瑟琳满怀恐惧。遗嘱似乎是个凶兆。女儿病了吗？伊丽莎白急忙安慰母亲。留遗嘱只是西班牙的习俗，所有孕妇都必须这样做。但1564年伊丽莎白濒死的经历一直令凯瑟琳后怕。"如果写遗嘱是这个国家的习俗，我们就不会那么怀疑了。"她在给福尔克沃的信中写道。"弄清楚是不是真的，一有结果就告诉我。同时尽你所能地安慰她，使她能振作精神、怀抱希望面对我们的主，承受上帝的旨意。"伊丽莎白的生死关头临近，母女俩现在都必须勇敢起来。"无论发生了什么事，一定要把她的消息告诉我。"凯瑟琳补充道。她怎么会不担心呢？

❖——❖——❖

4月初，伊丽莎白怀孕六个月时，凯瑟琳接见了玛丽·斯图亚特驻法兰西大使，即格拉斯哥大主教。就在几天前，凯瑟琳和夏尔九世从法兰西驻伦敦大使那里得知了玛丽的秘书、意大利人戴维·里齐奥被残忍杀害的消息。这位苏格兰大主教是来汇报玛丽女王对此事的描述的。

3月9日，玛丽女王在荷里路德宫楼上的私人公寓里举办小型晚宴。她最近病了，参加聚会的人不多。他们用餐时，数百名武装士兵占领宫殿，由信奉新教的贵族鲁斯文和莫顿率领着冲进她的房间，把已经落入他们手中的里齐奥拖进玛丽女王的会客室，几乎当着女王的面将他刺死。五十六处刺伤，忧郁的大使报告说，是用"短刀和剑"刺伤的。

这起谋杀案只是恐怖事件的开始。玛丽女王被囚禁在自己的房间里两天，频繁受叛军恐吓，直到忠诚的领主博斯韦尔和亨特利帮她逃到了邓巴城堡。在邓巴待了五天之后，她回到爱丁堡"和我们的臣民在一起"。她一逃脱，叛军就逃到南方去了。玛丽打算"竭尽全力"追捕这些逃亡者，因为她已经夺取了他们的"全部财产、人手、房屋……货物和装备"。这时国内秩序又恢复了。

格拉斯哥大主教解释说，这场政变是在议会审判"追逐战"的叛军之前几天策划的。"恢复旧宗教"的措施也被提上议程。信奉异端的贵族企图颠覆女王统治,这是叛国罪。

大主教从玛丽4月2日写来的信中得知了这一切,这是她对这场危机的官方描述。她命令他阻止可能已经传到法兰西宫廷的"任何谣言"。对凯瑟琳来说,这个故事的全部内容听起来一定比小说还要离奇。谋杀本身并不是最可怕的新闻。不安的大使只能承认这次未遂的政变由苏格兰国王亲自授意。

达恩利勋爵已经同意把詹姆斯勋爵和追捕者从英格兰带回家,恢复他们的头衔和领地,还承诺在王国坚持新教信仰。作为回报,新教叛军同意拥戴达恩利勋爵登上王位。玛丽女王怀疑密谋者计划杀死她和她未出生的孩子。达恩利勋爵意识到贵族们不打算遵守协议,就向玛丽女王坦白了一切。这个年轻人愚蠢地相信了叛军的承诺,"我们猜想"——用玛丽的话来说——"是因为他的天性"。他太容易受骗了。

达恩利勋爵和玛丽女王一起逃出荷里路德宫,回到爱丁堡。格拉斯哥说这对夫妇似乎和好了。至于那个可怜的秘书里齐奥,他似乎是某个更大阴谋的不幸受害者。达恩利勋爵承认是自己促成了政变,但他向玛丽女王发誓自己从未想过要伤害她或杀害里齐奥。3月20日在爱丁堡,传令官在苏格兰王国市场的石十字架上张贴布告,宣告年轻的国王无罪。玛丽女王声称这份宣言是达恩利勋爵的主意。

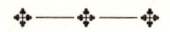

✤——✤——✤

即使王太后对前儿媳怀有恶意,她也认为这个消息相当可怕。洛林枢机主教后来写道:"夏尔九世国王和凯瑟琳太后十分同情玛丽女王,几乎要流下眼泪。"达恩利勋爵的胆大妄为吓坏了凯瑟琳。暴行骇人听闻,正是凯瑟琳所害怕的法兰西新教徒的暴行。正如玛丽女王所描述的那样,抓捕她的人一度威胁要把她"撕成碎片扔到墙外,烤来吃"。

更可恶的是，叛军威胁的是一位怀孕七个月的孕妇。"这些坏人不仅要杀死那秘书，还要杀死（女王）本人和她腹里的胎儿。"夏尔九世十分憎恶这种行为。

然而，年轻国王的反应也有政治因素：玛丽女王不是普通孕妇，甚至不是王后。叛军袭击的是在位女王和她的继承人，即下一任国王，就好像要覆灭整个王朝。如果说威胁受苦受难的妇女令人作呕，那么威胁王权则令人恐惧。

玛丽女王回到爱丁堡，松了一口气，因为自己还活着，还没有失去王位。她决心不惜一切代价追捕叛军，也对丈夫怒不可遏，但不知道该如何处理他。在4月2日给格拉斯哥大主教写信之前，她花了几周时间整理思路。寄往法兰西的信只是她向外国宫廷送达的一连串信件中的一封——她正努力控制舆论。

玛丽女王很清楚，法兰西宫廷里会有什么样的龌龊传言。她的秘书被谋杀，看起来像是被戴绿帽子的丈夫在报复。她知道贵族们鄙视里齐奥——一个天主教徒、意大利人、平民。她还知道达恩利勋爵听说了里齐奥和玛丽女王的桃色谣言，这使他嫉妒。他们打过架。"您也许已经对女王和丈夫之间的各种矛盾和争吵有所耳闻，"伦道夫在政变前几天秘密写信给塞西尔，"部分原因是她拒绝封他为并肩王，部分原因是他肯定知道自己这样对待她是对方完全不能容忍的。如果不是众所周知的话，我们就会……非常不愿意去想这可能是真的……您听说过关于那个人的流言吧？"

当时，玛丽女王对这些下流的指控不屑一顾，认为这些不过是出于嫉妒的胡言乱语。她的自信造成了致命的后果。[1] 现在的流言蜚语同样

---

[1] 很多人猜测是新教贵族们散布这些谣言以激怒达恩利勋爵，推动他策划这个阴谋。英格兰特使伦道夫也被怀疑是推手。玛丽可能知道贵族们在煽动达恩利勋爵，但没想到他会采取行动。

是毁灭性的：这场谋杀既玷污了她的荣誉，又玷污了王位的清白。这让人们怀疑胎儿的合法性，从而怀疑孩子对苏格兰和英格兰的王位继承权。国王可以公开不忠，女王当然不能。达恩利勋爵成功地把她的孕事——女王贤惠尽职的象征——变成了通奸的标志。

这就是达恩利勋爵的计划吗？谋杀自己的孩子，或者污蔑他为私生子，好让自己得到王权？通过破坏她的名誉和威胁他们的孩子，强迫她封他为并肩王？

当玛丽女王被囚禁在荷里路德宫的时候，她别无选择，只能原谅达恩利勋爵，哪怕只是为了让自己逃脱也行。她公开赦免他的谋杀罪，以保护自己的婚姻完整，遏制甚嚣尘上的丑恶谣言，这是她的首要任务。她用白纸黑字与流言角力，以文字为武器对抗法兰西和西班牙的流言蜚语，因为她迫切希望得到这两个大国的支持。西班牙尤其让她担心，她在那里没有特使驻扎，她也没有勇气直接给腓力二世写信。

在给格拉斯哥大主教的信的末尾，她亲笔加了一句："我请求您，一旦读完这些信，就去（法兰西）宫廷，阻止他们相信这些虚假的谣言。一定要跟西班牙大使和其他外国人谈谈。"

❖——❖——❖

欧洲的国王们都不相信玛丽女王与里齐奥通奸，大多数人都认为达恩利勋爵的罪行比他公开声明的要严重。事实证明，达恩利勋爵的阴谋适得其反：苏格兰臣民和欧洲的君主们称赞玛丽女王的勇气和冷静。她有一颗真正君主的心。教皇庇护五世非常感动，给她写了封私人信件，（也许感觉到某种犹豫而）敦促西班牙和法兰西去帮助她。

在爱丁堡，玛丽女王与危险多变的局势作斗争。行凶者仍然逍遥法外，毫无疑问，他们还在策划其他袭击。真正的危险临近了。玛丽女王只是假装原谅达恩利勋爵。在给格拉斯哥大主教的信中，她隐瞒了部分细节。达恩利勋爵的表里不一使她极为震惊。那天晚上，他悄悄地走进她的私室，趁她吃晚饭时偷偷爬上连接他和她房间的楼梯。他坐在她旁边，友好地把胳膊搭在她肩上。鲁斯文和追随者冲进来时，达恩利勋爵紧紧抓住玛丽，把她的胳膊固定在身体两侧。里齐奥尖叫着抓住她，士兵们把他的手指一根根从她的裙子上掰开。后来，她的侍女在楼梯底下发现了里齐奥残破的尸体：珠宝被拿走，衣物被剥光，达恩利的匕首插在尸体上。那天晚上玛丽女王听到鲁斯文在一片混乱中大喊："这一切都是国王一个人干的。"

玛丽也没有向格拉斯哥讲述他们半夜从荷里路德宫逃跑时，达恩利勋爵对她和未出世孩子的冷淡态度。几十年后，在英格兰，她将向法兰西秘书克劳德·德·诺讲述这个故事。

"他试图让女王的马再跑快些，"诺在他的回忆录中写道，"他鞭打马臀，大声喊道：'快跑！快跑！以上帝之血发誓，他们如果抓住我们，会把你我都杀了的。'女王因劳累和巨大的痛苦精疲力竭，担心自己会流产，恳求国王考虑一下她的情况。她说宁愿冒任何危险也不愿危及孩子的生命。于是国王勃然大怒。'快点儿！'他说，'看在上帝的分上，快点儿！就算这个孩子死了，我们还可以继续生。'然而最后，女王再也不敢让马跑得那么快了。她让他自己继续跑，照顾好自己就行。他就这样做了，非常欠考虑。"

她对达恩利勋爵无比慷慨，把他提升到君主的地位，然而他却背叛了她。在接下来的几个月里，玛丽女王多次思考这事，仍无法理解他的忘恩负义。也许她私下曾自责，但从未公开表示过。然而她可能内疚到心痛。没人把达恩利勋爵强塞给玛丽，是她自己愚蠢地选择了他。威尼斯大使马克·安东尼奥·巴尔巴罗写道："所以这位不幸的女王遭了报应，因为她把王国和自己献给了那位国王。""有那么多有权势的王子向这位欧洲最美丽的女人之一求婚,她偏偏选了他。"

童年的玛丽女王曾逃避"粗暴求婚"的外国敌人。现在,婚姻誓言把她与敌人拴在一起。她无法摆脱他,又害怕他——事实上,玛丽女王没想到自己会如此筋疲力尽,如此痛苦。怀孕的她病恹恹的:肚子肿胀、关节疼痛、全身骨头疼。

不过,她确实对某位君主简单吐露了自己的窘境。4月4日,玛丽写信给伊丽莎白·都铎,一位与她性别和地位相同,但永远不会受婚姻和怀孕之苦的女人,感谢伊丽莎白女王在政变后的仁慈行为。玛丽女王请求对方帮个忙,这是女王向女王的求援。[1]她恳求伊丽莎白女王确保边境安全,并逮捕任何逃往英格兰的苏格兰叛徒。为了证明她的善意,玛丽女王许诺伊丽莎白女王:如果"我在7月恢复良好"——她的孩子将在7月出生,就请伊丽莎白女王做孩子的教母。

然后玛丽女王在信末补充:"如果我的字迹潦草,请原谅我,因为我已怀孕七个月了,我甚至不能弯腰,无论做什么都感到很痛苦。"玛丽女王请求伊丽莎白女王的同情,这是她镇定外表上最轻微的裂痕。痛苦的玛丽女王其实很孤独。她恳求伊丽莎白女王理解自己,但对方从未真正理解过她。

---

[1] 伊丽莎白·都铎为里奇奥被杀和未遂政变的消息深感悲痛。阴谋实施之前,出于对玛丽女王的尊重,她已经召回了托马斯·伦道夫,因为玛丽女王认为英格兰大使在暗中诋毁自己。一直担心自己被推翻的伊丽莎白女王同意了凯瑟琳的意见:所有王公都应该小心类似的内乱。谋杀发生后,伊丽莎白女王开始在腰带上挂一幅玛丽女王的小画像,以示团结。然而她与玛丽女王重新建立的友谊并没有持续多久。

5
王子诞生
1566—1567 年,苏格兰和西班牙

玛丽女王相信大千世界有一定秩序,万物等级分明,"上帝命令臣民服从他们的君主"——她在与诺克斯第一次见面时就一本正经地宣布。她的想法很简单,甚至过于简单:上帝为尊,君主其次,苏格兰贵族再次,臣民居末。难道她的贵族不应该尊重她、事事以她为尊吗?在她看来世界本该如此运行,这是一种幼稚的世界观,一种情绪化的看法。她可能因童年受人溺爱才形成这种观念,或者也许她误解了苏格兰和法兰西王室的观念。在玛丽的心目中,她是女王,就应该得到想要的一切。伦道夫注意到她性格中专横又幼稚的一面,认为这与性别有关。"她是女人,"他简洁地说,"希望万事按她的心思运转。"

伦道夫自己侍奉的伊丽莎白女王虽然也是女人,却没有这么天真。伊丽莎白女王相信,自己的王位存亡取决于她和臣民之间无休止的谈判。她制定策略,让臣民与自己一心。她反复向英格兰议会承诺自己有朝一日会结婚——这让解决问题的希望近在咫尺。她既不会说"是",也不会说"不":这足以安抚不耐烦的贵族直到她下定决心结婚。她不结婚生育,也不指定继承人,不让贵族们抛开自己。伊丽莎白仍然如她所愿处于众人中心,就像地平线上永远上升的朝阳。

凯瑟琳·德·美第奇也意识到,她的贵族们"只是嘴上说爱戴自己"。

他们的忠诚是有条件的，她越早认识到这一点，就能越早得到她需要的东西。她可以暂时收买他们（就像她收买纳瓦拉国王那样），但不可能一劳永逸。饿狼总在索要食物。伊丽莎白·德·瓦卢瓦也在学习这一课：因尊重乌雷伊纳伯爵夫人而失去德·克莱蒙夫人时，她就意识到，有时君主必须向强大的贵族或贵妇让步，以免他们制造麻烦。王冠可以凭出身或联姻获得，但想要握紧权杖，就需要艰苦努力，有时还需要战术让步。

玛丽女王全身心地抵制这个观念。"上帝选出国王，并命令人民服从他们。"她在1566年初写道。"国王封侯拜相来支持自己，而不是与他们争斗。"玛丽女王在法兰西长大，在那里，加冕仪式实际上是圣礼，国王们都要涂抹圣油。她一直认为，君主被上帝之手抚摩过，他们的权力仿佛已融入肉体、血液和灵魂中。这难道不是神的旨意吗？难道不是生来如此吗？作为十几岁的法兰西王后，她没见过维持权威必需的幕后交易，也没见过服饰、仪式和典礼背后的手段与谋略。

然而迫于国内环境，玛丽女王可能出于绝望而坚持认为，臣民的服从是上帝赋予的权利。还能有什么别的办法来控制他们呢？她试图用让步和礼物来赢得贵族的忠心，赐他们无数荣誉、地产、头衔和财富。她允许新教存在，纵容异端邪说，允许臣民成立教会。早在1562年，她就把私生子哥哥詹姆斯勋爵擢升为莫拉伊伯爵，并向他寻求建议。然而包括达恩利勋爵在内的贵族们仍然背叛了她。玛丽女王认为这就是贵族的问题所在。你给他们礼物，但他们就像贪婪的孩子，永不满足。

这是玛丽女王在一份未注明日期的备忘录中得出的结论，这份备忘录被潦草地写在一张废纸上，可能是在里齐奥被杀前后写的。这是一份奇怪的文件，只余残片，来自"苏格兰女王亲手写的一张废纸"。玛丽下了结论，然后把草稿扔掉了。她是在回答某个指责：里齐奥只是一个外国人、平民、天主教徒，为什么要给予他这么大的势力，而不听取本

5 王子诞生

国贵族的建议,就像之前几代苏格兰国王那样?

玛丽潦草地写下这个尖锐的回答。她说的贵族是谁?这些人的地位并非来自天生的勇敢或智慧,而是源于父辈和祖父的功绩,他们由她自己的国王祖先封为贵族。"(儿子)没能从父亲那里继承任何东西,只会装腔作势,尽其所能地占便宜,颐指气使,蔑视法律,甚至蔑视国王或女王。"那么,经上帝授权的玛丽女王,为什么不能提拔像里齐奥这样的人呢?他们"出身低微,身无分文,但宽宏大量,心地忠贞,能够胜任我们需要的职责"。这难道不是她的特权吗?然而,确实不行,她仍然被那些不值得尊敬的贵族束缚,无法给里齐奥更多权力。"因为那些已经拥有重权的贵族总不满足!"

她不愿向这些贪婪的贵族让步,这些人根本不配得到她的赏赐——这些人杀了她的秘书,并以死亡威胁她;他们既不服从国王,又叛变了祖国。然而在里齐奥被杀后的几天里,玛丽原谅了詹姆斯勋爵。在她逃到邓巴后不久,詹姆斯勋爵以各种方式"捎来信息,求她开恩"。他声称不知道谋杀里齐奥的阴谋,并请她原谅。玛丽与顾问商量后断定自己别无选择。她没有军队可以支配,她的身体也很虚弱。即将分娩的她无法再次承受打击。她在给法兰西的一封信中解释说"这么多人同时反对她,她没办法"。詹姆斯勋爵威胁她。她不能再次涉险。于是玛丽女王只能原谅他。

❖ — ❖ — ❖

无论玛丽女王的宽恕来得多么勉强,都为她赢得了一点儿时间。她在爱丁堡城堡里等待生产——这里可以称得上一处要塞,可以抵御近期可能发生的叛乱。首都依然平静,詹姆斯勋爵的归来安抚了人们的情绪,大家也为即将诞生的王子激动。产前几个星期里,玛丽女王思考着新生命和死亡。她的身体在经受严酷考验。里齐奥被杀的震惊，连夜逃亡的疲惫，对达恩利勋爵、詹姆斯勋爵和叛军的愤怒，以及对未来阴谋的恐惧，都耗尽了她的力量。在怀孕的最后几周，她被宫缩折磨——这可能是分娩的最初迹象。里齐奥阴谋发生后，教皇同情她，派使节带着一袋金子去苏格兰，资助她对异端者的战争。但现在上战场还不是时候，玛丽女王正在思考她即将在产房中进行的另一场战斗。

即使在爱丁堡城堡的厚墙内，她也能感觉到死亡正在逼近，不过危险并非来自叛乱分子。任何权威，无论多么强大，都无法左右她自己身体的节奏。不管她愿不愿意，孩子就要出生了。一个基本的悖论是无法回避的：生孩子是女王最大的胜利，但这种折磨也可能会要了她的命。玛丽唯一能做的就是做好准备。

从五月底到六月初，她一直在给支持者和家人写信，缓解愧疚，处理事务。她为最喜欢的吉斯舅妈安妮·德·埃斯特与内穆尔公爵即将举行的第二次婚礼送上最美好的祝愿。玛丽女王的语气温和，但可能有些伤感，因为她不能和安妮一起度过那个快乐的日子。"在我看来，"她写道，"您对这段婚姻别无所求，除了期待能有幸再次成为世界上最幸福的女人之一。所以我希望您能结婚，也希望您将要嫁的那位先生幸福。"也许她想到了自己婚姻遇到的困难。她不认为自己是"世界上最幸福的女人"。玛丽女王告诉安妮，她还有六周就要分娩了，但没提到现在有新调来的士兵守卫城堡，防备再次暴动。

她在想，若自己或孩子死去，王国会变成什么样子呢？一场争斗在所难免，敌对的部族和教派将为争夺王位而战。如果一位王后死于生产，将会举国哀悼，之后国王会议立新后。但君主之死则可能会引发革命。

临产前最后几周，玛丽女王口述遗嘱，抄写三份。她把第一份留在自己手上，据说第二份给了她的继承人，第三份则被送到了法兰西的吉斯家族。不幸的是它们都已散佚，也没人透露其内容。我们不知道具体条款，只知道如果新生儿能存活，玛丽将指定几位贵族摄政。遗嘱中提到的人包括阿盖尔伯爵和马尔伯爵，他们都对达恩利勋爵怀有敌意。至于达恩利勋爵本人是否也包括在摄政贵族内，我们无从得知。

交代完国事后，玛丽女王开始安排珠宝、家具、挂毯和书籍等私人物品。她太疲倦了，无法自己列出财产清单，于是请玛丽·利文斯顿，即四个玛丽中的一位帮忙。利文斯顿朗读清单，并在空白处标出受益人。玛丽女王有密友和忠仆，若自己遭遇不测，她希望还能对他们表示感谢。她的御马官亚瑟·厄斯金将获得一颗蓝宝石，在里齐奥被杀那夜，众人策马狂奔，她就坐在他身后的马鞍上。玛丽女王给每位侍女一个金戒指。玛丽·比顿，四个玛丽中最爱读书的一位，将获赠女王所有的法语、英语和意大利语书籍。玛丽女王想起自己小时候最喜欢的那套黑白搪瓷纽扣，上面装饰着亨利二世和迪亚娜·德·普瓦捷的新月标志。她把它们送给教子弗朗索瓦·斯图亚特。

玛丽女王希望用礼物治愈伤口，缓解紧张局势，并为遗嘱指定的继承人赢得支持。玛丽女王赏赐所有议员，包括回到议事桌边的詹姆斯勋爵。她避免送任何可能引起攀比或让人觉得她偏心的礼物。在里齐奥被谋杀后，她的顾问博斯韦尔伯爵和亨特利伯爵勇敢地把她从荷里路德宫救了出来，她给他们留下了戒指以及钻石、珐琅和红宝石的装饰珠宝。这些礼物与他们的地位相称。或许她本来想出手更大方些，奖励博斯韦尔伯爵多年来的坚定服务，但最终还是没那样做。

她想起了达恩利勋爵。据某位西班牙外交官说，这个年轻人仍然"孩子气而易变"，但至少在孩子出生之前，玛丽女王决定假装原谅他。也许她认为达恩利勋爵能做摄政王，想承认他的权力，哪怕只是为了确保他可以照顾到孩子的利益。接着她又想起了不久以前达恩利勋爵还能逗她开心的时候,"我是那么满足,那么自在"。玛丽给他留下了二十六样物品,包括她的结婚戒指——一枚涂红釉的钻石。也许是为了满足自尊心,她承认了他的头衔。"这是我结婚时戴的戒指,"她说,"国王曾为我戴上它,现在我把它还给他。"

在她所有受益人中,她最偏爱吉斯一家。她给他们留下了大量耀眼的珠宝礼物。她仔细考虑要送什么给洛林枢机主教,她最爱的人。最后,她选定了一枚祖母绿戒指。

当然,这些遗赠是有条件的。玛丽·利文斯顿整理好清单后,玛丽自己拿起了笔。"我这样做是怕孩子在我死后夭折。如果他活着,那么他将继承一切。""他"。她固执地认为。如果是个女孩呢?又一个软弱的象征,又一个让桀骜不驯的贵族叛乱的借口,又一个被推翻的女人。不,玛丽确信她会生个男孩。

她的字迹潦草。和伊丽莎白·德·瓦卢瓦一同上的那些课已经是很久远的事了。又或者,玛丽只是因为临产和王国动荡而过于疲惫,无法稳住笔尖。[1]

✦——✦——✦

小詹姆斯于6月19日上午十点到十一点之间来到人世。产房很小,镶着木嵌板,壁炉里的火熊熊燃烧。即使在盛夏,也有必要为母亲和孩子保暖。当婴儿从子宫里娩出时,接生婆微笑地看着蒙在他脸上的薄胎膜——当时的人和现在一样,认为它预示一生幸运。然而,玛丽没能看

---

[1] 历史学家有个从未解开的谜题。戴维·里齐奥被杀后,玛丽女王并没有被贵族们赤裸裸的敌意吓倒。令人难以置信的是,她提拔里齐奥的弟弟,十八岁的约瑟夫·里齐奥接替戴维担任秘书。玛丽女王留给约瑟夫三件珠宝:一套镶有十颗红宝石和一颗珍珠的首饰、一枚祖母绿戒指和一件镶有二十一颗钻石的饰品。若女王去世,约瑟夫就应该把这些礼物"送给女王指定的人"。那人的身份仍是个谜。

到儿子有那样的好运,也没能看到他长大成人。在她心目中,他仍然是十个月大的胖嘟嘟的婴儿,和她最后一次见到他时一样大。

在小詹姆斯还是婴儿的时候,玛丽女王非常关心他的健康和安全,关心他的护士和育儿室的陈设。但是她不能像凯瑟琳那样,在小育儿院里悉心照料儿子。玛丽女王没有享受王国和平的幸运,也不能把统治权交给别人,她也没有充裕的时间。事情一件赶着一件,把母子分开。后来,当有时间回首旧事,她可能会更加想念那个孩子,那个和王位、王国一起从自己身边被强行带走的孩子。她认为是危险把他们联结在一起,比任何绳索都牢固。"我生下了他,"1570年,她写信给伦诺克斯夫人,当时这个小男孩四岁,"天知道他和我会遇到什么危险。"

要到小詹姆斯差不多长大成人,玛丽女王才会明白,他对她丝毫没有孝顺和温情。玛丽女王是吉斯家族的一员,在这个亲密无间的大家庭里长大,周围的法兰西王室孩子都沐浴在父母的爱中,因此她认为儿子自然该爱自己。她也许没有意识到,虽然母亲不在自己身边,但外祖母安托瓦妮特和洛林枢机主教精心培养着她对母亲的爱。没有人培养小詹姆斯对家人的感情。这个小男孩被玛丽女王的敌人养大,很少收到她的礼物,他也很少回她的信。他的家庭教师会教小詹姆斯轻视母亲。直到玛丽女王去世后,业已成人的他才对母亲产生了不带感情的敬意——就连这种感情都有待确认。

可他出生时,玛丽女王把所有梦想都寄托在这个胖乎乎的"漂亮孩子"身上。"我希望,这个儿子将首先统一苏格兰和英格兰两个王国!"据说她在他出生的那天这样讲。篝火熊熊燃烧,爱丁堡城堡的大炮轰鸣,领主、贵族和民众聚集在圣贾尔斯教堂,感谢上帝赐予他们王位继承人。玛丽女王难受地待在产房里。在经历了痛苦的分娩后,她慢慢地康复,在床上躺了十五天,乳房因胀奶而剧烈疼痛,她只好取消了与前来祝贺自己的使节会面。但当玛丽女王凝视着婴儿时,她感到了某种安慰。这个孩子将有助于修复她与法兰西的关系。她希望莫维西很快就能来祝贺自己。她生的是个男孩,说明上帝仍慈祥地看着她。玛丽女王在给腓力二世的信中说自己"在上帝赐给我的儿子身上,找到了烦恼中的一丝安慰"。

然而,孩子的到来并没能解决她眼前的问题。尽管她履行了女王最重要的职责,但信奉新教的贵族们仍继续给她出难题。教皇派使节为天主教事业送来黄金,但使节在前往苏格兰的途中受新教贵族阻碍,滞留在法兰西。贵族们威胁说,如果他踏进苏格兰一步,就会杀死他。玛丽女王无计可施,对这笔资金感到绝望。至于达恩利勋爵,玛丽女王无法忘记丈夫的背叛。在小詹姆斯出生那天,她的怒火就已经爆发了,家庭和睦的假象已经破灭。"这是你的儿子,不是别人的!"那天下午达恩利勋爵第一次来看孩子时,她愤怒地对他说。据目击者说,达恩利勋爵涨红了脸。

公开责骂没能使他惭愧。整个秋天,达恩利勋爵都以她的名誉来要挟她。他古怪而冲动,喜欢裸着跳进湖里长时间游泳。那个时代很少有人会游泳,因此他的行为令人担忧。她的御前议会认为这极其危险。他夸耀自己的宏伟计划。他要入侵英格兰!驾船驶向康沃尔,占领锡利群岛!围攻斯卡伯勒堡!他变得睚眦必报,咄咄逼人。9月底,达恩利勋爵抱怨玛丽女王不理睬他,说自己毫无权威,所有贵族都抛弃了自己,还威胁要离开她,去"看看异乡"。实际上,他是在宣布分手。玛丽女王对他的忘恩负义感到震惊,并为即将发生的丑闻苦恼。他的离去肯定会在苏格兰和欧洲引发丑陋的流言蜚语,重新传播关于里齐奥的谣言,玷污王国、他们的婚姻,还有玛丽本人。达恩利勋爵已经收拾好行李,准备好船。"再见了,夫人,"达恩利勋爵说,"您将有很长一段时间都见不到我了。"法兰西大使提醒达恩利勋爵,这样离开会有损他自己的名誉。大使出面劝导,才说服这个年轻人留下来。

那年秋天,玛丽女王发现丈夫给西班牙国王腓力二世和法兰西国王夏尔九世写信,指责她对天主教的信仰已经动摇。现在欧洲的国王手里有这些信。新任命的法兰西大使菲利贝尔·杜克罗克多次听到玛丽女王说:"我真想去死。"[1]

她几乎一语成谶。玛丽女王的健康开始出问题,就像之前压力大的时候一样,她的右肋又出现那种熟悉的疼痛。去年10月,在前往杰德堡出席某法院开庭的途中,她患了重病,很可能是出血性溃疡。有目击者写道,她肋侧疼痛剧烈,并伴有频繁吐血。"她有几次失去知觉,有三四个小时没说话。她胡言乱语,四肢麻木,视力模糊。"法兰西医生开了几种泻药,她的病情在11月底得以好转。但病情危急的那几天,所有人,包括玛丽女王本人,都以为她挺不过去了。

神志清醒时,玛丽要求和在场贵族以及杜克罗克谈谈。她向夏尔九世和王太后推荐小詹姆斯。她希望旧联盟能维持下去,对西班牙只字未提。

隐隐出现的死神使她心中充满了留恋和悔恨。她后悔自己背弃了罗马教会,希望小詹姆斯能在古老的信仰中长大。她又想到了法兰西。"我向国王(夏尔九世)、我的好弟弟,向王太后(凯瑟琳·德·美第奇)夫人、我的好母亲,向我的外祖母,向洛林枢机主教大人,向我所有高贵的父系祖先保证,我死时仍坚信天主教,这是我客居法兰西时所受的教诲,也是我回到这个王国后一直秉承的信仰。"她请求贵族们尊重她的意愿。因为她之前也从没强迫他们改变宗教信仰。她恳求他们对苏格兰天主教

---

[1] 在此之前法兰西在苏格兰没有常驻大使。为了复兴旧联盟,特别是考虑到苏格兰最近的麻烦,凯瑟琳决定设立永久职位并建立更直接的沟通渠道。杜克罗克将成为玛丽女王倒台的重要见证人。

徒和小詹姆斯王子给予同样的尊重。

玛丽女王在苏格兰开始新生活后的每个人生转折点——结婚、生子和即将到来的死亡,都试图重新确认天主教信仰。一位信奉天主教的苏格兰人在寄到罗马的某封信中写道:"愿上帝保佑她牢记这一慈父般的训诫。""愿她更加勤奋地去完成迄今为止她才刚刚开始的工作,这是所有人都热切盼望的事。"也许玛丽女王的意图总是真诚的。然而在接下来的几个月里,她最新的虔诚承诺又一次被阻碍了。

即使是死亡的阴影也不能消除她对达恩利勋爵的厌恶。他到杰德堡看望躺在病床上的玛丽女王,而她拒绝见面。康复后玛丽女王回到爱丁堡,就与他分居——他们仍然是夫妻,但只是名义上的。玛丽女王越是冷落他,达恩利勋爵就越是自怜自艾。外交使节们再次写信,描写他们如何争吵。某位使节写道,她不和他上床,也不和他待在一起,"更不会爱上他这样的人"。她确信"国王永远做不到适当谦逊"。她发现他傲慢且令人讨厌,最重要的是愚蠢得要命。在里齐奥阴谋中,贵族们那么轻易就能利用他!每当玛丽女王发现达恩利勋爵和贵族在一起时,她的多疑症就会发作——他现在又酝酿什么阴谋呢?

最重要的是,玛丽女王担心他会伤害小詹姆斯王子。达恩利勋爵尽职尽责地给外国宫廷报告孩子出生的喜讯,然而玛丽女王不知道丈夫心里在想什么。如玛丽女王所言,如果他们的儿子能继承苏格兰和英格兰王位,那么达恩利勋爵对英格兰王位的继承顺位也就会下降,接下来的几个月里他的权力就会打折扣。玛丽女王听到了令人担忧的谣言,说她的丈夫计划绑架小詹姆斯,给孩子加冕,然后自封摄政王。她告诉格拉斯哥大主教,达恩利勋爵在暗中监视自己。[1]

---

[1] 不止一位历史学家推测,达恩利勋爵精心策划在玛丽女王面前杀死里齐奥,就是为了刺激她流产。

若干年后回首往事,詹姆斯·梅尔维尔会更加同情达恩利勋爵。他认为这个年轻人的问题不是恶意谋划,而是缺乏经验和过于天真。"女王不喜欢他,所有那些暗中支持被放逐的贵族(谋杀里齐奥的凶手)的人也不喜欢他。看到这位善良的年轻王公被抛弃,真是太遗憾了。他的失败与其说是由于邪恶倾向,不如说是由于缺乏忠告和经验。"达恩利勋爵从小就受父母逼迫,容易情绪爆发,他和玛丽女王本人并没有什么不同:他也渴望那个无法得到的王冠,也认为自己应该得到它,也不惜一切代价追求它。

在法兰西,凯瑟琳·德·美第奇对年轻的苏格兰国王的观感每况愈下。小詹姆斯出生后不久,王太后给安妮·德·埃斯特写信,尽管语气中有传播劲爆小道消息的与众不同的开心劲儿,但仍表达了她的担忧。凯瑟琳为玛丽女王生子而激动,高兴得就像苏格兰女王是自己女儿一样。王子的出生可能最终会让玛丽女王"解决她的问题"。但凯瑟琳对达恩利勋爵作为父亲的表现感到惊讶。"他太坏了,我不敢相信他真是这么打算的!"

✥ —— ✥ —— ✥

和玛丽女王一样,凯瑟琳也随时可能陷入恐惧,但她担心的是另一个人:在西班牙,伊丽莎白·德·瓦卢瓦已经怀孕八个月,很快就要分娩了。王太后几乎熬不过女儿怀孕的最后几周。她没必要担心——伊丽莎白的怀孕和分娩都会很顺利。西班牙王后在塞哥维亚的巴斯克待产。8月1日,王后临产的消息将熟睡中的腓利二世吵醒,王后的房间里乱成一团,但结果只是"宫缩"——大家虚惊一场。福尔克沃说"只是因为害怕"。最后一周,孕妇发烧呕吐,引起恐慌,但四十八小时后症状就消失了。最后,1566年8月12日凌晨一点,伊丽莎白生下了一个女婴。

福尔克沃在给凯瑟琳的信中写道,事实证明,产房里的腓力二世是位杰出的丈夫,是"一个人所能渴望的最好、最深情的丈夫"。"分娩整晚,他都握着王后的手,尽他所能地安慰鼓励她。"就在阵痛加剧之前,他亲手给她喂下您开的药,夫人。"药效很好,伊丽莎白很快就分娩了,几乎没感觉到疼痛。凯瑟琳坚持要伊丽莎白躺在褥子上生孩子,而不是用产凳,腓力二世也完全同意。他的第一任妻子葡萄牙的玛丽亚-曼努埃拉分娩时就坐得笔直。腓力二世一直怀疑是那张产凳害死了她,也损害了唐·卡洛斯的健康。

母女平安,伊丽莎白赢得了战争。她赢得了丈夫喜气洋洋的关爱。腓力二世数了数孩子的手指和脚趾,吩咐把孩子交给她母亲看看,然后满怀感激和自豪地退到私人小教堂去祈祷。在接下来的几天里,他经常去看望伊丽莎白和新婴儿,并抱着娃娃来回走动,为洗礼做练习。最后,由于害怕会失手摔落新生儿,腓力二世决定让同父异母的弟弟唐璜在洗礼池前抱着孩子。

如果说分娩很容易,那么产后恢复就很困难。伊丽莎白的乳房因胀奶而发痒刺痛,她又开始发烧,医生只好再次给她放血。西班牙的医生们对凯瑟琳的药膏配方置之不理,"他们都是些肥猪,"福尔克沃怒斥道,"傲慢、自以为是、什么都不懂。"然而,当大使终于获准拜访西班牙王后时,他发现她"又露出了往日的笑容"。

他的信要多久才能到达法兰西?这是伊丽莎白向大使提出的第一个问题。

"一个星期。"福尔克沃安慰她。"所有法兰西人都会感受到上帝赐予她美丽女儿的恩典。"不久她就会有一群孩子。福尔克沃对凯瑟琳也这样说:"我的王后每年都会生一个孩子!"

新生的小公主有自己的房间,跟她母亲隔着五道门。福尔克沃蹑手蹑脚地穿过大厅,发现她躺在宝石红的华盖下,包在襁褓里,安然入睡。大使久久地凝视着她。不需要奉承,他告诉凯瑟琳这是个漂亮孩子。她额头宽大,嘴唇饱满,鼻子有点儿像父亲。她从子宫里娩出时,脸上有个血斑,让人担忧,但后来发现这是伊丽莎白的血,很容易就被洗掉了。婴儿依偎在奶妈的怀里,大口吃奶。

洗礼那天,骄傲的唐·卡洛斯做教父,胡安娜王妃做教母。仪式结束后,唐璜把孩子抱回伊丽莎白的卧室,这位新妈妈穿着纯白的衣服,躺在床上,焦急地等待。伊丽莎白的床架上挂着片片闪光的金色布料,那是侍女们早上精心装饰的成果。她们小心翼翼地打扮王后。尽管因发烧而虚弱不堪,但伊丽莎白坚持要为这个场合整理头发。"这样做有点儿像是在折磨她。"福尔克沃对此很关心。

他们给孩子起名为伊莎贝尔·克拉拉·欧亨尼娅。头一个名字取自孩子的曾曾祖母、伟大的卡斯蒂利亚的伊莎贝尔;第二个名字源于婴儿在圣克拉拉命名日;第三个名字来自圣欧赫内,是伊丽莎白在还愿。尽管"伊莎贝尔"是"伊丽莎白"的西班牙语版,而"伊莎贝尔"是伊丽莎白自己童年的昵称,但伊丽莎白似乎从没把这两个名字等同,然而福尔克沃几乎立刻就将二者联系起来。几个月后,他就称小女孩为"伊丽莎白公主",似乎是在确认她有多像她的母亲、他崇拜的王后。

小伊莎贝尔集万千宠爱于一身,她的柜子里塞满了昂贵的玩具和婴儿服装,她的小手抓着各种玩具模型,她的头发被母亲专门订购的小梳子和小刷子打理得柔顺光洁。伊丽莎白买了一打护身符来抵挡"毒眼"——这是她从自己母亲那里学来的迷信习俗。孩子出生六个月后,伊丽莎白的眼里仍只有小伊莎贝尔。她在给安妮·德·埃斯特的信中流露出作为新妈妈的骄傲。她的小女儿很早熟。"您是对的,我在女儿面前傻里傻气。她很棒。她已经像一个小女人,不管你和她讲什么她都能懂。

我就写到这里吧，这样我就不会暴露自己是个疯狂的母亲——大家都这么说我！"

伊莎贝尔出生的消息传遍了欧洲。伊丽莎白给老朋友玛丽·斯图亚特写了封私信，玛丽女王现在也刚为人母。虽然这封信已经散佚，但玛丽女王在接下来的几年中会引用其中的内容。伊丽莎白似乎有个大胆的想法：也许玛丽女王可以把婴儿小詹姆斯送到西班牙接受天主教教育，就像玛丽多年前来到法兰西一样。也许有一天她们的孩子会结婚。这对天主教女王和王后，两个昔日"姐妹"的孩子来说，真是天作之合。

有个微不足道的细节给伊丽莎白的喜悦蒙上了一层阴影：伊莎贝尔并不是大家期待已久的儿子。在西班牙，王室成员和使节都急于为这个美中不足找理由。福尔克沃说，在怀孕的大部分时间里，伊丽莎白坚持"一直想要个女孩，就像她也想要个男孩一样"。此外，腓力二世国王更愿意"生个女儿而不是儿子"，伊丽莎白煞费苦心地向母亲证实了这一点。"女儿们建立同盟，不会从王国拿走任何东西，"腓力二世对她说，"而儿子们却总是损害联盟。"毫无疑问，他想到的是唐·卡洛斯。

凯瑟琳虽然听到这个好消息感到宽慰高兴，但还是忍不住失望。"收到女儿安全分娩的消息，我非常激动，"她在给福尔克沃的信中写道，"尽管我们也同样喜欢男孩。"

❖ ─ ❖ ─ ❖

曾经有过国王废后的先例。国王可以很容易地通过宣称王后不孕来废后——凯瑟琳·德·美第奇这类女人深知这一点。英格兰的亨利八世就离婚了。

腓力二世的曾祖父、阿拉贡的费迪南德发现，即便拥有至高权力的女王也可能被废。费迪南德与女婿"美男子腓力"合谋，宣布自己的女儿卡斯蒂利亚女王胡安娜是"疯女",把她锁在托德西利亚斯的宫殿里,从而把卡斯蒂利亚据为己有。然而,还没有女王摆脱王夫的先例。

玛丽女王在位期间面临的挑战之一,是走的每一步都没有先例可循——很少有女王继承王位(更不用说在襁褓里即继承王位)、在位时结婚、在位时生子、与丈夫分居(玛丽女王现在觉得此事势在必行)。去年11月,她在距爱丁堡仅三英里的克雷格米勒堡接见顾问。有人建议她离婚。玛丽女王不喜欢任何可能使小詹姆斯王子失去合法地位的行为。她大胆地另辟蹊径:也许达恩利勋爵可以留在苏格兰某个遥远的省份,而她则在法兰西待上一段时间。她的话里有一丝渴望,暗示她的愿望。但玛丽女王的这个想法不可能实现。

12月8日,玛丽女王庆祝了自己的二十四岁生日。一周后,最后一根稻草压下来了:达恩利勋爵拒绝参加小詹姆斯王子的洗礼。

玛丽女王对洗礼的细节吹毛求疵。这件事本来意味着欢庆与和解,她却不得不处理新教徒和天主教徒之间的紧张关系。为了展示姐妹情谊,伊丽莎白女王同意担任教母,并请玛丽女王父亲的私生女、同父异母姐姐、苏格兰新教徒阿盖尔夫人代替她站在洗礼池旁。阿盖尔夫人收到伊丽莎白女王送来的一颗红宝石,欣然同意了。尽管玛丽女王一再邀请,但伊丽莎白女王派到英格兰担任大使的新教徒贝德福德伯爵出于宗教原因,礼貌地拒绝参加仪式。不过他还是同意站在皇家礼拜堂外,与玛丽女王的新教苏格兰贵族待在一起。

玛丽女王做出了让步。由于害怕得罪新教贵族,她没有请腓力二世担任教父。但她又担心这会惹他生气。直到最后一刻,玛丽还在四处寻找聊胜于无的替代者。她邀请萨伏依公爵做教父,觉得他做哈布斯堡家族的替代者不会得罪人。

她不惜花费。宴会厅里座无虚席,来宾们能欣赏到超大规模的表演。

玛丽女王在法兰西见过的那种烟花在夜空中绽放。她给所有贵族都订了金丝银线织就的礼服，以至于有人窃笑说，他们看起来几乎和她一样高贵。玛丽女王仍然努力取悦贵族，以显示自己有多宠爱他们。王室的洗礼有多少次成为交战王国的休战庆典？而玛丽女王只希望与臣民休战。她自掏腰包为贵族们的华丽服装买单，有意展示自己的慷慨。詹姆斯勋爵穿绿色衣服。博斯韦尔勋爵穿蓝色衣服。

所有天主教徒都注视着她。12月17日，在斯特灵的皇家礼拜堂，夏尔九世派来的使者在圣坛前抱着婴儿。玛丽禁止神父往孩子嘴里吐口水（这是天主教长期以来的习俗，但她很反感），但除此之外，"这个庄严仪式上的一切都按照神圣罗马天主教会的方式进行"，杜克罗克先生说。至于孩子的教名，玛丽又把目光投向法兰西，在孩子身上看到了重新建立友谊的机会，同时流露出似乎永远不会消逝的乡愁。"女王欣然用'詹姆斯'和'夏尔'（法兰西国王的名字）为婴儿取名，"杜克罗克写道，"因为她说，在他之前，每一位忠诚于法兰西王冠的卓越苏格兰国王都叫詹姆斯。"

玛丽尽力维持欢乐气氛，但有一个人的缺席特别引人注目。正如杜克罗克和其他所有使节预料的一样，达恩利勋爵没有露面。

洗礼结束一周后，杜克罗克发现玛丽"躺在床上痛哭流涕"，再次遭受"侧肋剧痛"的折磨。她的身体如同石板，上面刻着她的所有痛苦。法兰西大使指责达恩利勋爵。他在给凯瑟琳·德·美第奇的信中写道："他的坏脾气无药可救，千万别对他有什么期望。"然后他又用预言灾难的口气说："我不敢装作能预言未来，但我认为再这样下去，不会有什么好结果。"事实证明，杜克罗克很有先见之明。达恩利勋爵的末日已经不远了，而玛丽女王也一样。

5 王子诞生

对王后来说,孩子是对未来生育情况、遗产和王朝的承诺,是对后位和丈夫好感的保证。婴儿能给她归属感。王后可以为生女而高兴,只要在此之后她还能生儿子。1567年1月,就在伊莎贝尔出生五个月后,伊丽莎白·德·瓦卢瓦宣布再次怀孕。"愿上帝保佑她生个快乐的孩子,生个英俊的王子!"福尔克沃给凯瑟琳写道。

法兰西方面希望能生个男孩是有原因的。福尔克沃吐露消息:腓力二世已不再信任唐·卡洛斯。这个男孩"有点儿不听话",而且粗鲁无礼,没人相信他能成为未来的领导者。福尔克沃其实低估了局势。唐·卡洛斯对父亲迟迟不为自己与神圣罗马帝国皇帝的女儿定下婚约感到愤怒,经常发脾气。福尔克沃预见到法兰西的胜利:他猜测,如果伊丽莎白生了儿子,腓力二世就会改立她的孩子、瓦卢瓦家族的后裔为王储。

1567年10月10日,又是一次顺利分娩,另一个女婴诞生了。受洗后她被取名为卡塔利娜·米卡埃拉,以凯瑟琳本人的名字命名。"为了对陛下的爱,"福尔克沃说,"这孩子有绿色眼睛和黑色头发,不可能有比她更漂亮的婴儿了。"与伊莎贝尔出生后不同,这一次伊丽莎白没出现任何并发症。她以烤鸡和加肉桂的羊毛菜为食,很快就恢复了体力。用欧芹汁浸泡的药膏减轻了她的乳房疼痛。

然而,没有任何治疗药剂可以改变孩子的性别。一个男孩,一个真正的西班牙继承人,再次与伊丽莎白失之交臂。腓力二世大失所望,暂时离开宫廷。福尔克沃对凯瑟琳坚持说:"天主教国王很高兴能有次女,就好像她是男孩一样。"十四个月前他也说过类似的话,但现在这话听起来有点儿空洞无力。

6
转折点
1567 年,法兰西和苏格兰

1567年1月,凯瑟琳认为苏格兰的局势终于日趋稳定。当然,玛丽女王还有很多东西要学。凯瑟琳发现前儿媳太轻信人,同时又太固执,太想胜利。她需要向贵族们做出更多让步,贵族吃饱才会听话。妥协与和解永远是最好的政策。然而,玛丽似乎终于学会了这艰难的一课。她原谅了詹姆斯勋爵,并欢迎他重返御前议会,这一举动凯瑟琳只能赞成。就在那个平安夜,玛丽女王终于赦免了莫顿、阿索尔和里齐奥阴谋中的其他几个作恶者,恢复他们的头衔并返还财产。凯瑟琳再次点头表示赞同。最后,她告诉苏格兰大使,即格拉斯哥大主教,玛丽女王可以"放松下来"。"没有什么可害怕的了。"

凯瑟琳有充分的理由对玛丽女王产生好感。王太后和苏格兰女王被古老联盟联系在一起,两国都从这种最古老的友谊中获益。联盟似乎重焕生机。小詹姆斯在天主教堂接受洗礼,并得到了她儿子夏尔九世的祝福。玛丽女王请求任命小詹姆斯为刚重建的苏格兰近卫军的队长,而这支近卫军几代以来一直为法兰西国王服务。有关玛丽女王,只有一件事让凯瑟琳想起来就糟心:她和达恩利勋爵的关系正在恶化。毕竟,大家看出这小伙子有可能背叛玛丽女王。

但在这件事上,王太后认为玛丽应该从战略上考虑,而不是感情用事。凯瑟琳告诉苏格兰大使并主动提出建议：玛丽应该考虑自己在英格兰的"谋划和事业"。如果她能修复婚姻裂痕，伦诺克斯夫人就肯定能团结英格兰天主教徒支持玛丽女王的继承权。伦诺克斯夫人爱自己的儿子，憎恨任何使他不快的人——凯瑟琳当然能理解这种感情。

但仅仅一个月后，达恩利勋爵就于2月1日凌晨遇刺身亡。格拉斯哥大使从洛林枢机主教那里听到传言，说有邪恶阴谋正在实施。大使紧急写信给玛丽女王，警告她要小心。然而玛丽女王在收到信之前就已经给他写信，宣布达恩利勋爵已去世。

❖ —— ❖ —— ❖

不久，这个年轻人被杀的离奇细节就传到了法兰西。12月下旬，小詹姆斯受洗后不久，达恩利勋爵就得了种能毁容的怪病。在从斯特灵到格拉斯哥父亲家的路上，他感到一阵剧痛。没过多久，"皮肤上就出现了蓝色水疱"。医生怀疑是中毒——考虑到达恩利勋爵四面树敌，这个说法似乎有道理。在格拉斯哥，他几乎整个1月都躺在床上，月底玛丽女王来看他时水疱还在流脓。达恩利勋爵脸上瘢痕累累，于是他戴上了黑色塔夫绸面具。[1]

玛丽女王乘着轿子来到格拉斯哥，想把达恩利勋爵送到离爱丁堡更近的地方养病。由于害怕感染小詹姆斯王子，玛丽女王没把达恩利送到荷里路德宫，而是选择离宫殿不远的"老教务长宿舍"，就在当时被称为柯克·欧菲尔德的一处方形院子里。

玛丽女王事先知道有人实施阴谋吗？达恩利勋爵死后，玛丽女王的批评者会说她的关心假惺惺，说她的担心和礼物完全不怀好意，还说她

---

[1] 达恩利勋爵可能患有天花，但现在的历史学家怀疑是梅毒。追求玛丽女王期间，他曾患过"麻疹"——可能是首次发病。

知道有人要杀他。然而玛丽女王本人和她的支持者都声称她对此毫不知情。相反，玛丽女王坚持说，自己才是谋杀目标。在里齐奥被谋杀之后，这个猜想尤其合理。后来亨特利伯爵和阿盖尔伯爵说，贵族们于11月在克雷格米勒堡集会，签署了谋杀达恩利勋爵的协议，但玛丽女王对此一无所知。此事在玛丽女王的有生之年一直没有定论，直至今日仍是如此。

几天来一片混乱。甚至玛丽女王自己似乎也不确定丈夫到底是怎么死的。最终，通过谣言和零星证词，驻伦敦的使节们拼凑出了事件始末。

到2月9日星期日，也就是到达柯克·欧菲尔德大约两周后，达恩利勋爵的皮肤基本愈合，于是他准备第二天离开。那天晚上他睡在一张大木床上，那张床是玛丽女王送他的礼物。午夜过后，达恩利勋爵被窗外的扭打声惊醒，担心有人密谋对自己不利，于是叫醒仆人威廉·泰勒。两人试图从窗户逃跑：泰勒用床单搓成绳子，系在椅子上，让达恩利勋爵坐好，把他从窗口缒下去，然后自己爬下去。刺客们猛扑过来。"他们用（达恩利勋爵）自己衬衫的袖子勒死了他，"萨瓦使节罗伯蒂诺·莫雷塔说，"就在他爬下去的那扇窗户下面。"

凶手抓起两人的尸体和椅子拖出房子，出了城，又把尸体放在城墙外的果园里。他们离开几分钟后传来爆炸声（像是二三十门大炮齐射），宅子被炸得粉碎。但杀害达恩利勋爵的凶手早已带着尸体从花园里爬出来，因为他们知道接下来会发生什么。其实他们的计划出了差错。傍晚早些时候，刺客们在地窖里装满火药，计划炸死达恩利勋爵。直到国王出乎意料地从窗户爬下去，他们才上前勒死他，把尸体拖走，然后宅子就爆炸了。

烟雾散去后，市民们在废墟中发现了几具被炸碎的仆人尸体，但没有发现国王。第二天早晨天刚亮，他们就发现达恩利勋爵和男仆泰勒躺在果园里，椅子被仔细地放在旁边。国王躺在果树下，身上只穿睡衣。奇怪的是，他身上没有伤痕，四肢摆放端正，好像正在安详地沉睡。

❖——❖——❖

虽说大多数贵族都很讨厌达恩利勋爵，但令人难以置信的是，他的惨死开始让民众转而支持这位年轻的国王。当时正在苏格兰短暂逗留的英格兰人亨利·基利格鲁对威廉·塞西尔说，苏格兰臣民憎恶"对他们国王的谋杀，认为这是整个国家的耻辱"。在教堂里，神父们痛斥凶手，并"公开向上帝祈祷，希望上帝揭露真相，惩罚凶手"。

谣言矛头几乎立刻直指与女王最近的几位贵族，她最宠爱的博斯韦尔伯爵成了众矢之的。博斯韦尔伯爵从不受贵族欢迎，詹姆斯勋爵尤其恨他，现在他成了汹汹民意的目标。达恩利勋爵死后两天，国王仅以微薄悬赏搜捕凶手，于是有人在爱丁堡的镇公所门前张贴谴责博斯韦尔伯爵的海报。在很短的时间内，全城出现数十张类似的海报和揭帖。它们被钉在建筑物和公共圆柱上，甚至被挂在荷里路德宫的大门上。博斯韦尔伯爵的画像散落街道，上面写着："谋杀国王的凶手在此。"

玛丽女王也受到了责备。达恩利勋爵死后几天，伦诺克斯伯爵和夫人公开以刻薄言辞指责苏格兰女王。女王很容易成为靶子，因为大家都知道她与达恩利不和，而且自从里齐奥被谋杀以来，玛丽女王显然十分宠爱博斯韦尔伯爵，依靠他的实力和忠心。达恩利勋爵的死缓和了玛丽的臣民之间由来已久的互相憎恶。

仿佛耶洗别和杀夫的克吕泰墨斯特拉。大家仔细琢磨玛丽女王的所作所为，想找到她无罪或有罪的证据。她表现得像个悲伤的寡妇吗？还是像迷恋宠臣、那个奸诈的博斯韦尔伯爵的女人？有人说玛丽女王以黑纱蒙面，发誓要为国王报仇；也有人说她去了西顿，与博斯韦尔伯爵和亨特利伯爵举行射击比赛——而她本该幽居哀悼。至于达恩利勋爵本人，玛丽在他去世一周后下令悄悄埋葬他的尸体，预期的盛大葬礼根本没有举行。

我们对达恩利勋爵死后的几个星期里玛丽的精神状态几乎一无所知。她几乎没作引导舆论的努力，当然也不像里齐奥被谋杀后写了那么多封信。她也没有迅速追捕凶手，更不用说追究博斯韦尔伯爵的责任了。相反，她把博斯韦尔伯爵留在爱丁堡，让他做自己的首席顾问，并特别安排人手保护他。伦敦人传说她从亲卫中抽出五百名士兵来保护他。此外，博斯韦尔伯爵在爱丁堡到处都有支持者。他发誓要找出在城里散发传单的人，并"用他们的鲜血洗手"。

谋杀发生两周后，西班牙驻伦敦大使告诉腓力二世可耻的谣言满天飞。"事情已经很明白了，苏格兰女王必须采取措施证明自己与丈夫的死无关。"伊丽莎白·都铎恳求玛丽："我劝您，我建议您，我恳求您，"她写道，"把这件事放在心上，就算是最亲近的人与此事有关也要严惩。不管别人怎么说，您都要为天下做出榜样：您既是高贵的女王，也是忠诚的妻子。"

但玛丽女王不会这么做。4月12日，她开庭审判博斯韦尔伯爵，但大家都认为这是场骗局：陪审团听取了简短证词，一天后就一致宣布伯爵无罪。除此之外，玛丽女王保持沉默，仿佛觉得如果把此事置之不理，只要时间够长，它的影响就会自动淡去。

❖——❖——❖

达恩利勋爵死后，凯瑟琳·德·美第奇起初看上去漠不关心。"他这都是自作自受。"她在2月底给蒙莫朗西的信中写道，但明显她最终保持了沉默。然而从那以后，即使谣言一周比一周令人反感，凯瑟琳仍一言不发。就像每位对苏格兰乱象感到惊讶的外国君主一样，面对群情激昂的苏格兰人，凯瑟琳可能很难从谎言中剖析事实。而且和伊丽莎白·都铎一样，她想知道玛丽女王为什么不追究那些被指控杀害她丈夫的凶手，同时若有必要就起诉博斯韦尔。

针对博斯韦尔和玛丽的指控越来越下流，凯瑟琳确实觉得有必要让法兰西远离丑闻。她给了玛丽女王六个星期的时间自证清白。最后在3月29日，凯瑟琳发出了冰冷的最后通牒：如果玛丽女王不择清自己并为夫报仇，她和夏尔九世"不仅会认为她不守妇道，还会与她为敌"。

说完这句话，凯瑟琳就收手不管了。她没给玛丽女王写过信，就算写过，也没有一封能流传下来。现存的她在那段时间写的信几乎没提到玛丽女王或苏格兰。这种沉默很奇怪，但并不一定说明她冷漠。也许凯瑟琳想看看事态发展，也许她收到消息总是太慢。囿于信使传信的速度，苏格兰的舆论风向转变如此之快，甚至连邻近的英格兰也很难跟得上，更别说法兰西了。最后就像英格兰的伊丽莎白女王一样，凯瑟琳可能也不知所措。苏格兰女王似乎不知道如何自助，那么别人也很难帮助她。

1567年春，远在苏格兰的玛丽女王的烦恼并不能打动凯瑟琳。她有更重要的事情要关心，需要把目光投向别的方向。在西班牙，伊丽莎白·德·瓦卢瓦怀上了第二个孩子（未来的卡塔利娜·米卡埃拉），凯瑟琳对女儿的健康忧心忡忡。在英格兰，伊丽莎白·都铎提出归还加来的尖锐要求，凯瑟琳则在努力寻找合法途径将加来永远据为己有。在地中海也有隐现的麻烦。福尔克沃说腓力二世接到报告，称法兰西计划在土耳其人的帮助下夺取西班牙控制的科西嘉岛，而土耳其长期以来一直与哈布斯堡王朝为敌，同时也是异教徒。西班牙正在意大利调动军队。那年春天，当苏格兰女王玛丽在泥潭中越陷越深时，焦虑的凯瑟琳坐在办公桌前，花好几个小时写信安抚腓力二世，又整理了几包秘密文件，让伊丽莎白·德·瓦卢瓦阅后即焚。她担心古老的意大利战争重燃战火。

几个星期以来，凯瑟琳没有收到来自玛丽女王本人的任何消息。然而这种情况很快就会改变。

❖ —— ❖ —— ❖

4月底，博斯韦尔伯爵被审判后不到两周，玛丽女王骑马去斯特灵堡看望小詹姆斯王子。达恩利勋爵死后不久，她就把儿子从爱丁堡搬到了这里，以保护他不受首都骚乱的影响。4月24日，当玛丽女王返回爱丁堡时，博斯韦尔伯爵和几十名武装士兵在路上拦住了她。玛丽女王很惊讶。她没有料到博斯韦尔伯爵会出现。她带的随从不多，玛丽女王声称没有其他人知道她这次出门。但据目击者说，博斯韦尔伯爵坚持要她同去他在邓巴的城堡，而玛丽女王没有反抗。她被关押在邓巴的消息很快传到了伦敦，西班牙大使席尔瓦给腓力二世写了封急件："有人说她会嫁给他，他们是直接从追随博斯韦尔伯爵的某些国家最高层人物那里得到消息的。他们确信这一点，一方面是因为女王对他的青睐，另一方面是因为他掌握着国家军队。"

果然，5月15日，也就是达恩利勋爵死后不到三个月，玛丽和博斯韦尔伯爵就在荷里路德宫举行了婚礼。一位新教牧师主持了仪式。目击者后来证实，在婚礼前不久，博斯韦尔伯爵在安斯利客栈请几位贵族共进晚餐，并说服他们签署文件，同意这桩婚事。

博斯韦尔伯爵当时已婚，但这并没有影响贵族们签署《安斯利契约》。此时，伯爵提出与妻子，即亨特利伯爵的妹妹珍·戈登夫人离婚。然而在与玛丽女王举行婚礼时，尚不清楚他是否已合法离婚——但玛丽女王事后坚称婚礼是合法的。对外国王室来说，玛丽女王的第三次婚礼令人震惊；以新教仪式举办婚礼；达恩利勋爵之死尚未真相大白；博斯韦尔伯爵的嫌疑尚未洗清；玛丽女王可能成为重婚罪的共谋。这一切似乎都不符合苏格兰女王的性格，除非谣言是真的——博斯韦尔伯爵和玛丽女王是恋人，他们密谋杀死达恩利勋爵，为婚姻扫清障碍。

然而，詹姆斯·梅尔维尔后来在回忆录中说玛丽女王别无选择。"女王不得不嫁给他，"梅尔维尔写道，"因为他强暴了她。"

❖ — ❖ — ❖

5月的最后一周，邓布兰主教给凯瑟琳带来了苏格兰女王的信。玛丽女王想解释为什么没有事先同法兰西方面打招呼就嫁给了博斯韦尔伯爵。她的信很长，花了好几页详细描述了博斯韦尔伯爵自诩的出身，以及他之前对苏格兰王室的忠心。她提醒他们：他曾在追捕行动中英勇对抗詹姆斯勋爵，还在里齐奥被谋杀后表现出色。简言之，玛丽女王解释了为什么她在没有其他人能依靠时选择信任博斯韦尔伯爵。

然后她解释自己的信任如何被辜负。玛丽没有使用"强奸"这个词，也没有使用16世纪对应的词"玷污"。她欲言又止，忧心忡忡，顾左右而言他，就好像写信时还在震惊之中，没缓过来。然而她的意思很清楚。她解释说，在邓巴城堡，博斯韦尔伯爵承认自己爱上了她，恳求她嫁给自己。她一再拒绝后，他诉诸了"强制"。

"最后，我们发现没有（希望）可以摆脱他，"玛丽女王写道，"自始至终在苏格兰没有（哪怕一个）人试图解救我们……直到软硬兼施达到目的后他才收手。他终于迫使我们结束了他认为在最适合他的时间以最适合他的形式开始的工作。他是在利用我们，这点我们无法掩饰。他的所作所为不符合我们的期望，他的所得也不是他该得的。"

"他的行为，"玛丽女王接着说，"也许可以作为例子，说明有野心的人能以多么狡猾的手段掩盖自己的计划。"她宠爱博斯韦尔伯爵,感激他的服务。他的热情和雄心使她措手不及。她没想到他会"向我们寻求任何异乎寻常的帮助"。[1]

杜克罗克大使从苏格兰亲自写信,证实发生了可怕的大事,但说不出具体情况。玛丽女王明显很痛苦,这使他惊恐。"星期四,女王派人来找我,"他向凯瑟琳吐露,"她和丈夫的相处方式很奇怪。她竭力为自己辩解,说如果她看上去很悲伤,那是因为她不想高兴,也永远不会高兴,她只想死。昨天他们两人一起待在房间里时,她大声叫人拿把刀来,让她自杀……如果上帝不帮助她,她就会完全陷入绝望。"

这位绝望的新娘恳求凯瑟琳——以及夏尔九世国王、枢机主教舅舅和她"在法兰西的其他朋友"——帮助她"尽力而为"。"事已至此,无法回头。"玛丽女王请法兰西的亲友不要理会关于博斯韦尔伯爵离婚的可疑谣言。她坚称他们的婚礼是合法的,没有欺骗因素。

她恳求他们看在自己面子上,承认这桩婚事合法。

凯瑟琳考虑过吗?只有婚礼才能挽救被"玷污"或被强奸的女人的荣誉。我们不知道凯瑟琳是否相信玛丽女王在信中暗示的事。玛丽女王的批评者会说她被绑架到邓巴是个骗局,玛丽女王是自愿的,因为这样她就可以嫁给博斯韦尔伯爵。所谓的强奸是个谎言,这指控持续了几个世纪——尽管现在大多数学者都同意在邓巴可能有胁迫性行为发生。即使在当时,许多臣民也认为"女王陛下是被博斯韦尔伯爵强奸的"。至于玛丽女王的批评者,凯瑟琳理解那个时代的厌女症。她自己就有这种

---

[1] 这不是玛丽女王第一次惊讶于男人对自己的迷恋。玛丽女王于1561年回到苏格兰时带回一位名叫皮埃尔·德·博索塞尔·德·蔡斯特拉德的年轻诗人。玛丽女王很喜欢这个年轻人,为感谢他的服务送他一匹马作为礼物。1563年,蔡斯特拉德藏在她床下,打算向她表白。玛丽女王吓坏了,将他驱逐出苏格兰,但几天后,蔡斯特拉德再次躲在她的卧室里,吓到了她。最终这位诗人受到审判并被斩首。

经验，知道处于权力中心的年轻女子可能会成为恶毒谣言的受害者：很久以前凯瑟琳自己就受到指控，说她和丈夫亨利二世毒害了他的王太子哥哥。玛丽女王说被博斯韦尔伯爵强迫，这一点似乎可信。凯瑟琳肯定意识到玛丽女王无法反抗身边任何觊觎权力的野心勃勃的男人。[1]

很有可能，王太后认为玛丽女王只是想通过嫁给博斯韦尔伯爵来挽救贞节。然而凯瑟琳也知道，她再怜悯玛丽女王都没有用处。

因为法兰西的王太后别无选择，只能强烈谴责这桩婚事。形势令人愤慨。在达恩利勋爵死前的几个月里，玛丽女王赐予博斯韦尔伯爵过多荣誉，在御前议会中授予他不应有的权力。在达恩利勋爵惨死之前，她冷落他，而现在却继续偏袒那个受指控的人。此外，从博斯韦尔伯爵的角度看，这桩婚姻简直就是犯了背主和大不敬之罪。虽然玛丽女王声称嫁给博斯韦尔伯爵是她"自愿的"，但对凯瑟琳来说，他占有玛丽女王显然是为了她手中的权力。她前儿媳的遭遇很不幸。但是与窃取王位这一政治罪行相比，这种苦难相形见绌。

玛丽女王的信还是激起了凯瑟琳的同情。王太后警惕地注视着苏格兰日益紧张的危机。杜克罗克报告说，博斯韦尔伯爵被所有人"憎恨"，其他贵族成群结队地退出宫廷。凯瑟琳倾向于认为玛丽女王不那么渴望王权。玛丽女王是盟国君主，又是自己的家人，所以凯瑟琳觉得有义务帮忙，至少要稍尽绵薄之力。由于法兰西国内和西班牙的紧张局势不断发酵，凯瑟琳无力派遣军队前往苏格兰，但我们也不清楚，如果可能的话，她究竟会不会派军队去。不过，她确实派了一名特使。6月1日，凯瑟琳派维勒鲁瓦先生去苏格兰，看看能为玛丽女王做些什么。王太后指示他

---

[1] 在接下来的几十年里，新教徒对玛丽女王的宣传非常负面，以致16世纪的苏格兰学者乔治·布坎南可以同时站稳两种立场：承认玛丽女王可能被强奸或者至少被绑架，同时又声称她是为了自己的快乐而策划了这一事件。

取道英格兰,向伊丽莎白女王寻求帮助。

❖——❖——❖

1567年6月底,凯瑟琳收到杜克罗克的急信。苏格兰女王倒台。爱丁堡向新教贵族投降。

6月15日,玛丽女王和博斯韦尔伯爵率领雇佣军前往爱丁堡以东的卡伯里山,为王位而战。在那里,桀骜不驯的新教贵族召集了一支数千人的军队。早些时候,领主们向杜克罗克承诺会将女王从博斯韦尔伯爵手中解救出来。但到达即将开战的战场时,杜克罗克觉得他们可能不怀好意。他们那奇怪的军旗是纯白色的,上面画着一棵树,树下有个死人(已故国王的尸体是在树旁的花园里被发现的),还有个跪在地上的孩子(代表王子),手里拿着一卷书,上面写着:上帝啊,为我的正义事业报仇!旗子上没有女王,就像玛丽已经离开一样。

"根本没有战斗。"杜克罗克告诉凯瑟琳。六小时的部署后,博斯韦尔伯爵逃走了,而玛丽女王向贵族们投降,以为他们会放过她。然而没有,他们把她押回爱丁堡,人们站在街道两旁嘲笑她。在首都,他们把她囚禁在监狱看守者的家里。那天晚上,"女王陛下出现在窗口哀泣呻吟,样子再可怜不过",杜克罗克心有余悸地说。第二天早上,贵族们再次挥舞着那面可怕的白色旗帜,把她押到荷里路德宫。快到午夜时,贵族们把她转移到珀斯附近与世隔绝的利文湖要塞。

杜克罗克又累又怕。几个星期以来,他一直要求离开苏格兰,让事态"自行发展"。作为法兰西的官方大使,他担心自己在场可能被视为法兰西纵容叛乱的表现。在卡伯里山,他花了一整天的时间在两支军队之间来回奔波,试图不损害夏尔九世的官方立场。那个立场是什么呢?杜克罗克也不知道。他应该支持苏格兰女王还是叛军领主?他没收到法兰西王室的具体指示,现在杜克罗克担心自己的生命安全。爱丁堡的管事向新教贵族缴械投降,该城也宣布支持叛军。大街小巷充斥着暴民,乱成一锅粥。杜克罗克的经济状况捉襟见肘——他已经好几个星期没领到俸禄了。玛丽女王宫里的法兰西随从惊慌失措,大声求他帮忙。他们害怕,他们想离开苏格兰,杜克罗克也想离开。

凯瑟琳另有想法。当然,她憎恶反叛的臣民,担心叛乱会蔓延到其他王国,但王太后也权衡了此事对旧联盟的影响。夏尔九世不能让苏格兰背弃法兰西,转投信奉新教的英格兰,否则西班牙可能由此认为法兰西软弱无力,从而发动战争。旧联盟促成的是王国之间的友谊,而不是君主之间的友谊。如果可能,凯瑟琳会帮助玛丽女王。玛丽女王毕竟是家人。然而对凯瑟琳来说,比玛丽女王更重要的是苏格兰本身——凯瑟琳会努力与苏格兰保持良好关系。王太后总是很务实,总有应急手段,她能应对胜者。

至于杜克罗克呢?他应该忠于法兰西。凯瑟琳指示人在爱丁堡、已被吓坏了的使节:"国王陛下希望杜克罗克先生知道,他的愿望和主要目标是保持苏格兰王国的忠诚。他不会允许杜克罗克先生离开,以致丢失苏格兰。他希望给予苏格兰女王所有恩惠和帮助,但不能以危及和毁灭自己的王国为代价,更不能以牺牲对国王及其事务的服务为代价。"旧联盟——夏尔九世国王的利益——必须永远在第一位。

7
女囚
1567年，苏格兰利文湖堡

只有乘船才能进入利文湖堡。6月17日黎明前，林塞勋爵和鲁斯文勋爵带人押着玛丽女王渡过了黑暗的湖面。[1]二十四岁的玛丽女王希望几天后苏格兰保皇派就能集结起来，法兰西人也会到来，助她迅速夺回王位。但没有救兵。1567年的那个夏夜，玛丽女王并不知道，除了一次短暂的越狱，她的余生将在监牢中度过。

利文湖堡坐落在湖中央的岛屿上，是一座雄伟的中世纪堡垒，主人是玛格丽特·道格拉斯夫人，即玛丽女王同父异母哥哥詹姆斯勋爵的母亲。城堡拔地而起，仿佛在致敬磐石的力量。孤零零的格拉斯因塔矗立在东南角，庭院有铁门。"固若金汤，"西班牙大使描述它，"位于大湖中央，这个国家没有哪门火炮能打到它，更不用说击毁它了。"大自然已经提供足够保护。城堡只需安排几个士兵站岗。

当船向城堡驶去时，玛丽女王在想什么？她认出了那座湖、那座城堡，以及城墙两侧绵延的草地。有次她在利文湖堡遇到了约翰·诺克斯，与他进行愉快的交谈——多次愉快交谈中的一次，还在城堡里过了几次夜。那时她是女王；现在，她仍是女王，但成了自己臣民的俘虏。目前

---

[1] 鲁斯文勋爵是策划了里齐奥阴谋的老鲁斯文勋爵的儿子。政变未遂几个月后，老鲁斯文勋爵于1566年5月死于肝病。

7 女囚

尚不清楚玛丽知不知道她交给邓布兰主教的信已安全抵达法兰西。她一定在想不知道法兰西亲友是否相信自己的说法,或者思考事情怎么会变成这样。

玛丽有个秘密:她怀孕了。我们对这次怀孕的情况几乎一无所知。当时,只有尼古拉斯·思罗克莫顿的一封快信提到了玛丽怀孕的事。

思罗克莫顿于7月12日受伊丽莎白女王派遣抵达爱丁堡,谈判释放玛丽女王的条件。[1]由于被禁止与苏格兰女王本人见面,他想办法给利文湖堡传信,并得到了回复。思罗克莫顿向玛丽女王保证,伊丽莎白女王正在尽最大努力为她争取自由。但他问道,玛丽女王为何不应贵族们几周以来的要求,与博斯韦尔伯爵断绝关系?思罗克莫顿在爱丁堡听到了令人不寒而栗的威胁:如果玛丽女王还不与博斯韦尔伯爵断绝关系,如果她拒绝放弃苏格兰的一切天主教仪式,贵族们将指控她横施暴政、通奸、谋杀亲夫,他们声称有确凿的证据。思罗克莫顿一到,他就发现贵族们"对她非常反感",他担心玛丽女王马上就会丧命。他恳求玛丽女王为了保命,尽快与博斯韦尔伯爵断绝关系。

❖ —— ❖ —— ❖

思罗克莫顿和玛丽女王的臣民一样困惑。在博斯韦尔伯爵带着玛丽女王潜逃到邓巴的几周后,许多臣民都认为玛丽是被迫的,"只要博斯韦尔伯爵在她身边",她就不是自由的。然而,尽管有很多机会谴责博斯韦尔伯爵,哪怕只是为了拯救自己,玛丽女王还是拒绝了。贵族们无法理解这一点。

玛丽女王最终向思罗克莫顿吐露秘密。她解释说,她"宁死"也不

---

[1] 玛丽女王被囚的事吓坏了伊丽莎白女王。

背弃丈夫。"她认为自己怀孕七周,所以如果放弃博斯韦尔伯爵,就等于承认自己怀的是私生子,就等于丧失荣誉,她宁死也不这样做。"思罗克莫顿在给伊丽莎白女王的信中说。他说自己暂时设法保玛丽女王一命,但他感觉她的性命危在旦夕。

玛丽女王是什么时候开始怀疑自己有孕的?她给思罗克莫顿的信息表明,她在嫁给博斯韦尔伯爵不久后就怀孕了,但没办法知道是否属实。考虑到16世纪确定怀孕有多困难,玛丽女王可能无法确定自己是何时怀孕的。也许早在4月博斯韦尔伯爵带她去邓巴时就怀孕了,可能是强奸的后果。正如玛丽女王的传记作者所言,怀孕的征兆或许可以解释为什么玛丽女王决定在5月如此迅速地嫁给博斯韦尔伯爵,并公开声称这是"她自愿的"。

玛丽女王如果没有怀孕,就可能告发博斯韦尔伯爵,但她必须保护未出世孩子的尊严,并尽可能地重塑自己的尊严。还有一件事:玛丽女王可能已经意识到,急于给她定罪的批评者可能会就此谴责她。在16世纪,大家普遍认为,如果女人享受性行为,就更容易怀孕,而强奸通常不会使妇女怀孕。某位文艺复兴时期的医生说:"不情愿的肉体关系大多徒劳无益,因为爱才会使人怀孕,所以两情相悦易使女人怀孕。"律师们也附和了这一观点:"强奸是对女子的强制性行为,但如果她怀孕了,那就不是强奸,因为除非本人同意,否则她无法怀孕。"人们普遍认为,女性的性快感使子宫湿热,为生育创造了条件。正如教皇克雷芒七世很久以前对新婚的侄女凯瑟琳·德·美第奇说:"热情的姑娘更容易怀孕。"

然而这话反过来也成立。如果女人怀孕了,那么不管她有多么不情愿,都意味着她可能很享受性交过程。哪怕只是为了宣传和诽谤,任何想要证实玛丽女王对博斯韦尔伯爵有强烈欲望的人都可以利用这个思路。这是她自己身体的裁决。她怀孕了,就说明她同意了。

7 女囚

每当玛丽女王意识到自己怀孕,就知道自身已经处境危险。她完全有理由为未出生的孩子担心。虽然国王可以有私生子,但没有哪个王国会容忍女王有私生子。非婚生子是污点,说明玛丽女王自愿屈服于博斯韦尔伯爵,而这种屈从是有罪的。到那时,这个婴儿会面临什么下场呢?玛丽女王自己呢?丈夫被指控弑君、孩子成了私生子、自己成为失贞的母亲?她别无选择,只能设法扭转局面。她将捍卫自己婚姻誓言的合法性。至少在这一点上,她可以救赎自己和未出生的孩子。因此即使被困在利文湖堡,玛丽女王也拒绝背弃博斯韦尔伯爵,坚持做个忠贞的妻子——也许她自己也迫切需要相信这个说法。

玛丽女王对思罗克莫顿说,这维系着她的荣誉。她还剩下什么呢?被贵族囚禁的同时,她也因怀孕而难以行动,但这种情况没持续太久。7月底,玛丽流产了。法兰西秘书克劳德·德·诺后来写道,她非常痛苦,卧病在床好几天,"既被巨大的悲伤折磨,也被大量失血困扰……几乎动弹不得"。玛丽女王是否为失去孩子而悲伤?诺没有说。

❖ — ❖ — ❖

玛丽女王将在利文湖堡待上大半年。她前途未卜,被困在岛上,只能等待。几个月来,她一直希望法兰西人来帮助她,但又一直提心吊胆,生怕法兰西人不来。她与世隔绝,既是女王,又不是女王。玛丽一直认为自己是苏格兰女王。吉斯兄弟把那顶王冠和她的自我意识焊接在一起,成为自己身份不可或缺的一部分。玛丽女王坚持自己至高无上的权威。至于其他的东西,即与女王地位相称的身外之物,贵族们会告诉她这些东西失去得有多快。

玛丽女王一到,看守者就把她安置在一楼房间里。日常供给与她的身份完全不相称。晚上她睡在挂着朴素帷帐的普通床上,房间里的摆设都是城堡管事随手分派过来的。她从没住过这样寒酸的房间。贵族们只允许两个侍女陪她从爱丁堡出发。到了8月，他们送来两个年轻女孩，换下侍女。这两个姑娘是城堡管事的女儿，做女王的侍女根本不合格。玛丽女王认为她们在暗中监视自己，还会翻看自己的东西。

玛丽女王自己的东西也不多。她要纸和墨水，但被拒绝了。她要衣服，因为到达城堡时身上只穿着长袍和替换用的睡衣，这个要求也被拒绝了——至少一开始时被拒绝了。耻辱感刺痛了玛丽女王，她迫切地想要做出威严的样子，请求派人去取自己的礼服。最终，俘虏她的人同意了，玛丽女王的法兰西侍从塞尔韦·德·孔戴翻遍爱丁堡的王室衣橱，打包紧身胸衣、头饰、斗篷、面纱、裙子、袖子、胸针和"缝纫丝线"。但孔戴被严密监视审查，王室的衣橱被洗劫一空。当衣服送到利文湖堡时，玛丽发现衣服很少，大多还配不成套。盛怒之下，她在8月、9月和10月连续写信。孔戴尽其所能满足她，不过他有时什么也不送。

她恳求贵族们的怜悯。如果他们不把她当作女王尊敬，至少可以把她当作"他们大多数人都认识的国王的女儿和王子的母亲"，是不是？也许她可以流亡法兰西，和外祖母住在一起，或者至少搬到斯特灵城堡，从儿子小詹姆斯那里得到安慰。

玛丽几乎不知道儿子怎么样了，只能为他的安全祈祷。法兰西和英格兰王室将争夺小詹姆斯，大家都希望获得孩子的监护权——理论上是为了保护他，但实际上是为了自己的政治利益。玛丽女王对罗伯特·梅尔维尔说："她宁愿和王子待在英格兰，也不愿待在基督教世界的其他地方。"她希望伊丽莎白女王能庇护他们。几天之内，这个希望就破灭了。英格兰和法兰西都无法在争夺小詹姆斯的战争中获胜。苏格兰贵族将孩子留在苏格兰，以新教信仰抚养他长大。至于她搬到斯特灵城堡的请求，看守者也拒绝了。那时玛丽女王不知道，自己再也见不到儿子了。

7 女囚

那段时间危机四伏,玛丽女王在生与死之间游走。7月的最后几天,林塞勋爵给玛丽女王带来逊位文件,据诺说,林塞勋爵一直恐吓玛丽,直到她签署文件。"如果她不在这些文件上签字,"他写道,"叛乱者说只好把她扔进利文湖中……(或者)割断她的喉咙。"诺说她没看那些文件,但很可能在有意胡说——玛丽知道自己签的文件是什么。罗伯特·梅尔维尔说,大家建议她"以自己的仁慈行事,而不忍受严苛对待",这得到了许多贵族的支持,"不仅要剥夺她的执政权,还要威胁她的生命和荣誉"。玛丽女王总说自己的王位是被强行夺走的。她说的是实话:是恐惧迫使她这样做。思罗克莫顿怀疑,在王子加冕之后,贵族们无论如何都会杀了她。

尽管思罗克莫顿很担心,但贵族们不会杀掉玛丽女王,而是要抹去她的影响力。7月底,卫兵把她转移到院子另一端的格拉斯因塔。要进塔里的小房间,先要爬上螺旋形的楼梯。玛丽女王从高墙上的窗户朝外看,只能看到一片林海,更远处是广阔的蓝色湖面。在冬天,湖水结冰,一片白茫茫的荒凉。几个月来,她的访客仅限于看守者和照顾她的女孩。她几乎不和任何人说话。

玛丽女王一年中有大部分时间都待在塔里。尽管几个月后她设法把笔和纸偷偷带进房间,但看守从不允许她写信。至少她还能刺绣:塞尔韦·德·孔戴送给她针、丝网和丝线。她把针穿过方格网,消磨时间,努力接受现实:不会有人来找自己了。

7月29日,就在玛丽签署逊位文件几天后,十三个月大的小詹姆斯在斯特灵加冕为苏格兰国王。林塞勋爵和鲁斯文勋爵宣誓说:"我们的女王为了领地和儿子的利益,自愿逊位。"约翰·诺克斯借《圣经》中约阿施的事迹做宣传。约阿施是个七岁男孩,他的家人遭到屠杀,之后他被加冕为犹大国王。加冕仪式上公布了新国王詹姆斯六世的临时摄政御前议会成员：阿索尔、莫顿、格伦凯恩和马尔众贵族。

宴会开始了，爱丁堡全城欣喜若狂，这座城市被一千堆篝火照亮。城堡鸣炮，人们在街上跳舞。思罗克莫顿悻悻地说，他们为新王登基喜悦，甚于为女王悲伤。8月，苏格兰贵族正式请求詹姆斯勋爵担任摄政王。10月，苏格兰议会确认了对他的任命。

詹姆斯六世加冕的那天晚上，远离爱丁堡的利文湖堡管事下令点燃篝火，放炮庆祝。从城堡的房间里，玛丽女王可以听到骚动。当她询问为何如此喧闹时，管事嘲笑她。和我们一起庆祝吧，他说。诺写道："旁观者用各种方式捉弄女王陛下，虚张声势地说她已被废，她再也没有权力向他们复仇了。""上帝打倒了强者。"管事说。玛丽回到房间里哭了。

8
王后之死
1568 年，
苏格兰、英格兰、法兰西、西班牙

除了晚饭时间，看守通常二十四小时守护利文湖堡的大门。但每天晚上，守卫们在约定的晚饭时间之前会把门锁好，将钥匙交给城堡管事。管事用餐时，总把钥匙放在盘子旁边。

1568 年 5 月 2 日晚上，有个年轻侍从端着盘子来到管事身边，把餐巾扔在钥匙上，裹起它装进口袋。然后他偷偷溜出大厅，蹑手蹑脚地走上格拉斯因塔的楼梯，来到玛丽女王的房间。

玛丽女王已经打扮成洗衣女工的样子，拉着一个十岁女孩的手——这是看守送来的两个侍女中的一个。三个人跑下楼梯，冲出城堡大门，小伙子出来后锁好大门。他们爬上一艘小船，偷偷乘着它过了湖。玛丽女王的盟友正等在对岸，护送她去南方的尼德里堡。玛丽女王的信使到达时，威尼斯驻法兰西大使正在宫中，这个故事就是他讲的。利文湖堡主、道格拉斯夫人的次子乔治·道格拉斯花了几个星期编造这个"孩子们救了玛丽"的故事，在她逃跑后不久流传开来。如果这个故事是真的，那么这个小伙子可能已爱上了她。

在被囚禁的漫长时间里，玛丽认为自己再不可能重登王位。3 月，她偷偷把一支笔带进房间。半夜时分，她在纸片上潦草地写下求救信，让爱她爱得发狂的乔治·道格拉斯偷偷送出城堡。她的第一批信中,有一封是写给凯瑟琳·德·美第奇的。"我恳求您,可怜可怜我吧。"玛丽女王发誓自己是忠诚的。"我现在完全相信,只有武力才能解救我。"如果凯瑟琳能派法兰西军队来,"我肯定不少臣民都会加入其中,但如果没有外援,他们就会被叛军的力量吓倒,不敢自己做任何尝试"。

然而,玛丽女王怀疑法兰西人搞两面派。3月,她听说孔戴亲王和加斯帕尔·德·科利尼领导法兰西新教徒叛乱,而夏尔九世和凯瑟琳与他们达成了协议:法兰西王室以不再支持玛丽女王作为求和条件。"我简直不敢相信,"玛丽女王当时写道,"除了上帝,我把希望完全寄托在你们俩身上。"现在是1568年5月,玛丽女王在尼德里城堡重获自由,从此不再指望法兰西人的援手。

在很短的一段时间里,玛丽女王相信没有法兰西人帮忙,自己也能取得胜利。在她逃亡十一天后,她的苏格兰支持者集结了六千人大军,发誓要推翻摄政王詹姆斯勋爵。5月13日,玛丽女王的军队在格拉斯哥南部的兰赛德(Langside)战役中与叛军交手。虽然一开始寡不敌众,但精通战术、狡猾机敏的詹姆斯勋爵很快占了上风。玛丽女王站在附近的小山上看着这场屠杀。战斗结束之前,她向南疾驰了将近一百英里,直到索尔韦湾边缘的邓德伦南村才停下来。

现在,玛丽女王发现自己进退两难。在邓德伦南,随从警告她不要相信英格兰。最好是去法兰西,在那里玛丽女王还能得到朋友和家人、外祖母的安慰和枢机主教的建议。或者去西班牙,在那里腓力二世会为她的王位而战。

去法兰西,这一直是玛丽女王最深切的愿望。但她忘不了伊丽莎白女王在自己被囚禁时表现出的沮丧,忘不了思罗克莫顿为她获释做的努力。玛丽女王被囚在利文湖堡时,伊丽莎白女王曾送她一颗宝石作为承诺帮助的信物,也是这两位姊妹女王友谊的纪念。玛丽女王现在别无选择,只能相信那个承诺。玛丽女王在位时期失误连连,而这次信错了人将是其中最致命的。

在邓德伦南,玛丽女王准备好笔和纸。她凭借血缘关系和姐妹情谊恳求英格兰女王大发善心。那是 5 月 15 日,距离她从利文湖堡逃跑还不到两周。"我现在被迫离开王国,"玛丽女王写信给伊丽莎白女王,"我被逼入绝境,除了上帝和您的仁慈,我别无其他东西可以依靠。因此,我最亲爱的姐姐,我恳求您能见我一面,我会把所有事情都告诉您。"她比以往任何时候都更希望见到英格兰女王,哪怕只是为了解释自己的所作所为。

在把信交给信使之前,玛丽女王写下最后一行字。"为了提醒您我为何一定要向英格兰求援,我把此信物送还女王,这颗宝石代表她许下的友谊和援助。"这就是伊丽莎白女王送给玛丽女王的那颗钻石。不知为何,在混乱的逃亡和战斗期间,玛丽女王一直把它带在身边。

第二天,5 月 16 日,玛丽女王和随员登上小渔船,穿过索尔韦湾,来到英格兰西北部的坎伯兰。

❖——❖——❖

玛丽女王说对了一部分:伊丽莎白·都铎某种程度上愿意为她而战,但前提是玛丽女王被安全地关在格拉斯因塔里,这样伊丽莎白女王就可以随心所欲地痛斥苏格兰叛乱。原则上她有充分的理由:玛丽女王是她的近亲,也是至高无上的女王;与腓力二世一样,伊丽莎白·都铎认为叛乱有可能扩散。伊丽莎白女王对凯瑟琳·德·美第奇说过,君主们应该互相扶持。威胁玛丽女王就是威胁所有的君主。当然,玛丽女王和臣民之间有可能和解。

1567年10月，在玛丽女王第一次被囚禁在利文湖堡的几个月后，凯瑟琳收到了伊丽莎白女王的信。凯瑟琳很容易就能看明白对方的潜台词。伊丽莎白女王写信，不仅为了表达对玛丽女王的同情，还在幸灾乐祸。就在上个月，凯瑟琳·德·美第奇和夏尔九世侥幸躲过国内政变：9月，宫里人正在巴黎东北方向的小城市莫城，新教徒试图绑架他们。凯瑟琳挫败了这个计划，夏尔九世要求胡格诺派教徒做出解释，但对方没有应召前来。另一场内战似乎不可避免。[1]

于是伊丽莎白女王扬扬自得：要是夏尔九世的臣民能像她自己的臣民一样守规矩就好了！"我很满足臣民对我的忠心……我总是同情那些恼怒的君主。"伊丽莎白对王太后说。同情那些臣民不服从的君主——比如玛丽女王和夏尔九世国王。

对王太后说这样充满讽刺意味的话很奇怪。正如凯瑟琳所知——或者说整个欧洲都知道，在第一次法兰西宗教战争（French War of Religion）中，伊丽莎白·都铎出钱出兵，支持法兰西新教徒，就像她支持苏格兰新教贵族并且多年来一直在叛乱中庇护他们一样。凯瑟琳对她的大言不惭表示震惊。她会记住伊丽莎白女王的话，可能甚至还保留着那封信。很快，她就会把这话原样抛回英吉利海峡对面。

凯瑟琳没等太久。玛丽女王于5月逃往英格兰，使伊丽莎白女王措手不及。玛丽女王逃出利文湖堡时，伊丽莎白女王欢呼雀跃，认为苏格兰女王很快就能镇压不守规矩的臣民，警示所有潜在的叛乱分子。她没想到詹姆斯勋爵会在兰赛德击败玛丽女王，也没想到玛丽女王会未经自

---

[1] 所谓的"莫城惊魂"（Surprise of Meaux）是法兰西内部，以及法兰西与国外竞争对手之间的层层不信任所造成的。1567年夏天，腓力二世派遣阿尔瓦公爵从米兰前往佛兰德斯镇压荷兰的新教叛乱。当阿尔瓦的军队沿着与法兰西接壤的"西班牙之路"向北行军时，夏尔九世和凯瑟琳因担心西班牙乘机入侵，派六千名瑞士雇佣兵到边境试图保护法兰西免受西班牙的侵略。然而，胡格诺派教徒担心法兰西王室派雇佣军攻击他们，于是先发制人，发动"莫城惊魂"政变。

己允许擅入英格兰。

玛丽女王突然到来使局势大变。伊丽莎白女王玩弄外交手腕，派思罗克莫顿帮苏格兰女王谈判是一回事，而采取行动、实打实地帮助苏格兰女王则是另一回事。这意味着什么？代价是什么？伊丽莎白女王不想对苏格兰新教徒发动战争。至于她自己的臣民，英格兰北部到处都是天主教徒，他们可能会团结在苏格兰女王周围，帮她夺回苏格兰王位，并为她赢得英格兰王位。伊丽莎白女王还怀疑玛丽女王可能会去法兰西。如果是这样，天主教国王可能会同时入侵苏格兰和英格兰——为什么不在镇压苏格兰叛乱的同时废黜英格兰的篡位者呢？英格兰承受不起这样的冲击，也没有其他外国王公愿意帮助伊丽莎白女王。伊丽莎白女王决定，最好把玛丽女王留在英格兰，不让她动身去法兰西。

事实上，凯瑟琳·德·美第奇并不愿意看到玛丽女王出现在法兰西海岸。她一直与苏格兰保持关系，同时深陷国内日益增多的麻烦。莫城政变后，法兰西果然爆发了内战，即第二次宗教战争。那次战争一开始，老统帅蒙莫朗西就受了致命伤，战争很快就结束了。但现在，1568年5月，法兰西正在第三次血腥战争的边缘。在不到一年的时间里发生了两场内战，现在第三场即将爆发。与此同时，凯瑟琳·德·美第奇重病初愈。

我们不知道她得了什么病，只知道她虚弱得连笔都握不住。这是凯瑟琳在5月26日写信给伊丽莎白·都铎解释的原因，那是玛丽逃往英格兰的十天后。虽然病到无法亲笔写信，但凯瑟琳觉得有必要代表玛丽女王向伊丽莎白·都铎求援。凯瑟琳和伊丽莎白女王一模一样：现在凯瑟琳抓住机会来刺激英格兰女王，有来有往。苏格兰女王不幸成为两人之间书信往来的话柄。

"夫人，我的好妹妹，"凯瑟琳语带讥讽，"我的王儿和我已经得知苏格兰女王、我的前儿媳目前的处境,知道她被迫逃到您的土地上。您肯定知道她如何被臣民追捕。我们立即派使者去您宫中。他会告诉您,看到她如此痛苦,我们有多么难过,而看到她把安危交托给您,我们又是多么高兴。我们相信,深受折磨的她会得到眼下处境中最希望得到的一切帮助、恩惠、援助和友谊。"

然后是致命一击。伊丽莎白女王在去年10月鼓吹支持玛丽女王的重要性时写了些什么?"我们确信,"凯瑟琳写道,"您一直持同样观点。"她在这里转述了伊丽莎白的原话。王公们必须相互支持,惩罚那些反抗他们统治的臣民。"我请求您,"凯瑟琳继续施压,"让所有的君主,尤其是我的王儿和我知道,您是多么希望保持君主至高无上的权威,多么希望严惩反叛不驯的臣民。"

之前伊丽莎白·都铎向凯瑟琳宣讲"最高权威",以此"慰问"麻烦缠身的夏尔九世。如果她嘴上这样说,却又以实际行动助长类似麻烦,那就说明她非常虚伪。几年前,凯瑟琳就已摆脱了美丽却讨厌的苏格兰女王玛丽,现在玛丽女王的问题该归伊丽莎白·都铎管了。

❖──❖──❖

就算玛丽女王的困境能打动西班牙人的心,天主教国王和王后也不会向苏格兰女王提供任何帮助。他们的家事已够自己操心了。1568年5月,就在玛丽逃离格拉斯因塔时,伊丽莎白·德·瓦卢瓦和腓力二世迎来了人生中最黑暗的几个月。

唐·卡洛斯总是反复无常,而现在越来越危险。直到男孩快成年,腓力二世才发现自己轻易就忽视了他的行为。唐·卡洛斯间歇性地暴力发作,但他最终会平静下来,有时会持续几个月,于是腓力二世一直期待他总有一天能成长为自己想要的儿子和继承人。尽管如此,国王还是心存疑虑，并没有让唐·卡洛斯承担相同地位的王子应该承担的任何职责。

唐·卡洛斯沮丧困惑，继而勃然大怒。他注意到腓力二世总是在各种仪式上夸赞自己，却不肯分权给他。更糟糕的是，他的父亲出尔反尔，总是签空头支票。从1559年起，腓力二世就发誓要把唐·卡洛斯带到佛兰德斯，让年轻人成为该省未来的统治者。唐·卡洛斯激动地想象父亲正在培养自己成为祖父查理五世一样的下一任神圣罗马皇帝。还有件事预示着光辉的未来：1564年，帝国大使抵达西班牙，提议让唐·卡洛斯娶奥地利的安娜，即腓力的外甥女、哈布斯堡家族神圣罗马皇帝马克西米利安二世的长女。她金发碧眼，非常虔诚。唐·卡洛斯很兴奋，特地请来家庭教师教自己说德语，以便给女孩和她的父亲留下好印象。

但佛兰德斯之行从未实现，婚姻谈判也陷入僵局。唐·卡洛斯开始怀疑腓力二世会食言，就像他对玛丽·斯图亚特那样。年轻人被激怒了，变得偏执，一心关注自己与奥地利的安娜的婚事，以及父亲不宠爱自己的种种迹象。他视腓力二世的顾问为死敌。1566年4月，腓力二世派遣阿尔瓦公爵而不是唐·卡洛斯去镇压荷兰起义，那时唐·卡洛斯就威胁要杀死阿尔瓦公爵。那年晚些时候，腓力二世又取消了原定的荷兰之行。目击者称唐·卡洛斯威胁要杀了腓力二世。从那时起，父子关系迅速恶化。

唐·卡洛斯不明白父亲到底为何看不起自己。显然，腓力二世有自己的宠儿，即阿尔瓦公爵，或者更糟糕的，出身低微的鲁伊·戈麦斯。他不顾一切地想要摆脱童年的束缚，同时不再盼望获得腓力二世的认可。面对父亲的冷漠，唐·卡洛斯鲁莽地用其他方式追求权力。他结交阿谀奉承的朝臣，这些人热切地利用他想被认可的欲望。他私下写信给贵族们请求支持。腓力二世起了疑心。

1567年9月，福尔克沃警告凯瑟琳·德·美第奇："天主教国王不可思议地亏欠着他的儿子,而年轻人愤愤不平。""父亲恨儿子,儿子也同样恨父亲。如果上帝不给予补救,一定会有极不幸之事发生。"两个月后,也就是12月,背叛之事果然发生。唐·卡洛斯计划逃离西班牙前往意大利,沿着西班牙之路前往佛兰德斯,并与奥地利的安娜见面。他把秘密计划告诉了小叔叔兼最亲密的朋友唐璜。虽然唐璜试图说服唐·卡洛斯不要去,但王子坚持要去。唐璜骑上马,奔向埃斯科里亚尔,把自己知道的一切向腓力二世国王和盘托出。那天是1567年12月25日。

腓力二世花了三个星期才想出下一步该怎么办。

1568年1月18日,腓力二世在几名武装士兵的保护下溜进唐·卡洛斯的房间。将近午夜,房间里黑而安静。遵照国王的命令,照顾唐·卡洛斯的侍从没有锁门,还灭掉了蜡烛。他们解散卫兵,把王子平时放在房间里的武器锁了起来。唐·卡洛斯睡着了,腓力二世悄悄走到床边,取走儿子常放在床边的那把剑。如果之前就取走这把剑,唐·卡洛斯就会发现的。

年轻人醒了。

"是谁?"唐·卡洛斯吓坏了。

"国家御前议会。"

唐·卡洛斯从床上坐起来,发现父亲站在面前。腓力二世戴着战盔,身披锁子甲。

"陛下是来杀我的吗?"小伙子问。

腓力二世安慰儿子,但又命令他回去睡觉。"我们这样做是为你好。"国王的手下把窗户钉上,不让年轻人逃跑,还把房间洗劫一空,清空了保险箱和桌子抽屉。离开之前,腓力二世告诉唐·卡洛斯,自己会以国王而不是父亲的身份对待他。

后来腓力二世仔细翻阅了唐·卡洛斯的房间里搜出的一捆捆文件,

里面有来自全国各地的数百封信，有的请求王子帮助，有些告诉王子某些犯腓力二世忌讳的信息。信中充满了卑躬屈膝的奉承。在腓力二世看来，这些信件表明有个影子政府正在形成，而唐·卡洛斯就是它的首领。

腓力二世下令将儿子带到马德里阿尔卡萨宫的一座塔楼里严密看管。唐·卡洛斯温顺地跟着押送者走了。尽管腓力二世想过要把儿子送上法庭，但手下的书记却找不到任何唐·卡洛斯煽动叛乱的确凿证据。于是腓力二世觉得别无选择，只能用"一劳永逸的办法"来解决这个问题。就像查理五世对待他的母亲"疯女"胡安娜一样，腓力二世决定终身监禁唐·卡洛斯。

年轻人被关在阿尔卡萨宫里，与世隔绝。腓力二世不允许任何人去看他，也不允许他与外界联系，甚至胡安娜王妃和伊丽莎白·德·瓦卢瓦也不行。他质疑唐·卡洛斯是否适合接受圣餐，所以一开始他禁止儿子望弥撒。唐·卡洛斯哭起来，但还是遵从腓力二世的命令留在房间里。最后，有位富有同情心的神父想出了办法：他在前厅主持弥撒，同时通过圣坛围屏把圣饼和酒递给老实待在另一边房间里的唐·卡洛斯。

唐·卡洛斯知道自己犯了什么罪吗？如果他指望父亲能原谅自己，那么这个希望注定要落空了。腓力二世拒绝见儿子，用严厉的态度掩盖内心的强烈负罪感。国王对外交官态度粗鲁；福尔克沃觉得他闷闷不乐。腓力二世发表了唐·卡洛斯被捕的官方声明，但没有向困惑的外国君主提供任何解释。只有对最亲近的哈布斯堡亲戚，他才会坦率地讲述儿子办下的糊涂事。

他向妹妹玛丽亚和妹夫马克西米利安二世解释说，他的儿子"有时平静些，有时不是"。"王子的缺点如果影响到政府和公共事务，造成后果是灾难性的；如果只影响个人行为、事务和私人生活，则是另一回事，可以获取原谅，得到允许。"现在，唐·卡洛斯个人的问题已经影响到公共事务了。

腓力二世正在接受折磨过几代国王的痛苦教训：父亲和国王的角色总是纠缠在责任、荣誉和感情的一团乱麻中。你如何在眼前的男孩和整个王国之间取舍？腓力二世无法把父亲和国王的角色分开，也无法区分儿子和继承人。

最后，国王身份必须永远处于优先地位。腓力二世对唐·卡洛斯的外祖母说："我……把自己的骨血献给上帝。"他会养着儿子，仅此而已。然而他还是很伤心。"我是怀着多么悲伤的心情做出这个决定的，殿下可以想象……"

腓力二世的余生都在内疚中度过。多年后，他在埃斯科里亚尔建造宏伟的长方形教堂时，委托工匠为家人建造了巨大的纪念雕像。雕像用黄金装饰，立于祭坛上方。腓力二世本人的跪像后站着唐·卡洛斯。他穿着华丽的盔甲，昂首挺胸，金色雕像上看不出他生前受到肉体和精神疾病折磨。这座雕像使腓力二世想起了上帝坚不可摧的意志，也是对唐·卡洛斯的纪念，因为腓力二世希望记住他。这是他本应该拥有的儿子和继承人。

唐·卡洛斯被捕时大声喊道："我不是疯子，陛下如此苛待我，我只是绝望。"幽居生活中，年轻人头脑极度混乱。他想办法自杀。他吞下一枚钻戒；他想要毒死自己；他光着身子睡在砖地上；他在床上浇满冰块，想冻死自己。他先是绝食，然后暴饮暴食，直到"再也吃不下"，同时不停地喝一桶桶雪水，仿佛要淹死自己。最后他粒米不进，持续了两个星期。医生用金属棒撬开他的下巴，强迫他吃了些肉和汤。当一位神父最终说服唐·卡洛斯进食时，已经太晚了。

负责看管他的莱尔马伯爵回忆说："食道已经封闭，他甚至连一点儿肉汤都喝不进去。"唐·卡洛斯在塔上住了六个月。他死在1568年7月

24日午夜过后不久,当时他刚过完二十三岁的生日。

当时腓力二世已退居埃斯科里亚尔。得知唐·卡洛斯的死讯,国王哭了三天,并命令举朝为"爱子"哀悼。尽管如此,国王的职责还是占了上风。唐·卡洛斯刚进坟墓,腓力二世就写信给马克西米利安皇帝,提出另一桩婚事,以结两姓之好。唐·卡洛斯既然已经死了,就不能娶奥地利的安娜了,但也许胡安娜王妃可以嫁给查理大公。

王子去世后,西班牙宫廷里的人觉得呼吸都轻松了不少。这个年轻人的行为使许多来客都感到困扰。"王子在天有灵,会感到在那里很幸福,"唐·卡洛斯死后莱尔马伯爵说,"所有认识他的人都为此感谢上帝。"

❖——❖——❖

1月,唐·卡洛斯被捕的第二天早上,伊丽莎白就知道了这件事。"她哭了两天,直到国王命令她停止,"福尔克沃告诉凯瑟琳,"她为王子和她自己而哭,因为王子非常爱她。"

应丈夫的命令,伊丽莎白写信给弟弟夏尔九世,强调腓力二世对囚禁儿子一事非常悲痛。她不能,也不愿透露唐·卡洛斯犯罪的任何细节。对她母亲来说,伊丽莎白可能隐瞒了真相。"上帝,让她相信我的话吧。"她对福尔克沃说。

尽管有谣言流传了几个世纪,但伊丽莎白和唐·卡洛斯之间其实并不存在爱情,然而她用自己的方式爱着他。她在给夏尔九世的信中写道:"在如此巨大的不幸之中,我无法安慰自己,我认为自己比任何人都更加感到不幸,因为我和公爵是朋友,我对他负有许多责任。"从她来到西班牙的那一刻起,当他们还是孩子的时候,唐·卡洛斯就对她很好,即使在腓力二世沉默寡言的时候也陪伴着她——也许尤其是在那些时候更主动地陪伴她。王后和王子都被父母摆布,都因朝代、联盟和战争中不断变化、令人窒息的需求而受人利用。也许伊丽莎白多少能理解这个年轻人的怨恨。

唐·卡洛斯去世一周后，7月31日晚，福尔克沃来向伊丽莎白致哀。他从头到脚都穿着黑色衣服，按照西班牙的礼仪戴着宽大的黑色兜帽。虽然大使不喜欢这样穿，但伊丽莎白坚持要他按规矩服丧。她坚持要凯瑟琳对西班牙王子的去世表示同情，甚至"尽可能多"地传达悲伤之情。她知道凯瑟琳已经十分确定，唐·卡洛斯死后，西班牙王位将传给伊丽莎白的孩子，特别是伊丽莎白如果能生下男孩的话。正在此时，伊丽莎白又怀孕了。

就像凯瑟琳·德·美第奇一样，伊丽莎白频频怀孕。她只有二十二岁，她的身体现在就是生育之源。伊丽莎白在1568年5月第三次宣布怀孕，这时卡塔利娜·米卡埃拉刚六个月大。到了7月，她认为自己已怀孕三四个月。[1] 她的怀孕减轻了唐·卡洛斯去世对腓力二世的打击。他命令西班牙宫廷守孝一年，但若伊丽莎白生下儿子，宫里人就可以提前除孝，拭去泪水，欢呼王后满足了"他们的终极愿望"，"给了他们一个王子"。

福尔克沃能预见到法兰西胜利的前景。"如果说（伊丽莎白王后）在卡洛斯王子去世前就已受到爱戴和尊敬，"他告诉凯瑟琳，"那么从宣布再次怀孕起，她将受到双倍的爱戴和尊敬。因为无论怎样，她的后代都将统治这些人。他们还说，法兰西和西班牙国王之间的友谊，以及未来继任者和王国之间的友谊将牢不可破，因为大家将血脉相连。""相信我，"福尔克沃说，仿佛凯瑟琳不敢相信一样，"夫人，我给您写的这些话，

---

[1] 前一年的3月又发生过一次假怀孕。福尔克沃汇报了这件事，但很快这个错误消息就被纠正了。即使已经生过两个孩子，伊丽莎白还是和那个时代的许多女性一样无法确定自己是否怀孕。直到6月底，凯瑟琳才能确认女儿已经怀孕。

是他们在公开场合说的。"

王朝更迭，盟约废立，王室婚姻棋盘上的棋子又开始移动。也许胡安娜王妃会嫁给查理大公，巩固哈布斯堡家族。也许奥地利的安娜会嫁给法兰西的夏尔九世，再次融合哈布斯堡家族和瓦卢瓦王朝。也许奥地利的安娜会嫁给穷困潦倒的葡萄牙国王。伊丽莎白的孩子诞生后，一切都可能改变。"我们必须等着，看上帝会给我的王后送来什么，"鲁伊·戈麦斯向法兰西大使吐露，"因为许多大事都取决于此。"这些大事总是这样。

凯瑟琳敢于梦想，"告诉我女儿，我求她照顾好自己，"她写信给福尔克沃，试图鼓励伊丽莎白度过最初几个月的艰难时光，"告诉她想象一下，如果上帝赐给她儿子，那将是多么幸运，而且不仅是对她来说，对整个基督教世界，尤其对这个王国、对她的老母亲来说都一样。（一旦法兰西国王也有了儿子）在她去世之前，将有幸看到自己做了基督教世界两位最伟大国王的祖母。"很久以前美第奇家族的那个小孤女，那个不能生育的女孩，现在有了多么美好的未来啊。

1568年夏，怀孕的压力使伊丽莎白越来越紧张。唐·卡洛斯的死使她悲痛万分，而法兰西第三次内战的幽灵又使她忧心忡忡。凯瑟琳与死神擦肩而过（王太后在给伊丽莎白·都铎的信中提到玛丽·斯图亚特患有同样的未知疾病），吓坏了伊丽莎白。玛丽出逃到英格兰一事虽然发生在遥远的异国，但确实骇人听闻，这是整个夏天又一场可怕的灾难。伊丽莎白已经有好几个月一直觉得不舒服了。

这次怀孕加剧了她自卡塔利娜·米卡埃拉出生以来断断续续表现出的奇怪症状。其中如呕吐和昏厥，或者间歇性的"抑郁"，都是常见的疾病。其他症状，比如左臂的颤抖和肿胀，则是新出现的。像许多外交官一样，福尔克沃小心翼翼地避免惊动君主，因为他知道王太后对自己的每一句话都很在意。他向凯瑟琳保证,伊丽莎白的侍女们确信这些都是怀孕初期的小毛病。怀孕一过三四个月,这些毛病就会消失。

事实上,大使不愿透露的症状可能有好几个。后来他向凯瑟琳承认,伊丽莎白在整个怀孕期间没有"超过八天的健康状态"。

9月的最后一周,伊丽莎白得了重病,但很快就康复了。有了这个令人高兴的结果,福尔克沃就有足够的信心向凯瑟琳描述伊丽莎白生病的某些细节。他在9月24日写道,除了"无休止的呕吐"之外,伊丽莎白的胃还出现了灼烧感,以至于有几天大家都担心她会流产。她左臂的颤抖变为疼痛,这种疼痛沿着左肋扩散到腿上。当然,福尔克沃写道,这一切都只是"寒冷的结果,因为这个月降温,而她有几天穿得不多"。他激动地说她康复了,"感谢上帝,这一切都结束了,她健康地从病床上站了起来"。福尔克沃仍然相信这些只是孕妇暂时的虚弱表现。

大使的这封信发出得太早了。10月初,伊丽莎白的症状卷土重来,疼痛灼烧她整个左侧身体,呕吐伴随痉挛的腹泻。医生发现她的尿液中有结晶。她的粪便黄黑相间,背部剧烈痉挛——这些都是肾脏疾病的征兆。

现在看来必须得干预了,因为担心胎儿,医生们犹豫着要不要给她通便。伊丽莎白病情恶化,他们试图在她脚上放血。10月2日黎明前,医生们开补药促使有毒体液排出。当伊丽莎白呕吐时,他们转而让她服用猪苓片,这是四年前她流产后穆戈诺尼医生给她使用的药物,当时取得了成功。然而这一次,药片没有任何作用。

房间里的声音,人们俯视时脸上的表情,以及自己身体的缓慢搏动,所有这些信号都告诉伊丽莎白她快死了。10月2日晚上,她要人请忏悔神父来。神父把圣饼和酒端到她床边,听她忏悔。现在还没到最后仪式的时候。

腓力二世坐在她床边，等着听她的临终遗言，泪水顺着他的脸颊流淌。王室发表的官方声明称伊丽莎白向丈夫道歉，说她辜负了丈夫的期望，没能给他生下儿子，没完成责任。她把女儿托付给他照顾，说他会是一个好父亲。她的遗言征服了国王，后来有人称之为"绝唱"。腓力二世不忍心看着她死去，退出房间去祈祷。

黎明前几个小时，一位神父再次在伊丽莎白的床前俯下身。他将油轻轻涂在她的额头上，喃喃地念着涂油礼的祈祷文。伊丽莎白攒起了一点儿力气，要求和法兰西大使说话。

那天晚上没人睡觉。在伊丽莎白的房间里，阿尔瓦公爵夫人和宫中的高阶贵族守护着这位垂死的王后。[1] 举宫皆悲。就在黎明前，西班牙宗教法庭审判长和昆卡主教（国王的私人忏悔师）安排了一次从马德里宫殿到圣玛丽亚教区教堂的宫廷游行。宫廷里的人纷纷回到王室礼拜堂，跪倒在地。早上十点有信使来到教堂，说王后在病痛中生下了一个女婴。福尔克沃向凯瑟琳·德·美第奇保证，婴儿出生后还活了几分钟，有时间给她施洗礼。她的灵魂不会停留在地狱的边缘——这是不幸中的万幸。

礼拜堂里，祈祷又开始了。人们低声说话，与神父们的吟咏节奏保持一致。每个人都在等待结局。他们没有等太久。孩子出生后不到两个小时，也就是临近10月3日中午，伊丽莎白去世的消息就传到了礼拜堂。得年二十二岁。

---

[1] 1566年4月，乌雷伊纳伯爵夫人在与疝气战斗两周后去世。阿尔瓦公爵夫人取代她成为伊丽莎白的首席女官。

9
最后的信
1568年,西班牙、法兰西、英格兰

尘世中,伊丽莎白·德·瓦卢瓦存在的意义就在于她的身体。她是国家的器皿,被她的父亲用来联姻,被她的丈夫用作传承王位的工具。两个王国的未来取决于她身体的反复无常、生育潜力和失败的分娩。然而,只有伊丽莎白一人承受着折磨——眩晕、昏厥、头痛、恶心、战栗、流血。即便欢乐时刻也有痛苦相伴。她的身体因分娩而竭力,乳房因胀奶而疼痛,骨头因产后发烧而剧痛。

但随着死亡临近,肉体的痛苦似乎停止了,伊丽莎白的灵魂似乎开始脱离肉体——就像她根本没有肉体一样。她的心灵之眼,以及所有看着她死去的人的思想,都完全集中在她的灵魂上。按照福尔克沃的说法,伊丽莎白死时头脑很清醒,样子也很平静,堪称典范。在生命的最后时刻,"她虔诚地倾听告解神父的劝诫",福尔克沃写道,"她的意识完全清醒",这样就能心甘愿地把灵魂献给上帝。她把十字架举到唇边,吻了一下,然后向上帝、圣母马利亚和圣弗兰西斯祈祷,因为她知道,圣弗兰西斯节日这一天将是自己的忌日。她向祖先圣路易祈祷,也向"她的守护天使"祈祷。她轻呼出一口气,迈入永恒。"她死得那么平静,"大使说,"我们都不知她到底是什么时候离开人世的。"

"举国为她哀悼,"他回忆说,"无论贵贱,没人不为王后陛下的去世

而哭泣；没人不说她是西班牙有史以来最优秀、最仁慈的王后。"福尔克沃艰难地写下这几个字。伊丽莎白的死使他心灰意冷。他后来说，他"更需要安慰自己，而不是安慰垂死的王后"。在西班牙宫廷的十八个月里，他对伊丽莎白的忠诚发展成了温柔的依恋。他们一开始是合作伙伴，在错综复杂的西班牙政治中一起想办法满足凯瑟琳的要求，最终成了朋友。在她去世前两周，伊丽莎白祝贺福尔克沃和他的妻子生下了一个女婴。他们决定给她起名叫伊丽莎白。

"如果我没给您回信，请原谅我，德·福尔克沃先生，"她写道，"这几天我一直呕吐，所以没能给您写信。我很高兴听到德·福尔克沃夫人母女平安。她想让您的女儿以我的名字为名。因为我会像对待自己的女儿一样对待这个孩子——我请求您允许我这样做。"这是伊丽莎白给大使的最后一封信。

她死后，福尔克沃回到家。他坐在书桌前，拿出一张纸，准备给国王夏尔九世写一份天主教王后去世的官方公告。他觉得有必要向国王道歉。"陛下，很幸运我在昨天写信给您，告诉您从这个王国传来的只有好消息。""但是发生了一件可怕的事，太严重了，我不得不把您之前从未听过的最坏消息告诉您。陛下，今天中午,您失去了信奉天主教的王后，也就是您的姐姐。"

福尔克沃的习惯是每次都写两封信给法兰西：一封给夏尔九世，另一封给凯瑟琳。写完给夏尔九世的信，福尔克沃又抚平一页空白信纸。他蘸了蘸羽毛笔，然后伤心欲绝地继续写。

❖——❖——❖

还有尸体要埋葬，还有葬礼要安排。在伊丽莎白去世的那天下午，阿尔瓦公爵夫人监督专人给尸体防腐，然后给伊丽莎白穿上方济会修士的灰色粗羊毛衣,以纪念她在圣人节日当天去世。当伊丽莎白的侍女们把绣有法兰西鸢尾花和西班牙国徽的黑布别在她房间墙上时,贵族们把王后抬进棺材。在下午剩下的时间里,西班牙的朝臣们列队穿过伊丽莎白的房间表达敬意。当天晚上,送葬队伍从伊丽莎白的房间蜿蜒到王室礼拜堂。抬柩者把王后的灵柩放在大灵柩台上,用金锦缎裹尸布盖好。安魂弥撒开始了。

宫殿外的大街上挤满了哀悼者。有位法兰西目击者回忆说,"没见过哪个国家的人民会如此哀恸"。王室礼拜堂的弥撒结束后,只有阿尔瓦公爵夫人留在王后的遗体边。公爵夫人坐在棺材头端旁边,脸上蒙着一层层黑色面纱。她会坐着守过这安静的长夜。

这次打击对腓力二世来说不可谓不严重。他在给法兰西特使的信中写道:"在王子去世后,我再次遭受如此巨大的损失。""但我会尽最大能力接受上帝的旨意,让上帝随心所欲地安排。"第二天,也就是10月4日,另一队人护送伊丽莎白的灵柩来到胡安娜王妃创办的女修道院。在那里,西班牙臣民最后一次礼拜他们的王后。人们向敞开的棺材里望去,发现伊丽莎白裹在天鹅绒里,天鹅绒的质地与她灰色长袍的褶皱形成鲜明对比。王后的旁边躺着她女儿的小尸体。腓力二世决定把母女俩葬在一起。

礼拜结束时,阿尔瓦公爵夫人将药草和鲜花撒在尸体上,将香脂和其他香水洒在天鹅绒上。然后,抬柩者把棺材抬到修道院深处的坟墓里。

伊丽莎白和她的女儿将在那里待一段时间。腓力二世计划移灵至埃斯科里亚尔,但在伊丽莎白死后的几天里,他一直没有决定具体时间。

✤——✤——✤

在坎伯兰的沃金顿镇,玛丽·斯图亚特忙着写信,试图再次讲述她的故事。在登陆英格兰海岸后不久,她就急着向伊丽莎白·都铎解释自己为何要来,还谈了自己对前几个月发生的事情的看法。

她让伊丽莎白女王想起了"追逐战"、里齐奥被残忍杀害、达恩利勋爵被诬为谋杀犯等种种事件。她告诉伊丽莎白女王,她的臣民无视正当程序,禁止她在御前会议和议会中为自己辩护。最后,玛丽女王讲述了兰赛德战役,以及自己如何渡过索尔韦湾。她把敌人描绘成密谋反对女王的不忠臣民。一次又一次,玛丽女王一再以仁慈君主的形象宽恕那些反叛的贵族,准备再次接纳他们。她是多么大度啊,玛丽女王写道,然而他们却背叛了她。

玛丽女王的信耐人寻味。她一次也没有提到博斯韦尔伯爵。

玛丽女王没有意识到,能证实她有罪的证据在整整一年前就已被人们发现。莫顿伯爵后来在证词中解释了当时的情况。1567年6月,就在女王于卡伯里倒台五天后,博斯韦尔伯爵的三个手下就进入爱丁堡城堡,从玛丽女王的床底下取出了一个银色小盒,那是个储存箱。贵族们随后逮捕了其中一个人,他透露了储物箱的下落。贵族们在里面发现了大量珍贵文件,包括玛丽女王发誓要嫁给博斯韦尔伯爵的两页信纸、十二首关于爱情的十四行诗和八封婚前写给博斯韦尔伯爵的信。

这些被称为"箱中信"的信件似乎证实了玛丽女王与博斯韦尔伯爵通奸,以及她是达恩利勋爵之死的共犯。直到今天,这些信件的真实性仍未确认,但它们是最热情洋溢的情书。"……我很高兴在别人睡着的时候给你写信,因为我知道我不能像他们那样,按照我的愿望,待在你怀里,亲爱的。"其中一段露骨的文字写道。

最要命的是,从字迹来看,这些似乎是玛丽女王的亲笔信。玛丽女王年轻时笔迹中的圈和小卷早已变得更加潦草,然而莫顿勋爵发誓说那潦草的字迹出自她的笔下。这证实她犯下了一个女人能犯下的最恶劣罪行，即使放在普通女人身上都算得上大逆不道，更不用说放在女王身上了。

尽管直到1568年秋天，也就是苏格兰贵族首次发现"箱中信"的一年多之后，这个奇怪的细节才广为人知，但早在1567年夏天就有谣言声称发现了足以给玛丽女王定罪的证据。伦敦的詹姆斯勋爵（当时他正在从欧洲大陆返回苏格兰的路上）告诉西班牙大使，玛丽女王知道这个谋杀阴谋，证据是"她亲手写的三张纸，并有她的签名"。据说她写信鼓励博斯韦尔伯爵继续他的计划。

一年后的1568年夏，伊丽莎白·都铎还没准备好审判玛丽女王。她束手束脚。按有罪推定原则，苏格兰女王有自证清白的责任。伊丽莎白女王宣布，在那之前两位女王不能见面。伊丽莎白女王确信玛丽女王的清白声明是真的。不过现在玛丽女王肯定明白，伊丽莎白女王必须注意自己的名声。伊丽莎白女王在信中写道："您知道，在您能自证清白之前，我见您不太妥当。"

听到这个消息，玛丽女王羞愧地流泪，抱怨自己的"恶劣行为"和不恰当的做法。伊丽莎白女王，她的女王姐姐，她的女性亲戚，怎么会拒绝听取一个被如此诬蔑、只想恢复名誉的女人的请求？她怎么敢接见叛徒詹姆斯勋爵，而不是玛丽女王本人？"我从所有君主中选择您作为我最亲密的亲戚和完美的朋友，我希望从您那里得到这份仁慈，给您我一生的荣誉和荣耀，让您也彻底了解我的清白，以及我是如何被误导的。"她的信浸满怨恨的苦水。"我明白了，"玛丽女王接着说，"很遗憾，我弄错了。"

她惊讶地发现，自己又被囚禁了。她在坎伯兰登陆后，伊丽莎白女王派来的护卫队将玛丽女王带到附近的卡莱尔堡。她被安排住在看守人塔楼里，等待伊丽莎白女王接见。她的房间很舒适，设备齐全。伊丽莎白女王吩咐给她符合女王身份的家具、衣饰和仆人，允许她从苏格兰运来自己的礼服，让她最喜欢的侍女来伺候她。玛丽·西顿，也就是"四个玛丽"中的一位，仍然负责为她梳头，将五彩缤纷的精致发夹扎在她卷曲的头发上。

尽管如此，玛丽女王仍然是边缘人——被逐出苏格兰，在英格兰也不怎么受欢迎。伊丽莎白女王说这是玛丽女王自己的错。"您把这件事交给我来处理，"英格兰女王写道，"这对您非常重要。"在这件事解决之前，玛丽女王要待在伊丽莎白女王的手心里。

玛丽女王在看守人塔楼里四处寻求帮助，给家人和朋友写信。她在给洛林枢机主教的信中写道："我遭受伤害、诽谤、监禁、饥饿、寒冷、炎热，马不停蹄地逃了九十二英里，不知该投奔何方。""然后我不得不睡在地上，喝酸牛奶，吃燕麦片，没有面包吃。我像猫头鹰一样，在这个国家待了三个晚上，一个侍女也没有。现在最糟糕的是，我几乎成了囚犯。"她许了个愿望："上帝很快就会把我从所有这些苦难中解脱出来。"

玛丽女王派特使去见凯瑟琳·德·美第奇，她不敢把自己的想法写在纸上，以免信件落入敌人手中。她答应把自己交给法兰西人，像个孝顺孩子一样服侍凯瑟琳。但是她的信使被耽搁了。伊丽莎白·都铎不会准许他进入法兰西。

❖——❖——❖

1568年9月24日，秋天，福尔克沃从马德里给凯瑟琳·德·美第奇写了封急信，解释了伊丽莎白·德·瓦卢瓦最近一次生病的惊人细节——这场病最终杀死了她和腹中胎儿。同一天在英格兰，苏格兰女王玛丽给伊丽莎白·德·瓦卢瓦写了封信。在对伊丽莎白·都铎失去信心之后，玛丽女王又想起了童年时代的伊丽莎白，那个她曾经称为"妹妹"的年轻女子。[1]

在信的开头,玛丽女王向对方道歉。上次她给伊丽莎白写信已是近一年前的事,因为她被囚禁在利文湖堡,那里没有纸张和可靠的信使。玛丽女王感谢伊丽莎白,感谢天主教王后在她抵达英格兰后写来的"充满爱和安慰的信"。信使告诉她,伊丽莎白听到她的不幸遭遇后哭了。玛丽女王说:"我必须为此吻你的手。"

玛丽在信中脉脉含情地回顾她们永恒的友谊和青春时代。她急于恢复自己在腓力二世和夏尔九世心目中的形象,希望伊丽莎白能替她出面斡旋。对玛丽女王来说,与通奸和谋杀的指控一样使她痛苦的是有关她背弃天主教信仰的谣言。她还没从达恩利勋爵死前写给教皇的诽谤信造成的阴影中走出来,也无法否认她与博斯韦尔伯爵以新教方式举办婚礼的丑闻。她指望这段旧日友谊能拯救自己。

她还是个虔诚的天主教徒,玛丽女王向伊丽莎白驳斥那些针对她的诽谤。她下定决心要在混乱生活中明确目标,坚持认为自己来到坎伯兰后,能为教皇拯救英格兰。她没有意识到自己的主张十分荒谬:她承诺让苏格兰回归天主教已将近十年,却没能付诸实施。现在她却能承诺自己可以影响英格兰?

然而,玛丽写了很多信来说服自己和其他人。"我的灾难,"她对伊丽莎白说,"对基督教王国有利,因为我来到这个国家后已经明白,只要我有一点儿得到外国援助的希望,就可以改变当地人的信仰,甚至为此而死。整个(英格兰北部)地区都虔信天主教。"英格兰的伊丽莎白女王为此嫉妒,玛丽女王接着说,她的臣民里,无论是天主教徒还是新教徒都憎恶她。然而,玛丽已经赢得了"许多英格兰人的心"。如果有

---

[1] 7月,玛丽女王从卡莱尔堡搬到博尔顿堡,因为英格兰人认为前者太不安全了。

外来帮助,比如伊丽莎白·德·瓦卢瓦的帮助,她就能在英格兰团结天主教事业的支持者。

这种说法很危险。玛丽女王对英格兰王位的觊觎正是伊丽莎白·都铎的心头刺。多年后,英格兰女王会逐渐明白,玛丽女王在策划政变。但在1568年9月,玛丽女王写这封信更多是出于绝望,而不是出于恶意。伊丽莎白·都铎已经背叛了她。玛丽女王在黑暗中摸索,想给伊丽莎白·德·瓦卢瓦和西班牙一个营救自己的理由。

玛丽女王在信中恳求。她希望回到法兰西,但伊丽莎白·都铎不允许。她想望弥撒,但这也被英格兰女王禁止。她恳求伊丽莎白·德·瓦卢瓦向腓力二世和她的弟弟夏尔九世求情。作为交换,玛丽会把小詹姆斯王子送给西班牙:她重提伊丽莎白在孩子们刚出生时的建议,同意小詹姆斯娶伊丽莎白的长女伊莎贝尔。如果说伊丽莎白当时提出求婚只是一时兴起,那么现在玛丽女王要紧紧抓住这事不放。孩子们可以一起在西班牙宫廷长大,就像玛丽女王在结婚前和弗朗索瓦二世一起长大一样。伊丽莎白将代替玛丽女王照顾小詹姆斯。这个小男孩"太幸运了",他会受西班牙人监护,而不必再做奸诈的苏格兰贵族或伊丽莎白·都铎手中的棋子。[1]

"请为这次求婚保密,否则我就没命了。"玛丽女王警告说。她答应在另一封加密的信中向伊丽莎白详细解释一切,"否则会很危险"。最后,她提醒伊丽莎白她们曾经分享过的一切。"我必须感谢上帝,感谢上帝让我有幸与你一起度过美好童年。正如你向我展示的,这是我们牢不可破的友谊的源泉。但是,哎呀!如果我不能爱你、尊敬你,如果我无法

---

[1] 这个提议有点儿悲剧色彩。玛丽女王写信时,詹姆斯六世正由他的舅舅詹姆斯勋爵摄政。玛丽女王没有权力把这个小男孩送到西班牙,但她仍坚持做这个白日梦。直到1577年,她还罔顾詹姆斯六世的新教教育和他对她缺乏感情的现实,表达了对他娶西班牙公主的愿望。

实现毕生愿望为你服务,我将如何报答你的友谊呢?"

她签上名字,并加上一句:"你最卑微的姐姐,任凭驱使。"她知道自己的信必须经过一条隐秘而迂回的路线才能到达马德里。至少要一个星期才能到,甚至可能花两星期。

❖ ── ❖ ── ❖

玛丽女王满怀希望地给伊丽莎白·德·瓦卢瓦写信,用宗教的正义和友谊的温暖掩盖沮丧情绪。"我也是天主教女王,你的姐姐。我是你铲除英格兰异端的机会。"为了自救,玛丽女王采用了凯瑟琳·德·美第奇经常对伊丽莎白使用的策略,写下她希望这位朋友转致腓力二世的内容:"我在这里有盟友;英格兰女王不受爱戴。"这些都是老生常谈,大同小异,有相同主题——她在接下来的几个月里将为西班牙方面反复弹奏这些老调。

她的请求无人理睬。玛丽女王在英格兰被孤立,无法说服西班牙人来救自己。她只能做出光复天主教的承诺,但在这一点上她的信用受到质疑。腓力二世不会为一位被废的女王与伊丽莎白·都铎作对,而玛丽女王可能没意识到这一点。旧的政治仍在继续。腓力二世有多痛恨异端祸害,就有多依赖伊丽莎白·都铎在对抗法兰西帝国方面发挥的堡垒作用。

最后,这些都不重要了。伊丽莎白·德·瓦卢瓦在收到玛丽女王的信之前就已经去世了。如果伊丽莎白还活着,她会怎么做呢?天主教王后背叛过苏格兰女王一次。很久以后,当玛丽女王还被囚禁在英格兰时,她痛苦地回忆:"当洛林枢机主教……协商我与已故西班牙王子的婚事时,"凯瑟琳·德·美第奇试图拆散这桩婚事,"一直在反对她的善意"。凯瑟琳虚伪,不值得信任,除非对自己有利或有用,从来"见不得任何人好"。玛丽女王从未提及伊丽莎白在阻止她与唐·卡洛斯婚事的母女计谋中扮演的角色。她很可能不知道,或者她只是原谅了。她也一度对家人唯命是从。

伊丽莎白·德·瓦卢瓦写给被囚禁的玛丽·斯图亚特的信可能表达了真诚的关切。伊丽莎白对"姐姐"怀有美好回忆,无疑为朋友的痛苦而难过。这样的友谊诞生于小育儿院,这种纽带本应维系一生,然而没有什么能抗衡伊丽莎白作为王后的忠诚。在二者隶属的统治地位和经济等级中,玛丽女王的地位和价值较低。伊丽莎白绝不会为苏格兰女王背叛西班牙和法兰西,违抗丈夫和母亲的命令。而且凯瑟琳自己也逐渐意识到,伊丽莎白已经开始接受西班牙及其政见。天主教王后现在名实相副。

这才是玛丽女王写给伊丽莎白·德·瓦卢瓦最后一封信的真正悲哀所在:不在于伊丽莎白没能读到朋友的信就去世了,而在于即便伊丽莎白收到了信,也不会再为玛丽女王做什么了。也许是屈从于凯瑟琳和腓力二世的意愿,同时遵从自己的天主教信仰,她根本不愿做什么。

❖——❖——❖

秋天来了。一年多来,伦诺克斯伯爵为了给儿子达恩利勋爵报仇,煞费苦心地搜集证据。1568年10月,应伊丽莎白女王的命令,约克成立了英格兰委员会,搜集对苏格兰女王玛丽不利的证据。在那里,莫顿伯爵和詹姆斯勋爵、莫拉伊伯爵兼苏格兰摄政王证实"箱中信"的确存在。

此时在博尔顿城堡,当玛丽女王得知伊丽莎白·德·瓦卢瓦去世的消息时,她正在给西班牙驻法兰西大使弗朗塞斯·德·阿拉瓦写另一封信。那天是11月3日,距她给西班牙王后写信有六个星期。噩耗击垮了玛丽女王。现在谁会来救她呢?

玛丽女王把全部希望寄托在天主教王后身上。"我对她非常有信心。"玛丽女王对阿拉瓦说，"我毫不怀疑她会站在我这一边，驳斥这些诬告，并向国王——她的主人和丈夫保证我对他和古老宗教的忠诚。"这希望随伊丽莎白之死而破灭了。

玛丽女王给腓力二世写了第二封信。"她是我在这个世界上最好的妹妹和朋友。一想到她的死，我的心就在流泪。然而我会永远铭记对她的爱。"

玛丽的信有政治目的：也许腓力二世知道玛丽女王有多爱伊丽莎白之后，就会同情她的困境。在某种程度上，玛丽女王甚至在伊丽莎白死后还在利用她。尽管如此，她的悲伤应该还是发自内心的。

玛丽女王被囚禁在英格兰的监狱里，失去了王冠、孩子、名誉和法兰西的亲人，怎能不为伊丽莎白哭泣呢？伊丽莎白仍然生活在玛丽女王对美好时光的记忆中，也是对法兰西平安和辉煌的记忆中。那是自很久以前飘向现在的她的苦乐参半的景象，仿佛来自完全不同的生活、完全不同的世界的记忆。

10
女儿的爱
1568年,西班牙和法兰西

凯瑟琳过了两个多星期才听到伊丽莎白·德·瓦卢瓦去世的消息。不知为何,福尔克沃的信使被耽搁了,包括9月24日通知凯瑟琳伊丽莎白健康状况恶化和10月伊丽莎白去世当天写的信。秋天的天气仍然适合旅行,但信使必须从马德里到巴黎,沿着一条漫长而迂回的邮路越过危险的山口。福尔克沃的信使中至少有一人死在了路上,信件也丢失了。一般来说,信件会在一周内送到法兰西。但这一次,福尔克沃于9月24日和10月3日发出的信直到10月18日才送到巴黎。

那天之前,凯瑟琳对此尚且一无所知。她坐在桌前,给伊丽莎白写了一封信,报告法兰西和国外不断升级的紧张局势的最新情况。法兰西王室军队击败了西部昂古莱姆附近的新教徒,夷平了普罗旺斯支持孔戴亲王的村庄。夏尔九世和凯瑟琳派法兰西军队前往佛兰德斯,阿尔瓦公爵在那里奋力击退新教叛军。凯瑟琳希望联合法兰西和西班牙血脉的王子可以诞生,吓得这两国叛军投降。她在结尾处写道:"上帝保佑,你会很快给我们带来好消息,你会生个漂亮的男孩。"

凯瑟琳对西班牙迟迟没送来消息感到奇怪。她既没收到福尔克沃的信,也没收到女儿的信,就在两天前,她还派信使到西班牙去打听。她知道孩子即将出生,也许已经出生了。为什么大使没有写信来?写完给伊丽莎白的信后，凯瑟琳又抽出信纸，像往常一样，写了封一模一样的信给福尔克沃。

凯瑟琳刚签完名，信使就送来了福尔克沃9月24日寄出的信。这封迟来的信上说伊丽莎白健康状况不佳，这让凯瑟琳更加惊恐。她在给福尔克沃的信上潦草地加上附言："我们马上以最快的速度派去这个信使。""我请求你把我的女儿，也就是王后的健康情况告诉我。"她一边写，一边努力让自己平静下来。"你的信使告诉我，她的健康状况良好。然而得知她不舒服，我很不高兴，而且我现在有些担心，我希望你能澄清一下情况。就让这个信使把信带给我。"

几分钟后，她给腓力二世写了张简短的便条。"我听说王后，也就是您的妻子，身体很不舒服，"她说，"她吃了太多零食，躺得太久，又没有锻炼，因此才会得病。"她提出了一连串的建议。只在晚餐吃肉。一天两餐，如果伊丽莎白饿了，两餐之间只吃面包。不要暴食。凯瑟琳恳求腓力二世制止伊丽莎白的过分行为，以免病情加重。她告诉他，她要亲自给伊丽莎白写信。

毫无疑问，她确实打算给女儿写信。然而就算她寄出了那封信，它也已经丢失了，或许她根本就没有机会写信。因为第二天，凯瑟琳就得知伊丽莎白去世了。

❖──❖──❖

福尔克沃意识到自己面临的任务十分艰巨。怎样才能告诉法兰西王太后，她心爱的女儿已经不在了呢？他艰难地写信，真希望自己身在别处，而不是在书桌旁。"夫人，我多么希望我们的主没有命我写下这个可怕的消息，我现在必须马上给您写信，告诉您这个可怕的消息，即使我要为此付出生命的代价也可以。"他开始写，"或者我希望不是我，而是另一位仆人跟您讲这些事。"福尔克沃为王太后讲述情况,但对这位年轻女子的痛苦细节避而不谈,只描述可能安慰到凯瑟琳的情景。

福尔克沃在信上签字盖章后,把它和其他寄往巴黎的信件和报告放在外交邮袋里。威尼斯驻法兰西大使讲述了接下来发生的事情。这封信终于在10月18日到达了卢浮宫——不是直接寄给凯瑟琳,而是按惯例寄给她的某位秘书。秘书打开封条,浏览信件,然后从桌旁起身。

那个倒霉的秘书没有勇气把消息转达给凯瑟琳,只好通知了波旁枢机主教和洛林枢机主教,认为他们是侍奉上帝的人,又与王室如此亲近,比较适合把这个悲伤的消息告诉王太后。没人想当报丧的信使。法兰西枢机主教们把福尔克沃的信压在手里整整一天,考虑该怎么办。

第二天早上,他们去见西班牙大使阿拉瓦,但西班牙人恭恭敬敬地拒绝了这个任务,不愿意"承担一个可能之后会使他们的国王和王太后厌恶自己的任务"。最后,枢机主教们主动去找夏尔九世。那天是10月19日。

年轻的国王带着两位枢机主教和几位御前议会成员来见凯瑟琳。威尼斯使者写道,夏尔九世介绍情况时,凯瑟琳眼中噙满泪水。然后她一句话也没说,独自回到房间里。

几个小时后,她又突然出现在夏尔九世和顾问们议事的厅堂里。"上帝已经带走了我所有的希望,"她说,"我只从上帝手中等待安慰和帮助。我会擦干眼泪,独自捍卫国王,捍卫我的儿子,捍卫上帝。你们每个人都要像我一样去做,这样胡格诺派教徒就不会因为我女儿的死而高兴得太早。也不要让他们相信,连接两国王冠的纽带会因此而断裂。"

我们不知道凯瑟琳在那几个小时里的心理活动。但是,面对一次次的绝望境地,她的政治责任感一如既往地压倒了情感。工作,和她对王国的承诺,是凯瑟琳前进的方向。

她已经做出了决定。"西班牙国王不可能永远鳏居，"她对夏尔九世和顾问们宣布，"我只有一个愿望，希望我的女儿玛戈特能嫁给他，接替她姐姐的位置。"

✤——✤——✤

在接下来的几个星期里，凯瑟琳似乎没给自己留下任何悲伤的空间。即便是女儿的死也不会阻碍国事，尤其是处于战争状态的王国的国事。凯瑟琳每天都完成她的日常工作，执行礼节规定的仪式。她命令宫廷哀悼，并用黑色面纱遮住泪痕斑斑的脸颊。按照外交上的要求，她派了官方吊唁使节前去与腓力二世国王一起哀悼。朋友和使节从四面八方赶来，和她一起哀悼。她读了来自西班牙贵族和贵妇的吊唁信，向她保证伊丽莎白死时很安详，是基督徒能拥有的最好结局。他们说，她虽死犹生。

然而，大家都看得出她有多悲痛。凯瑟琳的女儿克洛德担心母亲的健康，试图安慰她，敦促母亲把眼光放长远。现在她幸存的孩子和王国比以往任何时候都需要她。"您还有五个孩子活着，"克洛德写道，"失去您，我们就会失去一切。这个可怜的王国也是如此，它正遭受折磨。但在上帝和您的帮助下，夫人，它很快就会恢复平静。"

凯瑟琳为外孙女们哭泣，恳求胡安娜王妃照顾她们。在接下来的几个星期里，孩子们被托付给了她们母亲生前最喜欢的艺术家和侍女索福尼斯巴·安圭索拉。据乌尔比诺宫廷的使者说，伊丽莎白的死让索福尼斯巴悲痛欲绝，"不想再活下去了"。然而，她同意留在西班牙照顾婴儿，做她们的启蒙老师。在接下来的五年里，这两位小公主将由索福尼斯巴照顾，直到她回意大利结婚。

直到11月13日，凯瑟琳才打起精神给腓力二世写信。她对国王说：

"我失去女儿后如此悲痛,陛下必须原谅我没有早点儿写信安慰您,这本是合情合理的。"凯瑟琳在给教皇庇护五世的信中写道,上帝的心意难测。受苦不就是上帝爱我们的表示吗?也许现在上帝"会满足于我在过去的十年中经历的那么多悲伤和痛苦,以及最近最可怕的那件事——失去我的女儿"。"我不知道失去她的帮助该怎么活下去,"凯瑟琳补充说,"不仅因为我作为母亲的感情,还因为我相信她为上帝和整个基督教世界做出了贡献。"能成为这样一个孩子的母亲是多么幸运啊。"能生下这样一位公主,我觉得自己很幸运。知道她死时是个虔诚的天主教徒,我感到很欣慰。我感谢上帝赐予她这样的恩典。"

作为母亲,凯瑟琳很悲痛。女儿很少固执、考验她的耐心。如果伊丽莎白能活得更久,能看到法兰西内战将给国家造成的损失,她就可能完全赞同丈夫的严格政策,而不是母亲的和解策略。法兰西内战将会走向何方?遗憾的是伊丽莎白并未走到这一步。不知是环境使然还是天然的亲近感作祟,伊丽莎白成了凯瑟琳的盟友和知己。凯瑟琳是个控制欲极强的母亲。她利用母爱,有时也抑制母爱,来确保伊丽莎白顺从。同时,她对女儿的爱深切而真挚。凯瑟琳相信伊丽莎白理解她。伊丽莎白死后,她的担子更重了。

作为王太后,凯瑟琳很悲痛。政治损失无法估量。凯瑟琳告诉腓力二世,她深切哀悼女儿,出于她作为母亲的悲伤,也出于她知道伊丽莎白一直在为维护两国之间的"和平与友谊"而努力。两国的友谊现在会怎样?

她会尽最大努力维护联盟。身为鳏夫的腓力二世仍然需要男性继承人。当然,他很快就会再婚。虽然她觉得玛戈特有希望,但凯瑟琳怀疑腓力二世盯上了他自己的外甥女,奥地利的安娜,这个年轻的女孩是凯瑟琳梦寐以求的儿媳。安娜现在是欧洲最受欢迎的新娘。1568年秋,年仅十八岁的她是哈布斯堡公主,父亲是神圣罗马帝国皇帝,母亲来自西班牙哈布斯堡家族。面带稚气、头发淡黄的安娜不像伊丽莎白·都铎那样有新教信仰的污点,也不像玛丽·斯图亚特那样曾经闺誉有瑕。安娜生来就是丈夫的助手,是没有王位压力的王后。如果腓力二世娶了安娜,那夏尔九世还能娶谁呢?即使在哀悼期间,凯瑟琳也要考虑儿子的需求。

她给福尔克沃写了一封亲切而坚定的信,她忠实的仆人在马德里苦苦等待她的指示。伊丽莎白之死令这位使节悲恸欲绝,他要求凯瑟琳提前结束他的使命,他写道:"在我的任期内,我从已故女王,也就是您的女儿那里得到了那么多荣誉和恩惠,在这里再待下去会让我感到非常悲伤。"但凯瑟琳坚持让福尔克沃在西班牙再待一段时间。他了解那里的局势,老练而谨慎。她需要福尔克沃了解腓力二世对婚姻问题的看法,这样她才能维护两国关系。她写道:"您要满足我的王儿,您必须为此振作精神。"她的意思是,要坚强,毕竟还有许多工作要做。

❖ — ❖ — ❖

对伊丽莎白的悼念并没有随着葬礼结束而结束。整整九天,马德里所有教堂都唱着安魂弥撒。腓力二世在告解神父和鲁伊·戈麦斯的陪同下,退居市中心的圣热罗尼莫修道院。在那里,他大部分时间独自哀悼,每天望两次弥撒。

作家们磨尖了羽毛笔。印刷工人在字模上涂满墨水,然后拉动印刷机。就像王室婚礼一样,王后之死也是国家宣传的机会。介绍伊丽莎白葬礼的官方小册子摆满马德里的书摊。这些小册子被翻译成法语、意大利语和拉丁语(都是正派天主教徒的语言),跨越国界,传颂这位天主教王后堪称典范的一生。

法兰西人有自己的纪念方式。伊丽莎白去世一年后,在巴黎印刷的《最高贵、最有权势、最虔诚的法兰西公主、西班牙王后伊丽莎白夫人的墓志铭》(*The Tomb of the most high and mighty, the most Catholic princess Madame Elisabeth of France, Queen of Spain*)用法语、西班牙语,以及受人尊敬的希伯来语、希腊语和拉丁语歌颂伊丽莎白,仿佛西班牙王后跨越了所有新旧界限。诗人安托万·德·贝夫写道,她是"国王之女、国王之姊和国王之妻",是"甜蜜的香膏"和"虔诚的花",作为"和平与神圣联盟的赌注"在两国之间奔走。另一位诗人则用更黑暗的文笔,说死神"把正值青春的她掳走"。还有用伊丽莎白口吻创作的诗歌(这在16世纪很常见)试图诠释她为什么离去。"我希望和我天上的丈夫在一起——"一首十四行诗写道,仿佛伊丽莎白在坟墓里讲话。现在,她要代表她在地上的凡人家庭与另一位王、她的主和救主请求。"我恳求全能的上帝将胜利与和平一起降下"给她丈夫和弟弟的王国。他们饱受内战折磨,几乎"失去了所有希望"。她离开,希望拯救所有人。

还有人则黯自神伤,在只与朋友分享的小诗中抒发哀痛。布朗托姆就写过这样的墓志铭。他一直很钦佩伊丽莎白,知道她对自己有多友善,知道在自己驻西班牙期间她是多么热情慷慨。布朗托姆的诗在他自己死后才发表。

> 在这块大理石下面长眠着法兰西的伊丽莎白,
> 她曾经是西班牙王后,也是基督教和天主教的
> 和平王后。美丽的她
> 为我们大家服务。现在她高贵的遗体
> 在泥土之下凋零,
> 留给我们的只有邪恶、麻烦和战争。

对伊丽莎白死亡预示的前景,他感到绝望。

❖ —— ❖ —— ❖

伊丽莎白去世当天,在给凯瑟琳写信时福尔克沃就明白了摆在他面前的微妙任务。他写在纸上的话有着不可估量的重要性。他尽力用词温和,因为他知道自己传达的信息很残酷。但福尔克沃仍然是凯瑟琳忠实的仆人。即使是在传达最坏的消息时,他也希望能提供帮助。

大使告诉凯瑟琳,伊丽莎白临终的最后一句遗言不是留给她丈夫的,而是留给母亲的。当福尔克沃来到垂死王后的床边时,伊丽莎白睁开眼睛。"她突然认出了我,对我说:'大使先生,您看,我即将离开这个悲惨的世界,去一个更快乐的王国,我希望在那里与上帝一起享受永恒的荣耀。我恳求您,请求母后和王弟,坦然接受我的死亡,让他们知道我现在很满足,比世界上任何人都快乐地走向我的造物主,并为此高兴。在那里,我希望能更好地为他们服务。我将为他们、我的弟弟们以及那个妹妹祈祷,愿上帝永远保护他们。[1] 请您以我的名义请求他们消灭王国里的异端。我现在祈祷,并将永远向上帝祈祷,为他们指明道路。让他们坦然接受我的死亡,并且知道我死而无憾。'"

在生命的最后时刻,伊丽莎白仍然心系两个王国。福尔克沃讲述了一个关于女儿的爱与顺从的感人故事。这是和平王后的最后遗言,她是西班牙的天主教王后,她在忠于丈夫和孝顺母亲之间取得了平衡。

最终,福尔克沃信中的某些内容会公之于众。官方悼词借用了他的几段话来叙述伊丽莎白的典范结局。但大使写这封信时心里只想着凯瑟

---

[1] 伊丽莎白用单数来称呼她的"妹妹",专指玛戈特。她的大妹妹克洛德还健在,但结了婚,有自己的孩子,生活已经安定下来。伊丽莎白想到了自己的弟弟和妹妹,他们仍然很脆弱,需要上帝的保护和凯瑟琳的指导。

琳。作为王太后，凯特琳希望伊丽莎白的故事可以众所周知；作为母亲，她也需要福尔克沃为自己讲述这些故事，这样她就可以继续做王太后该做的工作。这是他对母女俩最后的服务，也是他的告别礼物。

尾声

在最后时光里，玛丽女王多数时候想的都是法兰西。

1587年2月8日凌晨，玛丽·斯图亚特坐在写字台前，拿出一张法兰西造的精美纸张。四十四岁的她已被监禁了半辈子。她在英格兰被软禁了近二十年，大部分时间由施鲁斯伯里伯爵和他的妻子哈德威克的贝丝看守。去年10月，看守人将她转移到北安普敦郡的福泽林盖堡接受审判。现在是寒冷的冬夜，玛丽仍然在福泽林盖，无法入睡。那是凌晨两点左右。她的死刑定于当天晚些时候执行。

她因1586年的"巴宾顿阴谋"（Babington Plot）被捕。在西班牙的支持下，由英格兰信奉天主教的贵族安东尼·巴宾顿领导的一伙人发誓要刺杀伊丽莎白·都铎，扶玛丽·斯图亚特登上英格兰王位，这是让英格兰重回教皇座下的一系列行动中的第一步。若行刺成功，西班牙随后将全面入侵英格兰。面对横扫欧洲大陆的新教势力，腓力二世早在几年前就不支持伊丽莎白·都铎了。

玛丽女王积极参与了这个阴谋吗？7月17日，苏格兰女王给安东尼·巴宾顿写了封决定她命运的信。玛丽女王列出了营救自己的三种方法，并建议巴宾顿"让这六位先生行动起来"——这是个暗语，意为继续执行刺杀计划。玛丽女王没有意识到伊丽莎白·都铎的王牌间谍、诡计多端的弗兰西斯·沃尔辛厄姆爵士精心策划，设法截获了她的所有信件，其中涉及几个双面间谍和一位为玛丽和她仆人供应啤酒的酿酒师。沃尔辛厄姆爵士知道巴宾顿阴谋的每个细节，甚至比某些密谋者自己知道的还要早。玛丽女王写给倒霉的巴宾顿的信落入间谍头子手中。沃尔辛厄姆爵士终于有了指控苏格兰女王的证据。

1586年10月，玛丽女王在福泽林盖堡接受审判。陪审团由三十名贵族组成，除一人外，其他人都认为她有罪。

玛丽女王坐在书桌前，拿起羽毛笔开始写信。她的最后一封信不是写给伊丽莎白女王，也不是写给她的儿子苏格兰国王詹姆斯六世，而是写给法兰西国王亨利三世。他曾是她的盟友、朋友和小叔子。她用清晰的草体字，宣称自己没有背叛伊丽莎白·都铎。她忠于天主教信仰。她提醒亨利三世国王：小时候，他就像爱姐姐一样爱她。她请他为她祈祷，她曾经是"最有基督教徒品格的女王……死的时候是被剥夺了一切的天主教徒"。

玛丽女王希望能回到家乡，这不太可能。她在给亨利三世的信中写道："我死后，我无法使遗体如我所愿送到您的王国，在那里我曾有幸成为您哥哥的王后、姐姐和老盟友。"她一如既往地签上"玛丽"。

那天早上大约十点，当着三百人的面，她的头在福泽林盖城堡大厅里的断头台上被斩下。刽子手全力砍了两下，又迅速劈了一斧子，才完成了这项工作。

就在玛丽写完信的几小时后，这封信就被医生悉心保管并带出了她的房间。一个月后，消息传到了法兰西宫廷。3月8日，凯瑟琳·德·美第奇在给德·贝利埃弗尔先生的信中写道："在这悲惨的时刻，在所有困扰着我的烦恼中，苏格兰女王，我的儿媳受到的残酷对待，使我尤为痛苦。昨天我得知这个消息时大为震惊。"实在令人愤慨。她的儿子亨利三世国王于去年10月代表玛丽女王派特使前往英格兰，凯瑟琳也亲自给伊丽莎白·都铎写了几封信为玛丽女王辩护,但都无济于事。

然而,凯瑟琳担心的样子是装出来的,她对与玛丽·斯图亚特有关的许多事情都报以这样的态度。她写给玛丽·斯图亚特的话最终是要给别人看的。事实上,玛丽去世的谣言早在整整一个星期前就传到她耳中了。

"你知道苏格兰女王的事了吧。"3月1日,她曾向那位德·贝利埃弗尔先生吐露过实情。那条笔迹潦草的附言中,她的语气与其说是震惊,不如说是算计。"我要写个便条……去查明这是不是真的。"

❖ —— ❖ —— ❖

的确,痛苦确实折磨着凯瑟琳。她掌舵的这艘大船前路未卜。1574年夏尔九世去世后,她最宠爱的儿子继承了法兰西王位,称亨利三世国王。自1575年结婚以来,亨利三世和妻子路易斯·德·洛林(国王在吉斯家族的表妹)就一直努力生育,但徒劳无功。

凯瑟琳一直努力,要结一门有利于法兰西的婚事。1579年,王太后为英格兰女王伊丽莎白和自己的幼子、二十四岁的安茹公爵弗朗索瓦、法兰西王位的推定继承人议婚。1579年,伊丽莎白女王认真考虑了这位后来被称为"法兰西配偶"的求婚者。伊丽莎白女王急于鼓励荷兰新教徒反抗天主教王国西班牙(她欣然资助了这次叛乱),并炫耀英格兰的实力。她敢打赌,一旦自己与法兰西联姻,对腓力二世来说就是个威胁。

凯瑟琳·德·美第奇也想恐吓自己的前女婿。到1579年,西班牙已成为法兰西的敌人。没有伊丽莎白·德·瓦卢瓦居中调停,虚伪的联盟破裂了。西班牙人毫不掩饰对保守的法兰西天主教徒的支持——这些天主教徒既反对法兰西新教徒,又反对国王的和解政策。至于法兰西,一部分贵族还记得与西班牙之间由来已久的竞争。他们的仇恨是与生俱来的,在伊丽莎白·德·瓦卢瓦死后,仇恨很容易被再次点燃。

对凯瑟琳来说,与西班牙的对抗几乎变成了私人恩怨。十年前,也就是1570年,腓力二世放弃她的亲生女儿玛戈特,娶了自己姓哈布斯堡的外甥女奥地利的安娜。这个年轻的女子是凯瑟琳梦寐以求为儿子夏尔九世娶得的新娘。此外,在那一年的6月,凯瑟琳发现西班牙使节尚托奈(当时驻德意志)公开吹嘘,他早就知道伊丽莎白·德·瓦卢瓦活不长,于是成功地将奥地利的安娜和夏尔九世的婚事拖延了五六年。凯瑟琳一向瞧不起尚托奈,他竟然预测她女儿的死亡,这是她无法忍受的。为了报复,凯瑟琳给"腓力二世出于嫉妒才毒死唐·卡洛斯和伊丽莎白"的传言煽风点火。这个故事只会煽动法兰西人的反西班牙情绪。人们记忆中的伊丽莎白·德·瓦卢瓦成为互相诽谤的工具,而这场口水战越来越露骨。

除了政治之外,凯瑟琳·德·美第奇和伊丽莎白·都铎都怀着个人的算计,希望法英联姻能成真。凯瑟琳为儿子们野心勃勃地制订计划,希望看到弗朗索瓦加冕为英格兰国王。她也想看到他安定下来。弗朗索瓦是幼子,性格叛逆狂野,尽管信仰天主教,却渴望帮助荷兰人对抗西班牙人。凯瑟琳担心他在荷兰惹是生非,想把这个年轻人置于伊丽莎白的控制之下。

至于伊丽莎白·都铎,她已经四十多岁了。如果她希望结婚生子,安茹公爵弗朗索瓦就是她最后的机会。

他于1579年8月抵达英格兰海岸,成为唯一能面见伊丽莎白女王的求婚者。尽管他们的年龄相差二十岁,伊丽莎白还是觉得弗朗索瓦很迷人,于是设法迷住他。

她真的会嫁给他吗?英格兰人强烈反对,可能担心她真这么做。令伊丽莎白吃惊的是,排外情绪和宗教仇恨爆发了。英格兰人无论贵贱都讨厌女王嫁给外国人。英格兰新教徒尤其无法原谅法兰西王室在圣巴塞洛缪日进行的大屠杀,这一暴行发生在七年前的1572年,曾惹怒了全欧洲的新教徒。

❖——❖——❖

1572年整个炎热的夏天,巴黎的宗教矛盾被激化了。那年的8月特别炎热,巴黎的喧嚣为天气火上浇油。巴黎是法兰西最坚定的天主教城市。当新教徒成群结队地前来观看玛戈特公主与纳瓦拉的血亲王孙第一顺位安托万·德·波旁(安托万·德·波旁和让娜·德·阿尔布雷之子)的婚礼时,首都的气氛逐渐紧张。凯瑟琳·德·美第奇策划这场婚礼是为了在三次内战后调和法兰西新教和天主教派系间的矛盾:妥协与和解仍然是她的策略。然而,巴黎人并不认同她的观点。街上和旅馆里挤满了外地人,大街小巷无不气氛紧张。

婚礼于8月18日举行。22日,加斯帕尔·德·科利尼上将在王宫开完会回到住处时,听到一声枪响。他的手腕偶然一挥,子弹打偏了,科利尼设法逃回住处,虽然受了伤,但还活着。大多数历史学家认为,是吉斯家族雇用了这名刺客,来为1561年吉斯公爵之死与科利尼结下的宿怨报仇。但没人知道是谁安排了这次暗杀。

两天后,也就是8月24日,年轻的吉斯公爵和追随者出现在科利尼的房间里,完成了暗杀工作。这些年轻人把科利尼的尸体从窗户扔到街上,拖着尸体穿过街道,扔进塞纳河,然后再打捞出来。他们砍下尸体的头挑在长矛上。

似乎没人能预料到接下来发生的事。暗杀刺激了暴民,连吉斯公爵都惊讶于他们的反应。接下来有成千上万的新教徒死于长矛、刀剑和匕首之下。他们被推下屋顶和窗户、被闷死在床上、被淹死在塞纳河中。天主教徒杀害新教徒。法兰西人既杀害本国同胞,也杀害外国人。邻居谋杀邻居,用宗教矛盾作借口来了结旧怨。孕妇被刺伤或勒死。儿童也未能幸免。杀戮开始于圣巴塞洛缪日前夕。骚乱持续了至少四天,国王才平息了暴力事件。

胡格诺派教徒将大屠杀归咎于法兰西王室。他们说,很久以前凯瑟琳·德·美第奇和伊丽莎白·德·瓦卢瓦在巴约讷的家庭聚会孕育了这个邪恶的计划。伊丽莎白·都铎把怒气发泄在玛丽·斯图亚特身上——当时后者还是她的囚犯。在圣巴塞洛缪日之后,苏格兰女王的随从减少到九名。

✧——✧——✧

然而在1579年,伊丽莎白女王罔顾对她教友的残酷屠杀,考虑与法兰西信奉天主教的王子结婚。英格兰人不允许这种事情发生。枢密院议员克里斯多夫·哈顿委托人创作了伊丽莎白女王手持筛子(守护罗马维斯塔神庙贞女的象征)的著名肖像画,似乎在提醒女王保持贞洁。著名的诗人、军人、朝臣菲利普·西德尼公开传播一封信,信中称凯瑟琳·德·美第奇是"我们时代的耶洗别"。约翰·斯塔布斯在《辽阔海湾》(*Gaping Gulf*)一书中将凯瑟琳·德·美第奇称为"阴险的法兰西王太后",同时指出伊丽莎白女王年纪大了,分娩会危及她的生命。她已经四十六岁了。伊丽莎白女王决定报复。斯塔布斯在断头台上失去了右手。

但是,许多英格兰臣民都同意斯塔布斯的看法,伊丽莎白女王自己也开始犹豫。1581年,"法兰西配偶"成败终见分晓——弗朗索瓦再次乘船前往英格兰,伊丽莎白女王给了他一枚戒指和一个吻,并承诺待他如"兄弟和朋友"。他很失望。她未来会想起他,并为此难过。

1584年,弗朗索瓦病逝于巴黎,他在荷兰的事业也以灾难告终。伊丽莎白女王十分悲痛,给凯瑟琳写了慰问信,她煞费苦心地斟酌用词,直到语气恰到好处。她与凯瑟琳同悲,但她对王太后说:"您的悲伤……不可能比我强烈。因为您除了这个儿子,也还有其他几个儿子。但对我来说,除了死亡,我找不到任何安慰,我希望死亡能让我们很快团聚。"她的愿望落空了。伊丽莎白女王又安然无恙地活了十九年。

伊丽莎白女王拒绝了安茹公爵,从此永远拒绝了婚姻。她躲开了伊丽莎白·德·瓦卢瓦王后和玛丽·斯图亚特女王的命运,躲开了"出嫁从夫"的陷阱,躲开了分娩的危险。未婚的她巩固女王权威,把自己变成人民的母亲、一位只忠于英格兰的君主。她持久的统治更像是一种讽刺:她之所以能成功当上女王,是因为她无视世俗对王室女性的要求。但代价是什么呢?就像她的姐姐玛丽·都铎一样,伊丽莎白去世时留下一个没有继承人的王国。都铎王朝和她父亲亨利八世的血脉与世系在她身上终结。

就像那个被丈夫腓力二世遗弃的姐姐一样,伊丽莎白女王也将保持独身生活。

❖ ── ❖ ── ❖

她们是同一枚硬币的两面,是两个幸存者:凯瑟琳·德·美第奇和伊丽莎白·都铎。王后和君王,母亲和处女。凯瑟琳蒙着黑色面纱;伊丽莎白·都铎戴着如波浪般起伏的皱领,周围是对她贞操的与日俱增的崇拜。在与法兰西议婚失败后的十年里,伊丽莎白的臣民把她的童贞提升到了近乎神话的地位。在处决玛丽·斯图亚特和次年击败西班牙无敌舰队之后,英格兰人的民族自豪感高涨,兴起了围绕女王的肖像画和宣传产业。绘画颂扬伊丽莎白女王,将她与罗马的处女女神戴安娜和圣母马利亚一概而论。

1588年5月,由一百三十余艘船组成的西班牙舰队扬帆起航,驶向英格兰。西班牙人称为"远征英格兰"。8月底,六十七艘船返回西班牙,不到起航时船数的一半。有些返航的船只在战场上和暴风雨中严重受损,人们不得不用钢索把它们连接在一起。多达一万五千人死亡,其中五千人在最后阶段因船只在苏格兰和爱尔兰海岸沉没而丧生。英格兰海军战术更胜一筹(比如英格兰人能精明地部署火攻船),在击败西班牙"无敌舰队"时发挥了一定作用。但最重要的胜利因素仅仅是"偶然"。那是多年来最糟糕的航海季节之一,风暴对西班牙舰队而言,比英格兰海军的任何诡计都更有破坏力。对伊丽莎白女王和她兴高采烈的臣民来说,暴风雨无疑是上帝眷顾的标志。

腓力二世一想到这点就深感愤怒。"我希望上帝不会允许如此恶事发生,"他在一份令人特别难堪的灾难报告上潦草写道,"因为一切都为上帝服务。"但其他令人苦恼的报告很快就被送到他办公桌上。"很快我们就会觉得自己还不如从未出生。"腓力二世写道。

作于1588年的《无敌舰队肖像》(*Armada Portrait*)庆祝伊丽莎白女王成为世界女王。画像大于真人尺寸,她的斗篷、裙摆和紧身胸衣上都系着宽大的红丝带,有精致的蕾丝褶裥围在她脸周。这幅画中举目可见英格兰至高无上地位的象征。海浪拍打着背景中的西班牙船只,平和宁静的前景中,伊丽莎白女王抚摸着地球仪——全世界都无法满足腓力二世,但现在伊丽莎白女王把世界握在手中。画面的右下角有个小美人鱼雕像,可能源于达恩利勋爵死后流传的一本小册子,那本小册子把苏格兰女王玛丽描绘成通奸的塞壬。雕像的象征意义很明显:现在塞壬一动不动地坐在伊丽莎白女王手心里。

伊丽莎白女王脖子上戴着一串串闪闪发光的珍珠,有些"像肉豆蔻一样大"。这些珍珠是伊丽莎白女王统治欧洲诸君主和王后的又一象征吗?学者们想知道这些珍珠是否曾经属于玛丽·斯图亚特。如果是的

尾声

话,那它是不是凯瑟琳从意大利带来送给苏格兰女王作为结婚礼物的那些珍珠呢? 1568年,苏格兰摄政王詹姆斯勋爵急需现金,卖掉了被废黜的苏格兰女王的大部分珠宝,而伊丽莎白·都铎买下了这些珠宝。凯瑟琳·德·美第奇曾试图买回它们,但伊丽莎白女王出价更高。

伊丽莎白·都铎会以另一种方式获胜。这位英格兰女王比对手玛丽女王,以及与自己同名的伊丽莎白·德·瓦卢瓦活得更久,也比法兰西的对手凯瑟琳·德·美第奇活得更久。1589年1月,在西班牙无敌舰队战败一年后,凯瑟琳去世,享年六十九岁。伊丽莎白·都铎的寿命足够长,长得可以迎接新世纪的到来。她于1603年去世,同样是在六十九岁那年。直到去世她也没有指定继承人。信仰新教的议员努力确保英格兰王位传给信奉新教的苏格兰国王詹姆斯六世。那个与玛丽·斯图亚特疏远的儿子,将成为英格兰的詹姆斯一世。

❖ — ❖ — ❖

在生命的最后几年里,凯瑟琳与悲伤、疾病和即将到来的厄运作斗争。她所有的孩子几乎都去世了:女儿克洛德在1575年死于难产;弗朗索瓦在近十年后也去世了。凯瑟琳的十个孩子中,只有玛戈特和最宠爱的儿子亨利三世还在世。与此同时,法兰西陷入了近乎混乱的状态。

1584年的弗朗索瓦之死引发了王位继承危机,在王国内部激起新的敌意。国王亨利三世和他的王后仍然无嗣,血亲王孙的第一顺位、凯瑟琳信奉新教的女婿、纳瓦拉国王亨利·德·波旁成为王储。为应对这种情况,法兰西的极端天主教信徒组成天主教联盟,由最新一代吉斯家族的男人领导,其核心人物是安妮·德·埃斯特的长子吉斯公爵。1584年,该联盟和吉斯家族通过《茹安维尔条约》(*Treaty of Joinville*)获得了西班牙国王腓力二世的支持。

天主教联盟迅速发展壮大，亨利三世国王也要向他们让步：1585年，他签署《内穆尔和约》(Peace of Nemours)，禁止在法兰西信奉新教，并剥夺了信奉新教的纳瓦拉国王的王位继承权，为吉斯家族安插自己的候选人铺平道路。然而，这些让步并没有能使联盟满意，也没有使亨利三世国王重获业已大失的民心，更没有使战争的威胁消失。相反，暴力威胁重新燃起——胡格诺派惊慌失措，重新集结军队，寻求伊丽莎白·都铎的帮助。

在生命的最后几年里，凯瑟琳眼睁睁地看着儿子的权威逐渐消失：新教徒团结在纳瓦拉国王周围，天主教徒则纷纷涌向富有魅力的吉斯公爵及其亲戚。1588年5月12日，巴黎天主教徒在全城竖起路障支持吉斯公爵，让国王颜面尽失。公爵大步穿过街道，试图代表国王安抚暴民，人们不由自主地高喊"吉斯万岁！"而不是"吾王万岁！"。公爵虽然告诫人民不要如此，但他知道巴黎人拥戴自己。从那一刻起，亨利三世国王开始策划他的报复行动。

在生命的最后几个月里，凯瑟琳疾病缠身，无法进入儿子的议事厅。但她在病床上工作，让秘书们坐在床尾，自己潦草地书写信件和报告。她患有多种疾病，慢性风湿病和痛风导致关节肿胀；持续咳嗽使肺部发炎；牙齿疼痛。12月8日，她从床上爬起来，参加次女克洛德的女儿、她心爱的外孙女克里斯蒂娜·德·洛林的订婚仪式。男方是凯瑟琳的远房堂亲，托斯卡纳大公费迪南德·德·美第奇。王太后为即将举行的婚礼高兴，并为这对未婚夫妇举办舞会。但在欢歌笑语中，她可能感到了一丝苦涩。王太后知道，克里斯蒂娜很快就会和新婚丈夫一起去佛罗伦萨，沿着很久以前十几岁的凯瑟琳走过的路回去。

在她所有的孙女中，凯瑟琳与克里斯蒂娜最为亲近。尽管王太后和伊丽莎白·德·瓦卢瓦的两个孩子伊莎贝尔·克拉拉·欧亨尼娅和卡塔利娜·米卡埃拉保持密切通信,但她从没见过这姐妹俩。与西班牙的表妹不同,克里斯蒂娜·德·洛林在法兰西宫中长大,常伴凯瑟琳左右。[1] 12月15日,凯瑟琳躺回病床上。有外交官指出,克里斯蒂娜即将离开的事实肯定会使王太后病情恶化。

12月下旬,最后一击到了:亨利三世国王策划了对吉斯公爵及其弟弟吉斯枢机主教的残忍谋杀。23日,吉斯公爵在亨利三世面前被暗杀,而其他几名吉斯家族成员也被逮捕。24日,枢机主教被从监狱里拖出来砍死,他的尸体后来和他哥哥的尸体一起被焚烧。谋杀发生后不久,亨利三世国王来到母亲的卧室,发现她躺在床上,有位医生在照料她。

"日安,夫人。请原谅我,"他说,"德·吉斯先生死了。再也不会有人提起他了。我让人杀了他。我早想杀他了。""我想当国王,"他接着说,"而不再是囚犯和奴隶。"凯瑟琳对儿子这番话的反应不得而知。

但在圣诞节那天,她陷入绝望。"啊,可怜的人!"据说她向一位神父吐露心声,"他做了什么?……为他祈祷吧,因为他比以往任何时候都更需要祈祷。我看见他奔向毁灭。我担心他会失去生命、灵魂和王国。"她再也没能康复。1589年1月4日,她开始发高烧。她在5日签署遗嘱,请来忏悔神父,然后领了圣餐。在吞下圣饼不久的下午一点半,她咽下了最后一口气。

在凯瑟琳去世后的几天里,信奉天主教的地方法官艾蒂安·帕基耶表达了对王太后的深切敬意。他对儿子说:"不可否认,她在命运的道路上表现得极为精明。""一位外国贵妇,在王夫死后,能懂得如何在法兰西种种乱象中,尤其是宗教矛盾中为三个(儿子)捍卫王位!而且他

---

[1] 克里斯蒂娜结婚时二十三岁。凯瑟琳同她在一起的时间比自己的任何一个女儿(也许除玛戈特之外)都多。继外祖母之后,克里斯蒂娜将成为佛罗伦萨政坛的主导力量。在丈夫和儿子去世后,她为孙子大公费迪南德二世出谋划策。她也是科学家和艺术家的重要赞助人。她最著名的受惠人是伽利略。

们还十分年幼,这些可都不是小事……最后,是她独自统筹国王与臣民的和解。如果传闻属实,她甚至在面对巨大悲伤的时候也能保持坚强,其中包括她大多数儿女去世的时候,比如克洛德以及悲惨离世的西班牙王后伊丽莎白……"[1]帕基耶为凯瑟琳的摄政生涯感动,为她写了一篇墓志铭。她死后,他觉得法兰西的希望很渺茫。

> 这位女士有一颗伟大的心,
> 来抵御仇恨和敌意的打击,
> 她单枪匹马,就能帮我们关闭困扰之门。
> 最后,她在主显节前夕去世了,
> 我担心她离世后,法兰西人民的平静生活
> 会消逝,王朝也会倾颓。

然而帕基耶知道,凯瑟琳的批评者质疑她的治国功绩和辉煌遗产。他写道:"他们声称,虽然她看似在法兰西四处救火,但实际上是她点燃了大火,然后又假装扑灭。"因为她有个根深蒂固的观念:一位王妃,尤其是外国王妃,只有在王公贵族之间挑拨不和才能保持自己的威严。已故的苏格兰女王在丈夫弗朗索瓦二世国王去世后回国时,就牢记了这一课。

❖ ── ❖ ── ❖

凯瑟琳的身后名声毁誉参半。在她生命的最后十五年里,批评者对她的抨击越来越激烈,指责她口是心非,不择手段。1572年圣巴塞洛缪

---

[1] 指谣传腓力二世导致伊丽莎白和唐·卡洛斯死亡。

日大屠杀使她永远受人诟病。这场杀戮是有计划的吗？凯瑟琳知道吗？在16世纪，没人能回答这些问题，现在也没人能回答。夏尔九世和王太后可能知道有这么个计划，但他们认为这个计划实施的目标有限，目的是要消灭胡格诺派的领导层。如果是这样的话，看来这个计划最后脱轨了，才酿成了悲剧。后来，凯瑟琳没能很好地解释整件事。这位讲故事的大师无法解释成千上万法兰西臣民被杀的原因。起初，夏尔九世声称自己与暴力事件无关。几天后，他命令使节改变说法，宣布自己战胜了法兰西的异端者。但是，主张妥协的凯瑟琳会赞成如此大规模的屠杀吗？

屠杀之后，她受到胡格诺派教徒以及所有憎恨和解政策的人的谴责。在日内瓦，自我流放的胡格诺派教徒弗朗索瓦·杜布瓦画了幅表现巴黎大屠杀的画。尸体散落于木板上，好像16世纪版本的《圣经》中描写的"屠杀无辜者"的场面。凯瑟琳戴着标明她寡妇身份的黑面纱，像死亡天使一样出现在尸堆后——尸体赤裸，皮肉已发灰。

宣传战开始了。1575—1576年，有本特别恶毒的小册子《惊人的对话》(*Marvellous Discourse*) 在欧洲以多种语言出版，重提一项尘封已久但从未被完全遗忘的指控。这本书指责说，凯瑟琳的背信弃义源于她的佛罗伦萨美第奇血统。人人都知道佛罗伦萨人是骗子和小偷，是意大利人中最坏的。至于美第奇家族，他们是"社会渣滓"的后裔，不过是靠诡计上位的商人。凯瑟琳"出身贫寒……只要还允许她执政，那么除了极度耻辱和彻底毁灭之外，法兰西贵族们别指望她能做出什么好事"。

这些说法会流传很长时间，然而凯瑟琳拒绝承认失败，坚忍不拔地继续工作。她完整阅读了《惊人的对话》，却拒绝找出并惩罚作者。法兰西王室的官方说法反而称她为"女英雄"。凯瑟琳是受人尊敬的"盛产杰出人物的美第奇家族"和"出身法兰西王室的马德莱娜·德·布洛涅"的后代，是王后中的佼佼者，是"所有王侯的榜样"。她是波旁人，她是王室成员。她是法兰西人。

独处时,凯瑟琳可能也会回顾往事,给自己讲述与《惊人的对话》完全不同的故事。圣巴塞洛缪日悲剧发生后,她命令画家们画了一系列手掌大小的精美肖像画,并将它们粘贴在弗朗索瓦一世国王很久以前送她的一本珍贵祈祷书上。在祈祷者中间,有弗朗索瓦二世和玛丽·斯图亚特;有夏尔九世和他的妻子奥地利的伊丽莎白;有凯瑟琳的丈夫亨利二世和公公弗朗索瓦一世;有女儿克洛德和她的孩子们——现在属于洛林家族;有她自己早已夭折的孩子路易、让娜和维克图瓦。身为纳瓦拉王后的玛戈特在她丈夫纳瓦拉的亨利身边。还有腓力二世双手合十祈祷,伊丽莎白·德·瓦卢瓦在他身旁。

这就是凯瑟琳建立的家庭。作为母亲,她远称不上破坏者,而是创造者。她是纽带,将伟大家族联系在一起,将各国联系在一起,也将法兰西旧贵族与新贵族联系在一起。

法兰西王国仍然需要凯瑟琳。事实上,在亨利三世的动荡统治时期,法兰西就比以往任何时候都更需要她。凯瑟琳以儿子的名义巡游全国,为和平休战谈判,甚至促成了亨利三世和纳瓦拉国王之间的短暂联盟——尽管没能持续多久。她感受到工作和年纪造成的压力。她的肌肉僵硬,坐骨神经痛发作。她放弃骑马,选择乘骡,因为骡子的步态更优雅。她永远不会将就乘坐轿子——她告诉朋友于泽斯公爵夫人轿子满足不了她,因为她喜欢"远行"。

有一次,在她为亨利三世国王出访的途中,瘟疫肆虐,鸟儿在飞行中途死亡,从天上掉下来。于是她改变路线,穿过"沼泽和大海之间"的道路,计划在帐篷里过两个晚上。"幕天席地,为我的国王服务。"凯瑟琳宣布。

当然,不管怎样,她还是要继续走下去。

致谢

她们的故事永不落幕。几个世纪以来，这些故事依然令人着迷，我们总有新角度来理解女性的历史，有新机会来重新讲述她们的事迹。

2023年1月，就在这本书付梓之际，一支由各国密码学家组成的团队透露，他们破解了苏格兰女王玛丽在16世纪70年代被囚禁在英格兰时使用的密码。几个世纪以来，这些加密信件一直存放在法国国家图书馆（Bibliothèque nationale de France）里。没人能读懂它们，甚至没人知道它们出自玛丽女王之手。现在，密码学家乔治·拉斯里（George Lasry）、诺伯特·比尔曼（Norbert Biermann）、友清理士（Satoshi Tomokiyo）与其他各国学者一起，整理、破译了其中五十多封信，并将它们翻译成明白易懂的法语，以便进一步研究。

就在密码学家们仔细研究加密信件时，麻省理工学院的一组研究人员有了另一个惊人发现。玛丽女王最后一封信是在她被处决的那天早上写给亨利三世的，她用"螺旋锁"锁住了这封信，即折叠信纸，把敏感内容用褶皱和狭缝精心密封在内。螺旋锁是学者们所知的最复杂的锁信方式，它确保信件不会被人篡改。没有间谍能在不拆开"锁"的情况下读到信。玛丽女王是在哪里学会折螺旋锁的？会是在法兰西吗？因为麻省理工学院的研究人员发现，凯瑟琳·德·美第奇也会使用螺旋锁。折螺旋锁是门学问，而且需要全神贯注。天亮前，玛丽女王居然镇定自若地在黑暗中用最复杂的方式锁上那封信，这让我震惊。螺旋锁说明了什么？面对死亡，玛丽女王冷静清醒，她关心自己的信会受到何种对待。她想保证亨利三世读到的内容出自自己亲笔。

"发现"会开启新的材料宝库，有时不过是对某封信的重新评估。未来几年，再次重新解读和重写这些女性和其他人的生平，会让我们发现什么？

做研究时，我参考了欧洲和美国各座档案馆和图书馆里五个世纪以来的资料。我一次又一次地想起 L. P. 哈特利（L.P. Hartley）的名言："往事犹异邦，行事殊有别。"也许不必说，16世纪的人并不像我们现在这样说话、写作或使用标点符号。为了方便阅读，我以现代方式改动了对16世纪英语材料的引用部分的拼写，并在外文材料的译文中添加了标点符号。16世纪中期，法兰西人在信上标注日期的方式也和我们不同：他们习惯把复活节当作新年伊始，而不是1月1日。自19世纪以来，大多数编辑都会按现代纪年惯例调整16世纪法兰西人信件的日期，我也如此。

在研究和写作本书的这些年里，时间过得时快时慢，但我很幸运，不管进度如何，一直有很多人支持我。我衷心感谢在不同阶段阅读部分手稿的同事、朋友和家人。他们帮我整理思路，给我提示，帮我翻译，提供资料，认真倾听我的讲述，或至少假装对此感兴趣，还给我准备吃喝。我还要感谢先于我给予这本书信心的人：Tyler Anbinder 和 Lisa Anbinder、Giuseppe Bruno-Chomin、Surekha Davies、Meredith Francis、Peter Glassman 和 Lisa Glassman、Carissa Harris、Alli Hester-Haddad 和 Jeff Chang、Rita 和 Mike Hopper、Michael Friedman、Katherine Ibbett、Claudia Lahaie、Lisa Leff、Kathleen Perry Long、Anna Lucca 和 Mike Paley、Rachel Mesch、Mary McKinley、Tobie Meyer-Fong、Jacqi Mosselson 和 Scott Ardizzone、Danielle Naftulin 和 Colin McKee、Cindie Nemes 和 Scott

Nemes、Kelly Digby Peebles、Carolyn Simpkins、Mihoko Suzuki 和 Sergio Waisman。我的父母，Susan Redmond Chang 和 Robert Chang。我的姻亲 Gene Naftulin 和 Karen Naftulin 都很乐意谈论这本书，同时一直在鼓励我。

特别感谢 Holly Dugan 和 Andrea Frisch 多年来的友谊，虽然远隔重洋，历经人世变迁，但你们在我写这本书的过程中一直陪伴着我。也要感谢 Lynn Westwater，这位研究早期现代意大利的杰出学者陪我散步到很远的地方、陪我喝咖啡，一起度过愉快时光，还在所有涉及意大利语翻译的问题上为我提供宝贵帮助。

感谢欧美众多机构中慷慨的图书管理员和档案管理员，他们收集资料，并为我标注来源。我长期在伦敦图书馆阅读、思考和写作，所以在此特别感谢那里的工作人员。同样感谢美国的福尔杰·莎士比亚图书馆（Folger Shakespeare Library）——我急切地等它重新开放。感谢英国伦敦大学学院（University College London）和美国乔治·华盛顿大学（The George Washington University）都接纳我为研究学者，并提供宝贵的图书馆资源。

我有幸与几位勤奋的研究人员一起工作。法国国家档案馆（National Archives of France）的 Veronica Lansberg 为我提供了重要帮助。牛津的 Emily Di Dodo 帮我筛选手稿，并提供了宝贵副本。Emily MacLeod 博士的勤奋研究帮助我理解了英格兰的背景，她对这个项目的热情也鼓励了我。出色的史实核查员和图像收集者 James Jewitt 博士无数次拯救了我，他是我见过的最有条理、最勤奋的人之一。我感谢他的指正。文中任何错误都归咎于我本人。

Alexis Kirschbaum 为布鲁姆斯伯里（Bloomsbury）出版社买下了这本书的版权，Jasmine Horsey 协助策划本书出版。他们知道这个故事需要什么，并以同情和耐心引导我走上正确道路——Jasmine，你的指导是无价的，这本书的每一页都有你的印记。Lauren Whybrow帮它走完了最后流程，把它变成一部美丽的作品，而且她的幽默总能让我笑个不停。我还要感谢布鲁姆斯伯里出版社的全体人员：Mike Athanson、David Atkinson、Carmen Balit、Phil Beresford、Hugh Davis、Martha Jay、Anna Massardi、Molly McCarthy、Genista Tate-Alexander和Francisco Vilhena——感谢你们对本书的关心。

  几年前，我的朋友兼同事，历史学家Tyler Anbinder把我介绍给杰出的Jill Grinberg。当时我刚开始构思本书。谢谢你，吉尔，谢谢你让我看到了它的前景，也谢谢你提升了我的思想境界。你是优秀女性中的佼佼者。感谢JGLM的整个团队在这条长路上一直做我坚定的贡献者和伙伴。

  本书的大部分内容完成于2020—2021年新冠疫情隔离期间。虽然写作往往是孤独的努力——这不言而喻——但我几乎从来不曾孤军奋战。我的家就像很久以前圣日耳曼-昂莱的小育儿院一样挤满了人——至少感觉上是这样。然而，我无法想象自己还能有更好的写作伙伴。在那些年里，我丈夫定量供应咖啡，承担大部分繁重工作，一遍又一遍地阅读草稿。最重要的是，在我写作遇阻时，他总能提供平和的观点。Ryan，是你帮我走过这段写作的日子。我的孩子们与这些女王、王后和随从一起玩耍生活了好几年。他们画长着圆眼睛和鬈发的女王，记住了母亲、姐妹、女儿、父亲、兄弟、儿子间的关系。当我写到让和约西宁吃掉弗朗索瓦·德·隆格维尔的鱼，并为那个小男孩的死而哀悼时，他们表现出孩子式的愤慨。他们大声问我还能不能写完这本书，并试图给我留出空间，让我完成这件事。他们与它一起成长，成为艺术家、作家、思想家和翻译家，获得发现"贴切措辞"的神奇本领。他们也影响了这本书。我感激能和这些有创造力和勇气的人一起生活。Ryan、Eli、Leo和Paloma，这本书献给你们。

图片来源

Embellished cover, *Heures de Catherine de Médicis*, Image Copyright © Bibliothèque nationale de France, Paris, France; Comb, Image Copyright © Victoria and Albert Museum, London; Catherine de Medici's bedchamber, Château de Chenonceau, Photo by DeAgostini/Getty Images; Girdle, Image Copyright © Victoria and Albert Museum, London; Post-partum scene, from Jacob Rueff , *De Conceptu, et Generatione Hominis,* Frankfurt, 1580; Andrea Amati, Kurtz violin, Purchase, Robert Alonzo Lehman Bequest, 1999. Image courtesy of the Metropolitan Museum of Art's Open Access program; Italian filet lace, anonymous Gift, 1879. Image courtesy of the Metropolitan Museum of Art's Open Access program; Pair of chopines, Image copyright © Victoria and Albert Museum, London; François Clouet, Portrait of Charles IX, Photo by Fine Art Images/Heritage Images/Getty Images; Spanish dress, Fletcher Fund, 1925. Image courtesy of the Metropolitan Museum of Art's Open Access program; François Clouet, Mary Queen of Scots, Everett V. Meeks, B.A. 1901, Fund. Image courtesy of Yale University Art Gallery; François Clouet, Portrait of Catherine de Médici and her children, Accepted in lieu of Inheritance Tax by H M Government and allocated to Strawberry Hill, 2020 © Strawberry Hill House & Garden; François Clouet, Portrait of Mary Stuart, Anonymous Gift, 1907. Image courtesy of the Metropolitan Museum of Art's Open Access program; Germain Le Mannier, One of Catherine de' Medici and Henri II's sons © Bridgeman Images; François Clouet, Francis II as a baby © Bridgeman Images; François Clouet, Elisabeth de Valois © Musée Condé, Chantilly / Bridgeman Images; Sofonisba Anguissola, Portrait of Elisabeth de Valois, Photo by Fine Art Images/Heritage Images/Getty Images; François Clouet, Portrait of Mary Stuart; King Francis I's armour © Bridgeman Images; François Clouet, Portrait of Henri, Dauphin of France, future King Henri II, in armour and wearing a plumed hat, Photo © RMNGrand Palais (musée du Louvre) / Michel Urtado; French burgonet, Rogers Fund, 1904. Image courtesy of the Metropolitan Museum of

Art's Open Access program; Jean Clouet, Francis I, King of France, Photo by Fine Art Images/ Heritage Images/Getty Images; Portrait of Charles de Guise, Cardinal de Lorraine, Image courtesy of Kunsthaus Zürich, The Betty and David Koetser Foundation, 1986; Château de Joinville, from Eusèbe Girault de Saint-Fargeau, *Guide pittoresque du voyageur en France*, Paris: F. Didot frères, 1838, volume 3; Injury of Henry II during a tournament, 1559, Photo by API/ Gamma-Rapho via Getty Images; Franz Hogenberg, Execution of Anne du Bourg, Photo by DeAgostini/Getty Images; Credit: Executions of Huguenots after the Huguenot conspiracy of Amboise in 1560: some conspirators are hung by the neck from a tower, others are beheaded. Woodcut by J. Perrissin, ca. 1570. Wellcome Collection. Public Domain Mark; Joseph Nicolas Robert-Fleury, Colloquy of Poissy 1561, Photo by: Universal History Archive/UIG via Getty Images; Jean Perrissin, Massacre of the Protestants at Wassy, 1562, Image courtesy of The Rijksmuseum, Amsterdam; Elisabeth de Valois letter © Bibliothèque nationale de France, Paris, France; Catherine de Medici's signature © Bibliothèque nationale de France, Paris, France; Festival of the Whale, Gallerie degli Uffizi, Palazzo Pitti, deposit, Florence; Placard of Mary Queen of Scots and James Hepburn, Earl of Bothwell, as mermaid and hare, image courtesy of the National Archives; Mary, Queen of Scots, The Ospray, Image © Victoria and Albert Museum, London; Guillaume Martin (design attr. to) Jean-Baptiste Salmson (struck by), Marriage of Francis II and Mary Queen of Scots, Anonymous Gift, 1907. Image courtesy of the Metropolitan Museum of Art's Open Access program; Lochleven Castle, Photo by Print Collector/Getty Images; Writing box, Robert Lehman Collection, 1975. Image courtesy of the Metropolitan Museum of Art's Open Access program; Royal Palace of Aranjuez, Photo by Cristina Arias/Cover/Getty Images; Alonso Sánchez Coello, Portrait of doña Juana de Austria, princess of Portugal, Image Copyright © Fine Art Images/Heritage Images/Getty Images; Antonis Mor, Portrait of Philip II of Spain, Image Copyright © Bridgeman Images; Sofonisba Anguissola, Portrait of Elisabeth de Valois, Photo by Fine Art Images/Heritage Images/Getty Images; Philip II memorial Image © Alamy Stock Photo; Eugène Isabey, The Departure of Elisabeth of France for Spain, Acquired by Henry Walters, 1892. Image courtesy of the Walters Art Museum; Sofonisba Anguissola, Self-Portrait at Easel, Photo by Ali Meyer/Corbis/VCG via Getty Images; François Clouet, Portrait of Catherine de Médici, Image Copyright © The Trustees of the British Museum

女王冠：
三位女性的权力与生存
之战

[美] 利娅·雷德蒙·郑 著
兰莹 译

图书在版编目(CIP)数据

女王冠：三位女性的权力与生存之战 / (美) 利娅·雷德蒙·郑著；兰莹译. -- 北京：北京联合出版公司，2025.1. -- ISBN 978-7-5596-8035-8

I. K500.9

中国国家版本馆CIP数据核字第2024NJ6192号

YOUNG QUEENS

by Leah Redmond Chang

Copyright ©2023 by Leah Redmond Chang
Published by arrangement with Jill Grinberg Literary Management, LLC, through The Grayhawk Agency Ltd.
Simplified Chinese Translation copyright © 2025 by United Sky (Beijing) New Media Co., Ltd.
All rights reserved.

北京市版权局著作权合同登记号 图字：01-2024-5277号

出 品 人	赵红仕
选题策划	联合天际·社科人文工作室
责任编辑	李 伟
特约编辑	宁书玉 孙 裕
美术编辑	梁全新
封面设计	白 鹤

出 版	北京联合出版公司 北京市西城区德外大街83号楼9层 100088
发 行	未读（天津）文化传媒有限公司
印 刷	大厂回族自治县德诚印务有限公司
经 销	新华书店
字 数	380千字
开 本	880毫米×1230毫米 1/32 13.5印张
版 次	2025年1月第1版 2025年1月第1次印刷
ISBN	978-7-5596-8035-8
定 价	98.00元

关注未读好书

客服咨询

本书若有质量问题，请与本公司图书销售中心联系调换
电话：(010) 52435752

未经书面许可，不得以任何方式
转载、复制、翻印本书部分或全部内容
版权所有，侵权必究